安徽省高水平高职教材建设项目成果

国家双高建设计划建设院校项目成果

“互联网 +”新形态财会专业精品系列教材

成本会计

（工作手册式）

贾成海◎编著

電子工業出版社
Publishing House of Electronics Industry
北京 • BEIJING

内 容 简 介

本书在充分吸收高等职业教育课程教学改革成果的基础上，以就业为导向，以提高学生的实践能力、创新能力、就业能力和创业能力为目标，确定课程编写的内容。全书共九个项目，内容分别为成本会计认知、核算产品成本基础、核算构成产品成本的要素费用、核算构成产品成本的综合费用、核算产品的基本生产成本、描述产品成本的核算方法、核算产品成本的基本方法、核算产品成本的辅助方法、编制与分析成本报表。

本书可供高等职业技术学院、高等专科学校、成人高等学校、应用型本科院校和民办高校等的财经类专业的学生使用，也可作为广大财会工作者及各类经济管理人员工作、进修和参加职称考试的参考书、工具书。

图书在版编目（CIP）数据

成本会计：工作手册式 / 贾成海编著. 一北京：电子工业出版社，2022.11

ISBN 978-7-121-44438-8

Ⅰ. ①成… Ⅱ. ①贾… Ⅲ. ①成本会计—高等职业教育—教材 Ⅳ. ①F234.2

中国版本图书馆 CIP 数据核字（2022）第 192849 号

责任编辑：贾瑞敏
印　　刷：三河市华成印务有限公司
装　　订：三河市华成印务有限公司
出版发行：电子工业出版社
　　　　　北京市海淀区万寿路 173 信箱　邮编：100036
开　　本：787×1 092　1/16　印张：18.25　字数：491 千字
版　　次：2022 年 11 月第 1 版
印　　次：2022 年 11 月第 1 次印刷
定　　价：56.50 元

凡所购买电子工业出版社图书有缺损问题，请向购买书店调换。若书店售缺，请与本社发行部联系，联系及邮购电话：（010）88254888，88258888。

质量投诉请发邮件至 zlts@phei.com.cn，盗版侵权举报请发邮件至 dbqq@phei.com.cn。

本书咨询联系方式：（010）88254019。

PREFACE

前 言

市场经济越发展，成本会计就越重要。成本会计已经被确定为普通高等本科院校和普通高职高专院校财经类专业的必修课程，成本会计的知识和技能已经成为广大财会工作者开展工作的必备能力。但是，长期以来，由于多种原因，我国高等职业教育的成本会计教材过多地体现了高等性，没有表现出高等职业教育的职业性，造成了贴合我国高等职业教育特色的成本会计教材“一本难求”的现状。本书在充分吸收高等职业教育课程教学改革成果的基础上，以就业为导向，以提高学生的实践能力、创新能力、就业能力和创业能力为目标，确定“成本会计”课程编写的内容。本书具有以下主要特点。

（1）体例科学。本书内容在简述基本理论知识的同时，以工业制造业企业发生的经济业务事项资料为载体，重点突出成本会计岗位实践操作技能的培养和提高，强调成本会计的“核算依据”和“业务流程”，即针对成本会计工作过程中的实践情况安排编写内容，除项目一、二、六、九以外，其余各项目均按“会计凭证——成本、费用明细账”的体例进行设计，思路清晰，层层展开，避免以偏概全、断章取义，确保会计岗位实践技能的培养和提高，以收到“零距离上岗”的效果。

（2）内容新颖。本书紧跟《企业产品成本核算制度（试行）》改革的步伐，牢固把握成本会计岗位工作流程的实践情况，推陈出新，对我国工业制造业企业产品成本核算进行创新研究，并力求做到规范、科学。编著者深信本书的多处“匠心”，对提高读者的实践能力、创新能力大有裨益。

（3）案例经典。本书不仅在行文上做到了条理清晰、深入浅出，而且在仿真案例的设计上做到了通俗易懂、便于自学。无论是构成产品成本生产费用的横向核算还是其纵向核算，无论是产品成本核算的基本方法还是其辅助方法，无论是产品成本的核算还是产品成本的分析，无论是实践操作篇还是训练巩固篇，编著者在案例的设计上都遵循了“一案观止”的原则，即将大量复杂的问题通过设计一个综合案例来解决。

本书的学时分配情况如下表所示。

本书学时分配表

学习内容	总学时	学时分配	
		理论	实践
成本会计认知	4	4	0
核算产品成本基础	2	2	0
核算构成产品成本的要素费用	8	6	2
核算构成产品成本的综合费用	10	6	4
核算产品的基本生产成本	8	6	2
描述产品成本的核算方法	2	2	0
核算产品成本的基本方法	16	10	6
核算产品成本的辅助方法	10	6	4
编制与分析成本报表	8	5	3
合 计	68	47	21

本书是安徽省高等学校质量工程高水平高职教材建设项目《成本会计》（项目编号：2018YLJC219）建设成果。

本书由安徽商贸职业技术学院贾成海编著。为方便教与学，突出重点、难点，本书各项目均按学习导航篇（学习导航、学习目标、引言导读）、实践操作篇和训练巩固篇（思考题、练习题、实训题）的结构设计。特别是配套的训练巩固篇，能帮助读者巩固已学的成本会计的知识和技能。本书在编写过程中，得到了奇瑞新能源汽车股份有限公司仇文强、芜湖三联锻造股份有限公司杨成、安徽新中天会计师事务所有限公司钱毅和电子工业出版社的大力支持，在此一并表示衷心的感谢。

本书编著者在撰写过程中虽尽其所能认真编写，但书中不妥、疏漏之处在所难免，恳请同行专家和广大读者批评指正。

贾成海

CONTENTS

目　录

项目一 成本会计认知

学习导航篇

学习导航

- 成本会计认知
  - 认知成本
    - 了解成本的定义
      - 广义的成本定义
      - 狭义的成本定义
    - 了解成本的作用
  - 认知成本会计
    - 了解成本会计的定义与特点
      - 成本会计的定义
      - 成本会计的特点
    - 了解成本会计的产生和发展
      - 成本会计的产生
      - 成本会计的发展
    - 理解成本会计的对象
      - 狭义成本会计的对象
      - 广义成本会计的对象
    - 明确成本会计的职能和目标
      - 成本会计的职能
      - 成本会计的目标
  - 明确成本会计与财务会计、管理会计的关系
    - 明确成本会计与财务会计的关系
    - 明确成本会计与管理会计的关系
  - 组织成本会计工作
    - 设置成本会计机构
    - 配备成本会计人员
    - 制定成本会计制度

学习目标

☆ 理解成本的含义与作用；

☆ 理解理论成本与应用成本的关系；

☆ 了解成本会计的产生和发展；

☆ 掌握成本会计的对象与职能；

☆ 理解成本会计与财务会计的关系；

☆ 理解成本会计与管理会计的关系；

☆ 了解成本会计工作的组织；

☆ 培育成本会计制度自信。

引言导读

众所周知，在市场经济中，企业是一个依法设立、自主经营、自负盈亏、照章纳税的经济组织。盈利是企业赖以生存和发展的基础。成本是影响企业盈利的一个重要因素，也是企业内外利益相关者十分关切和重视的一个问题。如何向各利益相关者提供相关的成本信息，已经成为现代企业会计的重要议题。而要收集企业发生的成本数据，并对其进行加工，以便向各利益相关者提供有用的成本信息，成本会计责无旁贷。本项目作为成本会计学科的总论，主要阐述了现代成本会计的一些基本概念和基本理论。

实践操作篇

步骤一　认知成本

在学习成本会计的基本概念之前，我们先来学习成本的概念及其作用。

一、了解成本的定义

人们从事的生产、生活、学习等一切社会活动，都要耗费人力、物力、财力或信息等资源。这些为了达到特定目的所消耗或放弃的资源，就是成本。可见，成本在人类社会中是无处不在、无时不在的。人们为了生活、学习的需要而发生的成本，在社会经济活动中的意义不大。在自然经济社会中，社会生产是为了直接满足生产者个人或经济单位的需要的自然生产，其发生的成本在社会经济活动中的意义也不大。在商品经济社会中，社会生产是直接以交换为目的的商品生产，商品生产者（包括经济单位和个人）只有使自己的产品在市场上交换成功，才能取得相应的经济利益，因此，商品生产发生的成本作为商品价值的组成部分，在社会经济活动中的意义举足轻重。随着商品经济的不断深入发展，人们对成本的认识和研究的视角也千差万别，因此，成本定义的内涵和外延也被不断地创新演绎。

（一）广义的成本定义

美国会计学会（American Accounting Association，AAA）所属的成本与标准委员会于 1951 年提出：“成本是指为达到特定目的而发生或应发生的价值牺牲，它可用货币单位加以衡量。”即成本是指企业制造产品、取得存货、销售商品、对外投资以及各项管理活动耗费的能以货币计量的各项资源。成本的这个定义里不仅包括产品成本，还包括期间成本；不仅包括已发生的实际成本，还包括可能发生（或应该发生）的预计成本、进行预测和决策所需的变动成本、固定成本、边际成本和机会成本。因此，这个成本定义不仅为会计核算职能服务，而且还为管理服务。

美国注册会计师协会（American Institute of Certified Public Accountants，AICPA）在 1957

年发布的《第4号会计名词公报》中提出："成本是指为获取货物或服务而支付的现金或转移其他资产、发行股票、提供服务或发生负债，而以货币衡量的数额。"按照这个定义，成本可以分为未耗成本和已耗成本。未耗成本形成资产，列示在资产负债表上；已耗成本形成费用，列示在利润表上。

美国会计学家查尔斯·T. 亨格瑞等在《成本与管理会计》（第13版）一书中提出："成本是为了达到某一种特定目的而耗用或放弃的资源。"❶

中国成本协会（China Cost Association，CCA）在2005年发布的CCA 2101：2005《成本管理体系·术语》标准第2.1.1条中提出："成本是为过程增值或结果有效已付出或应付出的资源代价。"即成本是在过程中（输入和输出转化中）的一组资源消耗的总和，是换取过程增值或结果有效的代价。

（二）狭义的成本定义

我国清代学者包世臣在《中衢一勺·小倦游阁杂说三》一文中提出："善治淮鹾者，必反其道而用之。先结清前案，截断众流，然后讲求言利之方，釐剔成本，使六省之民，皆食贱盐以畅销路。"文中的成本是指生产和销售一种产品所需的全部费用。

卡尔·马克思在《资本论》中指出："按照资本主义方式生产的每一个商品W的价值，用公式来表示是W=C+V+m。如果从这个产品价值中减去剩余价值m，那么，在商品中剩下的只是一个在生产要素上耗费的资本价值（C+V）的等价物或补偿价值……商品价值的这个部分，即补偿所消耗的生产资料价格和所使用的劳动力价格的部分，只是补偿商品使资本家自身耗费的东西，所以，对资本家来说，这就是商品的成本价格。"❷即成本是指产品的生产成本。

马克思从耗费和补偿两方面对成本进行了论述。从耗费的角度看，成本是商品生产中所消耗的物化劳动和活劳动中必要劳动的价值，即C+V部分，它是成本最基本的经济内涵；从补偿的角度看，成本是补偿商品生产中资本消耗的价值尺度，即成本价格，它是成本最直接的表现形式。成本是已耗费而又必须在价值或实物上得以补偿的支出。因此，产品成本是指企业为生产一定种类和数量的产品所消耗而又必须补偿的物化劳动和活劳动中必要劳动的货币表现，这种由C+V构成的成本被称为理论成本。

需要指出的是，虽然马克思对成本的研究是基于资本主义社会的，但它同样适用于社会主义商品生产领域，它对于成本的理论研究和成本管理都具有重要意义。我国正处在社会主义初级阶段，允许多种所有制的生产主体并存，理论成本的含义应当与目前的经济体制相适应。生产主体不同，其计算生产耗费量和补偿量的观念也是不同的。生产主体是小商品生产者的，只有生产资料需要购买即垫支费用，所需要的劳动就是生产者本身，不需要付给工资，可以用C作为其理论成本；生产主体是国有企业的，以社会作为主体，商品生产中物化劳动和活劳动的耗费都可看作社会的耗费，是社会生产成本，可以用C+V+m作为其理论成本；其他生产主体一般用C+V作为理论成本。

可见，在商品生产条件下，耗费和补偿是对立统一的。任何耗费总是个别生产者的事，而补偿则是社会的过程。耗费要求得到补偿和能否得到补偿是两件不同的事情。由于理论成本不考虑生产经营活动中偶然因素和异常情况的消耗，只对"正常"的物化劳动和活劳动消耗进行货币计量，因而其是抽象的，无法直接计量。

---

❶ [美] 查尔斯·T. 亨格瑞（Charles T Horngren），斯里坎特·M. 达塔尔（Srikant M Datar），乔治·福斯特（George Foster）. 王立彦，刘应文，罗炜，译. 成本与管理会计. 13版[M]. 北京：中国人民大学出版社，2010.

❷ 马克思. 资本论[M]//马克思，恩格斯. 马克思恩格斯全集：第25卷. 北京：人民出版社，1974.

在成本会计实务中，企业计量取得产品[1]的成本是应用成本。所谓应用成本，也称实际成本、制度成本或财务成本，它是理论成本的具体化或成本价格，是按照现行国家成本制度规定的成本开支范围，以正常生产经营活动为前提，根据生产过程中实际消耗的物化劳动的转移价值和活劳动所创造价值中应纳入成本开支范围的那部分价值的货币表现。

需要指出的是，应用成本是历史的范畴，它往往受国家经济工作方针政策和当期生产经营条件变化等客观因素的影响。随着国家宏观管理政策和经济体制的变动，应用成本在构成内容、范围上也需要不断调整，以在一定程度上与理论成本存在差异。根据《企业产品成本核算制度（试行）》规定，工业企业的产品成本包括采购成本、加工成本和其他成本。

1．采购成本

采购成本包括产品生产过程中实际消耗的各种原材料、辅助材料、备品配件、外购半成品、周转材料等从采购到入库前发生的全部支出。

2．加工成本

加工成本包括直接人工和制造费用。直接人工是指直接从事产品生产的人员的职工薪酬。制造费用是指企业为生产产品而发生的各项间接费用，包括以下支出。

（1）生产部门发生的机物料消耗[2]。

（2）生产部门管理人员的职工薪酬。

（3）产品生产用的固定资产或生产场地的折旧费、租赁费等。

（4）生产部门的办公费、水电费等。

（5）季节性和修理期间的停工损失。

（6）产品生产用的自行开发或外购的无形资产摊销。

（7）与产品生产直接相关的税金。

（8）有关资源的使用费。

（9）弃置费用[3]和排污费等有关环境保护和生态恢复支出。

（10）为购进或生产产品发生的符合资本化条件的借款费用。

（11）应分期计入产品成本的技术转让费，包括许可证费、设计费，以及为制造引进产品而支付的职工技术培训费。

（12）企业按照规定可以计入产品成本的测试手段等支出。

（13）高危行业企业[4]按照国家法律法规的规定计提的可以计入产品成本的安全生产费用[5]。

---

❶ 产品是指企业日常生产经营活动中持有以备出售的产成品、商品或提供的服务。

❷ 机物料消耗是指生产车间为维护或保养生产设备等固定资产所消耗的各种材料，如润滑油、机油、轻柴油、清洁用具、胶布、石棉线、保险丝、擦机毛巾、肥皂、电池、锯条、砂布、灯泡等，但不包括修理用的材料和劳动保护用的材料。劳动保护包括劳动安全和劳动卫生两个方面。劳动安全是指在生产劳动过程中防止中毒、车祸、触电、塌陷、爆炸、火灾、坠落、机械外伤等危及劳动者人身安全的事故发生。劳动卫生是指对劳动过程中的不良劳动条件和各种有毒有害物质的防范，以及对职业病的防范。

❸ 弃置费用，也叫弃置成本或资产弃置义务，通常是指根据国家法律和行政法规、国际公约等规定，企业承担的环境保护和生态恢复等义务所确定的支出，如核电站、核设施、油气资产等的弃置和恢复环境义务等。

❹ 高危行业企业是指在中华人民共和国境内直接从事煤炭生产、非煤矿山开采、建设工程施工、危险品生产与储存、交通运输、烟花爆竹生产、冶金、机械制造、武器装备研制生产与试验（含民用航空及核燃料）的企业以及其他经济组织。

❺ 安全生产费用是指企业按照规定标准提取并在成本中列支，专门用于完善和改进企业或者项目安全生产条件的资金。

3．其他成本

其他成本是指除采购成本、加工成本以外的，使产品达到预定可销售状态所发生的其他支出。

二、了解成本的作用

在市场经济环境下，成本在企业经营管理活动中的作用主要表现为以下几个方面。

1．成本是衡量企业简单再生产的尺度

市场经济中的企业是自主经营、自负盈亏的经济实体，其为了维持再生产的不断进行，就必须用自身的生产经营收入来补偿生产经营的耗费。而生产经营的耗费通常是由成本来反映的。只有按照生产经营过程中发生的成本悉数得到补偿，才能保证简单再生产的正常进行。因此，成本作为补偿尺度对衡量企业简单再生产具有重要意义。

2．成本是企业制定产品价格的基础

众所周知，产品的价格是以产品价值为基础，结合市场供求关系、国家价格政策、企业的盈利水平等相关因素而制定的。而准确确定产品的价值是一项非常困难的工作，在生产实践中，企业只能计算产品的生产成本，并以其为基础来确定产品的价值。可见，产品的生产成本对制定企业产品的价格具有重要的基础意义。

3．成本是企业进行预测、决策的依据

在市场经济环境下，现代企业之间的竞争越来越激烈，企业要想立于不败之地，就必须在生产经营过程中进行正确的预测、决策，而这些都离不开对成本信息的分析。因而，成本作为重要的数据资料，对企业经营预测、决策具有不可或缺的依据意义。

4．成本是考评企业经营管理水平的指标

成本作为一项经济指标，可以用来直接或间接地评价企业在生产经营管理中的研究与开发、材料供应、生产管理、产品销售、人力资源管理、财务管理等方面的工作业绩。也就是说，成本指标的高低最终体现着企业全部工作的好坏。所以，成本是考评企业经营管理水平的综合指标。

步骤二 认知成本会计

如前所述，既然成本对现代企业意义重大，那么提供成本信息的成本会计对现代企业的作用也就不言而喻了。为了更好地对成本会计有一个总括认知，可先来学习成本会计的定义、特点、产生、发展、对象、职能、目标等基本概念。

一、了解成本会计的定义和特点

1．成本会计的定义

成本会计作为会计的一个领域和一个完整的信息系统，其定义并不是一成不变的，而是随着社会经济的发展而不断发展变化的。

在成本会计产生的初期，成本会计主要是对企业生产过程中消耗的材料、工资、制造费用进行系统的汇集和计算，用来确定产品的生产成本和销售成本，因而，这一时期的成本会计实际上是核算型成本会计或记录型成本会计，即狭义的成本会计。其代表性定义正如成本会计专家劳伦斯（W.B.Lawrence）提出：“成本会计就是应用普通会计的原理、原则，系统地记录某一工厂生产和销售产品时所发生的一切费用，并确认各种产品或服务的单位成本和总成本，以供工厂管理当局制定经济的、有效的和有利的产销政策时参考。”

到了近代成本会计阶段，成本会计主要采用标准成本制度为生产过程中的成本控制提供条件。其代表性定义正如会计学家杰·贝蒂（J.Batty）提出："成本会计是用来详细描述企业在预算和控制它的资源（指资产、设备、人员及所耗的各种材料和劳动）利用情况方面的原理、惯例、技术和制度的一种综合术语。"

在现代成本会计阶段，成本会计发展成为以管理为主的现代成本会计或成本管理会计，即广义的成本会计。其定义为"现代成本会计是成本会计与管理会计的直接结合，它根据成本核算和其他资料，采用现代数学和数理统计的原理和方法，针对不同业务，建立起数量化的管理技术，用来帮助人们按照成本最优化的要求，对企业的生产经营活动进行预测、决策、控制、分析、考核，促使企业的生产经营实现最优运转，从而大大提高企业的竞争能力和适应能力"。可见，广义的成本会计与狭义的成本会计相差的内容，即为管理会计。

2．成本会计的特点

成本会计是从财务会计中分离出来的一门专业会计，其与财务会计相比具有以下特点。

（1）研究依据具有两重性。成本会计一方面依据企业产品成本核算制度开展工作，另一方面强调为企业内部管理服务，不必遵循任何规则，这是其区别于财务会计的一个显著特点。

（2）研究对象具有专业性。成本会计的研究对象是企业在社会再生产过程中发生的能以货币计量的有关成本、费用经济活动。与成本、费用经济活动无关的经济业务不属于成本会计的研究对象，这体现了其具有专业性。

（3）研究方法具有独特性。成本会计除运用财务会计中有关的设置账户、复式记账、填制和审核凭证等专门方法外，还更多地应用了现代数学方法。

（4）研究资料具有多样性。财务会计的研究资料几乎全部来自为企业积累财务信息的基础会计系统，而成本会计的研究资料取自基础会计系统及其他各种来源。

（5）研究报告具有内向性。成本会计通常注重向企业内部管理者报告有关企业内部的基于一系列历史数据的预测、计划未来活动的信息。

二、了解成本会计的产生和发展

（一）成本会计的产生

在人类社会发展的初期，成本作为一种客观存在的观念，被人们在生产实践中进行了简单的计量、记录，只是这些活动的计量、记录十分简单，不需要专门的计算方法。随着商品经济的出现和资本主义简单协作的发展，工场手工业产生了。工场主在接受顾客订货时为了定价和估算盈亏的需要，开始使用简单的统计方法粗略地计算和汇总生产过程中发生的直接费用，对数额不大的间接费用则作为损失处理，且这种极其粗略的成本计算、记录游离在会计账簿体系之外，因此，它只是成本会计的萌芽。19世纪英国工业革命后，近代制造产业产生，其企业数量和规模逐渐扩大，企业之间竞争逐渐加剧，特别是股份公司的兴起，使企业生产成本的计算越来越受到重视，要求采用完整的会计方法将成本记录与复式记账、账户设置紧密结合，形成了成本记录与会计账簿一体化，将成本计算过程由账外发展到账内，从而产生了成本会计。

（二）成本会计的发展

随着社会经济的发展，成本会计也在不断发展，并先后经历了早期成本会计、近代成本会计、现代成本会计和战略成本会计四个阶段。

1．早期成本会计阶段（1880—1920年）

成本会计起源于英国，后来迅速传入欧洲的其他国家和美国。早期成本会计主要从事产品或服务的成本核算，这种核算是事后的归集和计算。这一阶段的成本会计在实务方面取得了以下进展。

（1）建立了材料核算和管理办法。

（2）建立了工时记录和人工成本计算方法。

（3）确立了间接费用的分配方法。

（4）利用分批成本核算法和分步成本核算法核算产品成本。

这一阶段成立了许多专门的成本会计组织，它们的系列研究，为奠定成本会计的理论基础和完善成本会计的方法做出了重大贡献。

2．近代成本会计阶段（1921—1945 年）

成本会计的理论和方法在这一阶段得到了进一步的发展与完善，并逐步从财务会计中分离出来形成了独立的管理会计学科。这一阶段的成本会计主要取得了以下进展。

（1）标准成本制度的实施。随着科学管理思想的出现，美国会计学家第一次提出“标准成本”概念，认为成本会计不只是事后核算产品的生产成本和销售成本，还要事先制定成本标准，并据以控制日常生产消耗与定期分析成本。这样，成本会计增加了事前控制的新职能，形成了管理会计的雏形。

（2）预算制度的完善。预算控制由开始采用固定预算方法发展到编制弹性预算。弹性预算是近代成本会计的重大进步，也是节约间接费用的最好方法。

（3）成本会计的应用范围更广泛。成本会计的应用范围从原来的工业企业扩大到各个行业，并深入应用到一个企业内部的各主要部门中。

3．现代成本会计阶段（1946—1980 年）

第二次世界大战以后，科学技术迅速发展，跨国公司大量出现，为了适应现代化生产的客观要求与提高管理的现代化水平，运筹学、系统工程和电子计算机等相关科研成果在成本会计中得到了广泛的应用，即成本会计发展重点由如何事中控制成本、事后计算和分析成本转移到如何事前预测、决策和规划成本，从而进一步发展与完善了注重管理的经营性成本会计或管理会计。这一阶段的成本会计主要取得了以下进展。

（1）开展成本预测与决策。采用变动成本法进行成本性态分析，运用预测理论和方法建立数学模型，对未来成本发展变动趋势进行估计和测算；依据成本预测资料，运用决策理论和方法选取最优成本方案，做出正确的成本决策。

（2）实行目标成本管理。随着目标管理理论的应用，成本会计与工程技术等日益有机结合，有助于企业形成产品品质和功能优化、成本降低的竞争优势。

（3）实施责任成本。建立以成本中心、利润中心和投资中心相结合的会计制度，将成本目标进一步分解为各级责任单位的责任成本，进行更加有效的成本控制。

（4）推行质量成本。随着全面质量管理的深入开展，企业在提高产品质量的同时，进一步注重质量成本的分析。

（5）施行作业成本管理。企业建立以作业为基础的成本计算制度，施行作业成本管理。

4．战略成本会计阶段（1981 年至今）

自 20 世纪 80 年代以来，电子计算机技术的飞速发展、生产方式的改变、产品生命周期的缩短以及全球性竞争的加剧，大大改变了产品成本结构与市场竞争模式。成本会计的发展视角由单纯的生产经营过程管理和重视股东财富，扩展到与顾客需求及利益直接相关的、包括产品设计和产品使用环节的产品生命周期管理，更加关注产品的顾客感知价值；同时要求企业更加注重内部组织管理，尽可能地消除各种增加顾客价值的内耗，以获取市场竞争优势。可见，战略相关性成本管理信息已成为这一阶段企业成本管理系统不可或缺的一部分。

三、理解成本会计的对象

成本会计的对象是指成本会计核算和监督的内容。成本的内容决定了成本会计的对象。

1．狭义成本会计的对象

由于不同企业的具体生产经营活动不同、现行会计制度规范不同，成本会计核算和监督的内容存在一定的差异。

工业企业的基本经营活动是产品生产。企业一方面要制造产品，另一方面要发生各种生产耗费。生产耗费包括生产资料中劳动手段的耗费和劳动对象的耗费，以及活劳动的耗费。其中，房屋、机器设备等作为固定资产的劳动手段，在生产过程中长期发挥作用而不改变实物形态，但其价值通过计提折旧的方式，逐渐地、部分地转移到制造的产品中去，构成了产品生产成本的一部分；原材料等劳动对象在生产过程中因被消耗掉而改变实物形态，其价值也随之一次性转移到新产品中去，也构成了产品生产成本的一部分；生产过程是劳动者借助劳动手段改变原有劳动对象的使用价值，并且创造出新的价值的过程，其中劳动者为自己劳动所创造的那部分以工资形式表现的价值，也构成了产品生产成本的一部分。因此，产品在制造过程中各种生产费用的耗费和产品生产成本的形成，是成本会计核算和监督的主要内容。

企业为了保证产品生产的正常进行，在产品生产过程中，必然会发生销售费用、管理费用和财务费用等耗费。由于费用的耗费与产品生产没有直接联系，而与会计期间相关，因而其应按发生的期间归集，直接计入当期损益，构成了企业的期间费用。因此，期间费用也可作为成本会计的对象。由此可见，工业企业成本会计的对象包括工业企业生产经营过程中发生的产品生产成本和期间费用。

不仅工业企业存在成本会计，其他行业企业也有成本会计。商品流通企业的基本经营活动是商品的采购和销售，要耗费商品的购销成本，以及销售费用、管理费用和财务费用；施工企业的基本经营活动是建筑工程的施工，要耗费工程成本，以及管理费用和财务费用；交通运输企业和旅游、饮食等服务企业的基本经营活动，是进行交通运输以及旅游、饮食等服务的营业，要耗费营业成本，以及销售费用、管理费用和财务费用。

综上所述，狭义成本会计的一般对象包括各行业企业生产经营的业务成本和有关期间费用，简称成本、费用。因此，成本会计实际上是成本、费用会计。

需要指出的是，成本与费用虽都是企业日常活动中发生的资源耗费，但它们之间有本质的区别，主要表现在以下几个方面。

（1）成本与企业特定资产或服务对象相关，是对象化了的费用；而费用则与特定会计期间相关，是已经消耗的成本。

（2）成本是企业为取得某种资产或服务所付出代价的量度，而费用则是为取得收入而发生的资源耗费金额。

（3）成本中的未耗成本是资产，不能直接抵减收入，只能先以资产的形式反映在资产负债表中，再通过耗费过程转化为费用；而成本中的已耗成本是费用，直接冲减当期的收入，反映在利润表中。

2．广义成本会计的对象

随着社会经济的不断发展和企业经营管理要求的不断提高，企业成本会计需要提供多方面的成本信息，因而，成本会计对象的内涵不断得到丰富。例如，为了正确计算利润以及进行成本管理，成本会计需要计算企业生产经营的业务成本；为了进行生产经营短期的预测和决策，成本会计需要计算变动成本、固定成本、机会成本和差别成本等；为了加强企业内部的成本控制和考核，成本会计需要计算可控成本、责任成本、目标成本、标准成本等；为了进一步提高成本信息的决策相关性，成本会计还需要计算作业成本等。上述除了企业生产经营的业务成本之外的其他成本，可以统称为专项成本或管理成本。

因此，随着成本定义的不断发展、变化，成本会计的对象也相应地发展、变化。广义成本会计的对象包括各行业企业生产经营的业务成本、有关期间费用和各项专项成本。

四、明确成本会计的职能和目标

（一）成本会计的职能

成本会计的职能是指成本会计在经济管理中本身所具有的、不以人们的意志为转移的内在功能，并且随着成本会计的产生与发展而不断发展。最初的成本会计职能只是进行成本核算。随着企业经营管理走上科学管理，成本会计除发挥成本核算职能以外，还要进行成本控制和成本分析。第二次世界大战以后，随着成本会计与管理科学的紧密结合，成本会计逐渐增加了成本的预测、决策、计划、控制、分析和考评等职能。

成本会计的职能决定了成本会计的具体内容。狭义的成本会计只具有成本核算职能，而广义的成本会计具有以下主要职能。

1．成本核算

成本核算包括产品成本核算和期间费用核算。产品成本核算是指根据一定的成本计算对象，采用适当的成本计算方法，按规定的成本项目，通过各种要素费用的归集和分配，计算出该成本对象的总成本和单位成本。期间费用核算是指对一定期间发生的计入当期损益的各项费用，严格区分其性质，并按其规定的费用项目进行归集，计算出该项费用的总额和分项金额。

2．成本预测

成本预测是指根据与成本有关的各种数据、可能发生的企业内外部环境变化和可能采取的各种措施，运用一定的预测方法，对未来的成本水平及其变化趋势进行科学估计。

3．成本决策

成本决策是指在成本预测的基础上结合其他有关资料，在若干个与经营活动成本有关的方案中，运用决策理论选择最优方案，据以确定目标成本。

4．成本计划

成本计划是指根据成本决策所确定的目标成本，具体规定在计划期内为完成规定的经营任务所应达到的水平，并提出为达到规定的成本、费用水平所应采取的各项措施。

5．成本控制

成本控制是指根据预先制订的成本计划，成本控制主体在其职权范围内对成本、费用发生和形成过程及影响成本、费用的各种因素实施限制与监督，以保证成本计划的执行。

6．成本分析

成本分析是指根据成本核算提供的成本数据和其他有关资料，与本期计划成本、上年同期实际成本、本企业历史先进成本，以及国内外同类产品先进成本等进行比较，揭示产品成本差异并分析产生差异的原因。

7．成本考评

成本考评是指定期对成本计划及其有关指标的实际完成情况进行总结和评价，监督和促使企业加强成本管理责任制，以达到提高成本管理水平的目标。

需要指出的是，成本会计的这七项主要职能之间不是相互割裂的，而是相互联系、相互依存的关系。其中，成本核算是基础，没有成本核算，其他各项职能都无法进行；成本预测是成本决策的前提；成本决策是成本预测的结果；成本计划是成本决策所确定目标的具体化；成本控制是对成本计划实施进行的监督；成本分析是对计划完成与否的原因进行的检查；成本考评则是完成成本计划的重要手段。

（二）成本会计的目标

成本会计是一个收集、加工成本与费用信息的会计系统。成本会计的目标是指成本会计工作所要达到的目的。它受企业经营管理的要求和成本会计的职能所制约。

成本会计主要有以下几个目标。

（1）向企业外部利益相关者提供真实的、公允的财务成本信息。

（2）为企业内部管理者提供有关合理利用资源相关的、有效的预测决策成本信息。

（3）为企业内部管理者提供有关生产经营活动有效的、及时的计划控制成本信息。

（4）为企业内部管理者提供有关生产经营成果真实的、有效的分析考评成本信息。

步骤三 明确成本会计与财务会计、管理会计的关系

通常情况下，人们很容易将成本会计和财务会计、管理会计混淆，其实成本会计和财务会计、管理会计之间既有区别又有联系。

一、明确成本会计与财务会计的关系

成本会计是从财务会计中分离出来的一门专业会计。两者之间既有区别又有联系，且互相配合，互为补充，共同为企业管理提供服务。

（一）成本会计与财务会计的区别

1．服务主体与对象不同

除成本核算之外，成本会计主要以企业内部各个责任单位为会计主体，虽然对内、对外都能提供有关企业最基本的财务成本信息，但主要是为企业内部各级管理人员提供有关成本、费用数据和其他资料，帮助他们针对特定的经济活动做出专门的预测、决策、计划和控制，以强化企业内部管理、提高经济效益。而财务会计则主要以整个企业为会计主体，虽然对内、对外都能提供有关企业最基本的财务成本信息，但主要是向企业外界各利害关系人报告企业的财务状况、经营成果和现金流量。

2．核算依据与程序不同

除成本核算之外，成本会计不受《企业会计准则》或国家统一的会计制度制约，可以根据企业内部优化管理的需要运用各种相关学科的知识，其核算程序一般不固定，有较大的自由选择性。而财务会计则必须以《企业会计准则》或国家统一的会计制度为核算依据，其核算程序比较固定，具有强制性，从会计凭证、会计账簿到会计报表都有规定的格式和程序。

3．工作重点与信息不同

除成本核算之外，成本会计的工作重点在于面向未来，所需要的信息具有“未来定向性”，其一般提供选择的、部分的、特定的管理信息，且不对外公开发表，也不具有法律责任。而财务会计的工作重点则反映和监督过去已经发生的经济业务事项，所需要的信息具有历史性，其一般提供系统的、连续的、综合的财务信息，且对外公开发表，同时具有法律责任。

4．会计方法与行为不同

除成本核算之外，成本会计的专门方法在一定时期内可以灵活多样，以便提出不同的备选方案；除主要以货币量度外，还大量使用非货币量度，并且最关心计量结果和责任报告对管理人员日常行为的影响。而财务会计在一定时期内只能采用同一种专门方法，其虽然也使用非货币量度，但最终要换算为货币量度进行综合反映，并且最关心如何计量和传输财务信息，一般不重视计量结果和责任报告对管理人员日常行为的影响。

5．会计期间与精确度不同

除成本核算之外，成本会计的会计期间有较大的弹性，可以为小时、天、十年、十五年，由于其着眼于未来，不确定因素较多，所以报告的数据不要求绝对精确，一般计算只求近似值即可。而财务会计的会计期间弹性很小，通常为月度、季度、半年度、年度，由于其着眼于过去，一般都是确定性的经济业务事项，所以报告的数据要求精确到小数点的后两位。

（二）成本会计与财务会计的联系

成本会计与财务会计之间存在着联系，两者结合运用，共同为企业提高经济效益。

（1）就成本核算来说，成本会计系统与财务会计系统是密不可分的。成本核算不仅需要财务会计的信息支持，而且就存在于以复式簿记为基础的财务会计总框架之中。

（2）成本会计提供的有关成本、费用核算信息是财务会计用来进行资产、损益计量的依据。成本会计还为财务会计报表的编制提供相关资料。

（3）成本会计向企业内部的管理者提供的财务成本方面的信息，与财务会计向企业外部的利益相关者提供的财务成本方面的信息是一致的。

二、明确成本会计与管理会计的关系

从发展历史来看，管理会计的前身是成本会计，即管理会计是在成本会计的基础上产生和发展起来的一门企业会计。两者之间既有区别又有联系。

（一）成本会计与管理会计的区别

1．研究方法不同

成本会计侧重于内部资料的积累方法以及对这些方法的运用，而管理会计侧重于现代化管理方法的研究，如投资规划、成本规划等。

2．资料来源不同

成本会计的研究资料主要来源于企业的基础会计系统及其他内部来源，而管理会计的研究资料除了取自企业内部的各种来源，更注重企业外部相关资料的采集和应用。

3．研究重点不同

成本会计主要关注对企业管理人员的业绩评价；而管理会计主要协助企业实现战略目标。

（二）成本会计与管理会计的联系

成本会计与管理会计之间紧密联系，很难绝对区分。

（1）成本会计与管理会计都是为企业内部的生产经营管理和决策服务，均为企业管理当局提供有用的信息。

（2）成本会计与管理会计在提供非财务信息时所遵循的规则、出发点是相同的。

（3）成本会计所提供的信息是管理会计所需信息的重要来源，在所提供信息的内容上两者是互补的。

步骤 四 组织成本会计工作

为了充分发挥成本会计的职能、完成成本会计的目标，企业应当根据自身生产经营业务的特点、生产规模的大小、企业机构的设置和成本管理的要求等具体情况科学地组织成本会计工作。成本会计工作的组织主要包括设置成本会计机构、配备成本会计人员和制定成本会计制度等。

一、设置成本会计机构

企业的成本会计机构是指在企业中直接从事成本会计工作的职能单位，其是企业会计机构的组成部分。成本会计机构的设置通常包括成本会计机构内部的组织分工设置和企业内部各级成本会计机构之间的组织分工设置两种。

企业成本会计机构内部的组织分工，可以按成本会计的职能分工，如在企业总部的成本会计机构下设立成本预测决策组、成本计划控制组、成本核算组和成本分析考评组；也可以按成本会计的对象分工，如在企业总部的成本会计机构下设立产品成本组、期间费用组和专项成本组。企业成本会计机构内部应当按照分工建立成本会计岗位责任制，做到各司其职、各尽其责。

企业内部各级成本会计机构之间的组织分工通常有集中工作和分散工作两种方式。

1．集中工作方式

集中工作方式是指由企业总部的成本会计机构集中负责成本会计工作中的核算、预测、决策、计划、控制、分析和考评等方面工作，车间等基层单位只配备专职或兼职的成本核算员，且只负责填制原始凭证并对其进行初步的审核、整理和汇总，为总部进一步工作提供资料的一种成本会计工作组织形式。采用集中工作方式有以下优点。

（1）有利于企业总部成本会计机构比较及时地掌握企业有关成本的全部信息。

（2）有利于企业集中使用电子计算机进行成本数据处理。

（3）有利于减少企业成本会计机构的层次和成本会计人员的数量。

采用集中工作方式有以下缺点。

（1）不利于企业实行责任成本核算。

（2）不利于基层单位和职工及时掌握本单位的成本信息。

（3）不利于调动基层单位和职工自我控制成本、费用的积极性。

因而，集中工作方式一般适用于成本会计工作较为简单的中小型企业。

2．分散工作方式

分散工作方式又称非集中工作方式，是指将企业成本会计工作中的核算、计划、控制和分析等方面工作分散给车间等基层单位成本会计机构或人员分别进行，成本考评工作由企业成本会计机构自上而下逐级进行，成本预测和决策工作一般仍由企业总部成本会计机构集中进行，并由其负责对车间等基层单位成本会计机构和人员进行业务上的监督和指导，对企业全部成本进行综合计划、控制、分析和考评工作，以及对企业全部成本进行汇总核算的一种成本会计工作组织形式。采用分散工作方式的优缺点与采用集中工作方式的优缺点正好相反。分散工作方式一般适用于成本会计工作较为复杂的大中型企业。

需要指出的是，同一个企业可以同时采用这两种工作方式，即对某些基层单位采用集中工作方式，而对另一些基层单位采用分散工作方式。

二、配备成本会计人员

成本会计人员是指在企业会计机构中配备的对企业日常的成本工作进行处理的人员。在成本会计机构中，配备足够数量、能够胜任工作的成本会计人员是做好成本会计工作的关键。成本会计人员应当认真履行自己的职责，遵守职业道德，坚持原则，遵纪守法，正确行使自己的职权；成本会计人员也应当熟悉企业生产经营的工艺流程，深入生产经营各环节调查研究；成本会计人员还应当接受后续教育，以不断提高自身的成本会计专业能力。

三、制定成本会计制度

成本会计制度是指组织成本会计工作必须遵守的规范，是会计制度的重要组成部分。成本会计制度的制定，应当按照统一领导、分级管理的原则。每个企业都应当根据《中国人民共和国会计法》《企业财务通则》《企业会计准则》《企业产品成本核算制度（试行）》等国家有关法规规定，结合本企业生产经营的特点和成本管理要求，制定本企业具体的成本会计制度、规程和办法。

具体的成本会计制度主要有成本核算制度、成本预测与决策制度、计划成本（或标准成本）的编制制度、成本控制制度、成本分析与考评制度等。其中，成本核算制度包括成本核算人员的分工和职责权限，成本核算工作的基础工作，成本核算对象及其成本核算方法的确定，成本核算账户的设置及其成本项目的确定，生产费用的归集和分配方法，产品计价方法的确定，以及内部成本报表制度等。

训练巩固篇

在线测试一

项目二

核算产品成本基础

学习导航篇

学习导航

- 核算产品成本基础
  - 明确产品成本核算的基本要求
    - 了解产品成本核算的基本前提和信息质量要求
    - 理解产品成本核算的基础和计量属性
    - 划分各种耗费界限
    - 对费用进行合理的分类
    - 做好财产物资的计量
    - 做好产品成本核算的基础工作
    - 选用产品成本核算方法
  - 厘清产品成本核算的基本程序
    - 确定产品成本核算对象
    - 设置成本项目
    - 确定成本核算期
    - 审核各项要素费用
    - 归集与分配生产费用
    - 计算完工产品成本和期末在产品成本
  - 设置产品成本核算的账户
    - 设置产品成本核算的总账账户
    - 设置产品成本核算的明细账户
  - 处理产品成本核算的账务
    - 处理产品成本核算的账务程序
    - 处理产品成本核算的典型业务

学习目标

☆ 理解产品成本核算的基本前提和信息质量要求；

☆ 理解产品成本核算的基础和计量属性；

☆ 掌握划分各种耗费的界限；

☆ 掌握费用的各种分类；

☆ 掌握产品成本核算的基本程序；

☆ 掌握产品成本核算的账户设置；

☆ 理解产品成本核算的账务处理；

☆ 培养诚信服务意识。

引言导读

如前所述，成本会计最基本的职能是成本核算。企业成本核算一般包括产品成本核算和期间费用核算。期间费用的核算会在财务会计等课程中进行详细阐述，为避免重复，本书不再赘述。限于篇幅，本书将以工业企业为例，详细介绍产品成本核算及成本分析。本项目作为企业产品成本核算的绪论，主要总括阐明产品成本核算的基本要求、基本程序、账户设置和典型业务的账务处理。

实践操作篇

步骤一　明确产品成本核算的基本要求

为了正确地核算产品的生产成本，首先要明确以下基本要求。

一、了解产品成本核算的基本前提和信息质量要求

（一）产品成本核算的基本前提

由于成本会计是从财务会计中分离出来的一门专业会计，所以财务会计核算的基本前提也适用于产品成本核算。产品成本核算的基本前提也称产品成本核算的基本假设，是指企业成本会计确认、计量和报告的前提，是对成本会计核算所处时间、空间环境等所做的合理设定。它主要包括会计主体、持续经营、会计分期和货币计量等假设。

1．会计主体

会计主体是指成本会计确认、计量和报告的空间范围。为了向企业外部利益相关者和内部经营管理者反映企业成本、费用，提供与其决策有用的信息，成本核算应当集中反映特定对象的活动，并将其与其他经济实体区别开来，这样才能实现成本会计的目标。

在会计主体假设下，企业应当对其本身发生的成本、费用事项进行会计确认、计量和报告，以反映企业本身所从事的各项生产经营活动。明确界定会计主体是开展成本会计确认、计量和报告工作的重要前提。

2．持续经营

持续经营是指在可以预见的将来，企业将会按当前的规模和状态继续经营下去，不会停业，也不会大规模削减业务。

企业是否持续经营，在会计原则、会计方法的选择上有很大差别。一般情况下，应当假定企业将会按照当前的规模和状态继续经营下去。明确这个基本假设，就意味着会计主体将按照既定用途使用资产；成本会计人员就可以在此基础上选择会计原则、会计方法；企业的固定资

产会在持续经营的生产经营过程中长期发挥作用，并服务于生产经营过程，就可以根据历史成本记录固定资产，并采用折旧的方法，将历史成本分摊到各个会计期间或相关产品的成本中。如果没有这一前提，就不应采用历史成本记录固定资产并按期对其计提折旧。

3．会计分期

会计分期是指将一个企业持续经营的生产经营活动人为划分为连续的、长短相同的期间。通过会计分期核算产品成本和期间费用，从而及时向有关各方提供成本、费用的信息。

在会计分期假设下，企业通常会将会计期间分为会计年度和会计中期。会计中期是指短于一个完整的会计年度的报告期间。由于明确了会计分期，才产生了当期发生和当期负担的成本、费用的界限，从而有利于折旧、摊销等会计核算工作的开展。

4．货币计量

货币计量是指成本会计在确认、计量和报告时，以货币计量反映会计主体的成本、费用信息。货币是商品的一般等价物，是衡量商品价值的共同尺度，具有价值尺度、流通手段、贮藏手段和支付手段等特点。其他计量单位如重量、长度等，只能从一个侧面反映企业的生产经营情况，无法在量上进行汇总和比较，不便于成本会计计量和经营管理。因此，只有选择货币进行计量，才能充分反映企业的成本、费用信息。

（二）产品成本核算的信息质量要求

为了满足企业利益相关者的成本信息要求，产品成本信息的质量必须达到以下要求。

1．合法性

合法性要求企业在核算产品成本时，应当按照我国《企业会计准则》和《企业产品成本核算制度（试行）》的规定，将有关的费用计入产品成本，不得随意扩大产品成本的构成范围，将其他不相关的费用计入产品成本。

2．可靠性

可靠性要求企业在核算产品成本时，应当以实际发生的成本、费用事项为依据进行会计确认、计量和报告，以保证成本会计信息真实、可靠且可验证。可靠性具体包括以下含义。

（1）真实，即每项成本、费用记录都要以审核无误的凭证为依据，不允许弄虚作假、隐瞒谎报。

（2）可靠，即对于每项成本、费用的记录和报告，都应当做到不偏不倚，不受主观意志的左右。

（3）可验证，即产品成本信息应当经得起复核和验证，凡是过去发生的成本、费用业务都应当有会计凭证可供事后检查；当同一项成本、费用业务分别由两个或两个以上会计人员同时进行处理时，必然得出相同的核算结果，并可相互验证。

3．相关性

相关性要求企业提供的成本、费用信息应当与企业利益相关者的需要相关，从而有助于利益相关者对企业过去、现在或未来的成本、费用情况做出评价或预测。

4．可理解性

可理解性要求企业提供的成本、费用信息应当清晰明了，便于利益相关者理解和使用。

5．可比性

可比性要求同一企业在不同时期或不同企业在相同期间发生的成本、费用信息具有可比性，具体包括以下含义。

（1）纵向可比，即同一企业在不同时期发生的相同或者相似的成本、费用业务，应当采用一致的会计政策，不得随意变更。确需变更的，应当在附注中加以说明。

（2）横向可比，即不同企业在相同期间发生的相同或相似的成本、费用业务，应当采用规定的会计政策，确保信息口径一致、相互可比，以便使各企业提供的成本、费用信息具有可比性。

6．重要性

重要性要求企业在核算产品成本时，应当分别核算、分项反映对产品成本有重要影响的内容和项目，并力求准确；而对于对产品成本影响次要的内容和项目，在不影响产品成本信息质量的前提下，可适当简化会计核算的手续，并在相关报告中合并反映。

7．及时性

及时性要求企业对于已经发生的成本、费用事项，应当及时进行会计确认、计量和报告，不得提前或延后。过时的成本、费用信息对产品成本的核算无任何价值。

二、理解产品成本核算的基础和计量属性

（一）产品成本核算的基础

我国《企业会计准则》规定，企业应当以权责发生制为基础进行会计确认、计量和报告。权责发生制又称应收应付制或应计制，是指会计核算以收入和费用的归属期为基础确认、计量和报告本期收入和本期费用。

企业在核算产品成本时，应当以权责发生制为基础进行成本会计确认、计量和报告。凡是在一个会计期间内实际发生的费用，不论其款项是否已付出，都应作为该期的费用；相反地，凡是不属于该会计期间实际发生的费用，即使款项已在该期付出，也不能作为该期的费用。

（二）产品成本核算的计量属性

成本会计计量是指企业为了将符合确认条件的成本、费用登记入账并列报于成本会计报告而确定其金额的过程。成本会计计量属性反映的是成本、费用金额的确定基础。企业在进行产品成本核算时，一般应当采用历史成本（或实际成本）对成本、费用进行计量。

在历史成本计量下，企业的产品应当按照取得或制造时所支付的现金或现金等价物金额，或者按照购置产品时所付出的对价的公允价值计量。其具体包括以下三层含义。

（1）产品在生产经营管理中耗费的料、工、费等费用，按历史成本计量。

（2）产品在生产完工后，其生产成本的结转，按历史成本计量。

（3）产品在销售实现时，其销售成本的结转，按历史成本计量。

三、划分各种耗费界限

（一）划分各种支出的界限

企业在经济活动中发生的资源耗费，在会计上通常称为支出。支出按照其与生产经营目标的关系，可分为日常经营支出和非日常经营支出。日常经营支出也称营业支出，是指企业发生的与生产经营目标有关的支出，包括经营活动支出、投资活动支出和筹资活动支出。其中，投资活动支出包括购置固定资产、无形资产和其他长期资产等长期经营资产支出和金融资产支出；筹资活动支出包括金融负债支出和所有者权益支出。非日常经营支出也称营业外支出，是指企业发生的与生产经营目标无关的支出，如企业支付的罚款、违约金等非常损失。

按照《企业会计准则》规定，费用是指企业在日常活动中发生的、会导致所有者权益减少的、与向所有者分配利润无关的经济利益的总流出。因此，费用来源于经营活动支出、投资活动支出和筹资活动支出。经营活动支出一般是与本会计年度相关，在本会计年度收益中得到补

偿的支出，属于收益性支出；投资活动支出和筹资活动支出则有些属于收益性支出，有些属于资本性支出。因此，企业的本期费用包括本期发生的收益性支出和资本性支出转化到本期补偿的支出。支出和费用的关系如图 2-1 所示。

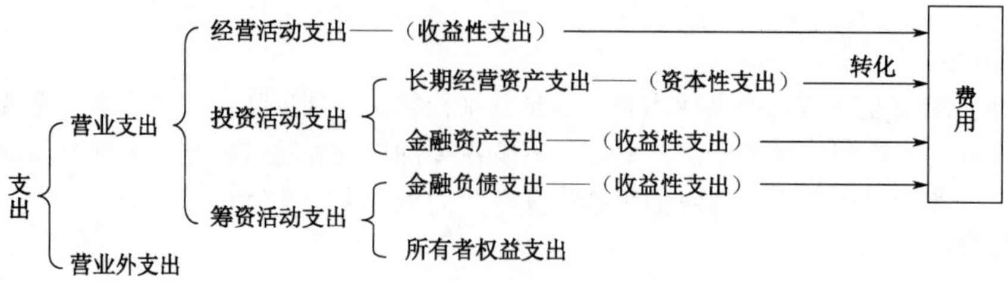

图 2-1 支出和费用的关系

（二）划分生产费用与期间费用的界限

企业发生的费用，还需要进一步分清其经济用途（或经济职能）。正确划分生产费用与期间费用，是正确核算产品成本和各期损益的基础。如前所述，凡与构成产品成本有关的费用均应作为生产费用；凡不计入产品成本的费用均应作为期间费用计入当期损益。

（三）划分各个会计期间的费用界限

产品成本核算的基础是权责发生制。无论是生产费用还是期间费用，都需要依据此基础划分本期费用和后期费用的界限。凡是由本期负担的生产费用或期间费用，都应在本期入账，计入本期的生产费用或期间费用；相反地，凡不是由本期负担的生产费用或期间费用，都不应列作本期的生产费用或期间费用。正确划分各个会计期间的费用界限，是正确核算各期产品成本和期间费用的基础。

（四）划分各种产品的生产费用界限

如果企业本期同时生产两种或两种以上产品，那么就需要将属于本期的生产费用按照受益原则在各种产品之间进行划分。属于某种产品单独发生、能够直接计入该种产品成本的生产费用，应当直接计入该种产品的成本；属于几种产品共同发生、不能直接计入某种产品成本的生产费用，则应当采用适当的分配方法，分配计入这几种产品的成本。正确划分各种产品的费用界限，是正确核算各种产品成本的基础。

（五）划分完工产品与在产品的生产费用界限

通过以上费用界限的划分，各种产品本期负担的生产费用已经归集好了。在核算产品成本时，如果某种产品全部完工或全部未完工，则无须划分生产费用，可全部作为该种产品完工成本或在产品成本；如果某种产品部分完工，则应当采用适当的分配方法将该种产品本期负担的生产费用在完工产品与在产品之间进行划分。正确划分完工产品与在产品的生产费用界限，是正确核算该种产品成本的关键。

需要说明的是，上述五个方面费用界限的划分过程，也是产品成本核算的账务处理程序和各项期间费用的归集过程。

四、对费用进行合理的分类

为了正确地进行产品成本核算，必须对费用进行合理的分类。

（一）按经济性质分类

如前所述，企业产品的生产过程也是物化劳动（包括劳动对象和劳动手段）和活劳动的耗费过程。因而，企业产品生产过程中发生的各种费用按其经济性质（或经济内容）分类，可划分为劳动对象、劳动手段和活劳动等三大类。为了具体地反映各种费用的构成和水平，企业还应当将这三大类费用按照其经济性质进一步划分为以下几项要素费用。

1．外购材料

外购材料是指企业为进行生产而耗用的一切从外部购入的原料及主要材料、辅助材料、半成品、包装物、修理用备件和低值易耗品等。

2．外购燃料

外购燃料是指企业为进行生产而耗用的一切从外部购入的各种燃料，包括固体燃料、液体燃料、气体燃料。

3．外购动力

外购动力是指企业为进行生产而耗用的一切从外单位购入的各种动力，如电力、热力、风力和蒸汽等。

4．职工薪酬

职工薪酬是指企业发生的应当计入生产费用和期间费用的职工薪酬。

5．折旧费和摊销费

折旧费和摊销费是指企业按照规定方法计提的固定资产折旧费和无形资产等的摊销费。

6．借款费用

借款费用是指企业借入资金所付出的代价，包括借款利息、折价或者溢价的摊销、辅助费用及因外币借款而发生的汇兑差额等。其中，可直接归属于符合资本化条件的资产的购建或者生产的借款费用，应当予以资本化，计入符合资本化条件的资产成本；其他借款费用，应当在发生时根据其发生额计入当期损益（财务费用）。

7．税金

税金是指企业应缴纳并计入当期损益的各种税金，一般包括房产税、车船税、印花税、城镇土地使用税等。

8．其他费用

其他费用是指除上述各种要素费用以外的费用，如邮电费、差旅费、租赁费、外部加工费、保险费和诉讼费用等。

需要指出的是，上述按照经济性质（或经济内容）分类反映的费用信息，可以反映企业在一定时期内发生了哪些经济资源耗费，数额分别是多少，从而有利于企业分析和考核各个时期各种要素费用耗费的结构与水平；也有利于企业根据划分的外购材料、外购燃料等物化劳动的耗费和职工薪酬等活劳动的耗费来编制材料采购计划、劳动薪酬计划及核定流动资金的储备；还有利于企业统计工业净产值[1]和国民收入[2]。但这种分类不能说明各种要素费用的经济用途，

[1] 工业净产值是指工业企业生产经营管理活动中新创造的价值，即从工业总产值中扣除物质消耗以后的净值。工业总产值由以下三部分组成：（1）生产过程中物质消耗的价值 C，也即转移的价值；（2）劳动者创造的作为劳动报酬的价值 V，在工业企业中为工资和其他职工薪酬；（3）劳动者为社会提供的公共积累 M，在工业企业中为税金和利润。所谓物质消耗是指生产经营管理过程中所消耗的原材料、辅助材料、燃料、动力、低值易耗品、管理、办公所用物质的消耗总和。可见，工业净产值=V+M。因此，工业净产值不受转移价值大小的影响，与企业所消耗的劳动工作量基本相适应。

[2] 国民收入是指一国社会物质生产部门（如工业、农业、商业等）的劳动者在一定时期（通常为一年）内所新创造的生产资料和消费资料的价值，即从社会总产值中扣除物质消耗后的剩余部分。国民收入（价值形态）=社会总产值-已消耗生产资料价值，或国民收入（实物形态）=社会总产品-已消耗生产资料。社会总产品是指一国社会物质生产部门的劳动者在一定时期内所生产出来的全部物质资料的总和。反映国民收入的两个主要统计指标是本地生产总值 GDP（国内生产总值）和本地居民生产总值 GNP（国民生产总值）。

即不能反映各种要素费用的发生与企业职能部门之间的关系，因而不利于产品成本和期间费用的核算、控制和考核等。

（二）按经济用途分类

费用按经济用途分类，反映了企业不同职能部门的耗费情况，因此，也称费用按经济职能分类。这种分类方法有利于产品成本和期间费用的核算、控制和考核，但不利于企业分析和考核各个时期各种要素费用耗费的结构与水平，也不利于企业编制材料采购计划、劳动薪酬计划及核定流动资金的储备，还不利于企业统计工业净产值等。

工业企业在日常生产经营管理中发生的费用，按照经济用途可以分为计入产品成本的生产费用和直接计入当期损益的期间费用两类。

1．生产费用

（1）生产费用按其经济性质分类。工业企业根据生产经营特点和产品成本管理要求，利用现代信息技术，可以按照经济用途和经济性质（或经济内容）相结合的原则或费用性态等将生产费用进一步划分为若干个项目，即产品生产成本项目，简称产品成本项目或成本项目。工业企业可以设置直接材料、燃料和动力、直接人工和制造费用等成本项目。

① 直接材料，是指构成产品实体的原材料及有助于产品形成的主要材料和辅助材料。

② 燃料和动力，是指直接用于产品生产的燃料和动力等。

③ 直接人工，是指直接从事产品生产（服务提供）的工人的职工薪酬。

④ 制造费用，是指企业为生产产品和提供服务而发生的各项间接费用，包括企业生产部门（如生产车间）发生的水电费、固定资产折旧、无形资产摊销、管理人员的职工薪酬、劳动保护费、国家规定的有关环保费用、季节性和修理期间的停工损失等。

需要指出的是，在成本会计实务中，企业可以根据产品的生产经营特点和成本管理要求，对上述成本项目进行适当调整。

对于管理上需要单独核算、控制和考核的生产费用，以及产品成本中比重较大的生产费用，应当专设成本项目。例如，如果直接用于产品生产的外购半成品、外部加工费、废品损失等比重较大，可以将它们单独列为一个成本项目；如果产品成本中工艺用燃料和动力所占比重不大，可以将工艺用燃料并入直接材料成本项目，将工艺用动力并入制造费用成本项目。

对于管理上不需要单独核算、控制和考核的生产费用，以及产品成本中比重不大的生产费用，为了简化核算，可以合并设置成本项目。例如，如果折旧和摊销费用、企业生产部门为生产产品（提供服务）而发生的管理人员的职工薪酬等在产品成本中所占比重不大，可以合并为制造费用成本项目。

（2）生产费用按其计入产品成本的方法分类。生产费用按其计入产品成本的方法分类，可以分为直接计入生产费用和间接计入生产费用两类。

① 直接计入生产费用，简称直接计入费用，是指能够分清是某种产品的耗用，可以直接计入该种产品的生产费用。例如，一张限额领料单记载的材料是为某种产品的耗用，则该材料费用就是直接计入材料费用。

② 间接计入生产费用，简称间接计入费用，是指不能分清是哪种产品的耗用，需要按照一定的标准分配计入各种产品的生产费用。例如，一张领料单记载的材料是为两种或两种以上产品的耗用，则该材料费用就是间接计入材料费用。

（3）生产费用按其与生产工艺的关系分类。生产费用按其与生产工艺的关系分类，可以分为直接生产费用和间接计入生产费用两类。

① 直接生产费用，是指直接用于产品生产的生产费用。例如，原料及主要材料费用、生产

工人职工薪酬、生产产品用机器设备折旧费用等。

② 间接计入生产费用，是指间接用于产品生产的生产费用。例如，机物料消耗、生产部门管理人员职工薪酬、生产部门厂房折旧费用等。

一般来说，直接生产费用大多数是直接计入费用，如原料、主要材料费用等大多数能够直接计入某种产品成本；间接计入生产费用大多数是间接计入费用，如机物料消耗、生产部门管理人员的职工薪酬等大多数需要按照一定的标准分配计入有关产品成本。但是，如果企业生产部门只生产一种产品，那么生产过程中发生的直接生产费用和间接计入生产费用都是直接计入费用；如果企业生产部门生产联产品（使用同种原料，经过同一生产过程，同时生产两种或两种以上的主要产品），那么在分离点之前的生产过程中发生的直接生产费用和间接计入生产费用都间接计入费用。

2．期间费用

工业企业的期间费用按照经济用途可进一步分为销售费用、管理费用和财务费用等。

销售费用是指企业销售商品和材料、提供服务的过程中发生的各种费用，包括保险费、包装费、展览费和广告费、商品维修费、预计产品质量保证损失、运输费、装卸费等及为销售本企业商品而专设的销售机构（含销售网点、售后服务网点等）的职工薪酬、业务费、折旧费等经营费用，以及企业发生的与专设销售机构相关的固定资产修理费用等后续支出。

管理费用是指企业为组织和管理企业生产经营所发生的各种费用，包括企业在筹建期间内发生的开办费、企业合并发生的直接相关费用、董事会和行政管理部门在企业的经营管理中发生的或应由企业统一负担的公司经费（包括行政管理部门职工薪酬、物料消耗、低值易耗品摊销、办公费和差旅费等）、董事会费（包括董事会成员津贴、会议费和差旅费等）、聘请中介机构费、咨询费（含顾问费）、诉讼费、业务招待费、财产保险费、绿化费、技术转让费、矿产资源补偿费、研究费用、排污费等及企业生产车间（部门）和行政管理部门等发生的固定资产修理费用等后续支出。

财务费用是指企业为筹集生产经营所需资金等而发生的筹资费用，包括利息支出（减利息收入）、汇兑损益及相关的手续费、企业发生的现金折扣或收到的现金折扣等，但不包括为购建或生产满足资本化条件的资产发生的应予资本化的借款费用。

（三）按费用性态分类

费用性态，也称费用习性，是指费用与业务量（生产量或销售量）变化的依存关系。对费用按费用性态分类，有利于企业进行费用分析，寻求降低产品成本和节约期间费用的途径。

工业企业在日常生产经营管理中发生的费用，按费用性态可以分为变动费用和固定费用两类。

1．变动费用

变动费用是指费用总额在一定时期和业务量范围内随着业务量增减变动而成正比例变动、单位费用不受业务量变动影响的费用。它包括变动生产费用和变动期间费用，如直接材料费用、计件工资制下生产工人的工资等。

2．固定费用

固定费用是指费用总额在一定时期和业务量范围内不受业务量增减变动的影响，单位费用随着业务量增减变动而成反比例变动的费用。它包括固定生产费用和固定期间费用，如固定资产折旧费用、企业管理人员的工资等。

五、做好财产物资的计量

随着在生产经营过程中的耗费，企业拥有的财产物资的价值大部分会逐渐转移到产品成本和期间费用中去。因此，这些财产物资的计量，会影响产品成本和期间费用。工业企业财产物资的计量主要包括以下内容。

（1）存货成本的组成内容。

（2）材料按实际成本进行核算时发出材料单位成本的计算方法；材料按计划成本进行核算时材料成本差异率的种类（个别差异率、分类差异率还是综合差异率，本月差异率还是上月差异率）、采用分类差异率时材料类别的多少等。

（3）低值易耗品和包装物价值的摊销方法。

（4）固定资产与低值易耗品的划分标准。

（5）固定资产原值的组成内容，固定资产的折旧方法、折旧率的种类和高低。

（6）无形资产原值的组成内容，无形资产的摊销方法、摊销期限的长短等。

为了正确核算产品成本，对于各种财产物资的计量，凡国家有统一规定的，应当采用统一规定的方法；国家没有统一规定的，企业要根据财产物资的特点，结合成本管理的要求合理确定方法，且一经确定，不得随意变更。

六、做好产品成本核算的基础工作

为了正确核算产品成本和期间费用，企业还应当做好以下基础工作。

1．做好原始记录工作

企业生产经营管理活动中发生的人力、物力、财力等资源耗费，都是正确核算产品成本的基础。因此，对这些耗费的原始事实必须加以真实、完整地记录，以便为成本核算、控制、预测和决策提供客观的依据。工业企业生产经营过程中有关资源耗费的原始记录主要包括以下内容。

（1）有关物化劳动消耗的原始记录，如领料单、限额领料单、领料登记表、退料单、废料交库凭证、在产品转移交接单、在产品盘存报告单、自制半成品入库单等。

（2）有关活劳动消耗的原始记录，如职工考勤记录、工时记录、停工记录、工资结算单等。

（3）有关各种费用支出的原始记录，如各种费用支付的凭证、发票、结算单等。

（4）其他有关原始记录，如生产任务通知单、完工产品入库单、设备移交单、设备利用记录、设备维修记录、设备报废单、废品损失记录等。

2．做好计量验收工作

为了做好企业财产物资耗费的原始记录，企业应当建立严格的财产物资计量、验收、领退和清查盘点制度。准确的计量和严格的质量检测是保证财产物资原始记录可靠性的前提。企业应当配备必要的计量器具和人员，制定财产物资的计量、验收、领退和清查盘点的经济责任制度，及时办理有关业务手续，以确保提供的产品成本信息的客观性。

3．做好定额管理工作

定额管理是企业加强生产经营管理的重要手段。合理制定各种定额，有利于对产品成本进行预测、计划、核算、控制和分析。合理的定额也是考评的依据。定额是指企业在正常生产条件下人力、物力、财力等的消耗应遵守的标准或应达到的水平。工业企业的定额主要有消耗定额（材料消耗定额、工时消耗定额）和成本定额（材料成本定额、工时成本定额）等。定额管理的目的不同，定额水平也有所不同。例如，企业在核算产品成本时，作为分配实际费用标准的是体现现行消耗水平的定额，即现行定额；在编制成本计划时，依据的是体现计划期内平均消耗水平的定额，即计划定额；在为了实现预期利润而控制成本时，依据的是体现实现预期利润必须达到的消耗水平的定额，即控制定额；等等。

4．做好内部结算工作

在生产经营管理过程中，企业内部单位之间往往会相互转移产品或提供服务。为了分清企业内部各单位的经济责任，评价与考核其各自的工作业绩，企业应当明确内部结算价格。内部结算价格，也称内部转移价格，是指企业内部单位之间相互转移产品或提供服务时所使用的计价标准。内部结算价格，使两个内部单位成为交易的买卖双方，具有与外部市场价格相类似的作用。其对于提供产品或服务的生产部门来说表现为收入，对于使用这些产品或服务的购买部门来说则表现为成本。内部结算价格会影响生产部门和购买部门的获利水平，因此，企业应当重视内部结算价格的确定方法。工业企业可以考虑下列几种内部结算价格。

（1）价格型内部结算价格。价格型内部结算价格是指以市场价格为基础，由成本和毛利构成的内部结算价格。其具体内容有：当内部单位所提供的产品或服务经常外销且外销比例较大的，或者所提供的产品或服务有外部活跃市场可靠报价的，可以按照外销价或活跃市场报价作为内部结算价格；当内部单位一般不对外销售且外部市场没有可靠报价产品或服务的，或者企业管理层和有关各方认为不需要频繁变动价格的，可以参照外部市场价或预测价制定模拟市场价作为内部结算价格；当内部单位没有外部市场但企业出于管理需要设置为模拟利润中心的，可以按照在生产成本基础上加一定比例毛利作为内部结算价格。

（2）成本型内部结算价格。成本型内部结算价格是指以标准成本等相对稳定的成本数据为基础制定的内部结算价格。

（3）协商型内部结算价格。协商型内部结算价格是指企业内部供求双方为使双方利益相对均衡，通过协商机制制定的内部结算价格。协商价格的取值范围通常较宽，一般不高于市场价，不低于变动成本。

七、选用产品成本核算方法

为了保证产品成本信息的正确性，企业应当根据产品的生产特点和成本管理要求选择适合的成本核算方法。产品的生产组织、生产工艺特点及成本管理要求等，是影响产品成本核算方法选择的重要因素。由于不同的企业在这些因素上有所不同，因而，各个企业在进行产品成本核算时，会选用不同的核算方法。工业企业的产品成本核算方法主要有品种法、分批法、分步法、分类法等。成本核算方法选择得是否恰当，将直接影响产品成本核算的准确性。

步骤二 厘清产品成本核算的基本程序

明确产品成本核算的基本要求之后，还需要厘清产品成本核算的基本程序。产品成本核算的基本程序是指对企业在生产经营过程中发生的各项生产费用，按照产品成本核算的要求，逐步进行归集和分配，最后核算出完工产品生产成本的工作过程。工业企业的产品成本核算程序一般包括确定产品成本核算对象、设置成本项目、确定成本核算期、审核各项要素费用、归集与分配生产费用、计算完工产品成本和期末在产品成本。

一、确定产品成本核算对象

企业应当根据生产经营的特点和产品成本管理的要求，确定成本核算对象，归集生产费用，核算产品的生产成本。工业企业确定产品成本核算对象的方法主要有以下几种。

（1）大量大批单步骤生产产品或管理上不要求提供有关生产步骤成本信息的，可以按照产品品种确定成本核算对象。

（2）小批单件生产产品的，可以按照每批或每件产品确定成本核算对象。

（3）多步骤连续加工产品且管理上要求提供有关生产步骤成本信息的，可以按照每种产品及其各生产步骤半成品确定成本核算对象。

（4）企业生产经营兼有分批、分步制造等特征的，可以混合采用以上方法确定成本核算对象。

（5）产品规格繁多的，可将产品结构、耗用原材料和工艺过程基本相同的各种产品适当合并，以产品的类别作为成本核算对象。

企业内部管理有相关要求的，还可以按照现代企业多维度、多层次的管理需要，确定多元化的产品成本核算对象。多维度是指以产品的最小生产步骤或作业为基础，按照企业有关部门的生产流程及其相应的成本管理要求，利用现代信息技术，组合出产品维度、工序维度、车间班组维度、生产设备维度、客户订单维度、变动成本维度和固定成本维度等不同的成本核算对象。多层次是指根据企业成本管理需要，划分企业管理部门、工厂、车间和班组等成本管控层次。

二、设置成本项目

工业企业的产品成本项目是按照生产费用的经济性质进一步划分的，可以反映产品成本的经济构成，以及产品在生产过程中耗费的不同资源情况。企业根据生产经营的特点和产品成本管理的要求，可以设置直接材料、直接人工、制造费用等项成本项目，也可以设置直接材料、直接人工、燃料和动力、制造费用等项成本项目，还可以设置直接材料、直接人工、燃料和动力、废品损失、停工损失、制造费用等项成本项目。但是，某个成本核算对象的成本项目一经设置，不得随意变更。

三、确定成本核算期

成本核算期是指核算产品成本的间隔期间，即每间隔多长时间核算一次产品成本。它与会计期间不尽相同。当企业以产品的品种、生产步骤、类别作为成本核算对象时，产品成本的核算期通常与会计期间一致，即在会计期末核算产品成本；当企业以每批或每件产品作为成本核算对象时，产品成本的核算期通常与产品生产周期[1]一致，即在该批或该件产品完工时核算产品成本。诚然，若某批产品的生产周期较长且发生跨会计期间完工时，可以采用按会计期间和按生产周期相结合的方法确定成本核算期。工业企业产成品和在产品的成本核算，除季节性生产企业外，其他都应当以月为成本核算期。

四、审核各项要素费用

企业对各项支出应当进行严格的审核和控制，对已经发生的各项要素费用应当按照《企业会计准则》和《企业产品成本核算制度（试行）》等规定审核其开支范围，确定其应否计入生产费用、期间费用，以确保产品成本核算的客观性。

五、归集与分配生产费用

对于审核无误的生产费用，企业应当按照受益原则将其进行归集与分配。生产费用的归集是指将应当计入本期产品的各项生产费用，分别确定产品成本核算对象，并按各对象设置的成本项目进行汇总的过程。生产费用的分配是指将已经按照各对象的成本项目汇总的生产费用，以适当的方法分配给各产品成本核算对象的过程。

---

[1] 产品生产周期一般是指产品从开始投入生产到产品完工入库为止的时间跨度。

六、计算完工产品成本和期末在产品成本

对于某产品成本核算对象来说，如果核算期期末既有完工的产品又有在生产的产品，那么应当将该核算对象的生产费用（期初在产品生产费用与本期生产费用之和）在完工产品与月末在产品之间采用适当的方法进行分配，从而核算出该核算对象的完工产品成本和月末在产品成本。

步骤三 设置产品成本核算的账户

明确产品成本核算的基本程序后，为了核算产品成本，还需要设置有关产品成本核算的账户。

一、设置产品成本核算的总账账户

（一）产品成本核算的主要总账账户

为了进行产品成本的总分类核算，按照《企业会计准则》和《小企业会计准则》的规定，企业可以设置“生产成本”和“制造费用”两个总账账户。但由于各企业的生产经营管理实际情况及成本管理要求等各不相同，核算产品成本的账户设置方法也有所不同。

对于小型企业来说，由于其生产经营简单，成本管理要求较低，因此一般将“生产成本”和“制造费用”两个账户合并设置为“生产费用”一个账户。

对于大中型企业来说，由于其生产经营复杂，成本管理要求较高，因此一般将“生产成本”账户分拆设置为“基本生产成本”和“辅助生产成本”两个账户。本书以这种账户设置方法进行阐述。

1.“基本生产成本”账户

该账户的性质是成本类账户，用于归集与分配企业进行基本生产[1]所耗费的各种生产费用。其借方登记生产费用的发生数，即用于归集生产费用；贷方登记完工产品转出的生产费用，即用于分配生产费用；期末余额在借方，表示基本生产的在产品成本。

2.“辅助生产成本”账户

该账户的性质是成本类账户，用于归集与分配企业进行辅助生产[2]所耗费的各种生产费用。其借方登记生产费用的发生数，即用于归集生产费用；贷方登记完工产品或提供服务转出的生产费用，即用于分配生产费用；期末可能有借方余额，表示辅助生产的在产品成本。

3.“制造费用”账户

该账户的性质是成本类账户，用于归集与分配企业进行生产部门耗费的、没有专设成本项目的各种生产费用。其借方登记制造费用的发生数，即用于归集生产部门的制造费用；贷方登记制造费用的转出数，即用于分配生产部门的制造费用；期末一般没有余额。

（二）产品成本核算的其他总账账户

为了归集与分配已经支付的、摊销期间在一年以上的各项费用，企业也可以设置“长期待摊费用”总账账户；为了单独归集与分配废品损失和停工损失，还可以增设“废品损失”和“停

---

[1] 基本生产是指为完成企业主要生产目的而进行的产品生产。

[2] 辅助生产是指为基本生产服务而进行的产品生产和服务供应，如工具、模具、夹具、修理用备件等产品的生产及供水、供电、运输等服务的供应。辅助生产部门有时也对外销售产品或服务，但这不是其主要目的。

工损失”总账账户；等等。

1．“长期待摊费用”账户

该账户的性质是资产类账户，用于归集与分配企业耗费的各种长期待摊费用。其借方登记已经支付尚未摊销的费用，即用于归集发生的长期待摊费用；贷方登记应摊入本期产品成本和期间费用的费用，即用于分配长期待摊费用；期末余额在借方，表示已经支付尚未摊销的费用。

2．“废品损失”账户

该账户的性质是成本类账户，用于归集与分配企业生产部门的各种废品损失。其借方登记废品损失的发生数，即用于归集生产部门的废品损失；贷方登记废品损失的转出数，即用于分配生产部门的废品损失；期末一般没有余额。当企业不单独核算废品损失时，可以不设置“废品损失”账户，发生的废品损失可以通过“制造费用”账户核算。

3．“停工损失”账户

该账户的性质是成本类账户，用于归集与分配企业生产部门的各种停工损失。其借方登记停工损失的发生数，即用于归集生产部门的停工损失；贷方登记停工损失的转出数，即用于分配生产部门的停工损失；期末一般没有余额。当企业不单独核算停工损失时，可以不设置“停工损失”账户，发生的停工损失可以通过“制造费用”账户核算。

二、设置产品成本核算的明细账户

1．设置“基本生产成本”明细账户

为了详细核算基本生产耗费的各种生产费用，“基本生产成本”账户应当按照基本生产的成本核算对象（如产品的品种、批次、生产步骤等）分别设置基本生产成本明细账（产品成本明细账），账中应当按照成本项目分别设置专栏进行登记。基本生产成本明细账的格式如表 2-1、表 2-2 所示。

表 2-1　基本生产成本明细账 1

成本对象：　　　　　　　　　　　　生产部门：

年		凭证字号	摘　要	成本项目			贷　方	余　额
月	日			直接材料	直接人工	制造费用		

表 2-2　基本生产成本明细账 2

成本对象：　　　　　　　　　　　　生产部门：

年		凭证字号	摘　要	成本项目			合　计
月	日			直接材料	直接人工	制造费用	

需要指出的是，表 2-2 中没有设置“贷方”栏和“余额”栏，若发生完工产品等业务需要转出生产成本时，应当采用红字在成本项目各栏次登记。另外，表 2-2 中的“合计”栏，是同一行次成本项目的合计。

2．设置“辅助生产成本”明细账户

为了详细核算辅助生产耗费的各种生产费用，“辅助生产成本”账户应当按照辅助生产的成本核算对象（如辅助生产部门或辅助生产的产品等）分别设置辅助生产成本明细账，账中应当按照成本项目分别设置专栏进行登记。由于辅助生产部门的规模不同，其发生的制造费用的种类多少、金额大小也不相同，因此，在某辅助生产部门设置“制造费用”账户的情况下，该辅助生产成本明细账的格式如表 2-3、表 2-4 所示；如果某辅助生产部门不设置“制造费用”账户，那么该辅助生产成本明细账的格式如表 2-5、表 2-6 所示。

表 2-3 辅助生产成本明细账 1-1

生产部门：

年		凭证字号	摘 要	成本项目			贷 方	余 额
月	日			直接材料	直接人工	制造费用		

表 2-4 辅助生产成本明细账 1-2

生产部门：

年		凭证字号	摘 要	成本项目			合 计
月	日			直接材料	直接人工	制造费用	

表 2-5 辅助生产成本明细账 2-1

生产部门：

年		凭证字号	摘 要	成本项目						贷 方	余 额
月	日			直接材料	职工薪酬	办公费	折旧和摊销	水电费	其他		

表 2-6 辅助生产成本明细账 2-2

生产部门：

年		凭证字号	摘 要	成本项目						合 计
月	日			直接材料	职工薪酬	办公费	折旧和摊销	水电费	其他	

3．设置“制造费用”明细账户

企业基本生产部门一般规模较大，其发生的制造费用种类较多、金额较大，不宜在基本生产明细账中分别设置成本项目进行核算。为了详细核算企业基本生产部门耗费的各种制造费用，“制造费用”账户应当按照基本生产部门分别设置制造费用明细账，账中应当按照费用项目分别设置专栏进行登记。基本生产部门制造费用明细账的格式如表 2-7、表 2-8 所示。

企业辅助生产部门一般规模较小，其发生的制造费用种类不多、金额不大，为简化核算，一般不设置“制造费用”账户，而将其发生的制造费用合并在辅助生产明细账中分别设置成本项目进行核算，其格式如表 2-5、表 2-6 所示。但是，如果某辅助生产部门发生的制造费用种类较多、金额较大，那么该辅助生产部门应当设置“制造费用”账户，其发生的制造费用应当在其制造费用明细账中分别设置费用项目进行核算，其格式如表 2-7、表 2-8 所示。此时该辅助生产部门还应当设置“辅助生产成本”账户，并且设置的辅助生产成本明细账的格式如表 2-3、表 2-4 所示。

表 2-7 制造费用明细账 1

生产部门：

年		凭证字号	摘 要	费用项目						贷 方	余 额
月	日			间接人工	机物料消耗	办公费	折旧和摊销	水电费	其他		

表 2-8 制造费用明细账 2

生产部门：

年		凭证字号	摘 要	费用项目						合 计
月	日			间接人工	机物料消耗	办公费	折旧和摊销	水电费	其他	

综上所述，对于大中型企业来说，企业基本生产部门发生的生产费用一般通过设置“基本生产成本”和“制造费用”两类总账账户及其明细账户来核算。企业辅助生产部门规模较大的，其发生的生产费用一般通过设置“辅助生产成本”和“制造费用”两类总账账户及其明细账户来核算；企业辅助生产部门规模较小的，其发生的生产费用一般仅通过设置“辅助生产成本”一类总账账户及其明细账户来核算。从核算效果来说，企业辅助生产部门发生的生产费用，通过设置两类总账账户及其明细账户来核算与设置一类总账账户及其明细账户来核算的结果是等效的。

注意：不同企业的“基本生产成本”“辅助生产成本”“制造费用”等明细账户中的成本或费用项目是不同的，同一企业的不同对象设置的“基本生产成本”“辅助生产成本”“制造费用”等明细账户中的成本或费用项目也是不同的，但是，其成本或费用项目一经设置，不得随意变更。

4．设置产品成本核算的其他明细账户

“长期待摊费用”账户可以按照长期待摊费用的项目设置明细分类账户核算；“废品损失”账户可以根据企业成本核算和管理的要求设置明细账户核算，也可以根据成本核算对象设置明细分类账户核算；“停工损失”账户可以根据企业生产部门设置明细分类账户核算。

步骤 四 处理产品成本核算的账务

设置有关产品成本核算的账户以后，就需要在其基础上对相关的典型交易或事项进行账务处理。

一、处理产品成本核算的账务程序

工业企业的生产经营管理活动虽然有所不同，但其产品成本核算的账务处理程序基本相似。工业企业成本核算的账务处理程序如图 2-2 所示。

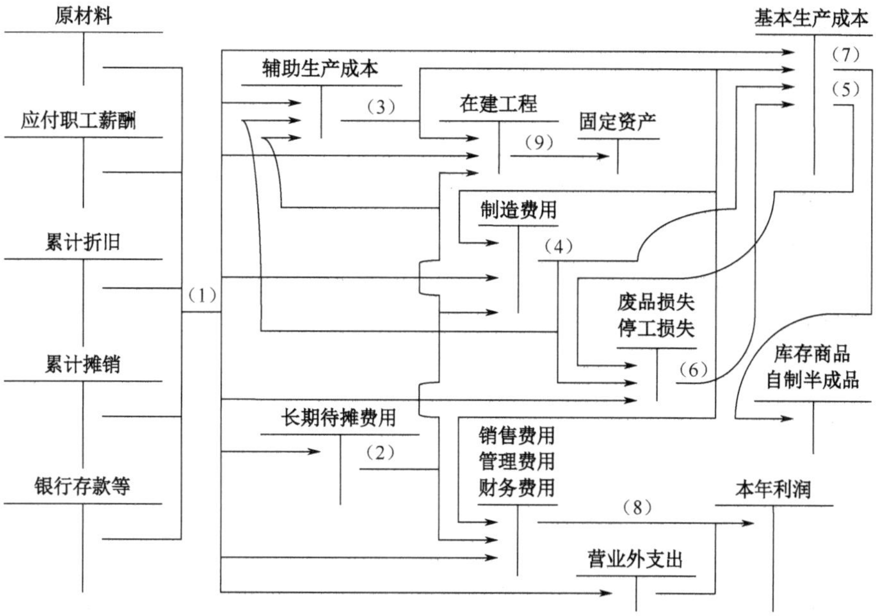

图 2-2　工业企业成本核算的账务处理程序

二、处理产品成本核算的典型业务

由图 2-2 可知，工业企业成本核算的典型业务账务处理有以下几项。

（1）分配各项料、工、费支出。

借：基本生产成本
　　辅助生产成本
　　制造费用
　　长期待摊费用
　　废品损失
　　停工损失
　　销售费用
　　管理费用
　　营业外支出
　　在建工程
　　贷：原材料
　　　　应付职工薪酬
　　　　累计折旧
　　　　累计摊销
　　　　银行存款

（2）本期摊销或预提费用。

借：辅助生产成本

　　制造费用

　　销售费用

　　管理费用

　　财务费用

　　在建工程

　　贷：长期待摊费用

　　　　应付利息

（3）分配辅助生产成本。

借：基本生产成本

　　制造费用

　　销售费用

　　管理费用

　　在建工程

　　贷：辅助生产成本

（4）分配制造费用。

借：基本生产成本

　　辅助生产成本

　　废品损失

　　停工损失

　　贷：制造费用

（5）结转不可修复废品成本。

借：废品损失

　　贷：基本生产成本

（6）分配废品损失和停工损失。

借：基本生产成本

　　贷：废品损失

　　　　停工损失

（7）结转完工产品成本。

借：库存商品

　　自制半成品

　　贷：基本生产成本

（8）结转本期损益。

借：本年利润

　　贷：销售费用

　　　　管理费用

　　　　财务费用

　　　　营业外支出

（9）固定资产达到预定可使用状态。

借：固定资产

　　贷：在建工程

需要指出的是，成本核算包括产品成本核算和期间费用核算，上述典型业务事项中有关损益类账户核算不属于产品成本核算业务，有关固定资产业务核算也不属于成本核算业务。

训练巩固篇

在线测试二

【实训题】

某公司 2022 年 11 月发生的部分经济业务事项如下。

（1）生产部门生产产品领用材料为 400 000 元；

（2）以存款支付购买生产产品用机器设备款为 200 000 元；

（3）保养生产产品用机器设备领用机油等物料为 1 600 元；

（4）应付职工工资为 800 000 元，其中生产工人工资为 500 000 元、车间管理人员工资为 50 000 元、行政管理人员工资为 150 000 元、销售人员工资为 100 000 元；

（5）计提固定资产折旧费 350 000 元，其中产品生产部门固定资产折旧费为 180 000 元、行政管理部门固定资产折旧费为 120 000 元、销售部门固定资产折旧费为 50 000 元；

（6）维修生产用机器设备领用材料为 8 000 元；

（7）摊销财产保险费为 20 000 元，其中产品生产部门财产保险费为 10 000 元、行政管理部门财产保险费为 8 000 元、销售部门财产保险费为 2 000 元；

（8）摊销生产某产品用的专有技术金额为 2 000 元；

（9）以银行存款支付因纳税违章被处罚的罚款为 30 000 元；

（10）以银行存款支付促销产品的广告费为 1 000 000 元；

（11）以银行存款支付办公费为 100 000 元，其中产品生产部门办公费为 20 000 元、行政管理部门办公费为 50 000 元、销售部门办公费为 30 000 元；

（12）以银行存款支付耗用的水电费为 200 000 元，其中产品生产部门耗用水电费为 180 000 元、行政管理部门耗用水电费为 15 000 元、销售部门耗用水电费为 5 000 元；

（13）计提不符合资本化条件的借款利息为 3 000 元；

（14）应付投资者现金股利为 2 000 000 元；

（15）以库存现金向职工支付生活困难补助为 100 000 元，其中产品生产部门职工困难补助费为 60 000 元、行政管理部门职工困难补助费为 30 000 元、销售部门职工困难补助费为 10 000 元；

（16）以银行存款向某省受灾地区捐赠金额为 500 000 元。

要求：

（1）上述经济业务事项中，哪些涉及生产费用？哪些涉及期间费用？并说明原因。

（2）编制上述经济业务事项的记账凭证（用会计分录代替）。

（3）登记管理费用明细账，如表 2-9、表 2-10 所示。

表 2-9　某公司管理费用明细账 1

年		凭证字号	摘　要	费用项目						贷　方	余　额
月	日			职工薪酬	办公费	水电费	折旧和摊销	保险费	其他		

表 2-10　某公司管理费用明细账 2

年		凭证字号	摘　要	费用项目						合　计
月	日			职工薪酬	办公费	水电费	折旧和摊销	保险费	其他	

参考答案

项目三 核算构成产品成本的要素费用

学习导航篇

学习导航

- 核算构成产品成本的要素费用
  - 了解构成产品成本的要素费用核算
    - 归集要素费用
    - 分配要素费用
    - 确定要素费用的定额分配标准
    - 确定要素费用的分配对象
  - 核算构成产品成本的材料费用
    - 了解常用发料凭证
    - 归集材料费用
    - 分配材料费用
      - 原材料费用的分配
      - 燃料费用的分配
      - 周转材料费用的分配
  - 核算构成产品成本的外购动力费用
    - 结算外购动力费用
    - 分配外购动力费用
  - 核算构成产品成本的职工薪酬费用
    - 了解常用短期薪酬凭证
    - 归集短期薪酬费用
    - 分配短期薪酬费用
  - 核算构成产品成本的折旧及其他费用
    - 核算折旧费用
    - 核算其他费用

学习目标

☆ 掌握要素费用的分配标准；

☆ 掌握材料费用分配的核算；

☆ 掌握外购动力费用分配的核算；

☆ 掌握职工薪酬费用分配的核算；

☆ 掌握折旧及其他费用分配的核算；

☆ 培育精益求精的工作精神。

引言导读

企业生产产品耗费的料、工、费等要素费用是构成产品成本的基础。因此，为了正确核算产品的生产成本，企业就必须设置相关账户将这些要素费用进行合理的归集与分配。本项目就是要解决它们的核算问题。

实践操作篇

步骤一 了解构成产品成本的要素费用核算

如前所述，生产费用是指企业在生产经营过程中耗费的、应当计入产品成本的材料、人工、制造费用等各项要素费用的实际成本。生产费用是构成产品成本的基础。因此，构成产品成本的各项要素费用的归集与分配过程，也就是产品成本的核算过程。

一、归集要素费用

构成产品成本的各项要素费用的归集是指企业按照《企业会计准则》和《企业产品成本核算制度（试行）》等相关规定，以有序的方式进行各项要素费用支出的收集。各类要素费用的聚集环节，称为要素费用归集点或要素费用集合。例如，原材料费用是按照材料的种类或类别来归集的材料费用，制造费用是按照企业生产单位归集的间接材料、间接人工、折旧等费用。

二、分配要素费用

构成产品成本的各项要素费用的分配，也称各项要素费用的分摊或分派，是指企业将归集的各项要素费用分配给产品成本对象的过程。企业有关成本项目的支出，能确定由某一成本核算对象负担的（直接计入费用），应当直接计入产品成本；由几个成本核算对象共同负担的（间接计入费用），应当选择合理的分配标准在有关的成本核算对象之间进行分配后再计入产品成本。分配间接计入费用的计算公式可概括为：

$$\text{某种要素费用分配率} = \frac{\text{待分配该种要素费用总额}}{\text{分配标准合计}} \tag{3-1}$$

$$\text{某种分配对象应负担的要素费用} = \text{该对象的分配标准} \times \text{某种要素费用分配率} \tag{3-2}$$

为了正确分配间接计入产品成本的要素费用，就必须合理确定其分配标准。企业在核算产品成本时，要素费用的分配标准一般按照因果原则（选择分配标准时看“起因”）、受益原则（选择分配标准时看“后果”）等确定为以下三类。

（1）成果类，如产品的重量、体积、产量、产值等。

（2）消耗类，如生产工时、生产工资、机器工时、原材料消耗量或原材料费用等。

（3）定额类，如定额消耗量、定额成本等。

需要指出的是，要素费用分配有广义和狭义之分。广义的要素费用分配是指要素费用分配不仅包括不需要采用一定分配方法的分配（直接计入费用），还包括需要采用一定分配方法的分配（间接计入费用）。狭义的要素费用分配是指间接计入费用的分配。

三、确定要素费用的定额分配标准

要素费用的定额分配标准，一般有以下几种。

1. 消耗定额与定额消耗量

消耗定额是指单位产品可以消耗的数量限额。定额消耗量是指一定业务量下按消耗定额计算的可以消耗的数量。这两个定额分配标准都是反映实物量度或劳动量度的定额指标。

2. 成本定额与定额成本

成本定额是指消耗定额的货币计量。定额成本是指定额消耗量的货币计量，或是指一定业务量下按成本定额计算的可以消耗的金额。这两个定额分配标准都是反映货币量度的定额指标。

工业企业在进行产品成本核算时，定额分配标准主要用来分配产品费用中的材料费用和人工费用、制造费用等加工费用。分配材料费用所采用的材料定额分配标准如表 3-1 所示，分配加工费用所采用的工时定额分配标准如表 3-2 所示。

表 3-1　材料定额分配标准

会计量度	实物量度	货币量度
个体定额	材料消耗定额	材料成本定额
总体定额	材料定额消耗量	材料定额成本

表 3-2　工时定额分配标准

会计量度	劳动量度	货币量度
个体定额	（工时消耗定额）工时定额	（工时成本定额）加工成本定额
总体定额	（工时定额消耗量）定额工时	（工时定额成本）定额加工成本

四、确定要素费用的分配对象

工业企业在进行产品成本核算时，生产费用的分配对象一般是按照受益原则确定的。对于直接用于基本生产、专设成本项目的各种生产费用，应当由基本生产的各种对象负担，记入“基本生产成本”账户的借方；对于直接用于辅助生产、专设成本项目的各种生产费用，应当由辅助生产的各种对象负担，记入“辅助生产成本”账户的借方；对于用于基本生产或辅助生产，但没有专设成本项目的各种生产费用，应当由基本生产或辅助生产的各种对象负担，一般先记入“制造费用”账户的借方，然后分配转入“基本生产成本”或“辅助生产成本”账户的借方。

在进行期间费用核算时，期间费用的分配对象一般是按照其经济职能确定的。对于用于企业产品销售的各种期间费用，应当由企业销售部门负担，记入“销售费用”账户的借方；对于用于企业管理和组织生产经营活动的各种期间费用，应当由企业行政管理部门负担，记入“管理费用”账户的借方；对于用于企业筹集生产经营资金活动的各种期间费用，应当由企业负担，记入“财务费用”账户的借方。

另外，在进行固定资产购建核算时，对于用于固定资产购建等耗用的各种材料、人工、制造费用，应当由企业在建工程项目负担，记入“在建工程”账户的借方。

需要指出的是，各项要素费用的分配都应当编制相关的要素费用分配表，并据此进行相关成本、费用的核算。

步骤二 核算构成产品成本的材料费用

工业企业的材料品种繁多、规格复杂，日常收发业务频繁。为了正确地核算产品成本，企业必须严格办理材料发出手续，并在此基础上对材料费用进行归集与分配。

一、了解常用发料凭证

为了正确核算发出材料的成本和产品成本中耗用的材料费用，企业必须严格根据填制的领料单、限额领料单、领料登记表、退料单等凭证发料。

1．领料单

领料单是指由领料部门根据计划填制，经领料部门负责人审核签章后办理领料的一次使用凭证。该单据一般一式三联：第一联为记账联，会计部门将其作为核算材料发出依据；第二联为发料联，发料仓库将其作为记录材料发出依据；第三联为存根联，留领料部门备查。在实际领料时，领料单的填制可以是一单一料，也可以是一单多料。领料单适用于领用没有消耗定额的材料或不经常领用的材料，其格式如表 3-3 所示。

表 3-3 领料单

领料部门：　　　　　　　　　　　　　　　　　　编号：

领料用途：　　　　　　年　月　日　　　　　　　发料仓库：

材料编号	材料名称	计量单位	请领数量	实发数量	实发金额❶	备　注

记账：　　　发料主管：　　　发料人：　　　领料主管：　　　领料人：

2．限额领料单

限额领料单是指由企业生产计划部门或供应部门填制指定的材料及领用限额，领料部门在规定限额内据以多次使用办理领料的凭证。该单据一般一式三联：第一联为记账联，平时存放在发料仓库，月末由发料仓库转交会计部门作为核算材料发出依据；第二联为领料联，送交领料部门作为领料凭据；第三联为发料联，留发料仓库作为记录材料发出依据，其格式如表 3-4 所示，它适用于经常领用有消耗定额的材料。如果由于增加产量需要增加限额时，必须经有关部门审核，办理追加手续；如果由于其他原因需要超过限额领料时，应当另行填制领料单。

3．领料登记表

领料登记表是指由领料部门在领料时多次填制的累计凭证。该单据一单一料，一般一式三联：第一联为记账联，交会计部门作为核算材料发出依据；第二联为存根联，交领料部门核对；第三联为发料联，留发料仓库作为记录材料发出依据，其格式如表 3-5 所示，它适用于经常领用、价值较低、数量零星的材料。

❶ 表 3-3 中的“实发金额”，可以是实际成本，也可以是计划成本。

表 3-4　限额领料单

领料部门：　　　　　　　　　　　　　　　　　　　编号：
领料用途：　　　　　　　　　　　　　　　　　　　发料仓库：
计划产量：　　　　　　　　年　月　　　　　　　　单位消耗定额：

材料编号	材料名称	计量单位	领用限额	全月实发数量		全月实发金额	备　注	
领料日期	请　领		实　发			限额结余	退　库	
	数量	领料主管	数量	发料人	领料人		数量	退料单编号

记账：　　　　供应部门主管：　　　　生产计划部门主管：　　　　发料主管：

表 3-5　领料登记表

领料部门：　　　　　　　　　　　　　　　　　　　编号：
材料编号：　　　　　　　　　　　　　　　　　　　发料仓库：
材料名称：　　　　　　　　年　月　　　　　　　　计量单位：

领料日期	领用数量	领用金额	发料人	领料人	备　注

记账：　　　　　　领料主管：　　　　　　发料主管：

4．退料单

在余料退库和废料回收时，应根据退料单和废料交库凭证，冲减原领的材料费用。退料单是指由退料部门填制，经退料部门负责人审核签章后办理退料的一次使用凭证。该单据一般一式三联：第一联为记账联，交会计部门作为核算材料退库依据；第二联为退料联，交发料仓库作为记录材料退库依据；第三联为存根联，留退料部门备查。在实际退料时，可以一单一料，也可以一单多料。退料单的格式如表 3-6 所示。

表 3-6　退料单

退料部门：　　　　　　　　　　　　　　　　　　　编号：
原领料单编号：　　　　　　年　月　日　　　　　　发料仓库：

材料编号	材料名称	计量单位	请退数量	实收数量	实收金额	备　注

记账：　　　　收料主管：　　　　收料人：　　　　退料主管：　　　　退料人：

期末，领料部门已领未用的材料，如果下期不再继续使用，应当办理退料手续，填制退料单（或使用红字填制领料单）转账，并将材料退回仓库；如果下期还需继续使用，为了减少材料本期期末交库、下期期初又领用的工作量，可以办理“假退料”❶手续，分别填制退料单和领料单转账，但材料不退回仓库。

❶ 假退料是（真）退料的相对概念，是指企业于期末同时填制材料数量相同的一张本期期末的退料单（或红字领料单）和一张下期期初的领料单，但材料不退回仓库的一种退料方式。

二、归集材料费用

材料费用归集的明细分类核算与材料发出的明细分类核算密切相关。材料发出的明细分类核算一般由企业材料核算人员根据全部用途的发料凭证（包括发出材料对外销售、委托加工、建造固定资产等发料凭证）登记“原材料明细账”中“发出”栏完成；材料费用归集的明细分类核算一般由企业成本核算人员根据与成本、费用有关的各种发料凭证（如领料单等）汇总（但不登记明细账）各种材料发出的数量和金额完成，显然，其汇总的数量和金额往往与“原材料明细账”中“发出”栏合计的数量和金额不相等。

三、分配材料费用

材料费用分配的明细分类核算一般由企业成本核算人员根据归集的与成本、费用有关的材料费用编制材料费用分配表并登记有关成本、费用明细分类账户完成；材料发出的明细分类核算一般由企业材料核算人员根据全部用途的发料凭证（包括发出材料对外销售、委托加工、建造固定资产等发料凭证）登记“原材料明细账”完成。

至于材料费用分配和材料发出的总分类核算，可以由企业材料核算人员根据全部用途的发料凭证编制全部用途的发料凭证汇总表（见表 3-7），并据此编制记账凭证完成；也可以由企业成本核算人员根据全部用途的发料凭证编制材料费用分配表（为避免重复，仅与有关成本、费用明细核算有关的材料费用分配表不需另行编制），并据此编制记账凭证完成。但是，企业必须在会计制度中明确规定，以免材料费用分配和材料发出的总分类重复或遗漏核算。为便于学习，本节以根据材料费用分配表编制记账凭证为例，阐述材料费用分配和材料发出的总分类核算。

表 3-7　发料凭证汇总表

年　月　　　　附单据　张

应借账户	原材料		燃料		…	合计	
	成本❶	成本差异（差异率：　）	成本	成本差异（差异率：　）		成本	成本差异
基本生产成本							
辅助生产成本							
…							
合　计							

会计主管：　　记账：　　审核：　　制单：

材料费用是指企业在生产经营过程中耗费的原料及主要材料、辅助材料、外购半成品、修理用备件、燃料、包装物和低值易耗品等的实际成本。

（一）原材料费用的分配

1. 原料及主要材料费用的分配

原料及主要材料是指经过加工后构成产品实体或主要成分的各种原料和材料。企业进行产品生产耗用的原料及主要材料，通常是分产品领用，属于直接计入材料费用，可以根据领退料凭证直接记入某种产品成本的“直接材料”成本项目。如果由两种或两种以上产品共同耗用的原料和主要材料，属于间接计入材料费用，应当采用适当的分配方法，分配记入各有关产品成本的“直接材料”成本项目。原料和主要材料费用的分配标准一般是按产品的生产成果（重量、

❶ 表 3-7 中的“成本”，可以是实际成本，也可以是计划成本。

体积、产量、标准产量等）比例分配。如果耗用的原料或主要材料费用的消耗定额制定比较准确，也可以按照定额分配标准比例分配。

（1）按照生产成果标准分配。如果产品的原料及主要材料耗用量与产品的重量、体积、产量等成明显的正比例关系时，其共同耗用的原料及主要材料费用可采用此类标准进行分配。

【例 3-1】 皖巢公司第一生产车间 2022 年 8 月为生产 WH1、WH2 两种同类产品，共同领用 A 原料的发料凭证与原材料明细账[1]（见表 3-8）中“发出”栏的依据相同。已知这两种产品的本月实际产量分别为 100 件、120 件，单位产品重量分别为 0.52 千克/件、0.40 千克/件。假定这两种产品耗用的 A 原料与其重量成正比例关系。

要求：采用产品重量比例法分配 A 原料费用。

表 3-8　皖巢公司（A 原料）原材料明细账（先进先出法）

品名：A 原料　　规格：　　计量单位：千克　　金额单位：元　　仓库：第一仓库

2022 年		记账凭证	单　号	摘　要	收　入			发　出			结　存		
月	日				数量	单价	金额	数量	单价	金额	数量	单价	金额
7	31			期初库存							500	8.00	4 000
8	5	12	6	入库	1 000	8.49	8 490				500 1 000	8.00 8.49	12 490
8	10		2	出库				500 400	8.00 8.49	7 396	600	8.49	5 094
8	15	26	9	入库	1 500	8.80	13 200				600 1 500	8.49 8.80	18 294
8	20		13	出库				600 1 100	8.49 8.80	14 774	400	8.80	3 520
8	25	37	16	入库	500	8.40	4 200				400 500	8.80 8.40	7 720

根据上述资料编制 A 原料费用计算表，如表 3-9 所示。

表 3-9　皖巢公司 A 原料费用计算表（产品重量比例法）

2022 年 8 月　　附单据 2 张

分配对象	单位产品重量/（千克/件）	实际产量/件	产品重量/千克	分配率/（元/千克）	分配额/元
WH1 产品	0.52	100	52		11 528.40
WH2 产品	0.40	120	48		10 641.60
合　计	—	—	100	221.70	22 170

会计主管：　　审核：　　制单：

在表 3-9 中：

WH1 产品的产品重量=该产品的实际产量×该产品的单位重量=100×0.52=52（千克）；

A 原料费用分配率=A 原料费用总额÷Σ产品重量=(7 396+14 774)÷(52+48)=221.70（元/千克）；

WH1 产品应分配的 A 原料费用=该产品的产品重量×A 原料费用分配率

=52×221.70=11 528.40（元）。

如果企业同时生产基本工艺大体相同的不同规格或型号的同类产品，且共同耗用一种或几种原料及主要材料，可以从中选择某一种大量生产的产品作为标准产品（折算系数为 1），并将

[1] 原材料明细账是由该公司材料核算人员根据各种收料凭证和全部用途的发料凭证登记的。

其他产品的实际产量按照一定的折算基准（重量、体积、面积、计划成本等）折算为标准产品的产量，从而以此类产品的标准产量总额作为共同耗用的原料及主要材料费用的分配标准。

【例 3-2】 皖巢公司第二生产车间 2022 年 8 月为生产 AH1、AH2、AH3 三种规格的同类产品，共同领用 B 主要材料的发料凭证与原材料明细账（见表 3-10）中“发出”栏的依据相同。已知这三种产品的本月实际产量分别为 900 件、120 件、100 件，单位产品体积分别为 5 升/件、4.25 升/件、5.41 升/件。假定这三种产品的 B 主要材料耗用与其体积成正比例关系，以 AH1 产品作为标准产品，以产品的体积作为折算基准，其他产品按照产品体积折算为标准产量。

要求：采用标准产量比例法分配 B 主要材料费用。

表 3-10 皖巢公司（B 主要材料）原材料明细账（月末一次加权平均法）

品名：B 主要材料　　规格：　　计量单位：升　　金额单位：元　　仓库：第二仓库

2022 年		记账凭证	单号	摘要	收入			发出			结存		
月	日				数量	单价	金额	数量	单价	金额	数量	单价	金额
7	31			期初库存							500	8.00	4 000
8	4	10	3	入库	1 000	8.49	8 490				1 500		
8	11		5	出库				900			600		
8	15	24	7	入库	1 500	8.80	13 200				2 100		
8	21		15	出库				1 700			400		
8	25	35	14	入库	500	8.40	4 200				900		
8	31	59		结转本月发出材料成本						22 204	900	8.54	7 686

在表 3-10 中，B 主要材料月末一次加权平均单价

$$=\frac{500\times8.00+(1\,000\times8.49+1\,500\times8.80+500\times8.40)}{500+(1\,000+1\,500+500)}=8.54\text{（元/升）。}$$

根据上述资料编制 B 主要材料费用计算表，如表 3-11 所示。

表 3-11 皖巢公司 B 主要材料费用计算表（标准产量比例法）

2022 年 8 月　　附单据 2 张

分配对象	单位产品体积/（升/件）	折算系数	实际产量/件	标准产量/件	分配率/（元/件）	分配额/元
AH1 产品	5	1	900	900		18 000
AH2 产品	4.25	0.85	120	102		2 040
AH3 产品	5.41	1.082	100	108.20		2 164
合　计	—	—	—	1 110.20	20	22 204

会计主管：　　审核：　　制单：

在表 3-11 中：

AH1 产品为标准产品，其折算系数=1；

AH2 产品的折算系数=该产品的单位体积÷标准产品的单位体积=4.25÷5=0.85；

AH3 产品的折算系数=该产品的单位体积÷标准产品的单位体积=5.41÷5=1.082；

AH2 产品的标准产量=该产品的实际产量×该产品的折算系数=120×0.85=102（件）；

B 主要材料费用分配率=B 主要材料费用总额÷Σ标准产量=22 204÷(900+102+108.2)
=20（元/件）；

AH1 产品应分配的 B 主要材料费用=该产品的标准产量×B 主要材料费用分配率
=900×20= 18 000（元）。

（2）按照定额分配标准分配。如果耗用的原料及主要材料费用的消耗定额制定比较准确，也可以按照耗用的材料定额消耗量或材料定额成本比例分配。

① 按照材料定额消耗量比例分配。

【例 3-3】 承例 3-1 资料，皖巢公司第一生产车间 2022 年 8 月为生产 WH1、WH2 两种同类产品，共同领用 C 主要材料的发料凭证与原材料明细账（见表 3-12）中“发出数量”栏的依据相同，C 主要材料的本月成本差异率如表 3-13 所示。已知这两种产品的 C 主要材料消耗定额分别为 6 千克/件、10 千克/件。

要求：采用材料定额消耗量比例法分配 C 主要材料费用。

表 3-12　皖巢公司（C 主要材料）原材料明细账（按计划成本计价）

品名：C 主要材料　　规格：　　计量单位：千克　　金额单位：元　　仓库：第一仓库

最低储备量：　　最高储备量：　　计划单价：10 元/千克

2022 年		进仓单号	出仓单号	摘　要	收入数量	发出数量	结　存	
月	日						数量	金额
7	31			期初库存			800	8 000
8	3		1	出库		600	200	
8	15	9		入库	700		900	
8	16		1	出库		800	100	
8	24	21		入库	800		900	
8	25		1	出库		364	536	5 360

表 3-13　皖巢公司（C 主要材料）材料成本差异明细账

品名：C 主要材料　　规格：　　单位：元　　仓库：第一仓库

2022 年		进仓单号	出仓单号	摘　要	借　方		贷　方			余　额	
月	日				计划成本	成本差异	计划成本	成本差异率	成本差异	计划成本	成本差异
7	31			期初库存						8 000	144
8	3		1	出库			6 000			2 000	
8	15	9		入库	7 000	295[1]				9 000	
8	16		1	出库			8 000			1 000	
8	24	21		入库	8 000	309				9 000	
8	25		1	出库			3 640			5 360	
8	31			结转本月发出材料成本差异				2%	352.80	5 360	107.20

在表 3-13 中，C 主要材料本月成本差异率 $=\dfrac{144+[(-295)+(-309)]}{8\,000+(7\,000+8\,000)}\times 100\%=-2\%$。

根据上述资料编制 C 主要材料费用计算表，如表 3-14 所示。

[1] 方框中数字表示红字，下同。

表 3-14 皖巢公司 C 主要材料费用计算表（定额消耗量比例法） 1

2022 年 8 月　　成本差异率：−2%　　附单据 1 张

分配对象	单位消耗定额/（千克/件）	实际产量/件	定额消耗量/千克	分配率	实际消耗量/千克	单价/（元/千克）	分配额/元	成本差异/元
WH1 产品	6	100	600		588	10	5 880	−117.60
WH2 产品	10	120	1 200		1 176	10	11 760	−235.20
合　计	—	—	1 800	0.98	1 764	—	17 640	−352.80

会计主管：　　审核：　　制单：

在表 3-14 中：

WH1 产品的 C 主要材料定额消耗量=该种产品实际产量×该产品 C 主要材料消耗定额

=100×6=600（千克）；

C 主要材料实际消耗量分配率=C 主要材料实际消耗总量÷∑各种产品 C 主要材料定额消耗量

=(600+800+ 364)÷(600+1 200)=0.98；

WH1 产品应分摊的 C 主要材料实际消耗量=该种产品 C 主要材料定额消耗量×C 主要材料实际消耗量分配率=600×0.98=588（千克）；

WH1 产品应分配的 C 主要材料费用=该种产品应分配的 C 主要材料实际消耗量×C 主要材料单价=588×10=5 880（元）；

WH1 产品应分配的 C 主要材料成本差异=该种产品应分配的 C 主要材料费用×C 主要材料成本差异率=5 880×(−2%)=−117.60（元）。

可见，这种用产品的材料定额消耗量比例分配产品的材料实际消耗量，虽然分配的工作量较大，但是能够得到各种产品的材料实际消耗量，这就可以与该产品的材料定额消耗量比较，从而有利于考核该产品的材料消耗定额的执行情况，也有利于对材料消耗进行实物管理。

需要指出的是，为简化分配计算工作，例 3-3 也可以用产品的材料定额消耗量比例直接分配材料费用，如表 3-15 所示。

表 3-15 皖巢公司 C 主要材料费用计算表（定额消耗量比例法） 2

2022 年 8 月　　成本差异率：−2%　　附单据 1 张

分配对象	单位消耗定额/（千克/件）	实际产量/件	定额消耗量/千克	分配率/（元/千克）	分配额/元	成本差异/元
WH1 产品	6	100	600		5 880	−117.60
WH2 产品	10	120	1 200		11 760	−235.20
合　计	—	—	1 800	9.80	17 640	−352.80

会计主管：　　审核：　　制单：

在表 3-15 中：

C 主要材料费用分配率=C 主要材料费用总额÷∑各种产品 C 主要材料定额消耗量

=(600+800+364)×10÷(600+ 1 200)=9.80（元/千克）；

WH1 产品应分配的 C 主要材料费用=该种产品 C 主要材料定额消耗量×C 主要材料费用分配率=600× 9.80=5 880（元）。

这种分配方法的计算工作量较小，但是不能得到各种产品的材料实际消耗量，也就无法与该产品的材料定额消耗量进行比较，从而不利于考核该产品的材料消耗定额的执行情况，也不利于对材料消耗进行实物管理。

② 按照材料定额成本比例分配。

【例 3-4】 承例 3-3 资料。

要求：采用材料定额成本比例法分配 C 主要材料费用。

根据上述资料编制 C 主要材料费用计算表，如表 3-16 所示。

表 3-16 皖巢公司 C 主要材料费用计算表（定额成本比例法） 1

2022 年 8 月　　成本差异率：−2%　　附单据 1 张

分配对象	单位消耗定额/（千克/件）	实际产量/件	定额消耗量/千克	单价/（元/千克）	定额成本/元	分配率	分配额/元	成本差异/元
WH1 产品	6	100	600	10	6 000		5 880	−117.60
WH2 产品	10	120	1 200	10	12 000		11 760	−235.20
合计	—	—	—	—	18 000	0.98	17 640	−352.80

会计主管：　　审核：　　制单：

在表 3-16 中：

WH1 产品 C 主要材料定额成本=该种产品 C 主要材料定额消耗量×C 主要材料单价

=600× 10=6 000（元）；

C 主要材料费用分配率=C 主要材料费用总额÷Σ各种产品 C 主要材料定额成本

=(600+800+ 364)×10÷(6 000+ 12 000)=0.98；

WH1 产品应分配的 C 主要材料费用=该种产品 C 主要材料定额成本×C 主要材料费用分配率=6 000× 0.98=5 880（元）。

上述产品的材料定额成本是根据该产品的材料定额消耗量为基础计算的，在会计实务中，产品的材料定额成本也可以根据该产品的材料定额成本为基础计算，如表 3-17 所示。

表 3-17 皖巢公司 C 主要材料费用计算表（定额成本比例法） 2

2022 年 8 月　　成本差异率：−2%　　附单据 1 张

分配对象	单位消耗定额/（千克/件）	单价/（元/千克）	成本定额/（元/件）	实际产量/件	定额成本/元	分配率	分配额/元	成本差异/元
WH1 产品	6	10	60	100	6 000		5 880	−117.60
WH2 产品	10	10	100	120	12 000		11 760	−235.20
合　计	—	—	—	—	18 000	0.98	17 640	−352.80

会计主管：　　审核：　　制单：

在表 3-17 中：

WH1 产品 C 主要材料定额成本=该种产品 C 主要材料成本定额×该种产品实际产量

=60× 100=6 000（元）。

需要指出的是，企业采用定额分配标准分配各产品共同耗用的两种或两种以上材料费用时，应当分别分配共用的各种材料费用，而不能采用各产品耗用的各种材料的定额消耗量之和或定额成本之和的比例来一揽子分配，因为各产品耗用的每种材料的定额指标分配率通常是不同的。

2．辅助材料费用的分配

辅助材料是指直接用于生产过程、有助于产品的形成或为产品生产创造正常劳动条件，但不构成产品主要实体的各种材料。企业进行产品生产耗用的辅助材料，如果是分产品领用，属于直接计入材料费用，可以根据领退料凭证直接记入某种产品成本的“直接材料”成本项目；

如果由两种或两种以上产品共同耗用的辅助材料，属于间接计入材料费用，应当采用适当的分配方法，分配记入各有关产品成本的“直接材料”成本项目。

辅助材料费用分配标准的确定方法一般是：对于耗用在原料和主要材料上的辅助材料，可以按原料及主要材料耗用量比例分配（如油漆、染料、电镀材料等）；对于耗用与产品产量直接相关的辅助材料，也可以按产品产量比例分配（如包装材料等）；对于耗用的消耗定额比较准确的辅助材料，还可以按定额消耗量或定额成本等比例分配。

【例 3-5】 承例 3-1 资料，皖巢公司第一生产车间 2022 年 8 月为生产 WH1、WH2 两种同类产品，共同领用 D 辅助材料的发料凭证与原材料明细账（见表 3-18）中“发出”栏的依据相同。假定这两种产品耗用的 D 辅助材料与 A 原料耗用量成正比例关系。

要求：采用原料耗用量比例法分配 D 辅助材料费用。

根据上述资料编制 D 辅助材料费用计算表，如表 3-19 所示。

表 3-18 皖巢公司（D 辅助材料）原材料明细账（移动加权平均法）

品名：D 辅助材料　　规格：　　计量单位：千克　　金额单位：元　　仓库：第一仓库

2022 年		记账凭证	单号	摘 要	收 入			发 出			结 存		
月	日				数量	单价	金额	数量	单价	金额	数量	单价	金额
7	31			期初库存							100	1.00	100
8	3	5	2	入库	400	1.10	440				500	1.08	540
8	21	29	25	入库	500	1.12	560				1 000	1.10	1 100
8	29		35	出库				950	1.10	1 045	50	1.10	55

表 3-19 皖巢公司 D 辅助材料费用计算表（原料耗用量比例法）

2022 年 8 月　　附单据 1 张

分配对象	产品重量/千克	分配率/（元/千克）	分配额/元
WH1 产品	52		543.40
WH2 产品	48		501.60
合 计	100	10.45	1 045

会计主管：　　审核：　　制单：

在表 3-19 中：

D 辅助材料费用分配率=D 辅助材料费用÷Σ各种产品 A 原料耗用量=1 045÷(52+48)

=10.45（元/千克）；

WH1 产品应分配的 D 辅助材料费用=该种产品 A 原料耗用量×D 辅助材料费用分配率

=52×10.45=543.40（元）。

【例 3-6】 承例 3-1、例 3-2、例 3-3、例 3-5 资料，皖巢公司 2022 年 8 月其他材料耗用情况，根据其他领退料凭证和废料交库凭证等有关凭证统计如下：第一生产车间生产 WH1 产品领用 E 主要材料 600 元，成本差异率为 1%；供水、供电、供汽车间分别领用 E、F、G 辅助材料为 700 元、800 元、900 元；第一、第二生产车间，供水、供电、供汽车间领用 H 油料分别为 500 元、500 元、200 元、200 元、200 元；公司行政管理部门、销售部门分别领用 I 物料、J 包装材料为 100 元、1 000 元。假定该公司辅助生产部门不设置“制造费用”账户。

要求：编制该公司 2022 年 8 月原材料费用分配表和分配原材料费用的记账凭证。

根据上述资料编制原材料费用分配表，如表 3-20 所示。

表 3-20 皖巢公司原材料费用分配表 1

单位：元　　2022 年 8 月　　附单据 18 张

应借账户			直接计入			间接计入		合　计
总账账户	明细账户	成本或费用项目	成本	差异率	成本差异	成本	成本差异	
基本生产成本	WH1 产品	直接材料	600	1%	6	17 951.80	−117.60	18 440.20
	WH2 产品	直接材料				22 903.20	−235.20	22 668
	AH1 产品	直接材料				18 000		18 000
	AH2 产品	直接材料				2 040		2 040
	AH3 产品	直接材料				2 164		2 164
	小　计		600	—	6	63 059	−352.80	63 312.20
辅助生产成本	供水车间	直接材料	700					700
		机物料消耗	200					200
	供电车间	直接材料	800					800
		机物料消耗	200					200
	供汽车间	直接材料	900					900
		机物料消耗	200					200
	小　计		3 000					3 000
制造费用	第一车间	机物料消耗	500					500
	第二车间	机物料消耗	500					500
	小　计		1 000					1 000
管理费用		物料消耗	100					100
销售费用		包装费	1 000					1 000
合　计			5 700	—	6	63 059	−352.80	68 412.20

会计主管：　　审核：　　制单：

在表 3-20 中：

WH1 产品的“间接计入”栏的成本=11 528.40+5 880+543.40=17 951.80（元）；

WH2 产品的“间接计入”栏的成本=10 641.60+11 760+501.60=22 903.20（元）；

WH1 产品的“合计”栏的成本=600+6+17 951.80+(−117.60)=18 440.20（元）。

根据表 3-20 登记有关成本、费用明细账。

根据表 3-20 编制记账凭证[1]（用会计分录代替）如下：

借：基本生产成本——WH1 产品（直接材料）　18 440.20
　　　　　　　　——WH2 产品（直接材料）　22 668
　　　　　　　　——AH1 产品（直接材料）　18 000
　　　　　　　　——AH2 产品（直接材料）　2 040
　　　　　　　　——AH3 产品（直接材料）　2 164
　　辅助生产成本——供水车间（直接材料）　700
　　　　　　　　——供水车间（机物料消耗）　200
　　　　　　　　——供电车间（直接材料）　800
　　　　　　　　——供电车间（机物料消耗）　200
　　　　　　　　——供汽车间（直接材料）　900

[1] 该记账凭证是作为有关成本、费用和原材料总分类账的核算依据，只需做出总账账户。但为了便于理解，本书也给了明细分类账户，后同。

——供汽车间（机物料消耗）　　200
制造费用——第一车间（机物料消耗）　　500
　　——第二车间（机物料消耗）　　500
管理费用——物料消耗　　100
销售费用——包装费　　1 000
材料成本差异　　（352.80−6）346.80
贷：原材料　　（5 700+63 059）68 759

如果该公司辅助生产部门设置“制造费用”账户，那么辅助生产部门发生的机物料消耗应当通过辅助生产部门的“制造费用”账户核算，即应当将表 3-20 调整为表 3-21，分配原材料费用的记账凭证也要做相应的调整。

表 3-21　皖巢公司原材料费用分配表 2

单位：元　　2022 年 8 月　　附单据 18 张

应借账户			直接计入			间接计入		合　计
总账账户	明细账户	成本或费用项目	成本	差异率	成本差异	成本	成本差异	
基本生产成本	WH1 产品	直接材料	600	1%	6	17 951.80	−117.60	18 440.20
	WH2 产品	直接材料				22 903.20	−235.20	22 668
	AH1 产品	直接材料				18 000		18 000
	AH2 产品	直接材料				2 040		2 040
	AH3 产品	直接材料				2 164		2 164
	小　计		600	—	6	63 059	−352.80	63 312.20
辅助生产成本	供水车间	直接材料	700					700
	供电车间	直接材料	800					800
	供汽车间	直接材料	900					900
	小　计		2 400					2 400
制造费用	第一车间	机物料消耗	500					500
	第二车间	机物料消耗	500					500
	供水车间	机物料消耗	200					200
	供电车间	机物料消耗	200					200
	供汽车间	机物料消耗	200					200
	小　计		1 600					1 600
管理费用		物料消耗	100					100
销售费用		包装费	1 000					1 000
合　计			5 700	—	6	63 059	−352.80	68 412.20

会计主管：　　审核：　　制单：

（二）燃料费用的分配

燃料是指企业在生产过程中用来燃烧发热的各种燃料，包括固体、液体和气体等燃料，如煤炭、汽油、天然气等。燃料属于材料的一部分，其费用的归集与分配与上述直接材料费用的归集与分配相同。但是，如果企业基本生产工艺用的燃料费用比重较大，一般可以将其与生产工艺用动力费用合并设立“燃料和动力”成本项目进行核算，并应当在“原材料”账户中分离出燃料，增设“燃料”账户以加强对其的管理。

【例 3-7】 皖巢公司基本生产的产品成本中燃料和动力所占比重较大，为了加强对能源消耗的管理，在产品成本项目中专设了“燃料和动力”项目。承例 3-6 资料，皖巢公司 2022 年 8

月根据燃料领退料凭证等有关凭证统计如下：第一、第二生产车间生产产品领用K燃料分别为2 055.41元、1 332.24元；第一、第二生产车间，供水、供电、供汽车间，公司行政管理部门、销售部门领用K燃料分别为100元、80元、60元、60元、60元、300元、200元。已知第一、第二生产车间生产耗用的K燃料费用，按各产品本月耗用原材料费用比例法分配。假定该公司辅助生产部门不设置“制造费用”账户。

要求：编制该公司2022年8月燃料费用分配表和分配K燃料费用的记账凭证。

根据上述资料编制K燃料费用计算表，如表3-22、表3-23所示。

在表3-22中，燃料费用分配率=2 055.41÷(18 440.20+22 668)=0.05。

在表3-23中，燃料费用分配率=1 332.24÷(18 000+2 040+2 164)=0.06。

表3-22　皖巢公司K燃料费用计算表（耗用原材料费用比例法）1

单位：元　　　　2022年8月　　　　附单据4张

分配对象	耗用原材料费用	分配率	分配额
WH1产品	18 440.20		922.01
WH2产品	22 668		1 133.40
合计	41 108.20	0.05	2 055.41

会计主管：　　　　审核：　　　　制单：

表3-23　皖巢公司K燃料费用计算表（耗用原材料费用比例法）2

单位：元　　　　2022年8月　　　　附单据3张

分配对象	耗用原材料费用	分配率	分配额
AH1产品	18 000		1 080
AH2产品	2 040		122.40
AH3产品	2 164		129.84
合计	22 204	0.06	1 332.24

会计主管：　　　　审核：　　　　制单：

根据上述资料编制K燃料费用分配表，如表3-24所示。

表3-24　皖巢公司K燃料费用分配表 1

单位：元　　　　2022年8月　　　　附单据12张

应借账户			直接计入			间接计入		合　计
总账账户	明细账户	成本或费用项目	成本	差异率	成本差异	成本	成本差异	
基本生产成本	WH1产品	燃料和动力				922.01		922.01
	WH2产品	燃料和动力				1 133.40		1 133.40
	AH1产品	燃料和动力				1 080		1 080
	AH2产品	燃料和动力				122.40		122.40
	AH3产品	燃料和动力				129.84		129.84
	小　计					3 387.65		3 387.65
辅助生产成本	供水车间	燃料费	60					60
	供电车间	燃料费	60					60
	供汽车间	燃料费	60					60
	小　计		180					180
制造费用	第一车间	燃料费	100					100
	第二车间	燃料费	80					80
	小　计		180					180

续表

应借账户			直接计入			间接计入		合 计
总账账户	明细账户	成本或费用项目	成本	差异率	成本差异	成本	成本差异	
管理费用		燃料费	300					300
销售费用		其他	200					200
合 计			860			3 387.65		4 247.65

会计主管： 审核： 制单：

根据表 3-24 编制记账凭证（用会计分录代替）如下：

借：基本生产成本——WH1 产品（燃料和动力） 922.01
——WH2 产品（燃料和动力） 1 133.40
——AH1 产品（燃料和动力） 1 080
——AH2 产品（燃料和动力） 122.40
——AH3 产品（燃料和动力） 129.84
辅助生产成本——供水车间（燃料费） 60
——供电车间（燃料费） 60
——供汽车间（燃料费） 60
制造费用——第一车间（燃料费） 100
——第二车间（燃料费） 80
管理费用——燃料费 300
销售费用——其他 200
贷：燃料 4 247.65

如果该公司辅助生产部门设置“制造费用”账户，那么辅助生产部门发生的燃料费用应当通过辅助生产部门的“制造费用”账户进行核算。企业应当将表 3-24 中“总账账户”中的“辅助生产成本”调整为“制造费用”，如表 3-25 所示，分配燃料费用的记账凭证也要做相应的调整。

表 3-25 皖巢公司燃料费用分配表 2

单位：元 2022 年 8 月 附单据 12 张

应借账户			直接计入			间接计入		合 计
总账账户	明细账户	成本或费用项目	成本	差异率	成本差异	成本	成本差异	
基本生产成本	WH1 产品	燃料和动力				922.01		922.01
	WH2 产品	燃料和动力				1 133.40		1 133.40
	AH1 产品	燃料和动力				1 080		1 080
	AH2 产品	燃料和动力				122.40		122.40
	AH3 产品	燃料和动力				129.84		129.84
	小 计					3 387.65		3 387.65
制造费用	第一车间	燃料费	100					100
	第二车间	燃料费	80					80
	供水车间	燃料费	60					60
	供电车间	燃料费	60					60
	供汽车间	燃料费	60					60
	小 计		360					180
管理费用		燃料费	300					300
销售费用		其他	200					200
合 计			860			3 387.65		4 247.65

会计主管： 审核： 制单：

需要指出的是，若基本生产工艺用的燃料费用未与生产工艺用的动力费用合并专设为“燃料和动力”成本项目，那么企业应当将表3-24、表3-25“总账账户”中的“基本生产成本”的成本项目“燃料和动力”调整为“直接材料”，分配燃料费用的记账凭证也要做相应的调整，并且应当同时将贷方账户“燃料”调整为“原材料”。

（三）周转材料费用的分配

1．包装物费用的分配

包装物是指为了包装本企业商品而储备的各种包装容器，如箱、桶、坛、瓶、袋等。企业在生产经营过程中周转使用（如用于储存和保管产品、材料等）而不对外出售、出租、出借的包装物，按其价值大小和使用期限长短，分别属于固定资产或低值易耗品；单独列作商品产品的自制包装物，属于库存商品。包装物的性质和用途虽然与材料中的原材料不相同，但它也属于原材料的一部分。因此，其费用的归集与分配与上述原材料费用的归集与分配相似。

对于企业在生产过程中用于包装产品作为产品组成部分的包装物费用，属于直接用于产品生产、构成产品实体、专设成本项目的主要材料费用，可以根据领退料凭证直接记入或分配记入有关产品基本生产成本明细账中的“直接材料”成本项目；在销售过程中用于随同产品出售但不单独计价的包装物费用，属于产品促销费用，应当记入“销售费用”账户的借方；在销售过程中用于随同产品出售并单独计价的包装物费用，属于其他经营业务的费用，应当记入“其他业务成本”账户的借方。出借给购买单位使用的包装物的摊销费用，也属于产品促销费用，应当记入“销售费用”账户的借方；出租给购买单位使用的包装物的摊销费用，也属于其他经营业务的费用，应当记入“其他业务成本”账户的借方。

需要指出的是，出借、出租包装物价值的摊销方法一般可以采用一次转销法、五五摊销法（也称五成法）等。但对于采用一次转销法的出借、出租包装物，其价值已在账面上转销，构成了账外财产，因而企业应当在备查簿上进行登记，以加强对其实物管理。

【例3-8】 承例3-1资料，皖巢公司2022年8月根据包装物领退凭证等有关凭证统计如下：第一生产车间生产产品领用L1包装物为2 200元；公司销售部门领用随同产品出售不单独计价的L2包装物、单独计价的L3包装物分别为300元、800元；公司领用出借（采用一次转销法）L4包装物、出租（采用五五摊销法）L5包装物分别为700元、4 000元。已知第一生产车间生产产品耗用的L1包装物费用按各产品本月实际产量比例法分配。

要求：编制该公司2022年8月包装物费用分配表和分配包装物费用的记账凭证。

根据上述资料编制L1包装物费用计算表，如表3-26所示。

表3-26　皖巢公司包装物费用计算表（产品产量比例法）

2022年8月　　　　附单据2张

分配对象	实际产量/件	分配率/（元/件）	分配额/元
WH1产品	100		1 000
WH2产品	120		1 200
合计	220	10	2 200

会计主管：　　　　审核：　　　　制单：

在表3-26中，包装物费用分配率=2 200÷(100+120)=10（元/件）。

根据上述资料及表3-26编制包装物费用分配表，如表3-27所示。

表 3-27 皖巢公司包装物费用分配表

单位：元　　　　　　　　　　　　　　2022 年 8 月　　　　　　　　　　　　　　附单据 5 张

应借账户			直接计入			间接计入		合计
总账账户	明细账户	成本或费用项目	成本	差异率	成本差异	成本	成本差异	
基本生产成本	WH1 产品	直接材料				1 000		1 000
	WH2 产品	直接材料				1 200		1 200
	小　计					2 200		2 200
销售费用		包装物费用	1 000					1 000
其他业务成本		包装物	2 800					2 800
合　计			3 800			2 200		6 000

会计主管：　　　　　　　　　　　　审核：　　　　　　　　　　　　制单：

在表 3-27 中：

“销售费用”账户金额=300+700=1 000（元）；

“其他业务成本”账户金额=800+4 000÷2=2 800（元）。

根据表 3-27 登记有关成本、费用明细账。

根据表 3-27 编制记账凭证（用会计分录代替）如下：

借：基本生产成本——WH1 产品（直接材料）　　1 000
　　　　　　　——WH2 产品（直接材料）　　1 200
　　销售费用——包装物费用　　1 000
　　其他业务成本——包装物　　2 800
　　贷：周转材料——包装物　　6 000

2．低值易耗品摊销费用的分配

低值易耗品是指不作为固定资产核算的各种工具、管理用具、玻璃器皿，以及在经营过程中周转使用的包装容器等各种用具物品。低值易耗品与固定资产都是企业生产经营管理过程中使用的劳动工具，并能在较长时间内保持实物形态不变，只是低值易耗品单位价值较低，品种、数量较多，在会计上被列作流动资产。因此，低值易耗品在使用过程中随着实物磨损其价值逐渐减少的摊销费用也属于材料费用的一部分，其费用的归集与分配与上述原材料费用的归集与分配相似。

需要指出的是，低值易耗品报废时的残值应当冲减其相关的摊销费用。低值易耗品的摊销方法一般可以采用一次转销法、五五摊销法等。但对于采用一次转销法的低值易耗品，其价值已在账面上转销，构成了账外财产，因而企业应当在备查簿上进行登记，以加强对其实物管理。

【例 3-9】 皖巢公司 2022 年 8 月根据低值易耗品领退凭证等有关凭证统计如下：第一、第二生产车间生产产品领用专用工具（采用五五摊销法）分别为 2 000 元、1 200 元；第一、第二生产车间，供水、供电、供汽车间，公司行政管理部门、销售部门领用通用工具（采用一次转销法）分别为 500 元、20 元、50 元、50 元、50 元、100 元、80 元。已知第一、第二生产车间报废原值分别为 3 000 元、1 000 元的专用工具（采用五五摊销法），其残值分别为 40 元、30 元；公司行政管理部门报废通用工具（采用一次转销法）的残值为 20 元。假定该公司辅助生产部门不设置“制造费用”账户。

要求：编制该公司 2022 年 8 月低值易耗品摊销费用分配表和分配低值易耗品摊销费用的记账凭证。

根据上述资料编制低值易耗品摊销费用分配表，如表 3-28 所示。

表 3-28　皖巢公司低值易耗品摊销费用分配表 1

单位：元　　　　　　　　　　　　2022 年 8 月　　　　　　　　　　　　附单据 7 张

应借账户			摊销方法	领用		报废			摊销额
总账账户	明细账户	成本或费用项目		成本	成本差异	成本	成本差异	残值	
辅助生产成本	供水车间	低值易耗品摊销	一次转销法	50					50
	供电车间	低值易耗品摊销	一次转销法	50					50
	供汽车间	低值易耗品摊销	一次转销法	50					50
	小　计								150
制造费用	第一车间	低值易耗品摊销	一次转销法	500					500
			五五摊销法	2 000		3 000		40	2 500
	第二车间	低值易耗品摊销	一次转销法	20					20
			五五摊销法	1 200		1 000		30	1 100
	小　计								4 120
管理费用		低值易耗品摊销	一次转销法	100				20	100
销售费用		低值易耗品摊销	一次转销法	80					80
合　计								90	4 450

会计主管：　　　　　　　　　　　　审核：　　　　　　　　　　　　制单：

在表 3-28 中：

第一车间的“五五摊销法”的摊销额=2 000÷2+3 000÷2=2 500（元）；

第二车间的“五五摊销法”的摊销额=1 200÷2+1 000÷2=1 100（元）。

根据表 3-28 编制记账凭证（用会计分录代替）如下：

借：辅助生产成本——供水车间（低值易耗品摊销）　　50
　　　　　　　　——供电车间（低值易耗品摊销）　　50
　　　　　　　　——供汽车间（低值易耗品摊销）　　50
　　制造费用——第一车间（低值易耗品摊销）　　（500+2 500）3 000
　　　　　　——第二车间（低值易耗品摊销）　　（20+1 100）1 120
　　管理费用——公司经费　　100
　　销售费用——低值易耗品摊销　　80
　　贷：周转材料——低值易耗品　　4 450

同时，

借：原材料　　90
　　贷：制造费用——第一车间（低值易耗品摊销）　　40
　　　　　　　　——第二车间（低值易耗品摊销）　　30
　　　　管理费用——公司经费　　20

如果该公司辅助生产部门设置“制造费用”账户，那么辅助生产部门的“低值易耗品摊销”成本项目应当通过辅助生产部门的“制造费用”账户核算。企业应当将表 3-28“总账账户”中的“辅助生产成本”调整为“制造费用”，如表 3-29 所示，分配低值易耗品摊销费用的记账凭证也要做相应的调整。

表 3-29 皖巢公司低值易耗品摊销费用分配表 2

单位：元　　　　　　　　　　　　2022 年 8 月　　　　　　　　　　　　附单据 7 张

应借账户			摊销方法	领　用		报　废			摊销额
总账账户	明细账户	成本或费用项目		成本	成本差异	成本	成本差异	残值	
制造费用	第一车间	低值易耗品摊销	一次转销法	500					500
			五五摊销法	2 000		3 000		40	2 500
	第二车间	低值易耗品摊销	一次转销法	20					20
			五五摊销法	1 200		1 000		30	1 100
	供水车间	低值易耗品摊销	一次转销法	50					50
	供电车间	低值易耗品摊销	一次转销法	50					50
	供汽车间	低值易耗品摊销	一次转销法	50					50
	小　计								4 270
管理费用		低值易耗品摊销	一次转销法	100				20	100
销售费用		低值易耗品摊销	一次转销法	80					80
合　计								90	4 450

会计主管：　　　　　　　　　　　　审核：　　　　　　　　　　　　制单：

步骤三　核算构成产品成本的外购动力费用

动力费用是指企业在生产经营管理过程中耗用的电力、热力、风力、蒸汽等动力的费用。企业消耗的动力，可以从外单位购买，也可以自制。自制动力（包括对外购动力进行改制）应当由企业辅助生产部门提供，其动力费用的归集与分配将在辅助生产费用的核算中阐述。本节主要阐述外购动力的核算。

外购动力与外购材料类似，只是外购动力没有价值实体形态，企业无法向对外购材料那样对其进行日常收发存核算，因而，外购动力的核算只有外购动力费用的结算和外购动力费用分配的核算。

一、结算外购动力费用

企业外购动力的耗用量一般都可用该动力的测量仪表测量。企业一般是先使用外购动力后付款，因而，外购动力费用结算期与外购动力费用分配期往往不一致。通常，动力提供单位定期根据抄表记录向耗用动力单位开具销售动力发票。外购动力费用结算的明细分类核算一般是由企业出纳人员根据销售动力发票进行银行转账支付，并登记银行存款日记账来完成的，然后由企业往来会计人员根据销售动力发票和银行支付凭证编制记账凭证，并据以进行相关总分类核算和往来款项的明细分类核算。其会计分录为：

借：应付账款——××动力公司

　　贷：银行存款

二、分配外购动力费用

外购动力费用分配的明细分类核算一般是由企业成本核算人员根据本期企业各部门安装的动力仪表显示的耗用数编制本期外购动力费用分配表登记相关成本、费用明细表来完成的，并且可以根据外购动力费用分配表编制记账凭证进行外购动力费用分配的总分类核算和往来款项的明细分类核算。

由于外购动力在使用过程中可能会发生正常损耗，导致企业本期各部门动力仪表显示的耗用数之和与本期企业的总动力仪表显示的耗用数之间存在差异。如果这个差异数较小，为简化分配，企业可将此差异对应的动力费用直接记入“管理费用”账户的借方，按企业各部门仪表显示的耗用动力数以及动力单价计算分配外购动力费用；如果这个差异数较大，应当按总动力仪表显示的耗用数及动力单价计算本期外购动力费用总额，并按企业各部门仪表显示的耗用动力数比例进行分配。

企业各职能部门用动力、各生产部门的工艺用动力和各生产部门的非工艺用动力一般都分别装有动力仪表，但是生产部门生产各产品的工艺用动力一般不再分别安装动力仪表，因而生产部门各产品耗用的工艺用动力一般需要按产品的生产工时、机器工时、定额耗用量等比例分配。

外购动力费用的分配与上述材料费用的分配相同。但是，如果企业基本生产工艺用的动力费用比重较大，一般可以将其与生产工艺用燃料费用合并设立“燃料和动力”成本项目进行核算。

【例 3-10】 皖巢公司基本生产的产品成本中“燃料和动力”所占比重较大，为了加强对能源消耗的管理，在产品成本项目中专设“燃料和动力”项目。2022 年 8 月皖巢公司总电表显示的耗电量为 19 577.5 千瓦时，取得增值税专用发票上注明金额为 15 662 元、税额为 2 036.06 元，款项以银行存款支付。根据该公司各部门电表显示的耗电量统计如下：第一、第二生产车间生产产品工艺耗电量分别为 8 500 千瓦时、8 000 千瓦时；第一、第二生产车间管理耗电分别为 500 千瓦时、300 千瓦时；供水车间、供电车间、供汽车间、公司行政管理部门、销售部门耗电量分别为 400 千瓦时、100 千瓦时、300 千瓦时、600 千瓦时、400 千瓦时。第一、第二生产车间生产工艺耗用的电费分别按各产品的实际生产工时、耗用机器功率时数比例法分配。已知本月用于 WH1、WH2 两种产品生产工时分别为 836.4 小时、906.1 小时；本月生产 AH1、AH2、AH3 三种产品耗用机器功率时数分别为 6 400 千瓦时、750 千瓦时、850 千瓦时。假定该公司辅助生产部门不设置“制造费用”账户。

要求：编制该公司 2022 年 8 月外购电力费用分配表和分配外购电力费用的记账凭证。

根据上述资料可得，2022 年 8 月该公司实际不含税电价=15 662÷(8 500+8 000+500+300+400+100+300+600+400)=0.82（元/千瓦时）。

根据上述资料编制外购电力费用计算表，如表 3-30、表 3-31 所示。

表 3-30 皖巢公司外购电力费用计算表（实际生产工时比例法）

2022 年 8 月　　附单据 1 张

分配对象	实际生产工时/小时	分配率/（元/小时）	分配额/元
WH1 产品	836.4		3 345.6
WH2 产品	906.1		3 624.4
合　计	1 742.5	4	6 970

会计主管：　　审核：　　制单：

在表 3-30 中，外购电力费用分配率=(8 500×0.82)÷(836.4+906.1)=4（元/小时）。

表 3-31 皖巢公司外购电力费用计算表（耗用机器功率时数比例法）

2022 年 8 月　　附单据 1 张

分配对象	机器功率时数/千瓦时	分配率/（元/千瓦时）	分配额/元
AH1 产品	6 400		5 248
AH2 产品	750		615
AH3 产品	850		697
合　计	8 000	0.82	6 560

会计主管：　　审核：　　制单：

在表 3-31 中，外购电力费用分配率=(8 000×0.82)÷(6 400+750+850)=0.82（元/千瓦时）。

根据上述资料及表 3-30、表 3-31 编制外购电力费用分配表，如表 3-32 所示。

表 3-32 皖巢公司外购电力费用分配表 1

电功单位：千瓦时 金额单位：元 2022 年 8 月 附单据 7 张

应借账户			直接计入			间接计入	合 计
总账账户	明细账户	成本或费用项目	电表记录	电费分配率/（元/千瓦时）	分配额		
基本生产成本	WH1 产品	燃料和动力	8 500			3 345.60	3 345.60
	WH2 产品	燃料和动力				3 624.40	3 624.40
	AH1 产品	燃料和动力	8 000			5 248	5 248
	AH2 产品	燃料和动力				615	615
	AH3 产品	燃料和动力				697	697
	小 计		16 500			13 530	13 530
辅助生产成本	供水车间	水电汽	400		328		328
	供电车间	水电汽	100		82		82
	供汽车间	水电汽	300		246		246
	小 计		800		656		656
制造费用	第一车间	水电汽	500		410		410
	第二车间	水电汽	300		246		246
	小 计		800		656		656
管理费用		水电汽	600		492		492
销售费用		水电汽	400		328		328
合 计			19 100	0.82	2 132	13 530	15 662

会计主管： 审核： 制单：

根据表 3-32 编制记账凭证（用会计分录代替）如下：

借：基本生产成本——WH1 产品（燃料和动力） 3 345.60

——WH2 产品（燃料和动力） 3 624.40

——AH1 产品（燃料和动力） 5 248

——AH2 产品（燃料和动力） 615

——AH3 产品（燃料和动力） 697

辅助生产成本——供水车间（水电汽） 328

——供电车间（水电汽） 82

——供汽车间（水电汽） 246

制造费用——第一车间（水电汽） 410

——第二车间（水电汽） 246

管理费用——水电汽 492

销售费用——水电汽 328

应交税费——应交增值税（进项税额） 2 036.06

贷：银行存款 17 698.06

如果该公司辅助生产部门设置“制造费用”账户，那么辅助生产部门发生的水电汽费用应当通过辅助生产部门的“制造费用”账户核算。企业应当将表 3-32 中“总账账户”中的“辅助生产成本”调整为“制造费用”，如表 3-33 所示，分配外购动力费用的记账凭证也要做相应的调整。

表 3-33 皖巢公司外购电力费用分配表 2

电功单位：千瓦时　　金额单位：元　　2022 年 8 月　　附单据 7 张

应借账户			直接计入			间接计入	合　计
总账账户	明细账户	成本或费用项目	电表记录	电费分配率/（元/千瓦时）	分配额		
基本生产成本	WH1 产品	燃料和动力	8 500			3 345.60	3 345.60
	WH2 产品	燃料和动力				3 624.40	3 624.40
	AH1 产品	燃料和动力	8 000			5 248	5 248
	AH2 产品	燃料和动力				615	615
	AH3 产品	燃料和动力				697	697
	小　计		16 500			13 530	13 530
制造费用	第一车间	水电汽	500		410		410
	第二车间	水电汽	300		246		246
	供水车间	水电汽	400		328		328
	供电车间	水电汽	100		82		82
	供汽车间	水电汽	300		246		246
	小　计		1 600		1 312		1 312
管理费用		水电汽	600		492		492
销售费用		水电汽	400		328		328
合　计			19 100	0.82	2 132	13 530	15 662

会计主管：　　审核：　　制单：

需要指出的是，如果基本生产工艺用的动力费用未与生产工艺用的燃料费用合并专设为“燃料和动力”成本项目，那么企业应当将表 3-32、表 3-33“总账账户”中的“基本生产成本”的成本项目“燃料和动力”调整为“制造费用”，分配外购动力费用的记账凭证也要做相应的调整。

步骤四　核算构成产品成本的职工薪酬费用

职工薪酬是指企业为获得职工❶提供的服务或终止劳动合同关系而给予的各种形式的报酬，包括短期薪酬、离职后福利❷、辞退福利❸和其他长期职工福利❹。按照《企业会计准则》规定，企业发生的职工薪酬费用应当按照其性质和用途计入相关成本、费用。因此，构成产品成本的职工薪酬费用的核算，也是产品成本核算的内容。

❶ 职工是指与企业订立劳动合同的所有人员，含全职、兼职和临时职工，也包括虽未与企业订立劳动合同但由企业正式任命的人员。未与企业订立劳动合同或未由其正式任命，但向企业所提供服务与职工所提供服务类似的人员，也属于职工的范畴，包括通过与服务中介公司签订用工合同而向企业提供服务的人员。

❷ 离职后福利是指企业为获得职工提供的服务而在职工退休或与企业解除劳动关系后，提供的各种形式的报酬和福利，短期薪酬和辞退福利除外。

❸ 辞退福利是指企业在职工劳动合同到期之前解除与职工的劳动合同关系，或者为鼓励职工自愿接受裁减而给予职工的补偿。

❹ 其他长期职工福利是指除短期职工薪酬、离职后福利、辞退福利之外所有的职工薪酬，包括长期带薪缺勤、长期残疾福利、长期利润分享计划等。

一、了解常用短期薪酬凭证

短期薪酬是指企业在职工提供相关服务的年度报告期间结束后十二个月内需要全部予以支付的职工薪酬，因解除与职工的劳动关系给予的补偿除外。短期薪酬具体包括职工工资、奖金、津贴和补贴；职工福利费、医疗保险费、工伤保险费和生育保险费等社会保险费；住房公积金、工会经费和职工教育经费，带薪缺勤，利润分享计划，非货币性福利及其他短期薪酬。其中，带薪缺勤是指企业支付工资或提供补偿的职工缺勤，包括年休假、病假、短期伤残、婚嫁、产假、丧假、探亲假等；利润分享计划是指企业与职工达成的基于利润或其他经营成果提供薪酬的协议。

职工工资是其他短期薪酬核算的基础。进行工资费用核算，必须有一定的原始记录作为依据。计算计时工资费用，应当以考勤记录中的工作时间记录为依据；计算计件工资费用，应以产量记录中的产品数量和质量记录为依据；计算工资费用，应当以职工工资卡记录为依据。考勤记录、产量及工时记录和工资卡是工资费用核算的主要原始记录。

1．考勤记录

考勤记录是反映职工出勤和缺勤情况的原始记录。它是计算计时工资的依据，一般可以采用考勤簿或考勤卡的形式。考勤簿的格式一般按部门、班组进行设置，由考勤员逐日登记；考勤卡的记录内容与考勤簿一样，由职工自己通过考勤机完成。

2．产量及工时记录

产量及工时记录是反映职工或生产小组在出勤时间内完成产品的数量、质量和生产产品所用工时数量的原始记录。它是计算计件工资的依据，也为在各种产品之间分配与工时有关的费用提供合理的依据，包括生产通知单、工序进程单、工作班组产量记录等。

3．工资卡

工资卡也称职工工资目录，它是反映每个职工的工资级别、工资标准、工龄及享受的津贴等内容的原始记录。

另外，企业还可能填制废品通知单、停工通知单、工资单、各种奖金津贴发放通知单等原始凭证。

二、归集短期薪酬费用

工资的计算是企业工资费用归集的基础，同时也是企业与职工之间进行工资结算的依据。企业可以根据具体情况采用各种不同的工资制度，其中最基本的工资制度是计时工资制度和计件工资制度。

（一）计算计时工资

计时工资是根据每个职工的考勤记录和规定的工资标准计算的。工资标准按其计量的时间长短不同，主要分为年薪制、月薪制、周薪制、日薪制、小时工资制五种。企业固定职工的计时工资一般按月薪计算；临时职工的计时工资大多按日薪计算，也有按小时工资计算的。

在月薪制下，虽然职工各自的每月月工资标准是相同的，但是由于职工每月出勤和缺勤的情况不同，每月应得计时工资也就不尽相同。

1．缺勤职工应得计时工资的计算

在职工有缺勤的情况下，计算有缺勤职工的应得计时工资有以下两种基本方法。

（1）扣除法，即按月标准工资扣除缺勤工资计算计时工资的方法。其计算公式如下：

某职工应得计时工资=该职工月标准工资−(事假、旷工天数×日标准工资）−
(病假天数×日标准工资×病假扣款率)　　(3-3)

（2）直接法，即按出勤天数直接计算计时工资的方法。其计算公式如下：

某职工应得计时工资=该职工本月出勤天数×日标准工资+
病假天数×日标准工资×(1−病假扣款率)　　(3-4)

2．日标准工资的计算

采用月薪制计算应付工资，由于各月日历日数不同，有的月份 30 日，有的月份 31 日，2 月份则只有 28 日或 29 日，因而同一职工各月的日标准工资不尽相同。在会计实务中，日标准工资一般按以下两种方法之一计算。

（1）每年总天数按国家统计口径 360 天计算，每月固定按 30 天计算；以月工资标准除以 30，算出每月的日标准工资。

（2）每月固定按年日历日数 365 天减去 11 个法定节假日和 104 个周末休息日，再除以 12 个月算出的平均工作日数 20.83 天计算；以月工资标准除以 20.83 算出每月的日标准工资。

3．计时工资的基本计算方法

由于计算缺勤职工应得计时工资有两种基本方法，计算日标准工资也有 30 天和 20.83 天之分，所以二者组合，就产生了计算计时工资的以下四种基本方法：

（1）按 30 日计算日标准工资，并按出勤日数直接计算月工资；

（2）按 30 日计算日标准工资，并按缺勤日数从月工资中扣除；

（3）按 20.83 日计算日标准工资，并按出勤日数直接计算月工资；

（4）按 20.83 日计算日标准工资，并按缺勤日数从月工资中扣除。

在会计实务中，大多数企业采用第二种方法。方法一经选定，企业不得随意变更。

需要指出的是，在按 30 天计算日标准工资的企业中，由于节假日也计算日标准工资，因而出勤期间的节假日视同出勤，也按出勤日计算工资；事假、病假等缺勤期间的节假日视同缺勤，也按缺勤日扣除工资。在按 20.83 天计算日标准工资的企业中，由于节假日不计算日标准工资，因而出勤期间的节假日不视同出勤，不按出勤日计算工资；事假、病假等缺勤期间的节假日不视同缺勤，不按缺勤日扣除工资。

【例 3-11】 江城公司 2022 年 8 月第一生产车间工人张乐业月标准工资为 6 249 元，全月双休日为 8 天，该工人全月病假为 4 天（其中 1 天是法定休息日），事假为 2 天，出勤为 18 天。假定该人病假期间该公司支付 80%工资。

要求：

（1）按 30 日计算日标准工资，并按出勤日数直接计算张乐业 8 月份的工资；

（2）按 30 日计算日标准工资，并按缺勤日数扣除计算张乐业 8 月份的工资；

（3）按 20.83 日计算日标准工资，并按出勤日数直接计算张乐业 8 月份的工资；

（4）按 20.83 日计算日标准工资，并按缺勤日数扣除计算张乐业 8 月份的工资。

根据上述资料，按 30 日计算，张乐业的日标准工资=6 249÷30=208.30（元）；按 20.83 日计算，张乐业的日标准工资=6 249÷20.83=300（元）。

（1）按 30 日计算日标准工资，按出勤日数直接计算张乐业 8 月份的工资：

[18+(8−1)]× 208.30+4×208.30×80%=5 874.06（元）；

（2）按 30 日计算日标准工资，按缺勤日数扣除计算张乐业 8 月份的工资：

6 249−2×208.30−4×208.30×(1−80%)=5 665.76（元）；

（3）按 20.83 日计算日标准工资，按出勤日数直接计算张乐业 8 月份的工资：

18×300+(4−1)× 300×80%=6 120（元）；

（4）按 20.83 日计算日标准工资，按缺勤日数扣除计算张乐业 8 月份的工资：

6 249−2×300−(4−1)×300×(1−80%)=5 469（元）。

（二）计算计件工资

一般情况下，计件工资是针对生产工人所采用的计算方法。采用计件工资制时，根据产量和工时记录中登记的某一生产工人或班组完成的工作量，乘以事前规定的单位计件工资进行计算。计件工资按照结算对象不同，可分为个人计件工资和集体计件工资两种。

1．个人计件工资的计算

职工的计件工资应根据产量记录中登记的每一工人的产品产量，乘以规定的单位计件工资计算。同一工人在同一月份内可能从事单位计件工资不同的各种产品的生产，因而个人计件工资的计算公式为：

$$个人计件工资=\Sigma(月份内生产的每种产品的产量\times该种产品单位计件工资) \quad (3\text{-}5)$$

式（3-5）中的产量包括合格品产量和不是由于工人本人过失造成的料废品的产量；由于本人过失造成的工废品的产量，不仅不计算工资，有的还应当由工人赔偿损失。式（3-5）中的该种产品单位计件工资是根据某工人生产单位产品所需要的工时定额和该工人的小时工资率计算求出的。

需要指出的是，企业质检部门在产品生产过程中发现的料废品，因其没有完成整个加工过程，因而就不能按单位计件工资全额计算计件工资，需要采用适当的标准折合计算计件工资。

【例 3-12】 江城公司 2022 年 8 月第二生产车间工人李敬业加工 B1 产品为 200 件；B2 产品为 120 件，其中合格品为 100 件，工废品为 12 件，料废品为 8 件（4 件在加工过程中发现，每件平均完成工时定额 0.20 小时，其余 4 件在完工后发现）。已知 B1、B2 产品的工时定额分别为 0.10 小时/件、0.40 小时/件；李敬业的小时工资率为 40 元/小时。

要求：试计算李敬业 2022 年 8 月的计件工资。

根据上述资料，B1 产品的单位计件工资=0.1×40=4（元/件），

B2 产品的单位计件工资=0.4× 40=16（元/件）。

李敬业 2022 年 8 月的计件工资=200×4+[100+4+4×(0.2÷0.4)]×16=2 496（元）。

2．集体计件工资的计算

集体计件工资是根据某一集体完成各种产品的产量和核定的各产品单位计件工资计算，并与集体进行结算的工资。集体计件工资还需要在集体内部各人之间按照贡献大小进行分配。由于工人的级别或工资标准一般体现工人劳动的质量和技术水平，工作日数一般体现劳动的数量，因而集体内部大多按每人的日工资标准（或小时工资率）和工作日数（或工时数）的乘积比例进行分配。其计算公式为：

$$集体计件工资分配率=\frac{集体计件工资总额}{\sum(每人的日工资标准或小时工资率\times该人工作日数或工时数)} \quad (3\text{-}6)$$

【例 3-13】 江城公司 2022 年 8 月第二生产车间工人王大力、赵文明、钱才玉三人小组共加工 B1 产品为 700 件；B2 产品为 400 件，其中合格品为 370 件，工废品为 20 件，料废品为 10 件（全部在完工后发现）。已知核定的 B1、B2 产品单位计件工资分别为 3 元/件、12 元/件；王大力、赵文明、钱才玉三人的小时工资率分别为 20 元/小时、30 元/小时、40 元/小时，三人的工作时间分别为 80 小时、70 小时、60 小时。

要求：试分别计算王大力、赵文明、钱才玉三人 2022 年 8 月的计件工资。

根据上述资料：

王大力、赵文明、钱才玉三人的集体计件工资=700×3+(370+10)×12=6 660（元）；

集体计件工资分配率=6 660÷(20×80+30×70+40×60)=1.091 8；

王大力 2022 年 8 月的计件工资=20×80×1.091 8=1 746.88（元）；

赵文明 2022 年 8 月的计件工资=30×70×1.091 8=2 292.78（元）；

钱才玉 2022 年 8 月的计件工资=6 660−1 746.88−2 292.78=2 620.34（元）。

企业工资核算人员每月应当根据计算出的职工工资，结合相关工资费用凭证，为每位职工编制工资结算单，单中列出每位职工的应发工资、各项扣款、实发工资等，并依据工资结算单编制企业部门的工资结算汇总表，作为企业与职工进行工资结算和工资费用归集的明细分类核算的依据。

三、分配短期薪酬费用

企业工资费用的明细分类核算，可以由企业成本核算人员依据工资结算单，并按照企业部门编制工资费用分配表登记有关成本、费用明细账来完成。工资费用的总分类核算，可以依据工资结算汇总表或工资费用分配表编制记账凭证进行工资费用分配来完成。

在进行工资费用分配时，企业对于直接进行产品生产发生的生产工人计件工资费用，属于直接计入费用，应当根据工资费用分配表直接记入该种产品成本的“直接人工”成本项目；如果是直接进行产品生产发生的生产工人计时工资费用，则属于间接计入费用，可以按产品生产的实际人工工时或定额人工工时比例分配记入各有关产品成本的“直接人工”成本项目。对于直接进行产品生产发生的奖金、津贴和补贴等职工薪酬，应当按照直接记入工资比例或生产工时比例分配记入各有关产品成本的“直接人工”成本项目。

【例 3-14】 承例 3-2、例 3-10 资料，皖巢公司 2022 年 8 月根据该公司各部门工资结算单统计如下：第一、第二生产车间，供水、供电、供汽车间生产工人工资分别为 17 425 元、22 360 元、1 000 元、1 000 元、1 000 元；第一、第二生产车间管理，供水、供电、供汽车间管理，公司行政管理部门，销售部门人员工资分别为 2 000 元、3 000 元、600 元、600 元、600 元、5 000 元、3 000 元。第一、第二生产车间生产工人工资分别按各产品的实际耗用人工工时、定额人工工时比例法分配。已知用于 AH1、AH2、AH3 三种产品生产的人工工时定额分别为 2 小时/件、1.8 小时/件、2.2 小时/件。假定该公司辅助生产部门不设置“制造费用”账户。

要求：编制该公司 2022 年 8 月的工资费用分配表和分配工资费用的记账凭证。

根据上述资料编制工资费用计算表，如表 3-34、表 3-35 所示。

表 3-34 皖巢公司工资费用计算表（实际人工工时比例法）

2022 年 8 月 附单据 1 张

分配对象	实际人工工时/小时	分配率/（元/小时）	分配额/元
WH1 产品	836.4		8 364
WH2 产品	906.1		9 061
合 计	1 742.5	10	17 425

会计主管： 审核： 制单：

在表 3-34 中，工资费用分配率=17 425÷(836.4+906.1)=10（元/小时）。

表 3-35　皖巢公司工资费用计算表（定额人工工时比例法）

2022 年 8 月　　附单据 1 张

分配对象	人工工时定额/（小时/件）	实际产量/件	定额人工工时/小时	分配率/（元/小时）	分配额/元
AH1 产品	2	900	1 800		18 000
AH2 产品	1.80	120	216		2 160
AH3 产品	2.20	100	220		2 200
合　计			2 236	10	22 360

会计主管：　　审核：　　制单：

在表 3-35 中，工资费用分配率=22 360÷(1 800+216+220)=10（元/小时）。

根据上述资料及表 3-34、表 3-35 编制工资费用分配表，如表 3-36 所示。

表 3-36　皖巢公司工资费用分配表 1

单位：元　　2022 年 8 月　　附单据 5 张

应借账户			直接计入	间接计入	合　计
总账账户	明细账户	成本或费用项目			
基本生产成本	WH1 产品	直接人工		8 364	8 364
	WH2 产品	直接人工		9 061	9 061
	AH1 产品	直接人工		18 000	18 000
	AH2 产品	直接人工		2 160	2 160
	AH3 产品	直接人工		2 200	2 200
	小　计			39 785	39 785
辅助生产成本	供水车间	职工薪酬	1 600		1 600
	供电车间	职工薪酬	1 600		1 600
	供汽车间	职工薪酬	1 600		1 600
	小　计		4 800		4 800
制造费用	第一车间	间接人工	2 000		2 000
	第二车间	间接人工	3 000		3 000
	小　计		5 000		5 000
管理费用		职工薪酬	5 000		5 000
销售费用		职工薪酬	3 000		3 000
合　计			17 800	39 785	57 585

会计主管：　　审核：　　制单：

在表 3-36 中，供水车间的“辅助生产成本”中“职工薪酬”=直接人工+间接人工=1 000+600=1 600（元）。

根据表 3-36 编制记账凭证（用会计分录代替）如下：

借：基本生产成本——WH1 产品（直接人工）　8 364

　　　　　　　　——WH2 产品（直接人工）　9 061

　　　　　　　　——AH1 产品（直接人工）　18 000

　　　　　　　　——AH2 产品（直接人工）　2 160

　　　　　　　　——AH3 产品（直接人工）　2 200

　　辅助生产成本——供水车间（职工薪酬）　1 600

　　　　　　　　——供电车间（职工薪酬）　1 600

——供汽车间（职工薪酬） 1 600
制造费用——第一车间（间接人工） 2 000
——第二车间（间接人工） 3 000
管理费用——职工薪酬 5 000
销售费用——职工薪酬 3 000
贷：应付职工薪酬——短期薪酬（工资） 57 585

如果该公司辅助生产部门设置“制造费用”账户，那么辅助生产部门发生的“间接人工”应当通过辅助生产部门的“制造费用”账户核算。企业应当将表3-36中“总账账户”中的“辅助生产成本”里的“职工薪酬”成本项目调整为“直接人工”，如表3-37所示，分配工资费用的记账凭证也要做相应的调整。

表3-37 皖巢公司工资费用分配表 2

单位：元 2022年8月 附单据5张

应借账户			直接计入	间接计入	合计
总账账户	明细账户	成本或费用项目			
基本生产成本	WH1产品	直接人工		8 364	8 364
	WH2产品	直接人工		9 061	9 061
	AH1产品	直接人工		18 000	18 000
	AH2产品	直接人工		2 160	2 160
	AH3产品	直接人工		2 200	2 200
	小计			39 785	39 785
辅助生产成本	供水车间	直接人工	1 000		1 000
	供电车间	直接人工	1 000		1 000
	供汽车间	直接人工	1 000		1 000
	小计		3 000		3 000
制造费用	第一车间	间接人工	2 000		2 000
	第二车间	间接人工	3 000		3 000
	供水车间	间接人工	600		600
	供电车间	间接人工	600		600
	供汽车间	间接人工	600		600
	小计		6 800		6 800
管理费用		职工薪酬	5 000		5 000
销售费用		职工薪酬	3 000		3 000
合计			17 800	39 785	57 585

会计主管： 审核： 制单：

【例3-15】 承例3-14资料，皖巢公司2022年8月分别按工资总额的10%、0.5%、8%计提住房公积金、生育保险费、医疗保险费。

要求：编制该公司2022年8月计提的其他短期薪酬费用分配表和计提的其他短期薪酬费用的记账凭证。

根据上述资料编制计提的其他短期薪酬费用分配表，如表3-38所示。

表 3-38 皖巢公司计提的其他短期薪酬费用分配表 1

单位：元　　2022 年 8 月　　附单据 1 张

应借账户			工资总额	住房公积金	生育保险费	医疗保险费	合 计
总账账户	明细账户	成本或费用项目					
基本生产成本	WH1 产品	直接人工	8 364	836.40	41.82	669.12	1 547.34
	WH2 产品	直接人工	9 061	906.10	45.31	724.88	1 676.29
	AH1 产品	直接人工	18 000	1 800	90	1 440	3 330
	AH2 产品	直接人工	2 160	216	10.80	172.80	399.60
	AH3 产品	直接人工	2 200	220	11	176	407
	小 计		39 785	3 978.50	198.93	3 182.80	7 360.23
辅助生产成本	供水车间	职工薪酬	1 600	160	8	128	296
	供电车间	职工薪酬	1 600	160	8	128	296
	供汽车间	职工薪酬	1 600	160	8	128	296
	小 计		4 800	480	24	384	888
制造费用	第一车间	间接人工	2 000	200	10	160	370
	第二车间	间接人工	3 000	300	15	240	555
	小 计		5 000	500	25	400	925
管理费用		职工薪酬	5 000	500	25	400	925
销售费用		职工薪酬	3 000	300	15	240	555
合 计			57 585	5 758.50	287.93	4 606.80	10 653.23

会计主管：　　审核：　　制单：

根据表 3-38 编制记账凭证（用会计分录代替）如下：

借：基本生产成本——WH1 产品（直接人工）　1 547.34
　　　　　　　　——WH2 产品（直接人工）　1 676.29
　　　　　　　　——AH1 产品（直接人工）　3 330
　　　　　　　　——AH2 产品（直接人工）　399.60
　　　　　　　　——AH3 产品（直接人工）　407
　　辅助生产成本——供水车间（职工薪酬）　296
　　　　　　　　——供电车间（职工薪酬）　296
　　　　　　　　——供汽车间（职工薪酬）　296
　　制造费用——第一车间（间接人工）　370
　　　　　　——第二车间（间接人工）　555
　　管理费用——职工薪酬　925
　　销售费用——职工薪酬　555
　　贷：应付职工薪酬——短期薪酬（住房公积金）　5 758.50
　　　　　　　　　　——短期薪酬（生育保险费）　287.93
　　　　　　　　　　——短期薪酬（医疗保险费）　4 606.80

如果该公司辅助生产部门设置“制造费用”账户，那么辅助生产部门发生的“间接人工”应当通过辅助生产部门的“制造费用”账户核算。企业应当将表 3-38 中“总账账户”中的“辅助生产成本”里的“职工薪酬”成本项目调整为“直接人工”，如表 3-39 所示，计提的其他短期职工薪酬费用的记账凭证也要做相应的调整。

表 3-39 皖巢公司计提的其他短期薪酬费用分配表 2

单位：元　　　　2022 年 8 月　　　　附单据 1 张

应借账户			工资总额	住房公积金	生育保险费	医疗保险费	合　计
总账账户	明细账户	成本或费用项目					
基本生产成本	WH1 产品	直接人工	8 364	836.40	41.82	669.12	1 547.34
	WH2 产品	直接人工	9 061	906.10	45.31	724.88	1 676.29
	AH1 产品	直接人工	18 000	1 800	90	1 440	3 330
	AH2 产品	直接人工	2 160	216	10.80	172.80	399.60
	AH3 产品	直接人工	2 200	220	11	176	407
	小　计		39 785	3 978.50	198.93	3 182.80	7 360.23
辅助生产成本	供水车间	直接人工	1 000	100	5	80	185
	供电车间	直接人工	1 000	100	5	80	185
	供汽车间	直接人工	1 000	100	5	80	185
	小　计		3 000	300	15	240	555
制造费用	第一车间	间接人工	2 000	200	10	160	370
	第二车间	间接人工	3 000	300	15	240	555
	供水车间	间接人工	600	60	3	48	111
	供电车间	间接人工	600	60	3	48	111
	供汽车间	间接人工	600	60	3	48	111
	小　计		6 800	680	34	544	1 258
管理费用		职工薪酬	5 000	500	25	400	925
销售费用		职工薪酬	3 000	300	15	240	555
合　计			57 585	5 758.50	287.93	4 606.80	10 653.23

会计主管：　　　　审核：　　　　制单：

特别指出的是，为了体现企业福利人员的职工福利费，企业福利部门人员发生的职工福利费，应当记入“管理费用”账户的借方。

需要指出的是，其他职工薪酬费用的分配与短期薪酬费用的分配相似。

步骤五　核算构成产品成本的折旧及其他费用

按照《企业产品成本核算制度（试行）》规定，除材料费用、外购动力费用、职工薪酬费用构成工业企业产品成本外，折旧费用、其他费用也是产品成本的重要组成部分。因此，折旧及其他费用的核算，也是产品成本核算的内容。

一、核算折旧费用

固定资产在生产经营管理过程中由于发生有形损耗或无形损耗而逐渐转移的价值，称为固定资产折旧。固定资产通过折旧的形式分期转入产品成本及期间费用的价值，称为折旧费用。

1．归集固定资产折旧费用

固定资产折旧费用的计算是企业固定资产折旧费用归集的基础。根据《企业会计准则》规定，企业应当根据固定资产的性质和消耗方式，合理地确定固定资产的预计使用年限和预计净残值，并根据固定资产的预期经济利益实现方式，选择合理的固定资产折旧方法，以保证产品成本核算的正确性。固定资产折旧方法可以采用年限平均法、工作量法、双倍余额递减法、年数总和法等方法。方法一经确定，不得随意变更。固定资产折旧费用的归集，一般是由企业固定资产核算人员根据每项固定资产的相关资料编制固定资产折旧计算表登记固定资产累计折旧明细分类账完成的。但是如果同类固定资产的使用情况大体相同，为简化计算工作，固定资产折旧计算表也可以按该类固定资产的相关资料来编制。

2．分配固定资产折旧费用

固定资产折旧费用分配的明细分类核算一般由企业成本核算人员根据固定资产折旧计算表等相关资料，结合固定资产的使用部门来编制固定资产折旧费用分配表，登记相关成本、费用明细账。固定资产折旧费用分配和固定资产累计折旧的总分类核算一般可以由企业固定资产核算人员根据固定资产折旧计算表等相关资料和固定资产的使用部门汇总的固定资产折旧计算汇总表来完成，也可以根据固定资产折旧费用分配表来完成。

对于属于折旧范围的固定资产，企业应当按年计算，分月计提折旧。当月增加的固定资产，当月不提折旧，从下月起计提折旧；当月减少的固定资产，当月照提折旧，从下月起不提折旧。固定资产提足折旧后，不管能否继续使用，均不再提取折旧；提前报废的固定资产，也不再补提折旧。

在编制固定资产折旧费用分配表时，本月固定资产应提折旧额通常是按下列公式计算的：

$$\text{本月应提折旧额}=\text{上月应提折旧额}\pm\text{本月折旧调整额}+\text{上月增加固定资产本月应提折旧额}-\text{上月减少固定资产上月应提折旧额} \quad (3\text{-}7)$$

【例 3-16】 皖巢公司 2022 年 7 月编制的固定资产折旧费用分配表中列示的第一、第二生产车间，供水、供电、供汽车间，公司行政管理部门，销售部门本月应提折旧额分别为 15 000 元、15 000 元、1 000 元、1 000 元、1 000 元、22 000 元、5 000 元。已知 2022 年 7 月第一车间使用的甲设备固定资产折旧计算表如表 3-40 所示，第二车间报废的乙设备固定资产折旧计算表如表 3-41 所示，行政管理部门新增的丙类设备固定资产折旧计算表如表 3-42 所示，其余固定资产本月折旧额与上月折旧额保持不变，固定资产均无减值。假定该公司辅助生产部门不设置“制造费用”账户。

要求：编制该公司 2022 年 8 月固定资产折旧费用分配表和分配固定资产折旧费用的记账凭证。

表 3-40　皖巢公司甲设备固定资产折旧计算表（双倍余额递减法）

名称：甲设备　　取得时间：2021 年 7 月 6 日　　取得原值：300 000 元

使用部门：第一车间　　折旧年限：5 年　　单位：元　　预计净残值率：3%

序号	折旧年度	年初应提折旧额	年折旧率	年折旧额	每月折旧额	累计折旧	累计减值	年末账面价值
1	2021 年 8 月—2022 年 7 月	300 000	40%	120 000	10 000	120 000	0	180 000
2	2022 年 8 月—2023 年 7 月	180 000	40%	72 000	6 000	192 000	0	108 000
3	2023 年 8 月—2024 年 7 月	108 000	40%	43 200	3 600	235 200	0	64 800
4	2024 年 8 月—2025 年 7 月	64 800	—	27 900	2 325	263 100	0	36 900
5	2025 年 8 月—2026 年 7 月	36 900	—	27 900	2 325	291 000	0	9 000

会计主管：　　审核：　　制单：

表 3-41 皖巢公司乙设备固定资产折旧计算表（年数总和法）

名称：乙设备　　取得时间：2019 年 9 月 19 日　　取得原值：187 500 元
使用部门：第二车间　　折旧年限：4 年　　单位：元　　预计净残值率：4%

序号	折旧年度	年初应提折旧额	年折旧率	年折旧额	每月折旧额	累计折旧	累计减值	年末账面价值
0								187 500
1	2019 年 10 月—2020 年 9 月	180 000	40%	72 000	6 000	72 000	0	115 500
2	2020 年 10 月—2021 年 9 月	180 000	30%	54 000	4 500	126 000	0	61 500
3	2021 年 10 月—2022 年 9 月	180 000	20%	36 000	3 000	162 000	0	25 500
4	2022 年 10 月—2023 年 9 月	180 000	10%	18 000	1 500	180 000	0	7 500

会计主管：　　审核：　　制单：

表 3-42 皖巢公司丙类设备固定资产折旧计算表（年数总和法）

名称：丙类设备　　取得时间：2022 年 7 月 20 日　　取得原值：24 000 元
使用部门：行政管理部门　　折旧年限：4 年　　单位：元　　预计净残值率：5%

年份序号	折旧年度	年初应提折旧额	年折旧率	年折旧额	每月折旧额	累计折旧	累计减值	年末账面价值
0								24 000
1	2022 年 8 月—2023 年 7 月	22 800	40%	9 120	760	9 120	0	14 880
2	2023 年 8 月—2024 年 7 月	22 800	30%	6 840	570	15 960	0	8 040
3	2024 年 8 月—2025 年 7 月	22 800	20%	4 560	380	20 520	0	3 480
4	2025 年 8 月—2026 年 7 月	22 800	10%	2 280	190	22 800	0	1 200

会计主管：　　审核：　　制单：

根据上述资料编制固定资产折旧费用分配表，如表 3-43 所示。

表 3-43 皖巢公司固定资产折旧费用分配表 1

单位：元　　2022 年 8 月　　附单据 17 张

应借账户			上月应提折旧额	本月折旧调整额	上月增加固定资产本月应提折旧额	上月减少固定资产上月应提折旧额	本月应提折旧额
总账账户	明细账户	成本或费用项目					
辅助生产成本	供水车间	折旧费	1 000				1 000
	供电车间	折旧费	1 000				1 000
	供汽车间	折旧费	1 000				1 000
	小　计		3 000				3 000
制造费用	第一车间	折旧费	15 000	−4 000			11 000
	第二车间	折旧费	15 000			3 000	12 000
	小　计		30 000	−4 000		3 000	23 000
管理费用		折旧费	22 000		760		22 760
销售费用		折旧费	5 000				5 000
合　计			60 000	−4 000	760	3 000	53 760

会计主管：　　审核：　　制单：

由表 3-40 可知，第一车间使用的甲设备 2022 年 8 月与 2022 年 7 月的折旧额的差额为：6 000−10 000=−4 000（元），所以，表 3-43 中第一生产车间 2022 年 8 月固定资产折旧调整额为−4 000 元。

由表 3-41 可知，第二车间报废的乙设备 2022 年 7 月的折旧额为 3 000 元。

由表 3-42 可知，行政管理部门新增的丙类管理设备 2022 年 8 月的折旧额为 760 元。

根据表 3-43 编制记账凭证（用会计分录代替）如下：

借：辅助生产成本——供水车间（折旧费） 1 000

——供电车间（折旧费） 1 000

——供汽车间（折旧费） 1 000

制造费用——第一车间（折旧费） 11 000

——第二车间（折旧费） 12 000

管理费用——折旧费 22 760

销售费用——折旧费 5 000

贷：累计折旧 53 760

如果该公司辅助生产部门设置"制造费用"账户，那么辅助生产部门发生的"折旧费"应当通过辅助生产部门的"制造费用"账户核算。企业应当将表 3-43 中"总账账户"中的"辅助生产成本"调整为"制造费用"，如表 3-44 所示，分配固定资产费用的记账凭证也要做相应的调整。

表 3-44 皖巢公司固定资产折旧费用分配表 2

单位：元　　　　2022 年 8 月　　　　附单据 17 张

应借账户			上月应提折旧额	本月折旧调整额	上月增加固定资产本月应提折旧额	上月减少固定资产上月应提折旧额	本月应提折旧额
总账账户	明细账户	成本或费用项目					
制造费用	第一车间	折旧费	15 000	-4 000			11 000
	第二车间	折旧费	15 000			3 000	12 000
	供水车间	折旧费	1 000				1 000
	供电车间	折旧费	1 000				1 000
	供汽车间	折旧费	1 000				1 000
	小　计		33 000	-4 000		3 000	26 000
管理费用		折旧费	22 000		760		22 760
销售费用		折旧费	5 000				5 000
合　计			60 000	-4 000	760	3 000	53 760

会计主管：　　　　审核：　　　　制单：

二、核算其他费用

其他费用是指除前面所述各项要素费用以外的费用，包括邮电费、租赁费、印刷费、办公费、试验检验费、排污费、差旅费、保险费、费用性税金等。当这些费用实际发生时，企业应当按照耗用的部门和用途进行合理的分配。对于构成产品成本组成部分的其他费用，通常不专门设立成本项目，一般在发生时记入"制造费用"账户的借方。

【例 3-17】 皖巢公司 2022 年 8 月发生的其他费用情况，根据有关凭证统计如下：第一、第二生产车间，供水、供电、供汽车间，公司行政管理部门，销售部门发生的办公费分别为 600 元、600 元、100 元、100 元、100 元、2 000 元、1 000 元，发生的其他费用分别为 700 元、700 元、80 元、80 元、80 元、1 500 元、800 元；第一、第二生产车间摊销的固定资产租赁费（租期三年）分别为 500 元、400 元，销售部门发生的广告费、行政管理部门发生的业务招待费分别为 50 000 元、2 000 元，应纳房产税、车船税、城镇土地使用税合计为 8 000 元，计提分期付息的不符合资本化条件的长期借款利息为 2 000 元。假定该公司辅助生产部门不设置"制造费用"账户，且不考虑其他因素。

要求：编制该公司 2022 年 8 月其他费用分配表和分配其他费用的记账凭证。

根据上述资料，编制其他费用分配表，如表 3-45 所示。

表 3-45 皖巢公司其他费用分配表 1

单位：元　　　　2022 年 8 月　　　　附单据 25 张

应借账户			直接计入	间接计入	合 计	备 注
总账账户	明细账户	成本或费用项目				
辅助生产成本	供水车间	办公费	100		100	银付
		其他	80		80	银付
	供电车间	办公费	100		100	银付
		其他	80		80	银付
	供汽车间	办公费	100		100	银付
		其他	80		80	银付
	小 计		540		540	
制造费用	第一车间	办公费	600		600	银付
		租赁费		500	500	摊销
		其他	700		700	银付
	第二车间	办公费	600		600	银付
		租赁费		400	400	摊销
		其他	700		700	银付
	小 计		2 600	900	3 500	
管理费用		办公费	2 000		2 000	银付
		业务招待费	2 000		2 000	银付
		其他	1 500		1 500	银付
		小 计	5 500		5 500	
销售费用		办公费	1 000		1 000	银付
		广告费	50 000		50 000	银付
		其他	800		800	银付
		小 计	51 800		51 800	
税金及附加		房产税等		8 000	8 000	预提
财务费用		利息		2 000	2 000	预提
合 计			60 440	10 900	71 340	

会计主管：　　　　审核：　　　　制单：

根据表 3-45 编制记账凭证（用会计分录代替）如下：

借：辅助生产成本——供水车间　　180
　　　　　　　——供电车间　　180
　　　　　　　——供汽车间　　180
　　制造费用——第一车间　　1 800
　　　　　　——第二车间　　1 700
　　管理费用　　5 500
　　销售费用　　51 800
　　税金及附加　　8 000
　　财务费用　　2 000
　　贷：银行存款　　60 440
　　　　长期待摊费用　　900
　　　　应交税费　　8 000
　　　　应付利息　　2 000

如果该公司辅助生产部门设置“制造费用”账户，那么辅助生产部门发生的“其他费用”应当通过辅助生产部门的“制造费用”账户核算。企业应当将表 3-45“总账账户”中的“辅助生产成本”调整为“制造费用”，如表 3-46 所示，分配其他费用的记账凭证也要做相应的调整。

表 3-46　皖巢公司其他费用分配表 2

单位：元　　　　2022 年 8 月　　　　附单据 25 张

应借账户			直接计入	间接计入	合　计	备　注
总账账户	明细账户	成本或费用项目				
制造费用	第一车间	办公费	600		600	银付
		租赁费		500	500	摊销
		其他	700		700	银付
	第二车间	办公费	600		600	银付
		租赁费		400	400	摊销
		其他	700		700	银付
	供水车间	办公费	100		100	银付
		其他	80		80	银付
	供电车间	办公费	100		100	银付
		其他	80		80	银付
	供汽车间	办公费	100		100	银付
		其他	80		80	银付
	小　计		3 140	900	4 040	
管理费用		办公费	2 000		2 000	银付
		业务招待费	2 000		2 000	银付
		其他	1 500		1 500	银付
		小　计	5 500		5 500	
销售费用		办公费	1 000		1 000	银付
		广告费	50 000		50 000	银付
		其他	800		800	银付
		小　计	51 800		51 800	
税金及附加		房产税等		8 000	8 000	预提
财务费用		利息		2 000	2 000	预提
合　计			60 440	10 900	71 340	

会计主管：　　　　审核：　　　　制单：

训练巩固篇

在线测试三

【实训题】

1．江城公司 2022 年 8 月第一车间生产 A、B 两种产品分别为 500 件、400 件，共同耗用原材料为 5 050 千克，实际单价为 10 元/千克；共同耗用燃料为 3 960 千克，实际单价为 2 元/千克。已知 A、B 两种产品的原材料消耗定额分别为 6 千克/件、5 千克/件，燃料消耗定额分别为 4 千克/件、5 千克/件。假设该公司基本生产成本明细账设置“燃料和动力”成本项目。

要求：

（1）按材料定额消耗量比例分配原材料费用，并填制表3-47。

表3-47 江城公司原材料费用计算表（定额消耗量比例法）

2022年8月　　　　成本差异率：　　　　附单据　张

分配对象	消耗定额/（千克/件）	实际产量/件	定额消耗量/千克	分配率	实际消耗量/千克	单价/（元/千克）	分配额/元	成本差异/元

会计主管：　　　　审核：　　　　制单：

（2）编制分配原材料费用的记账凭证。

（3）按燃料定额成本比例分配燃料费用，并填制表3-48。

表3-48 江城公司燃料费用计算表（定额成本比例法）

2022年8月　　　　成本差异率：　　　　附单据　张

分配对象	消耗定额/（千克/件）	单价/（元/千克）	成本定额/（元/件）	实际产量/件	定额成本/元	分配率	分配额/元	成本差异/元

会计主管：　　　　审核：　　　　制单：

（4）编制该公司分配燃料费用的记账凭证。

2. 江城公司2022年8月根据低值易耗品领退凭证等有关凭证统计如下：第一生产车间生产产品领用专用工具（采用五五摊销法）为2 000元，成本差异率为−2%；第二生产车间生产产品领用通用工具（采用一次转销法）为500元，成本差异率为1%。已知第二生产车间报废通用工具（采用一次转销法）的残值为20元。

要求：

（1）编制该公司第一生产车间领用专用工具的记账凭证。

（2）编制该公司2022年8月低值易耗品摊销费用分配表，如表3-49所示。

（3）编制该公司分配低值易耗品摊销费用的记账凭证。

（4）编制该公司第二生产车间报废通用工具的记账凭证。

表3-49 江城公司低值易耗品摊销费用分配表

单位：元　　　　2022年8月　　　　附单据　张

应借账户			摊销方法	领用		报废			摊销额
总账账户	明细账户	成本或费用项目		成本	成本差异	成本	成本差异	残值	

会计主管：　　　　审核：　　　　制单：

3. 江城公司2022年8月25日通过银行转账支付外购电力费用，取得增值税专用发票上注明金额为55 920元、税额为7 269.6元。8月月末该公司总电表指示耗电量为70 212.5千瓦时，不含税单价为 0.8 元/千瓦时。第一、第二生产车间生产工艺用电量分别为 35 000 千瓦时、30 000 千瓦时，第一、第二生产车间照明用电量分别为 300 千瓦时、200 千瓦时，公司行政管理部门用电量为 3 000 千瓦时。已知按耗用电量分配电力费用，A、B 两产品按生产工时比例分配电力费用，A、B 产品生产工时分别为 2 600 小时、2 400 小时。

要求：

（1）编制该公司 2022 年 8 月 25 日支付外购电力费用的记账凭证。

（2）编制该公司 2022 年 8 月外购电力费用分配表，如表 3-50 所示。

表 3-50　江城公司外购电力费用分配表

电功单位：　　金额单位：　　2022 年 8 月　　附单据　张

应借账户			直接计入			间接计入	合　计
总账账户	明细账户	成本或费用项目	电表记录/千瓦时	电费分配率/（元/千瓦时）	分配额		

会计主管：　　审核：　　制单：

（3）编制分配该公司 2022 年 8 月外购电力费用的记账凭证。

4. 江城公司 2022 年 9 月第一生产车间工人张乐业月标准工资为 6 249 元，全月双休日为 8 天，节假日为 1 天，该工人全月病假为 2 天（其中 1 天是法定休息日），事假为 1 天，出勤为 20 天（其中周日加班为 1 天）。假定该人病假期间该公司支付 80%工资，周日加班该公司支付双倍工资。

要求：

（1）按 30 日计算日标准工资，并按出勤日数直接计算张乐业 9 月份的工资。

（2）按 30 日计算日标准工资，并按缺勤日数扣除计算张乐业 9 月份的工资。

（3）按 20.83 日计算日标准工资，并按出勤日数直接计算张乐业 9 月份的工资。

（4）按 20.83 日计算日标准工资，并按缺勤日数扣除计算张乐业 9 月份的工资。

参考答案

项目四

核算构成产品成本的综合费用

学习导航篇

学习导航

- 核算构成产品成本的综合费用
  - 核算辅助生产费用
    - 归集辅助生产费用
      - 辅助生产部门不设置“制造费用”账户
      - 辅助生产部门设置“制造费用”账户
    - 分配辅助生产费用
      - 直接分配法
      - 顺序分配法
      - 交互分配法
      - 代数分配法
      - 计划成本分配法
  - 核算制造费用
    - 归集制造费用
    - 分配制造费用
      - 人工工资法
      - 人工工时法
      - 机器工时法
      - 计划分配率法
  - 核算构成产品成本的生产损失
    - 核算废品损失
      - 了解废品及废品损失
      - 废品损失的核算基础
      - 核算不可修复废品损失
      - 核算可修复废品损失
    - 核算停工损失

学习目标

☆ 理解产品成本综合费用的构成；

☆ 掌握辅助生产费用归集与分配的核算；

☆ 掌握制造费用归集与分配的核算；

☆ 理解废品损失的核算；

☆ 理解停工损失的核算；

☆ 培育业财融合的创新创业能力。

引言导读

上一项目，我们已经将企业本期生产经营管理中耗费的各项料、工、费等资源分别归集到了“基本生产成本”“辅助生产成本”“制造费用”等生产费用类账户，“销售费用”“管理费用”和“财务费用”等期间费用类账户，以及“在建工程”等非生产经营管理费用类账户的借方。由于“辅助生产成本”“制造费用”等生产费用类账户归集的多种要素费用，大多数都是构成产品生产成本的重要组成部分，因此，为了准确核算产品的生产成本，就必须将这些账户归集的综合费用分配到“基本生产成本”账户。本项目主要就是解决费用的分配问题。

实践操作篇

步骤一 核算辅助生产费用

工业企业的辅助生产部门的主要任务是为企业内部的基本生产部门、行政管理部门等辅助生产以外的部门提供产品或服务。辅助生产部门有时也对企业内部其他辅助生产部门或者企业外部其他单位提供产品或服务，但这不是企业辅助生产部门的主要任务。由于辅助生产部门提供的产品或服务，构成了受益这些产品或服务部门的成本、费用等支出，因此企业必须先对辅助生产部门提供的产品或服务成本进行核算。辅助生产部门提供的产品或服务成本核算，包括构成这些产品或服务成本的生产费用的归集与分配两个方面。

一、归集辅助生产费用

辅助生产费用的归集是通过设置辅助生产部门的相关账户完成的。由于企业的辅助生产规模、成本管理要求等不同，辅助生产部门的账户设置也有所不同。在会计实务中，辅助生产费用的归集有以下两种方法。

（一）辅助生产部门不设置“制造费用”账户

在辅助生产部门不设置“制造费用”账户的情况下，企业只通过设置“辅助生产成本”一个账户归集辅助生产部门发生的生产费用。也就是说，辅助生产发生的各种制造费用不通过“制造费用”账户单独归集，而直接记入“辅助生产成本”账户。一般情况下，如果企业辅助生产部门规模很小、制造费用很少，而且辅助生产不对外提供产品，就不需要按照规定的成本项目计算产品成本、编制产品生产成本报表，为了简化核算工作，可以采用这种方法。

对于发生的各种辅助生产费用，企业可以根据各项费用分配表直接记入或间接分配记入辅助生产成本明细账中相应成本项目的借方。其辅助生产费用的归集原理一般是：

借：辅助生产成本——M 辅助生产部门（××成本项目）

　　贷：原材料

应付职工薪酬

累计折旧

银行存款

【例 4-1】 承例 3-6、例 3-7、例 3-9、例 3-10、例 3-14～例 3-17 资料，假定皖巢公司辅助生产部门不设置“制造费用”账户。

要求：根据该公司 2022 年 8 月各项要素费用分配表分别登记辅助生产成本明细账。

根据上述资料分别登记该公司 2022 年 8 月辅助生产成本明细账，如表 4-1～表 4-3 所示。

表 4-1 皖巢公司（供水车间）辅助生产成本明细账 1-1

生产部门：供水车间　　　　单位：元

2022 年		凭证	摘 要	成本项目								合 计
月	日	字号		直接材料	职工薪酬	机物料消耗	燃料费	办公费	折旧和摊销	水电汽	其他	
8	31	×	表 3-20	700		200						900
8	31	×	表 3-24				60					60
8	31	×	表 3-28						50			50
8	31	×	表 3-32							328		328
8	31	×	表 3-36		1 600							1 600
8	31	×	表 3-38		296							296
8	31	×	表 3-43						1 000			1 000
8	31	×	表 3-45					100			80	180

由表 4-1 可得，2022 年 8 月该公司供水车间归集的辅助生产费用合计为 4 414 元。

表 4-2 皖巢公司（供电车间）辅助生产成本明细账 1-1

生产部门：供电车间　　　　单位：元

2022 年		凭证	摘 要	成本项目								合 计
月	日	字号		直接材料	职工薪酬	机物料消耗	燃料费	办公费	折旧和摊销	水电汽	其他	
8	31	×	表 3-20	800		200						1 000
8	31	×	表 3-24				60					60
8	31	×	表 3-28						50			50
8	31	×	表 3-32							82		82
8	31	×	表 3-36		1 600							1 600
8	31	×	表 3-38		296							296
8	31	×	表 3-43						1 000			1 000
8	31	×	表 3-45					100			80	180

由表 4-2 可得，2022 年 8 月该公司供电车间归集的辅助生产费用合计为 4 268 元。

表 4-3 皖巢公司（供汽车间）辅助生产成本明细账 1-1

生产部门：供汽车间　　　　单位：元

2022 年		凭证	摘 要	成本项目								合 计
月	日	字号		直接材料	职工薪酬	机物料消耗	燃料费	办公费	折旧和摊销	水电汽	其他	
8	31	×	表 3-20	900		200						1 100

续表

2022年		凭证字号	摘要	成本项目								合计
月	日			直接材料	职工薪酬	机物料消耗	燃料费	办公费	折旧和摊销	水电汽	其他	
8	31	×	表 3-24				60					60
8	31	×	表 3-28						50			50
8	31	×	表 3-32							246		246
8	31	×	表 3-36		1 600							1 600
8	31	×	表 3-38		296							296
8	31	×	表 3-43						1 000			1 000
8	31	×	表 3-45					100			80	180

由表 4-3 可得，2022 年 8 月该公司供汽车间归集的辅助生产费用合计为 4 532 元。

（二）辅助生产部门设置“制造费用”账户

在辅助生产部门设置“制造费用”账户的情况下，企业通过设置“辅助生产成本”和“制造费用”两个账户归集辅助生产部门发生的生产费用。也就是将辅助生产发生的各种制造费用与基本生产发生的制造费用一样，先通过“制造费用”账户单独归集，然后转入“辅助生产成本”账户。一般情况下，企业如果辅助生产规模较大，制造费用较多，或对外提供产品、服务等，或当辅助生产车间提供两种以上产品或服务时，采用这种方法。

对于在辅助生产成本明细账中专设成本项目的辅助生产费用，可以根据各项费用分配表直接记入或间接分配记入辅助生产成本明细账中相应成本项目的借方；对于在辅助生产成本明细账中没有专设成本项目的辅助生产费用，可以根据各项费用分配表先记入该辅助生产部门的制造费用明细账中相应费用项目的借方。其辅助生产费用的归集原理一般是：

借：辅助生产成本——M 辅助生产部门（××成本项目）

　　制造费用——M 辅助生产部门（××费用项目）

　　贷：原材料

　　　　应付职工薪酬

　　　　累计折旧

　　　　银行存款

【例 4-2】 承例 3-6、例 3-7、例 3-9、例 3-10、例 3-14、例 3-15、例 3-16、例 3-17 资料，假定皖巢公司辅助生产部门设置“制造费用”账户。

要求：根据该公司 2022 年 8 月各项要素费用分配表分别登记辅助生产成本明细账和制造费用明细账。

根据上述资料分别登记该公司 2022 年 8 月辅助生产成本明细账，如表 4-4、表 4-6、表 4-8 所示，以及制造费用明细账，如表 4-5、表 4-7、表 4-9 所示。

表 4-4　皖巢公司（供水车间）辅助生产成本明细账 2-1

生产部门：供水车间　　　　单位：元

2022年		凭证字号	摘要	成本项目			合计
月	日			直接材料	直接人工	制造费用	
8	31	×	表 3-21	700			700
8	31	×	表 3-37		1 000		1 000
8	31	×	表 3-39		185		185

由表 4-4 可得，2022 年 8 月该公司供水车间归集的辅助生产费用合计为 1 885 元。

表 4-5　皖巢公司（供水车间）制造费用明细账 1

生产部门：供水车间　　　　单位：元

2022 年		凭证字号	摘　要	费用项目							合　计
月	日			间接人工	机物料消耗	燃料费	办公费	折旧和摊销	水电汽	其他	
8	31	×	表 3-21		200						200
8	31	×	表 3-25			60					60
8	31	×	表 3-29					50			50
8	31	×	表 3-33						328		328
8	31	×	表 3-37	600							600
8	31	×	表 3-39	111							111
8	31	×	表 3-44					1 000			1 000
8	31	×	表 3-46				100			80	180

由表 4-5 可得，2022 年 8 月该公司供水车间归集的辅助生产费用合计为 2 529 元。

表 4-6　皖巢公司（供电车间）辅助生产成本明细账 2-1

生产部门：供电车间　　　　单位：元

2022 年		凭证字号	摘　要	成本项目			合　计
月	日			直接材料	直接人工	制造费用	
8	31	×	表 3-21	800			800
8	31	×	表 3-37		1 000		1 000
8	31	×	表 3-39		185		185

由表 4-6 可得，2022 年 8 月该公司供电车间归集的辅助生产费用合计为 1 985 元。

表 4-7　皖巢公司（供电车间）制造费用明细账 1

生产部门：供电车间　　　　单位：元

2022 年		凭证字号	摘　要	成本项目							合　计
月	日			间接人工	机物料消耗	燃料费	办公费	折旧和摊销	水电汽	其他	
8	31	×	表 3-21		200						200
8	31	×	表 3-25			60					60
8	31	×	表 3-29					50			50
8	31	×	表 3-33						82		82
8	31	×	表 3-37	600							600
8	31	×	表 3-39	111							111
8	31	×	表 3-44					1 000			1 000
8	31	×	表 3-46				100			80	180

由表 4-7 可得，2022 年 8 月该公司供电车间归集的辅助生产费用合计为 2 283 元。

表 4-8　皖巢公司（供汽车间）辅助生产成本明细账 2-1

生产部门：供汽车间　　　　单位：元

2022 年		凭证字号	摘　要	成本项目			合　计
月	日			直接材料	直接人工	制造费用	
8	31	×	表 3-21	900			900
8	31	×	表 3-37		1 000		1 000
8	31	×	表 3-39		185		185

由表 4-8 可得，2022 年 8 月该公司供汽车间归集的辅助生产费用合计为 2 085 元。

表 4-9　皖巢公司（供汽车间）制造费用明细账 1

生产部门：供汽车间　　　　单位：元

2022 年		凭证	摘　要	费用项目							合　计
月	日	字号		间接人工	机物料消耗	燃料费	办公费	折旧和摊销	水电汽	其他	
8	31	×	表 3-21		200						200
8	31	×	表 3-25			60					60
8	31	×	表 3-29					50			50
8	31	×	表 3-33						246		246
8	31	×	表 3-37	600							600
8	31	×	表 3-39	111							111
8	31	×	表 3-44					1 000			1 000
8	31	×	表 3-46				100			80	180

由表 4-9 可得，2022 年 8 月该公司供汽车间归集的辅助生产费用合计为 2 447 元。

由例 4-1、例 4-2 可得，表 4-1 归集的 2022 年 8 月该公司供水车间的辅助生产费用为 4 414 元与表 4-4、表 4-5 分别归集的 2022 年 8 月该公司供水车间的辅助生产费用 1 885 元、2 529 元之和是相等的；表 4-2 归集的 2022 年 8 月该公司供电车间的辅助生产费用为 4 268 元与表 4-6、表 4-7 分别归集的 2022 年 8 月该公司供电车间的辅助生产费用 1 985 元、2 283 元之和也是相等的；表 4-3 归集的 2022 年 8 月该公司供汽车间的辅助生产费用为 4 532 元与表 4-8、表 4-9 分别归集的 2022 年 8 月该公司供汽车间的辅助生产费用 2 085 元、2 447 元之和也是相等的。因此，对于企业辅助生产部门发生的生产费用，不设置“制造费用”账户归集与设置“制造费用”账户归集两种方法是等效的。

二、分配辅助生产费用

由于工业企业的辅助生产部门不仅为企业内部的基本生产部门、行政管理部门等辅助生产以外的部门及企业外部其他单位（以下简称为辅外部门）提供产品或服务，而且有时也为企业内部的其他辅助生产部门（以下简称为辅内部门）提供产品或服务，所以企业辅助生产部门归集的生产费用，因其受益对象的不同（特别是辅内部门相互提供产品或服务），辅助生产费用的分配方法也不尽相同。

辅助生产部门生产费用的分配程序通常受到辅助生产部门的账户设置和辅助生产费用的分配方法影响，因而辅助生产费用分配的会计处理比较复杂。企业一般是通过编制辅助生产费用分配表进行辅助生产费用分配的总分类核算和明细分类核算。

在会计实务中，辅助生产费用的分配方法一般有直接分配法、顺序分配法、交互分配法、代数分配法和计划成本分配法五种。企业应当根据辅助生产的实际情况，合理选择一种恰当的方法分配辅助生产费用。需要指出的是，分配方法一经确定，以后不得随意变更。

（一）直接分配法

如果企业辅内部门相互不提供产品或服务，或者虽然相互提供产品或服务但其数量不多，因而辅内部门不进行生产费用的相互分配，对各辅内部门的生产费用、企业基本生产部门的产品成本以及期间费用等影响不大。为简化辅助生产费用分配的工作，各辅内部门可以采用直接分配法分配生产费用。辅助生产费用的直接分配法是指不考虑企业辅内部门之间相互提供服务或产品的情况，而将各辅内部门的生产费用全部直接分配给辅外的各受益部门的一种分配方法。其计算公式为：

$$\text{某辅内部门生产费用分配率}=\frac{\text{该辅内部门等待分配的辅助生产费用}}{\sum\text{辅外部门受益的产品或服务数量}} \qquad (4\text{-}1)$$

【例 4-3】 承例 4-1 资料，2022 年 8 月皖巢公司供水车间提供给各部门的水量，总表显示为 1 400 吨，根据分水表统计如下：第一、第二生产车间生产产品工艺耗水量分别为 500 吨、500 吨，第一、第二生产车间管理，供电、供汽车间，公司行政管理部门，销售部门耗水量分别为 60 吨、90 吨、90 吨、70 吨、50 吨、40 吨；供电车间提供给各部门的电量资料如例 3-10 所述；供汽车间提供给各部门的蒸汽量，总表显示为 1 700 立方米，根据分汽表统计如下：第一、第二生产车间生产产品工艺耗用蒸汽量分别为 750 立方米、700 立方米，第一、第二生产车间管理，供水、供电车间，公司行政管理部门，销售部门耗用蒸汽量分别为 50 立方米、80 立方米、20 立方米、10 立方米、50 立方米、40 立方米。假定该公司辅助生产部门不设置“制造费用”账户。该公司制度规定：费用分配率保留小数点后四位，第五位四舍五入；分配金额保留小数点后两位，第三位四舍五入，且尾差计入第二生产车间。除非特别说明，下同。

要求：采用直接分配法编制该公司 2022 年 8 月辅助生产费用分配表和分配辅助生产费用的记账凭证。

根据上述资料编制该公司 2022 年 8 月辅助生产费用分配表，如表 4-10 所示。

表 4-10　皖巢公司辅助生产费用分配表（直接分配法）

单位：元　　　　2022 年 8 月　　　　附单据 9 张

辅助生产车间名称				供水车间	供电车间	供汽车间	合　计
等待分配辅助生产费用				4 414	4 268	4 532	13 214
供应辅外部门的服务数量				1 240 吨	18 300 千瓦时	1 670 立方米	—
费用分配率（单位成本）				3.559 7 元/吨	0.233 2 元/千瓦时	2.713 8 元/立方米	—
应借账户	制造费用	第一车间	受益数量	560 吨	9 000 千瓦时	800 立方米	—
			分配金额	1 993.43	2 098.80	2 171.04	6 263.27
		第二车间	受益数量	590 吨	8 300 千瓦时	780 立方米	—
			分配金额	2 100.19	1 936	2 116.72	6 152.91
		分配金额小计		4 093.62	4 034.80	4 287.76	12 416.18
	管理费用	受益数量		50 吨	600 千瓦时	50 立方米	—
		分配金额		177.99	139.92	135.69	453.60
	销售费用	受益数量		40 吨	400 千瓦时	40 立方米	—
		分配金额		142.39	93.28	108.55	344.22
分配金额合计				4 414	4 268	4 532	13 214

会计主管：　　　　审核：　　　　制单：

在表 4-10 中，

供水车间生产费用分配率=4 414÷(560+590+50+40)=3.559 7（元/吨）；

供电车间生产费用分配率=4 268÷(9 000+8 300+600+400)=0.233 2（元/千瓦时）；

供汽车间生产费用分配率=4 532÷(800+780+50+40)=2.713 8（元/立方米）；

第二车间分配的水费=4 414−(1 993.43+177.99+142.39)=2 100.19（元）；

第二车间分配的电费=4 268−(2 098.80+139.92+93.28)=1 936（元）；

第二车间分配的蒸汽费=4 532−(2 171.04+135.69+108.55)=2 116.72（元）。

根据表 4-10 登记有关成本、费用明细账。

根据表 4-10 编制记账凭证（用会计分录代替）如下：

借：制造费用——第一车间（水电汽）	6 263.27	
——第二车间（水电汽）	6 152.91	
管理费用——水电汽	453.60	
销售费用——水电汽	344.22	
贷：辅助生产成本——供水车间		4 414
——供电车间		4 268
——供汽车间		4 532

（二）顺序分配法

如果企业辅内部门相互提供产品或服务的数量较多，且其相互受益的产品或服务金额相差较大，那么就可以按照其相互受益金额的大小，从小到大排列，依次将各辅内部门的实际生产费用（该辅内部门等待分配的生产费用加上顺序分配转入的生产费用）对排列在其后的辅内部门（但不分配给排列在其前的辅内部门）和辅外部门按照受益数量进行分配。这种方法就是顺序分配法，也称为逐步分配法或阶梯分配法。其计算公式为：

$$\text{某辅内部门生产费用分配率}=\frac{\text{该辅内部门等待分配的辅助生产费用}+\text{顺序分配转入的生产费用}}{\sum \text{排列在其后的辅内部门、辅外部门受益的产品或服务数量}} \tag{4-2}$$

【例 4-4】 资料同例 4-3 所述。

要求：采用顺序分配法编制该公司 2022 年 8 月辅助生产费用分配表和分配辅助生产费用的记账凭证。

根据上述资料，确定辅助生产费用分配顺序如下：

供水车间生产费用分配率=4 414÷1 400=3.152 9（元/吨）；

供电车间生产费用分配率=4 268÷(19 100−100)=0.224 6（元/千瓦时）；

供汽车间生产费用分配率=4 532÷1 700=2.665 9（元/立方米）；

供水车间受益的产品或服务金额=400×0.224 6+20×2.665 9=143.16（元）；

供电车间受益的产品或服务金额=90×3.152 9+10×2.665 9=310.42（元）；

供汽车间受益的产品或服务金额=70×3.152 9+300×0.224 6=288.08（元）。

因此，该公司 2022 年 8 月辅助生产费用分配顺序为供水车间、供汽车间、供电车间。

根据上述资料，编制该公司 2022 年 8 月辅助生产费用分配表，如表 4-11 所示。

在表 4-11 中：

供水车间生产费用顺序分配率=4 414÷1 400=3.152 9（元/吨）；

供汽车间生产费用顺序分配率=(4 532+220.70)÷(1700−20)=2.829 0（元/立方米）；

供电车间生产费用顺序分配率=(4 268+283.76+28.29)÷[(19 100−100)−400−300)]

=0.250 3（元/千瓦时）。

表 4-11 皖巢公司辅助生产费用分配表（顺序分配法）

单位：元 2022 年 8 月 附单据 9 张

应借账户			分配供水车间生产费用					
辅助生产成本	供水车间	顺序分配服务数量	1 400 吨					
		顺序分配生产费用	4 414					
		顺序分配率/（元/吨）	3.152 9	分配供汽车间生产费用				
	供汽车间	受益数量	70 吨	顺序分配服务数量	1 680 立方米			
		分配金额	220.70	顺序分配生产费用	4 752.70			
				顺序分配率/（元/立方米）	2.829 0	分配供电车间生产费用		
	供电车间	受益数量	90 吨		10 立方米	顺序分配服务数量	18 300 千瓦时	
		分配金额	283.76		28.29	顺序分配生产费用	4 580.05	
						顺序分配率/（元/千瓦时）	0.250 3	辅外部门分配金额合计
	分配金额小计		504.46		28.29		—	—
制造费用	第一车间	受益数量	560 吨		800 立方米		9 000 千瓦时	—
		分配金额	1 765.62		2 263.2		2 252.7	6 281.52
	第二车间	受益数量	590 吨		780 立方米		8 300 千瓦时	—
		分配金额	1 860.15		2 206.6		2 077.05	6 143.8
	分配金额小计		3 625.77		4 469.8		4 329.75	12 425.32
管理费用		受益数量	50 吨		50 立方米		600 千瓦时	—
		分配金额	157.65		141.45		150.18	449.28
销售费用		受益数量	40 吨		40 立方米		400 千瓦时	—
		分配金额	126.12		113.16		100.12	339.4
分配金额合计			4 414		4 752.7		4 580.05	—

会计主管： 审核： 制单：

根据表 4-11 登记有关成本、费用明细账。

根据表 4-11 编制记账凭证（用会计分录代替）如下：

借：辅助生产成本——供汽车间 220.7
　　　　　　　　——供电车间 （283.76+28.29）312.05
　　制造费用——第一车间（水电汽） 6 281.52
　　　　　　——第二车间（水电汽） 6 143.8
　　管理费用——水电汽 449.28
　　销售费用——水电汽 339.4
　　贷：辅助生产成本——供水车间 4 414
　　　　　　　　　　——供汽车间 4 752.7
　　　　　　　　　　——供电车间 4 580.05

如果该公司辅助生产部门设置“制造费用”账户（如例 4-2 所述），那么各辅助生产部门通过辅内部门顺序分配转入的生产费用应当通过该辅助生产部门的“制造费用”账户核算。企业应当将表 4-11 中“应借账户”中的“辅助生产成本”调整为“制造费用”，分配辅助生产费用的记账凭证也要做相应的调整。

需要指出的是，这种分配方法由于各辅内部门的生产费用只对排列在其后的辅内部门和受益的辅外部门分配一次，不仅其分配结果比直接分配法的分配结果准确，而且分配的工作量也较小。但是这种分配方法毕竟未全面进行辅内部门的相互分配，其分配结果不够准确。

（三）交互分配法

如果企业辅内部门相互提供产品或服务的数量较多，但其相互受益的产品或服务金额相差不大，那么就需要各辅内部门进行生产费用的相互分配，以提高其生产费用分配的正确性。在这种情况下，企业一般首先根据各辅内部门相互提供的产品或服务的数量和辅内部门生产费用交互分配率进行交互分配，然后将各辅内部门交互分配后的生产费用（交互分配前的生产费用加上交互分配转入的费用，减去交互分配转出的费用），再按辅外部门受益的产品或服务的数量比例进行分配。这种方法就是交互分配法，也称为相互分配法。其计算公式为：

$$\text{某辅内部门生产费用交互分配率}=\frac{\text{该辅内部门等待分配的辅助生产费用}}{\sum\text{各部门受益的产品或服务数量}} \quad (4\text{-}3)$$

$$\text{某辅内部门生产费用辅外分配率}=\frac{\text{该辅内部门交互分配后的辅助生产费用}}{\sum\text{辅外部门受益的产品或服务数量}} \quad (4\text{-}4)$$

【例 4-5】 资料如例 4-3 所述。

要求：采用交互分配法编制该公司 2022 年 8 月辅助生产费用分配表和分配辅助生产费用的记账凭证。

根据上述资料编制该公司 2022 年 8 月辅助生产费用分配表，如表 4-12 所示。

表 4-12　皖巢公司辅助生产费用分配表（交互分配法）

单位：元　　　　2022 年 8 月　　　　附单据 9 张

项　目				辅内部门交互分配				对辅外部门分配			
辅助生产车间名称				供水车间	供电车间	供汽车间	合　计	供水车间	供电车间	供汽车间	合　计
等待分配辅助生产费用				4 414	4 268	4 532	13 214	4 052.70	4 421.20	4 740.10	13 214
供应各部门的服务数量				1 400 吨	19 000 千瓦时	1 700 立方米	—				
供应辅外部门的服务数量								1 240 吨	18 300 千瓦时	1 670 立方米	—
费用分配率（单位成本）				3.152 9 元/吨	0.224 6 元/千瓦时	2.665 9 元/立方米	—	3.268 3 元/吨	0.241 6 元/千瓦时	2.838 4 元/立方米	—
应借账户	辅助生产成本	供水车间	受益数量	—	400 千瓦时	20 立方米	—				
			分配金额	—	89.84	53.32	143.16				
		供电车间	受益数量	90 吨	—	10 立方米	—				
			分配金额	283.76	—	26.66	310.42				
		供汽车间	受益数量	70 吨	300 千瓦时	—	—				
			分配金额	220.70	67.38	—	288.08				
		分配金额小计		504.46	157.22	79.98	741.66				
	制造费用	第一车间	受益数量					560 吨	9 000 千瓦时	800 立方米	—
			分配金额					1 830.25	2 174.40	2 270.72	6 275.37
		第二车间	受益数量					590 吨	8 300 千瓦时	780 立方米	—
			分配金额					1 928.30	2 005.20	2 213.92	6 147.42
		分配金额小计						3 758.55	4 179.60	4 484.64	12 422.79
	管理费用		受益数量					50 吨	600 千瓦时	50 立方米	—
			分配金额					163.42	144.96	141.92	450.30
	销售费用		受益数量					40 吨	400 千瓦时	40 立方米	—
			分配金额					130.73	96.64	113.54	340.91
分配金额合计								4 052.70	4 421.20	4 740.10	13 214

会计主管：　　　　审核：　　　　制单：

在表 4-12 中：

供水车间生产费用交互分配率=4 414÷1 400=3.152 9（元/吨）；

供电车间生产费用交互分配率=4 268÷(19 100−100)=0.224 6（元/千瓦时）；

供汽车间生产费用交互分配率=4 532÷1 700=2.665 9（元/立方米）；

供水车间交互分配后的辅助生产费用=4 414+143.16−504.46=4 052.70（元）；

供电车间交互分配后的辅助生产费用=4 268+310.42−157.22=4 421.20（元）；

供汽车间交互分配后的辅助生产费用=4 532+288.08−79.98=4 740.10（元）；

供水车间生产费用辅外分配率=4 052.70÷(560+590+50+40)=3.268 3（元/吨）；

供电车间生产费用辅外分配率=4 421.20÷(9 000+8 300+600+400)=0.241 6（元/千瓦时）；

供汽车间生产费用辅外分配率=4 740.10÷(800+780+50+40)=2.838 4（元/立方米）。

根据表 4-12 登记有关成本、费用明细账。现根据表 4-12 登记辅助生产成本明细账（承例 4-1），如表 4-13～表 4-15 所示。

表 4-13　皖巢公司（供水车间）辅助生产成本明细账 1-2

生产部门：供水车间　　　　单位：元

2022 年		凭证	摘　要	成本项目								合　计
月	日	字号		直接材料	职工薪酬	机物料消耗	燃料费	办公费	折旧和摊销	水电汽	其他	
8	31	×	表 3-20	700		200						900
8	31	×	表 3-24				60					60
8	31	×	表 3-28						50			50
8	31	×	表 3-32							328		328
8	31	×	表 3-36		1 600							1 600
8	31	×	表 3-38		296							296
8	31	×	表 3-43						1 000			1 000
8	31	×	表 3-45					100			80	180
8	31	×	表 4-12							143.16		143.16
8	31	×	表 4-12❶	77.49	209.89	22.14	6.64	11.07	116.24	52.16	8.83	504.46
8	31	×	表 4-12	622.51	1 686.11	177.86	53.36	88.93	933.76	419	71.17	4 052.70

表 4-14　皖巢公司（供电车间）辅助生产成本明细账 1-2

生产部门：供电车间　　　　单位：元

2022 年		凭证	摘　要	成本项目								合　计
月	日	字号		直接材料	职工薪酬	机物料消耗	燃料费	办公费	折旧和摊销	水电汽	其他	
8	31	×	表 3-20	800		200						1 000
8	31	×	表 3-24				60					60
8	31	×	表 3-28						50			50
8	31	×	表 3-32							82		82
8	31	×	表 3-36		1 600							1 600
8	31	×	表 3-38		296							296
8	31	×	表 3-43						1 000			1 000
8	31	×	表 3-45					100			80	180
8	31	×	表 4-12							310.42		310.42

❶ 本行每个成本项目转出金额按相同的转出率[504.46÷(4 414+143.16)=0.110 7]计算，如“直接材料”=700×0.110 7=77.49（元），假定尾差记入“其他”。下同。

续表

2022年		凭证	摘　要	成本项目								合　计
月	日	字号		直接材料	职工薪酬	机物料消耗	燃料费	办公费	折旧和摊销	水电汽	其他	
8	31	×	表 4-12	27.44	65.03	3.86	2.06	3.43	36.02	13.46	2.92	157.22
8	31	×	表 4-12	772.56	1 830.97	193.14	57.94	96.57	1 013.98	378.96	77.08	4 421.20

表 4-15　皖巢公司（供汽车间）辅助生产成本明细账 1-2

生产部门：供汽车间　　　　单位：元

2022年		凭证	摘　要	成本项目								合　计
月	日	字号		直接材料	职工薪酬	机物料消耗	燃料费	办公费	折旧和摊销	水电汽	其他	
8	31	×	表 3-20	900		200						1 100
8	31	×	表 3-24				60					60
8	31	×	表 3-28						50			50
8	31	×	表 3-32							246		246
8	31	×	表 3-36		1 600							1 600
8	31	×	表 3-38		296							296
8	31	×	表 3-43						1 000			1 000
8	31	×	表 3-45					100			80	180
8	31	×	表 4-12							288.08		288.08
8	31	×	表 4-12	14.94	31.47	3.32	1	1.66	17.43	8.87	1.29	79.98
8	31	×	表 4-12	885.06	1 864.53	196.68	59	98.34	1 032.57	525.21	78.71	4 740.10

根据表 4-12 编制记账凭证（用会计分录代替）如下：

（1）辅内部门交互分配。

借：辅助生产成本——供水车间　　143.16
　　　　　　　　——供电车间　　310.42
　　　　　　　　——供汽车间　　288.08
　贷：辅助生产成本——供水车间　　504.46
　　　　　　　　　——供电车间　　157.22
　　　　　　　　　——供汽车间　　79.98

（2）对辅外部门分配。

借：制造费用——第一车间（水电汽）　　6 275.37
　　　　　　——第二车间（水电汽）　　6 147.42
　　管理费用——水电汽　　450.30
　　销售费用——水电汽　　340.91
　贷：辅助生产成本——供水车间　　4 052.70
　　　　　　　　　——供电车间　　4 421.20
　　　　　　　　　——供汽车间　　4 740.10

如果该公司辅助生产部门设置“制造费用”账户（如例 4-2 所述），那么各辅助生产部门通过辅内部门交互分配转入的生产费用应当通过该辅助生产部门的“制造费用”账户核算。企业应当将表 4-12 中“应借账户”中的“辅助生产成本”调整为“制造费用”[登记辅助生产成本明细账（承例 4-2）如表 4-16、表 4-18、表 4-20 所示和辅助生产部门的制造费用明细账

（承例 4-2）如表 4-17、表 4-19、表 4-21 所示]，分配辅助生产费用的记账凭证中的“辅内部门交互分配”部分也要做相应的调整。

表 4-16 皖巢公司（供水车间）辅助生产成本明细账 2-2

生产部门：供水车间 单位：元

2022 年		凭证字号	摘 要	成本项目			合 计
月	日			直接材料	直接人工	制造费用	
8	31	×	表 3-21	700			700
8	31	×	表 3-37		1 000		1 000
8	31	×	表 3-39		185		185
8	31	×	分配❶			2 672.16	2 672.16
8	31	×	表 4-12	77.49	131.18	295.79	504.46
8	31	×	表 4-12	622.51	1 053.82	2 376.37	4 052.70

表 4-17 皖巢公司（供水车间）制造费用明细账 2

生产部门：供水车间 单位：元

2022 年		凭证字号	摘 要	费用项目							合 计
月	日			间接人工	机物料消耗	燃料费	办公费	折旧和摊销	水电汽	其他	
8	31	×	表 3-21		200						200
8	31	×	表 3-25			60					60
8	31	×	表 3-29					50			50
8	31	×	表 3-33						328		328
8	31	×	表 3-37	600							600
8	31	×	表 3-39	111							111
8	31	×	表 3-44					1 000			1 000
8	31	×	表 3-46				100			80	180
8	31	×	表 4-12						143.16		143.16
8	31	×	分配	711	200	60	100	1 050	471.16	80	2 672.16

表 4-18 皖巢公司（供电车间）辅助生产成本明细账 2-2

生产部门：供电车间 单位：元

2022 年		凭证字号	摘 要	成本项目			合 计
月	日			直接材料	直接人工	制造费用	
8	31	×	表 3-21	800			800
8	31	×	表 3-37		1 000		1 000
8	31	×	表 3-39		185		185
8	31	×	分配			2 593.42	2 593.42
8	31	×	表 4-12	27.44	40.65	89.13	157.22
8	31	×	表 4-12	772.56	1 144.35	2 504.29	4 421.20

❶ 分配是指分配辅助生产部门的制造费用。下同。

表 4-19 皖巢公司（供电车间）制造费用明细账 2

生产部门：供电车间　　　　单位：元

2022年 月	日	凭证字号	摘要	成本项目 间接人工	机物料消耗	燃料费	办公费	折旧和摊销	水电汽	其他	合计
8	31	×	表 3-21		200						200
8	31	×	表 3-25			60					60
8	31	×	表 3-29					50			50
8	31	×	表 3-33						82		82
8	31	×	表 3-37	600							600
8	31	×	表 3-39	111							111
8	31	×	表 3-44					1 000			1 000
8	31	×	表 3-46				100			80	180
8	31	×	表 4-12						310.42		310.42
8	31	×	分配	711	200	60	100	1 050	392.42	80	2 593.42

表 4-20 皖巢公司（供汽车间）辅助生产成本明细账 2-2

生产部门：供汽车间　　　　单位：元

2022年 月	日	凭证字号	摘要	成本项目 直接材料	直接人工	制造费用	合计
8	31	×	表 3-21	900			900
8	31	×	表 3-37		1 000		1 000
8	31	×	表 3-39		185		185
8	31	×	分配			2 735.08	2 735.08
8	31	×	表 4-12	14.94	19.67	45.37	79.98
8	31	×	表 4-12	885.06	1 165.33	2 689.71	4 740.10

表 4-21 皖巢公司（供汽车间）制造费用明细账 2

生产部门：供汽车间　　　　单位：元

2022年 月	日	凭证字号	摘要	费用项目 间接人工	机物料消耗	燃料费	办公费	折旧和摊销	水电汽	其他	合计
8	31	×	表 3-21		200						200
8	31	×	表 3-25			60					60
8	31	×	表 3-29					50			50
8	31	×	表 3-33						246		246
8	31	×	表 3-37	600							600
8	31	×	表 3-39	111							111
8	31	×	表 3-44					1 000			1 000
8	31	×	表 3-46				100			80	180
8	31	×	表 4-12						288.08		288.08
8	31	×	分配	711	200	60	100	1 050	534.08	80	2 735.08

需要指出的是，由于交互分配法进行第一次辅内部门交互分配使用的辅内交互分配率是根据等待分配的辅助生产费用（非实际生产费用）计算的，其不是各辅内部门的实际单位成本，

因而这种方法分配的结果也不是很正确。

（四）代数分配法

如果企业辅内部门相互提供产品或服务且其数量较多，不仅需要企业各辅内部门进行生产费用的相互分配，而且还需要准确对其发生的生产费用进行分配，那么就需要正确计算各辅内部门提供的产品或服务的实际单位成本，以便据其对各部门按照受益的产品或服务数量分配辅助生产费用。这种方法就是代数分配法。它是根据代数联立多元一次方程组原理，计算各辅内部门提供的产品或服务的实际单位成本。联立多元一次方程的原理如下：

$$\text{某辅内部门提供的产品或服务数量} \times \text{该辅内部门提供的产品或服务的实际单位成本} = \text{该辅内部门等待分配的生产费用} + \text{该辅内部门受益的其他辅内部门的产品或服务数量} \times \text{该其他辅内部门提供的产品或服务的实际单位成本} \quad (4\text{-}5)$$

式（4-5）中多元一次方程的等号两边都是某辅内部门发生的实际生产费用，因而方程成立。

显然，如果联立方程组的未知数越多，计算各辅内部门生产的产品或服务的实际单位成本的工作量就越大，因而代数分配法一般适用于已经开展会计电算化的企业。

【例 4-6】 资料如例 4-3 所述。

要求：采用代数分配法编制该公司 2022 年 8 月辅助生产费用分配表和分配辅助生产费用的记账凭证。

根据上述资料，假定供水、供电、供汽三车间 2022 年 8 月提供的产品或服务的实际单位成本分别为 X 元/吨、Y 元/千瓦时、Z 元/立方米，则可得方程组如下：

$$\begin{cases} 1\,400X = 4\,414 + 400Y + 20Z \\ 19\,000Y = 4\,268 + 90X + 10Z \\ 1\,700Z = 4\,532 + 70X + 300Y \end{cases}$$

解之，得 X=3.262 9，Y=0.241 6，Z=2.842 9。

根据上述供水、供电、供汽车间的实际单位成本，编制该公司 2022 年 8 月辅助生产费用分配表，如表 4-22 所示。

在表 4-22 中，供水车间分配的实际生产费用合计=4 414+153.50=4 567.50（元），此与其实际生产费用=1 400×3.262 9=4 568.06（元）不相等，是由计算上述供水、供电、供汽车间的实际单位成本的精确度误差造成的。

供电车间分配的实际生产费用合计=4 268+322.09=4 590.09（元），此与其实际生产费用=(19 100−100)×0.241 6=4 590.04（元）不相等，是由上述供水、供电、供汽车间的实际单位成本的精确度误差造成的。

供汽车间分配的实际生产费用合计=4 532+300.88=4 832.88（元），此与其实际生产费用=1 700×2.842 9=4 832.93（元）不相等，是由上述供水、供电、供汽车间的实际单位成本的精确度误差造成的。

第二车间分摊的供水车间生产费用=(4 414+153.50)−522.06−1 827.22−163.15−130.52
=1 924.55（元）；

第二车间分摊的供电车间生产费用=(4 268+322.09)−169.12−2 174.40−144.96−96.64
=2 004.97（元）；

第二车间分摊的供汽车间生产费用=(4 532+300.88)−85.29−2 274.32−142.15−113.72
=2 217.40（元）。

表 4-22　皖巢公司辅助生产费用分配表（代数分配法）

单位：元　　　　2022 年 8 月　　　　附单据 9 张

辅助生产车间名称				供水车间	供电车间	供汽车间	合　计
等待分配辅助生产费用				4 414	4 268	4 532	13 214
供应各部门的服务数量				1 400 吨	19 000 千瓦时	1 700 立方米	—
用代数计算的实际单位成本				3.262 9 元/吨	0.241 6 元/千瓦时	2.842 9 元/立方米	—
应借账户	辅助生产成本	供水车间	受益数量	—	400 千瓦时	20 立方米	—
			分配金额	—	96.64	56.86	153.50
		供电车间	受益数量	90 吨	—	10 立方米	—
			分配金额	293.66	—	28.43	322.09
		供汽车间	受益数量	70 吨	300 千瓦时	—	—
			分配金额	228.40	72.48	—	300.88
		分配金额小计		522.06	169.12	85.29	776.47
	制造费用	第一车间	受益数量	560 吨	9 000 千瓦时	800 立方米	—
			分配金额	1 827.22	2 174.40	2 274.32	6 275.94
		第二车间	受益数量	590 吨	8 300 千瓦时	780 立方米	—
			分配金额	1 924.55	2 004.97	2 217.40	6 146.92
		分配金额小计		3 751.77	4 179.37	4 491.72	12 422.86
	管理费用		受益数量	50 吨	600 千瓦时	50 立方米	—
			分配金额	163.15	144.96	142.15	450.26
	销售费用		受益数量	40 吨	400 千瓦时	40 立方米	—
			分配金额	130.52	96.64	113.72	340.88
分配实际生产费用合计				4 567.50	4 590.09	4 832.88	13 990.47

会计主管：　　　　审核：　　　　制单：

根据表 4-22 登记有关成本、费用明细账。

根据表 4-22 编制记账凭证（用会计分录代替）如下：

借：辅助生产成本——供水车间　　153.50
　　　　　　　　——供电车间　　322.09
　　　　　　　　——供汽车间　　300.88
　　制造费用——第一车间（水电汽）　　6 275.94
　　　　　　——第二车间（水电汽）　　6 146.92
　　管理费用——水电汽　　450.26
　　销售费用——水电汽　　340.88
　　贷：辅助生产成本——供水车间　　4 567.50
　　　　　　　　　　——供电车间　　4 590.09
　　　　　　　　　　——供汽车间　　4 832.88

如果该公司辅助生产部门设置“制造费用”账户（如例 4-2 所述），那么各辅助生产部门通过辅内部门代数分配转入的生产费用应当通过该辅助生产部门的“制造费用”账户核算。企业应当将表 4-22“应借账户”中的“辅助生产成本”调整为“制造费用”，分配辅助生产费用的记账凭证也要做相应的调整。

（五）计划成本分配法

如果企业辅内部门相互提供产品或服务的数量较多，且产品或服务的计划单位成本制定比较准确，那么为了简化分配辅助生产费用的工作，企业可以将各辅内部门发生的生产费用先按其产品或服务的计划单位成本对各受益部门进行分配，然后再将各辅内部门“实际生产费用”（等待分配的辅助生产费用加上该辅内部门按计划单位成本分配转入的生产费用）与该辅内部门按计划单位成本分配转出的生产费用之间的差额，向辅外各受益部门（按其受益数量或其分摊的计划成本）分配，或者为了简化计算工作，也可将此差额记入“管理费用”账户。这种方法就是计划成本分配法。其计算公式为：

$$\text{某辅内部门生产费用差异分配率}=\frac{\text{该辅内部门按计划成本分配后产生的生产费用差异}}{\sum\text{辅外部门受益的产品或服务数量或分摊的计划成本}} \tag{4-6}$$

【例 4-7】 资料如例 4-3 所述。假定供水、供电、供汽三车间的计划单位成本分别为 3.40 元/吨、0.24 元/千瓦时、2.70 元/立方米。

要求：采用计划成本分配法编制该公司 2022 年 8 月辅助生产费用分配表和分配辅助生产费用的记账凭证。

根据上述资料编制该公司 2022 年 8 月辅助生产费用分配表，如表 4-23 所示。

表 4-23 皖巢公司辅助生产费用分配表（计划成本分配法）

单位：元　　2022 年 8 月　　附单据 9 张

项目			按计划成本分配				生产费用差异分配			
辅助生产车间名称			供水车间	供电车间	供汽车间	合计	供水车间	供电车间	供汽车间	合计
等待分配辅助生产费用/生产费用差异额			4 414	4 268	4 532	13 214	−196	41	252	97
供应各部门/辅外部门的服务数量			1 400 吨	19 000 千瓦时	1 700 立方米	—	1 240 吨	18 300 千瓦时	1 670 立方米	—
计划单位成本/生产费用差异分配率			3.40 元/吨	0.24 元/千瓦时	2.70 元/立方米	—	−0.158 1 元/吨	0.002 2 元/千瓦时	0.150 9 元/立方米	—
应借账户 辅助生产成本	供水车间	受益数量	—	400 千瓦时	20 立方米	—				
应借账户 辅助生产成本	供水车间	分配金额	—	96	54	150				
应借账户 辅助生产成本	供电车间	受益数量	90 吨	—	10 立方米	—				
应借账户 辅助生产成本	供电车间	分配金额	306	—	27	333				
应借账户 辅助生产成本	供汽车间	受益数量	70 吨	300 千瓦时	—	—				
应借账户 辅助生产成本	供汽车间	分配金额	238	72	—	310				
应借账户 辅助生产成本	分配金额小计		544	168	81	793				
应借账户 制造费用	第一车间	受益数量	560 吨	9 000 千瓦时	800 立方米	—	560 吨	9 000 千瓦时	800 立方米	—
应借账户 制造费用	第一车间	分配金额	1 904	2 160	2 160	6 224	−88.54	19.80	120.72	51.98
应借账户 制造费用	第二车间	受益数量	590 吨	8 300 千瓦时	780 立方米	—	590 吨	8 300 千瓦时	780 立方米	—
应借账户 制造费用	第二车间	分配金额	2 006	1 992	2 106	6 104	−93.23	19	117.69	43.46
应借账户 制造费用	分配金额小计		3 910	4 152	4 266	12 328	−181.77	38.80	238.41	95.44
应借账户	管理费用	受益数量	50 吨	600 千瓦时	50 立方米	—	50 吨	600 千瓦时	50 立方米	—
应借账户	管理费用	分配金额	170	144	135	449	−7.91	1.32	7.55	0.96
应借账户	销售费用	受益数量	40 吨	400 千瓦时	40 立方米	—	40 吨	400 千瓦时	40 立方米	—
应借账户	销售费用	分配金额	136	96	108	340	−6.32	0.88	6.04	0.60
计划成本/差异额分配金额合计			4 760	4 560	4 590	13 910	−196	41	252	97
辅助生产部门“实际生产费用”			4 564	4 601	4 842	14 007	—	—	—	—

会计主管：　　审核：　　制单：

在表 4-23 中：

供水车间实际生产费用=等待分配的辅助生产费用+分配转入计划生产费用
=4 414+150= 4 564（元）；

供电车间实际生产费用=等待分配的辅助生产费用+分配转入计划生产费用
=4 268+333= 4 601（元）；

供汽车间实际生产费用=等待分配的辅助生产费用+分配转入计划生产费用
=4 532+310= 4 842（元）；

供水车间生产费用差异额=实际生产费用−分配的计划生产费用=4 564−4 760=−196（元）；

供电车间生产费用差异额=实际生产费用−分配的计划生产费用=4 601−4 560=41（元）；

供汽车间生产费用差异额=实际生产费用−分配的计划生产费用=4 842−4 590=252（元）；

供水车间生产费用差异分配率=(−196)÷(560+590+50+40)=−0.158 1（元/吨）；

供电车间生产费用差异分配率=41÷(9 000+8 300+600+400)=0.002 2（元/千瓦时）；

供汽车间生产费用差异分配率=252÷(800+780+50+40)=0.150 9（元/立方米）。

根据表 4-23 登记有关成本、费用明细账。

根据表 4-23 编制记账凭证（用会计分录代替）如下：

（1）按计划成本分配。

借：辅助生产成本——供水车间	150	
——供电车间	333	
——供汽车间	310	
制造费用——第一车间（水电汽）	6 224	
——第二车间（水电汽）	6 104	
管理费用——水电汽	449	
销售费用——水电汽	340	
贷：辅助生产成本——供水车间		4 760
——供电车间		4 560
——供汽车间		4 590

（2）差异分配。

① 若差异对辅外部门分配。

借：制造费用——第一车间（水电汽）	51.98	
——第二车间（水电汽）	43.46	
管理费用——水电汽	0.96	
销售费用——水电汽	0.60	
贷：辅助生产成本——供水车间		196（红字）
——供电车间		41
——供汽车间		252

② 若差异直接记入“管理费用”账户。

借：管理费用——水电汽	97	
贷：辅助生产成本——供水车间		196（红字）
——供电车间		41
——供汽车间		252

如果该公司辅助生产部门设置“制造费用”账户（如例 4-2 所述），那么各辅助生产部门按

照计划单位成本分配转入的生产费用应当通过该辅助生产部门的“制造费用”账户核算。企业应当将表4-23“应借账户”中的“辅助生产成本”调整为“制造费用”，分配辅助生产费用的记账凭证中的“按计划成本分配”部分也要做相应的调整。

需要指出的是，这种分配方法虽然需要分配两次，但是由于第一次分配各辅内部门生产费用只按事先确定的产品或服务的计划单位成本分配（不需要计算分配率），第二次差异分配由于只涉及辅外受益部门分配，或者将差异金额全部一次记入“管理费用”账户（此为计划成本分配法的初衷，因为有关受益部门负担的生产费用不包括差异，有利于考核企业内部的计划完成情况），因而分配的工作量较小。

步骤二 核算制造费用

制造费用是指企业生产部门（分厂、车间）为生产产品（或提供服务）而发生，应当计入产品成本但没有专设成本项目的各项生产费用的总称。它包括直接用于产品生产，但管理上不要求或核算上不便于单独核算，因而没有专设成本项目的生产费用，如机器设备的折旧费、租赁费和保险费，生产工具摊销，设计制图费，试验检验费，以及没有专设成本项目的生产工艺用动力等；也包括间接用于产品生产的生产费用，如机物料消耗，车间生产用房屋及建筑物的折旧费、租赁费和保险费，车间生产用的照明费、取暖费、运输费、服务保护费，以及季节性停工损失和生产用固定资产修理期间的停工损失等；还包括车间（或分厂）用于组织和管理生产的生产费用，如车间（或分厂）管理人员的职工薪酬，车间（或分厂）管理用房屋和设备的折旧费、租赁费和保险费，车间（或分厂）管理用具摊销，车间（或分厂）管理用的照明费、水电费、取暖费和办公费等。制造费用的核算就是指这些构成产品或服务的生产费用的归集与分配。

一、归集制造费用

制造费用的归集是按照不同的生产部门设置“制造费用”账户完成的。

由于企业的辅助生产规模、成本管理要求等不同，辅助生产部门的账户设置就有所不同。在会计实务中，辅助生产部门制造费用的归集有以下两种方法。

（1）不设置“制造费用”账户，将辅助生产的制造费用直接记入辅助生产成本明细账（如例4-1所示）。

（2）设置“制造费用”账户，并按不同的辅助生产部门设置制造费用明细账（如例4-2所示）。

企业基本生产部门的制造费用的归集，应当设置“制造费用”账户，并按不同的基本生产部门设置制造费用明细账，账内按基本生产的制造费用的费用项目分设专栏进行登记。

【例4-8】 承例3-6、例3-7、例3-9、例3-10、例3-14～例3-17、例4-5资料，假定皖巢公司辅助生产部门不设置“制造费用”账户，采用交互分配法分配辅助生产费用。

要求：根据该公司2022年8月各项要素费用分配表及辅助生产费用分配表（交互分配法）登记基本生产部门制造费用明细账。

根据上述资料分别登记该公司2022年8月基本生产部门制造费用明细账，如表4-24、表4-25所示。

由表4-24可得，2022年8月该公司基本生产第一车间归集的制造费用合计为25 415.37元。

由表 4-25 可得，2022 年 8 月该公司基本生产第二车间归集的制造费用合计为 25 318.42 元。

表 4-24 皖巢公司第一车间制造费用明细账 1

生产部门：第一车间　　　　单位：元

2022 年		凭证字号	摘 要	费用项目								合 计
月	日			间接人工	燃料费	机物料消耗	办公费	租赁费	折旧和摊销	水电汽	其他	
8	31	×	表 3-20			500						500
8	31	×	表 3-24		100							100
8	31	×	表 3-28						3 000			3 000
8	31	×	表 3-28						40			40
8	31	×	表 3-32							410		410
8	31	×	表 3-36	2 000								2 000
8	31	×	表 3-38	370								370
8	31	×	表 3-43						11 000			11 000
8	31	×	表 3-45				600	500			700	1 800
8	31	×	表 4-12							6 275.37		6 275.37

表 4-25 皖巢公司第二车间制造费用明细账 1

生产部门：第二车间　　　　单位：元

2022 年		凭证字号	摘 要	费用项目								合 计
月	日			间接人工	燃料费	机物料消耗	办公费	租赁费	折旧和摊销	水电汽	其他	
8	31	×	表 3-20			500						500
8	31	×	表 3-24		80							80
8	31	×	表 3-28						1 120			1 120
8	31	×	表 3-28						30			30
8	31	×	表 3-32							246		246
8	31	×	表 3-36	3 000								3 000
8	31	×	表 3-38	555								555
8	31	×	表 3-43						12 000			12 000
8	31	×	表 3-45				600	400			700	1 700
8	31	×	表 4-12							6 147.42		6 147.42

二、分配制造费用

制造费用的分配包括辅助生产部门制造费用的分配和基本生产部门制造费用的分配两个方面。在企业辅助生产部门不设置“制造费用”账户的情况下，辅助生产发生的制造费用通过“辅助生产成本”账户核算，企业应当首先分配辅助生产发生的辅助生产费用（如例 4-1 所示），然后分配基本生产发生的制造费用；在企业辅助生产部门设置“制造费用”账户的情况下，辅助生产发生的制造费用通过“制造费用”账户核算，企业应当首先分配辅助生产发生的制造费用（如例 4-2 所示），然后分配辅助生产发生的辅助生产费用，最后分配基本生产发生的制造费用。

企业一般是通过编制制造费用分配表进行制造费用分配的总分类核算和明细分类核算。工业企业生产部门如果只生产一种产品或服务，其发生的各项制造费用都属于直接计入制造费用，直接记入该产品或服务的“生产成本”账户；如果生产两种或两种以上的产品或服务，其发生的各项制造费用都属于间接计入制造费用，需要按照合理的分配方法分配记入各成本核算对象的“生产成本”账户。

企业在确定制造费用的分配方法时，应当根据各项制造费用的成因，并充分考虑生产人员的工作熟练程度、生产过程的机械化程度、企业生产的特点和企业的计划管理水平等因素。可见，制造费用分配方法的确定是一个既复杂又重要的问题。在会计实务中，制造费用的分配方法一般主要有人工工资法、人工工时法、机器工时法、计划分配率法等方法。企业应当根据生产部门的实际情况，合理选择一种恰当的方法分配制造费用。需要指出的是，分配方法一经确定，以后不得随意变更。

（一）人工工资法

如果企业生产部门的生产人员的工作熟练程度相差不大，且生产过程的机械化程度不高，那么制造费用的负担水平与生产人工工时关联不大，制造费用中与人工相关的费用比重较大。为简化制造费用分配的工作，该部门可以按照各成本计算对象耗用的生产工人工资比例分配制造费用。这种分配方法就是制造费用的生产工人工资比例法，简称人工工资法。由于企业生产工人工资的资料在工资费用分配表中已经列示，因而其核算工作较简便。其计算公式为：

$$\text{某生产部门制造费用分配率}=\frac{\text{该部门制造费用总额}}{\sum\text{各种成本计算对象耗用的生产工人工资}} \tag{4-7}$$

【例 4-9】 承例 4-8、例 3-14 资料，假定皖巢公司采用人工工资法分配基本生产第一车间的制造费用，且分配金额的尾差计入 WH2 产品成本。

要求：编制该公司 2022 年 8 月基本生产第一车间制造费用分配表。

根据上述资料编制该公司 2022 年 8 月基本生产第一车间制造费用分配表，如表 4-26 所示。

表 4-26 皖巢公司第一车间制造费用分配表（人工工资法）

生产部门：第一车间　　2022 年 8 月　　单位：元　　附单据 2 张

应借账户			生产工人工资	分配率	分配额
总账账户	明细账户	成本项目			
基本生产成本	WH1	制造费用	8 364		12 199.73
	WH2	制造费用	9 061		13 215.64
合　计			17 425	1.458 6	25 415.37

会计主管：　　审核：　　制单：

在表 4-26 中：

第一车间制造费用分配率=25 415.37÷(8 364+9 061)=1.458 6；

WH1 应分配的制造费用=8 364×1.4586=12 199.73（元）；

WH2 应分配的制造费用=25 415.37−12 199.73=13 215.64（元）。

根据表 4-26 登记有关成本、费用明细账。

根据表 4-26 编制记账凭证（用会计分录代替）如下：

借：基本生产成本——WH1（制造费用）　12 199.73

　　　　　　　　——WH2（制造费用）　13 215.64

　贷：制造费用——第一车间　25 415.37

（二）人工工时法

如果企业生产部门的生产人员的工作熟练程度相差较大，且生产过程的机械化程度不高，那么制造费用的负担水平与生产人工工时联系密切，制造费用中与人工相关的费用比重较大。在这种情况下，该部门可以按照各成本计算对象耗用的生产工人工时比例分配制造费用。这种分配方法就是制造费用的生产工人工时比例法，简称人工工时法。由于这种方法需要做好产量和工时的原始记录，因而核算工作量较大。其计算公式为：

$$\text{某生产部门制造费用分配率}=\frac{\text{该部门制造费用总额}}{\sum \text{各种成本计算对象耗用的生产工人工时}} \tag{4-8}$$

【例 4-10】 承例 4-8、例 3-14 资料，假定皖巢公司采用人工工时法分配基本生产第一车间的制造费用，且分配金额的尾差计入 WH2 产品成本。

要求：编制该公司 2022 年 8 月基本生产第一车间制造费用分配表和分配制造费用的记账凭证。

根据上述资料编制该公司 2022 年 8 月基本生产第一车间制造费用分配表，如表 4-27 所示。

表 4-27　皖巢公司第一车间制造费用分配表（人工工时法）

生产部门：第一车间　　　　2022 年 8 月　　　　单位：元　　　　附单据 2 张

应借账户			生产工人工时/小时	分配率/（元/小时）	分配额
总账账户	明细账户	成本项目			
基本生产成本	WH1 产品	制造费用	836.40		12 199.40
	WH2 产品	制造费用	906.10		13 215.97
合　计			1 742.50	14.585 6	25 415.37

会计主管：　　　　审核：　　　　制单：

在表 4-27 中，

第一车间制造费用分配率=25 415.37÷(836.40+906.10)=14.585 6（元/小时）；

WH1 产品应分配的制造费用=836.40×14.585 6=12 199.40（元）；

WH2 产品应分配的制造费用=25 415.37−12 199.40=13 215.97（元）。

根据表 4-27 登记有关成本、费用明细账。现根据表 4-27 登记制造费用明细账（承例 4-8 中的表 4-24），如表 4-28 所示。

表 4-28　皖巢公司第一车间制造费用明细账 2

生产部门：第一车间　　　　单位：元

2022 年		凭证	摘　要	费用项目								合　计
月	日	字号		间接人工	燃料费	机物料消耗	办公费	租赁费	折旧和摊销	水电汽	其他	
8	31	×	表 3-20			500						500
8	31	×	表 3-24		100							100
8	31	×	表 3-28						3 000			3 000
8	31	×	表 3-28						40			40
8	31	×	表 3-32							410		410
8	31	×	表 3-36	2 000								2 000
8	31	×	表 3-38	370								370
8	31	×	表 3-43						11 000			11 000
8	31	×	表 3-45				600	500			700	1 800
8	31	×	表 4-12							6 275.37		6 275.37
8	31	×	表 4-27	2 370	100	500	600	500	13 960	6 685.37	700	25 415.37

根据表 4-27 编制记账凭证（用会计分录代替）如下：

借：基本生产成本——WH1 产品（制造费用）　　12 199.40

　　　　　　　　——WH2 产品（制造费用）　　13 215.97

　贷：制造费用——第一车间　　25 415.37

（三）机器工时法

如果企业生产部门的生产过程机械化程度较高，那么制造费用中与机器作业相关的费用比重较大，制造费用的负担水平与机器工时联系密切。在这种情况下，该部门可以按照各成本计算对象耗用的机器设备的运转工作时间比例分配制造费用。这种分配方法就是制造费用的机器工时比例法，简称机器工时法。由于这种方法需要做好各种成本计算对象耗用的机器工时的原始记录，因而其核算工作量较大。其计算公式为：

$$\text{某生产部门制造费用分配率}=\frac{\text{该部门制造费用总额}}{\sum \text{各种成本计算对象耗用的机器工时}} \qquad (4\text{-}9)$$

【例 4-11】 承例 4-8 资料，已知本月生产 AH1、AH2、AH3 三种产品实际耗用机器工时分别为 640 小时、75 小时、85 小时。假定皖巢公司采用机器工时法分配基本生产第二车间的制造费用，且分配金额的尾差计入 AH3 产品成本。

要求：编制该公司 2022 年 8 月基本生产第二车间制造费用分配表和分配制造费用的记账凭证。

根据上述资料编制该公司 2022 年 8 月基本生产第二车间制造费用分配表，如表 4-29 所示。

表 4-29 皖巢公司第二车间制造费用分配表（机器工时法）

生产部门：第二车间　　2022 年 8 月　　单位：元　　附单据 2 张

应借账户			机器工时/小时	分配率/（元/小时）	分配额
总账账户	明细账户	成本项目			
基本生产成本	AH1 产品	制造费用	640		20 254.72
	AH2 产品	制造费用	75		2 373.60
	AH3 产品	制造费用	85		2 690.10
合　计			800	31.648 0	25 318.42

会计主管：　　审核：　　制单：

在表 4-29 中：

第二车间制造费用分配率=25 318.42÷(640+75+85)=31.648 0（元/小时）；

AH1 产品应分配的制造费用=640×31.648 0=20 254.72（元）；

AH2 产品应分配的制造费用=75×31.648 0=2 373.60（元）；

AH3 产品应分配的制造费用=25 318.42−20 254.72−2 373.60=2 690.10（元）。

根据表 4-29 登记有关成本、费用明细账。

根据表 4-29 编制记账凭证（用会计分录代替）如下：

借：基本生产成本——AH1 产品（制造费用）　　20 254.72
　　　　　　　　——AH2 产品（制造费用）　　2 373.60
　　　　　　　　——AH3 产品（制造费用）　　2 690.10
　贷：制造费用——第二车间　　25 318.42

（四）计划分配率法

如果企业生产部门实行季节性生产，那么在停工季节该生产部门也要为开工季节做好生产准备工作，从而需要发生有些必要的制造费用。由于停工季节的制造费用与开工季节的产品生产直接相关，因此其应当计入产品成本。为了正确核算该生产部门生产的产品成本，企业除将其开工月份发生的制造费用按照上述分配方法分配计入各成本计算对象的生产成本外，还应当将其停工季节发生的制造费用按照一定标准分配计入开工月份的各成本计算对象的生产成本。

在会计实务中，季节性生产企业一般可以按照企业正常生产经营条件下全年停工月份制造费用计划数同全年生产产品的计划产量的比例，预先确定其停工月份制造费用的计划分配率，然后根据此分配率和开工月份的实际产量，分配开工月份应负担停工月份的制造费用，连同开工月份发生的制造费用，一并计入产品的生产成本。这种分配停工月份的制造费用的方法就是制造费用的年度计划分配率法，简称计划分配率法。这种方法能够简化停工月份的制造费用的分配工作，但要求企业必须有较高的计划管理水平。其计算公式为：

$$停工月份制造费用年度计划分配率=\frac{全年停工月份制造费用计划总额}{\sum 全年各种成本计算对象的计划产量} \quad (4\text{-}10)$$

式（4-10）中的“全年各种成本计算对象的计划产量”可以按照计划产量的人工工时、人工工资和机器工时等确定。

【例 4-12】 承例 4-8、例 4-11 资料，假定皖巢公司基本生产第二车间实行季节性生产。2022 年该车间全年停工月份制造费用计划为 29 960 元，全年生产的 AH1、AH2、AH3 三种产品的计划产量分别为 6 000 件、800 件、700 件，其他资料如例 3-14 所述。假定该公司采用计划分配率法分配基本生产第二车间的停工月份制造费用。

要求：编制该公司 2022 年 8 月基本生产第二车间的停工月份制造费用分配表和分配停工月份制造费用的记账凭证。

根据上述资料编制该公司 2022 年 8 月基本生产第二车间停工月份制造费用分配表，如表 4-30 所示。

表 4-30 皖巢公司第二车间制造费用分配表（计划分配率法）

生产部门：第二车间　　2022 年 8 月　　附单据 2 张

应借账户			人工工时定额/（小时/件）	实际产量/件	定额人工工时/小时	计划分配率/（元/小时）	分配额
总账账户	明细账户	成本项目					
基本生产成本	AH1 产品	制造费用	2	900	1 800	2	3 600
	AH2 产品	制造费用	1.8	120	216	2	432
	AH3 产品	制造费用	2.2	100	220	2	440
合　计			—	—	2 236	—	4 472

会计主管：　　审核：　　制单：

在表 4-30 中，该公司基本生产第二车间 2022 年停工月份制造费用计划分配率=29 960÷(6 000×2+800× 1.8+700×2.2)=2（元/工时）。

根据表 4-30 登记有关成本、费用明细账。现根据表 4-29、表 4-30 登记制造费用明细账（承例 4-8 中的表 4-25），如表 4-31 所示。

表 4-31 皖巢公司第二车间制造费用明细账 2

生产部门：第二车间　　单位：元

2022 年		凭证字号	摘要	费用项目								合　计
月	日			间接人工	燃料费	机物料消耗	办公费	租赁费	折旧和摊销	水电汽	其他	
8	31	×	表 3-20			500						500
8	31	×	表 3-24		80							80
8	31	×	表 3-28						1 120			1 120
8	31	×	表 3-28						[30]			[30]
8	31	×	表 3-32							246		246
8	31	×	表 3-36	3 000								3 000
8	31	×	表 3-38	555								555
8	31	×	表 3-43						12 000			12 000

续表

2022年		凭证	摘要	费用项目								合计
月	日	字号		间接人工	燃料费	机物料消耗	办公费	租赁费	折旧和摊销	水电汽	其他	
8	31	×	表3-45				600	400			700	1 700
8	31	×	表4-12							6 147.42		6 147.42
8	31	×	表4-29	3 555	80	500	600	400	13 090	6 393.42	700	25 318.42
8	31	×	表4-30[1]	627.81	14.13	88.30	105.96	70.64	2 311.69	1 129.08	124.39	4 472

根据表4-30编制记账凭证（用会计分录代替）如下：

借：基本生产成本——AH1产品（制造费用） 3 600

——AH2产品（制造费用） 432

——AH3产品（制造费用） 440

贷：制造费用——第二车间 4 472

需要指出的是，采用计划分配率法分配停工月份制造费用，“制造费用”账户不仅可能有月末余额，而且既可能有借方余额，也可能有贷方余额。但是，年度终了，企业应当将全年停工月份制造费用的实际发生额与其分配额的差额，除为明年开工生产作准备的留待明年分配外，其余调整为当年的产品生产成本。其计算公式为：

停工月份制造费用差额分配率=

$$\frac{\text{全年停工月份实际制造费用}-\text{全年停工月份制造费用分配额}-\text{预留的制造费用}}{\sum\text{全年各种成本计算对象的停工月份制造费用分配额}} \quad (4\text{-}11)$$

【例4-13】 承例4-12资料，假定皖巢公司2022年基本生产第二车间全年实际停工月份制造费用为30 253元；至年末，AH1、AH2、AH3三种产品全年已按计划分配率分配其制造费用分别为23 840元、3 060元、3 168元，为明年开工生产准备预留制造费用为1 000元。假定分配差额的尾差计入AH3产品生产成本。

要求：编制该公司2022年基本生产第二车间的停工月份制造费用差额分配表和分配停工月份制造费用差额的记账凭证。

根据上述资料编制该公司2022年基本生产第二车间停工月份制造费用差额分配表，如表4-32所示。

表4-32 皖巢公司第二车间停工月份制造费用差额分配表

生产部门：第二车间　　2022年　　单位：元　　附单据2张

应借账户			全年停工月份实际费用	全年停工月份费用分配额	制造费用预留额	差异分配率	制造费用差异分配额
总账账户	明细账户	成本项目					
基本生产成本	AH1产品	制造费用	—	23 840	—	—	-646.06
	AH2产品	制造费用	—	3 060	—	—	-82.93
	AH3产品	制造费用	—	3 168	—	—	-86.01
合计			30 253	30 068	1 000	-0.027 1	-815

会计主管：　　审核：　　制单：

在表4-32中：

该公司基本生产第二车间2022年停工月份制造费用差额分配率=(30 253−30 068−1 000)÷

[1] 本行每个费用项目转出停工月份制造费用金额按相同的转出率(4 472÷25 318.42=0.176 6)计算的，如间接人工=3 555×0.176 6=627.81（元），假定尾差记入“其他”。

(23 840+3 060+3 168)=−0.027 1；

AH1 产品应分配的停工月份制造费用差额=23 840×(−0.0271)=−646.06（元）；

AH2 产品应分配的停工月份制造费用差额=3 060×(−0.0271)=−82.93（元）；

AH3 产品应分配的停工月份制造费用差额=(−815)−(−646.06)−(−82.93)=−86.01（元）。

根据表 4-32 登记有关成本、费用明细账。

根据表 4-32 编制记账凭证（用会计分录代替）如下：

借：基本生产成本——AH1 产品（制造费用） 646.06

——AH2 产品（制造费用） 82.93

——AH3 产品（制造费用） 86.01

贷：制造费用——第二车间 815

步骤三 核算构成产品成本的生产损失

企业在生产经营过程中由于各种原因而产生的各种损耗，按其产生性质可以分为非生产损失和生产损失两类。非生产损失是指企业在非产品生产过程中由于非生产原因而产生的各种损耗。例如，由于应收账款无法收回产生的坏账损失，对外投资产生的投资损失，存货管理过程中产生的盘亏、毁损、变质损失、非常损失等。非生产损失由于与产品生产无关，因而其不能计入产品成本，而应当在发生时直接计入当期损益。生产损失是指企业在产品生产过程中由于生产原因而产生的各种损耗。例如，在生产过程中制造的产品质量不符合规定的技术标准而产生的损耗，即废品损失，在生产过程中由于机器设备故障及季节性和修理期间的停工而产生的损耗，即停工损失。由于废品损失和停工损失都与产品生产直接相关，是构成产品成本的组成部分，因此企业应当核算废品损失和停工损失以确保产品成本的正确核算。

一、核算废品损失

（一）了解废品及废品损失

产品生产中的废品是指由于生产原因而产生的不符合规定的技术标准，不能按照原定用途使用，或者需要加工修理才能使用的在产品、半成品或产成品，包括在生产过程中发现的及入库后发现的所有废品。

废品按其产生的原因可以分为料废品和工废品两种。料废品是指由于材料不符合质量要求而产生的废品。工废品是指由于加工质量原因产生的废品。区分料废品和工废品，只是为了分清产生废品的责任，不影响废品损失的核算。

废品按其是否有必要修复可以分为可修复废品和不可修复废品两种。可修复废品是指技术上可以被修复，且所花费的修复费用在经济上合算的废品。不可修复废品是指技术上不能被修复为合格品，或者技术上虽然可以被修复，但是所花费的修复费用在经济上不合算的废品。区分可修复废品和不可修复废品是正确核算废品损失的前提。

废品损失是指在生产过程中发现的和入库后发现的不可修复废品的实际成本减去回收废料价值和应收赔款后的净损失及可修复废品的修复费用。

需要指出的是，经过企业质检部门鉴定不需要返修、可以降价出售的不合格品，即“次级品”，不属于废品。“次级品”的成本与合格品的成本相同，其降价出售的损失在当期销售损益中体现，不应当作为废品损失核算；在产品、半成品或产成品由于保管不善等原因（非生产原因）而损坏变质的损失，由于其不是废品，因而该损失也不应当作为废品损失核算；实行包退、包修、包换“三包”的企业，在产品出售后发现的废品所发生的一切损失，虽是废品产生的，但为了简化会计核算，其损失全部计入当期损益，不作为废品损失核算。

（二）废品损失的核算基础

为了加强废品损失的控制，企业应当设置“废品损失”账户，并按生产单位、产品品种进行废品损失明细分类核算。该账户借方登记不可修复废品的生产成本和可修复废品的修复费用，贷方登记废品材料的回收价值、应收的有关赔款和分配转出的废品净损失，期末一般无余额。

核算废品损失的常用凭证一般有废品通知单、废品交库单、领料单、工作通知单等。企业产品质量检验人员在发现废品时，应当填制废品通知单，作为废品损失核算的依据。废品通知单通常一式三联，分别由质检部门、生产部门、财会部门各执一联，其格式如表4-33所示；当发生送交仓库的不可修复废品时，应当填制废品交库单，作为废品残料入库的依据；当可修复废品返修时，应填制领料单、工作通知单，并注明“返修废品”字样，作为修复费用的核算依据。

表 4-33　废品通知单

年　　月　　日　　　　　　　　　　编号：

废品名称		生产单位	
发生工序		发现工序	
废品代码		产品图号	
报废数		公司负责人	
废品特征原因	检验员：		
责任人		责任单位	
质量确认		责任单位主管	
废品回收员		可回收数量	
材料/元		总工时/小时	
人工/元		废品工时/小时	
其他//元		损失金额合计/元	

质检部门主管：　　　　　　生产部门主管：　　　　　　会计主管：

（三）核算不可修复废品损失

不可修复废品损失是指不可修复废品的生产成本扣除其回收的残料价值和应收赔款后的净损失。因此，不可修复废品损失的核算，应当首先计算不可修复废品的生产成本，并将其从同类产品成本中分离出来。

在会计实务中，企业通常以废品通知单等凭证编制不可修复废品生产成本计算表核算不可修复废品的生产成本，既可以按照废品所耗实际费用计算，又可以按照废品所耗定额成本计算。

1．按废品所耗实际费用计算

由于废品报废以前发生的各项生产费用是与合格产品一起计算的，如果废品是在完工以后发现的，这时单位废品负担的各项生产费用应与单位合格品完全相同，可以按照合格品产量和废品数量比例分配各项生产费用，计算出不可修复废品的实际成本；如果废品是在生产过程中发现的，就需要将废品报废之前与合格品一起核算的生产费用，采用适当的分配方法（可以比照分配完工产品成本与在产品成本的方法，详见项目五）在合格品与废品之间进行分配，从而计算出不可修复废品的实际成本。这种方法符合实际，但核算工作量较大。

【例 4-14】 江城公司第一生产车间2022年8月生产A1产品为200件，生产过程中发现其中20件为不可修复废品。该产品基本生产成本明细账所载合格品和废品共同发生的生产费用为309 475元，其中直接材料为250 000元，直接人工为10 075元，制造费用为49 400元。直接材料在生产开始时一次投入，其他费用按生产工时比例法分配，其中生产总工时为3 250小时，废品生产工时为240小时。废品回收的残料价值为300元，应收过失人赔款为500元。

要求：编制该公司2022年8月第一车间不可修复废品损失计算表和有关的记账凭证。

根据上述资料编制该公司2022年8月第一车间不可修复废品损失计算表，如表4-34所示。

表4-34　江城公司第一车间不可修复废品损失计算表（按实际成本计算）

生产部门：第一车间　产品名称：A1产品　2022年8月　单位：元　废品数量：20件

项　目	数量/件	直接材料	生产工时/小时	直接人工	制造费用	合　计
A1产品（含废品）	200	250 000	3 250	10 075	49 400	309 475
生产费用分配率	—	1 250元/件	—	3.1元/小时	15.2元/小时	—
A1产品的废品	20	25 000	240	744	3 648	29 392

会计主管：　审核：　制单：

在表4-34中，

直接材料费用分配率=250 000÷200=1 250（元/件）；

直接人工费用分配率=10 075÷3 250=3.1（元/小时）；

制造费用费用分配率=49 400÷3 250=15.2（元/小时）。

根据表4-34登记有关基本生产成本明细账（见表4-35和废品损失明细账见表4-36）。

表4-35　江城公司第一车间（A1产品）基本生产成本明细账 1-1

成本对象：A1产品　生产部门：第一车间　单位：元

2022年		凭证字号	摘　要	成本项目				合　计
月	日			直接材料	直接人工	制造费用	废品损失	
7	31		月末在产品成本	50 000	3 075	4 400		57 475
8	31	×	分配材料费用	200 000				200 000
8	31	×	分配职工薪酬费用		7 000			7 000
8	31	×	分配制造费用			45 000		45 000
8	31	×	表4-34	[25 000]	[744]	[3 648]		[29 392]

表4-36　江城公司第一车间（A1废品）废品损失明细账 1

废品名称：A1产品　生产部门：第一车间　单位：元

2022年		凭证字号	摘　要	成本项目			合　计
月	日			直接材料	直接人工	制造费用	
8	31	×	表4-34	25 000	744	3 648	29 392
8	31	×	废品回收	[300]			[300]
8	31	×	应收赔款		[500]		[500]

根据表4-34编制记账凭证（用会计分录代替）如下：

借：废品损失——A1废品（直接材料）　25 000

　　　　　——A1废品（直接人工）　744

　　　　　——A1废品（制造费用）　3 648

贷：基本生产成本——A1 产品 29 392

根据废品交库单编制记账凭证（用会计分录代替）如下：

借：原材料 300

贷：废品损失——A1 废品（直接材料） 300

据以登记废品损失明细账如表 4-36 所示。

根据应收赔款凭证编制记账凭证（用会计分录代替）如下：

借：其他应收款 500

贷：废品损失——A1 废品（直接人工） 500

据以登记废品损失明细账，如表 4-36 所示。

2．按废品所耗定额成本计算

如果企业具备比较准确的消耗定额或成本定额资料，那么为了简化核算工作，可以按废品的数量和各项成本定额计算废品的生产成本。

【例 4-15】 承例 4-14 资料，假定江城公司不可修复废品按所耗定额成本计算废品生产成本。已知不可修复废品直接材料成本定额为 1 250 元/件，直接人工、制造费用的成本定额分别为 3 元/小时、13 元/小时。

要求：编制该公司 2022 年 8 月第一车间不可修复废品损失计算表和有关的记账凭证。

根据上述资料编制该公司 2022 年 8 月第一车间不可修复废品损失计算表，如表 4-37 所示。

表 4-37 江城公司第一车间不可修复废品损失计算表（按定额成本计算）

生产部门：第一车间　　　　废品数量：20 件

废品名称：A1 废品　　　　2022 年 8 月　　　　废品定额工时：260 小时

项 目	直接材料	直接人工	制造费用	合 计
废品材料成本定额或加工单位成本	1 250 元/件	3 元/小时	13 元/小时	—
废品数量或定额工时	20 件	260 小时	260 小时	—
废品定额成本/元	25 000	780	3 380	29 160

会计主管：　　　　审核：　　　　制单：

根据表 4-37 编制记账凭证（用会计分录代替）如下：

借：废品损失——A1 废品（直接材料） 25 000

——A1 废品（直接人工） 780

——A1 废品（制造费用） 3 380

贷：基本生产成本——A1 产品 29 160

（四）核算可修复废品损失

可修复废品在返修之前发生的生产费用不是废品损失，不需要计算其生产成本并从“基本生产成本”账户中转出。可修复废品损失是指废品在修复过程中发生的各种生产费用，即废品的修复费用。若有废品回收的残值或应收赔款，应从废品损失中扣除。

【例 4-16】 承例 4-14 资料，江城公司第一生产车间 2022 年 8 月生产 A1 产品为 200 件，生产过程中发现其中 10 件为可修复废品。当即进行返修，耗用直接材料为 2 000 元、直接人工为 300 元、制造费用为 1 500 元。废料回收价值为 100 元，应收过失人赔款为 200 元。

要求：编制该公司 2022 年 8 月第一车间可修复废品的各种费用分配表和有关的记账凭证。

根据上述资料编制材料费用分配表、职工薪酬费用分配表、制造费用分配表[1]，并据以登

[1] 在这三张分配表中，通常均分别列示合格品和可修复废品的耗用。

记该公司 2022 年 8 月第一车间废品损失明细账（承表 4-36），如表 4-38 所示。

表 4-38 江城公司第一车间（A1 废品）废品损失明细账 2

废品名称：A1 废品　　　　生产部门：第一车间　　　　单位：元

2022 年		凭证字号	摘要	成本项目			合计
月	日			直接材料	直接人工	制造费用	
8	31	×	表 4-34	25 000	744	3 648	29 392
8	31	×	废品回收	[300]			[300]
8	31	×	应收赔款		[500]		[500]
8	31	×	分配材料费用	2 000			2 000
8	31	×	分配职工薪酬费用		300		300
8	31	×	分配制造费用			1 500	1 500
8	31	×	废料回收	[100]			[100]
8	31	×	应收赔款		[200]		[200]
8	31	×	期末，结转废品损失	[26 600]	[344]	[5 148]	[32 092]

根据材料费用分配表、职工薪酬费用分配表、制造费用分配表编制记账凭证❶（用会计分录代替）如下：

借：废品损失——A1 废品（直接材料）　　2 000
　　　　　　——A1 废品（直接人工）　　300
　　　　　　——A1 废品（制造费用）　　1 500
　　贷：原材料　　2 000
　　　　应付职工薪酬　　300
　　　　制造费用　　1 500

根据废料交库单编制记账凭证（用会计分录代替）如下：

借：原材料　　100
　　贷：废品损失——A1 废品（直接材料）　　100

据以登记废品损失明细账，如表 4-38 所示。

根据应收赔款凭证编制记账凭证（用会计分录代替）如下：

借：其他应收款　　200
　　贷：废品损失——A1 废品（直接人工）　　200

据以登记废品损失明细账，如表 4-38 所示。

期末，将不可修复废品损失和可修复废品损失一并转入基本生产成本。

借：基本生产成本——A1 废品（废品损失）　　32 092
　　贷：废品损失——A1 废品　　32 092

据以登记废品损失明细账如表 4-38 所示，基本生产成本明细账（承表 4-35）如表 4-39 所示。

需要指出的是，不论废品在何时发现，只要是本月发生可修复废品的修复费用，都应作为本月废品损失归集。本月归集的不可修复废品损失和可修复废品损失应当全部计入本月完工同类合格品成本，同类合格在产品不宜负担废品损失。

❶ 为了方便阐述，记账凭证中只给出了可修复废品发生的生产费用，而将合格品发生的生产费用予以省略。

表 4-39 江城公司第一车间（A1 产品）基本生产成本明细账 1-2

成本对象：A1 产品　　　　生产部门：第一车间　　　　单位：元

2022 年		凭证字号	摘 要	成本项目				合 计
月	日			直接材料	直接人工	制造费用	废品损失	
7	31		月末在产品成本	50 000	3 075	4 400		57 475
8	31	×	分配材料费用	200 000				200 000
8	31	×	分配职工薪酬		7 000			7 000
8	31	×	分配制造费用			45 000		45 000
8	31	×	表 4-34	25 000	744	3 648		29 392
8	31	×	期末，结转废品损失				32 092	32 092

如果企业只是偶然发生废品，且其废品损失不大，那么废品损失可以不单独核算，不需增设“废品损失”账户，且“基本生产成本”明细账中也不需专设“废品损失”成本项目。只有在回收废品残料和应收赔款时，借记“原材料”“其他应收款”等账户，贷记“基本生产成本”账户，并从其所属明细账中的“直接材料”“直接人工”成本项目扣除残料价值、应收赔款。这样核算很简便，但没有对废品损失进行单独的反映，因而不利于对废品损失的分析与控制。

【例 4-17】 承例 4-14、例 4-16 资料，假定江城公司第一生产车间不单独核算废品损失。要求：编制该公司 2022 年 8 月第一车间废品损失的各种费用分配表和有关的记账凭证。

（1）对于不可修复废品：

根据废品交库单编制记账凭证（用会计分录代替）如下：

借：原材料　　300

　　贷：基本生产成本——A1 产品（直接材料）　　300

根据应收赔款凭证编制记账凭证（用会计分录代替）如下：

借：其他应收款　　500

　　贷：基本生产成本——A1 产品（直接人工）　　500

（2）对于可修复废品：

根据材料费用分配表、职工薪酬费用分配表、制造费用分配表编制记账凭证（用会计分录代替）如下：

借：基本生产成本——A1 产品（直接材料）　　2 000

　　　　　　　　——A1 产品（直接人工）　　300

　　　　　　　　——A1 产品（制造费用）　　1 500

　　贷：原材料　　2 000

　　　　应付职工薪酬　　300

　　　　制造费用　　1 500

根据废料交库单编制记账凭证（用会计分录代替）如下：

借：原材料　　100

　　贷：基本生产成本——A1 产品（直接材料）　　100

根据应收赔款凭证编制记账凭证（用会计分录代替）如下：

借：其他应收款　　200

　　贷：基本生产成本——A1 产品（直接人工）　　200

（3）根据上述资料登记基本生产成本明细账，如表 4-40 所示。

表 4-40　江城公司第一车间（A1 产品）基本生产成本明细账 2-1

成本对象：A1 产品　　　　　　生产部门：第一车间　　　　　　单位：元

2022 年		凭证字号	摘　要	成本项目			合　计
月	日			直接材料	直接人工	制造费用	
7	31		月末在产品成本	50 000	3 075	4 400	57 475
8	31	×	分配材料费用	200 000			200 000
8	31	×	分配职工薪酬费用		7 000		7 000
8	31	×	分配制造费用			45 000	45 000
8	31	×	（1）废品回收	300			300
8	31	×	（1）应收赔款		500		500
8	31	×	（2）分配材料费用	2 000			2 000
8	31	×	（2）分配职工薪酬费用		300		300
8	31	×	（2）分配制造费用			1 500	1 500
8	31	×	（2）废料回收	100			100
8	31	×	（2）应收赔款		200		200

二、核算停工损失

停工损失是指生产部门或生产部门内某个班组在停工期间发生的材料费用、人工费用和制造费用等各项费用。若有废料回收的残值或应收赔款，应当从停工损失中扣除。

为了加强对停工损失的控制，企业应当设置“停工损失”账户，并按生产单位进行停工损失明细分类核算。该账户借方登记停工期间发生、应该计入停工损失的各种费用，贷方登记材料的回收价值、应收的有关赔款和分配转出的停工净损失，期末一般无余额。

核算停工损失的常用凭证一般主要有停工报告单等。企业停工责任人员在发生停工时，应当填制停工报告单，作为停工损失核算的依据，停工报告单通常一式三联，分别由计划部门、停工部门、财会部门各执一联，其格式如表 4-41 所示；当发生送交仓库的残料时，应当填制废料交库单，作为残料回收入库的依据。

表 4-41　停工报告单

年　　月　　日　　　　　　　　编号：

停工部门			停工范围		
停工原因	□机器故障　□质量异常　□待料　□安全事故　□其他				
停工时间	____年___月___日___时___分—____年 __月___日___时___分				
停工人数		停工产品		产品订单号	
停工材料损失/元		停工人工损失/元		进度状况	
停工其他损失/元		停工损失合计/元		计划部门主管	
停工应对措施					

公司主管：　　　　　　停工部门主管：　　　　　　会计主管：

企业发生停工的原因一般有电力中断、原材料供应不足、产品质量不合要求、安全事故、机器设备发生故障、机器设备进行大修理、季节性生产、计划减产、发生非常灾害等。这些停工可以分为计划内停工和计划外停工两类。计划内停工，如季节性停产和固定资产大修理停产等发生的生产费用，不作为停工损失核算；计划外停工，如电力中断、原材料供应不足、产品质量不合要求、安全事故、机器设备发生故障、计划减产、发生非常灾害等发生的生产费用，作为停工损失核算。为了简化核算工作，停工不满一个工作日的，一般不计算停工损失。

企业核算停工损失时，应当根据发生的停工原因进行相应的会计处理，即对于扣除废料回收的残值或应收赔款后的停工净损失，分别记入“基本生产成本”或“营业外支出”账户；对于应当计入停工产品成本的停工损失，如果停工生产部门只生产一种产品，应直接记入该种产品基本生产成本明细账的“停工损失”成本项目；如果停工生产部门生产两种或两种以上产品，则应采用适当的分配方法（可以比照分配制造费用的方法），分配记入该车间各种产品基本生产成本明细账的“停工损失”成本项目。

在会计实务中，企业通常根据停工报告单、工资单和制造费用分配表等凭证编制停工损失计算表核算停工损失。

【例 4-18】 江城公司第二生产车间 2022 年 8 月生产 B1 产品为 100 件，该产品基本生产成本明细账所载发生的生产费用为 607 475 元，其中，直接材料为 310 000 元、直接人工为 222 075 元、制造费用为 75 400 元。假定本月 B1 产品在生产过程中因产品质量原因停工 70 小时。该车间本月 B1 产品生产人员的工资分配率为 200 元/小时，制造费用分配率为 40 元/小时，停工期间单位产品的材料损失为 8 元/件。废料回收的残料价值为 100 元，应收过失人赔款为 200 元。

要求：编制该公司 2022 年 8 月第二车间停工损失计算表和有关的记账凭证。

根据上述资料编制该公司 2022 年 8 月第二车间 B1 产品停工损失计算表，如表 4-42 所示。

表 4-42 江城公司第二车间（B1 产品）停工损失计算表

生产部门：第二车间　　　　停工产品数量：100 件

产品名称：B1 产品　　　　2022 年 8 月　　　　停工工时：70 小时

项　目	直接材料	停工工时	直接人工	制造费用	合　计
停工费用分配率	8 元/件	—	200 元/小时	40 元/小时	—
停工损失/元	800	70 小时	14 000	2 800	17 600

会计主管：　　　　审核：　　　　制单：

根据表 4-42 登记有关基本生产成本明细账如表 4-43 所示，停工损失明细账如表 4-44 所示。

表 4-43 江城公司第二车间（B1 产品）基本生产成本明细账 1-1

成本对象：B1 产品　　　　生产部门：第二车间　　　　单位：元

2022 年		凭证字号	摘　要	成本项目				合　计
月	日			直接材料	直接人工	制造费用	停工损失	
7	31		月末在产品成本	60 000	14 075	5 400		79 475
8	31	×	分配材料费用	250 000				250 000
8	31	×	分配职工薪酬费用		208 000			208 000
8	31	×	分配制造费用			70 000		70 000
8	31	×	表 4-42	[800]	[14 000]	[2 800]		[17 600]
8	31	×	期末，结转停工损失				17 300	17 300

表 4-44 江城公司第二车间（B1 产品）停工损失明细账

产品名称：B1 产品　　　　生产部门：第二车间　　　　单位：元

2022 年		凭证字号	摘　要	成本项目			合　计
月	日			直接材料	直接人工	制造费用	
8	31	×	表 4-42	800	14 000	2 800	17 600
8	31	×	废料回收	[100]			[100]

续表

2022年		凭证字号	摘　要	成本项目			合　计
月	日			直接材料	直接人工	制造费用	
8	31	×	应收赔款		200		200
8	31	×	期末，结转停工损失	700	13 800	2 800	17 300

根据表 4-42 编制记账凭证（用会计分录代替）如下：

借：停工损失——B1 产品（直接材料）　800

——B1 产品（直接人工）　14 000

——B1 产品（制造费用）　2 800

贷：基本生产成本——B1 产品　17 600

根据废料交库单编制记账凭证（用会计分录代替）如下：

借：原材料　100

贷：停工损失——B1 产品（直接材料）　100

据以登记停工损失明细账如表 4-44 所示。

根据应收赔款凭证编制记账凭证（用会计分录代替）如下：

借：其他应收款　200

贷：停工损失——B1 产品（直接人工）　200

据以登记停工损失明细账如表 4-44 所示。

期末，将停工净损失转入基本生产成本。

借：基本生产成本——B1 产品（停工损失）　17 300

贷：停工损失——B1 产品　17 300

据以登记停工损失明细账如表 4-44 所示，基本生产成本明细账如表 4-43 所示。

需要指出的是，如果停工净损失应当计入停工产品成本，那么由本月归集的停工净损失应当全部计入本月停工产品的完工产品成本，停工产品的在产品不宜负担停工损失。

如果企业只是偶然发生停工，且其停工损失不大，那么停工损失可以不单独核算，不需增设“停工损失”账户，且“基本生产成本”明细账中也不需专设“停工损失”成本项目。只有在回收废料和应收赔款时，借记“原材料”“其他应收款”等账户，贷记“基本生产成本”账户，并从其所属明细账中的“直接材料”“直接人工”成本项目扣除残料价值、应收赔款。这样核算很简便，但没有对停工损失进行单独的反映，因而不利于对停工损失的分析与控制。

【例 4-19】 承例 4-18 资料，假定江城公司第二生产车间不单独核算停工损失。

要求：编制该公司 2022 年 8 月第二车间停工损失有关的记账凭证。

根据废料交库单编制记账凭证（用会计分录代替）如下：

借：原材料　100

贷：基本生产成本——B1 产品（直接材料）　100

根据应收赔款凭证编制记账凭证（用会计分录代替）如下：

借：其他应收款　200

贷：基本生产成本——B1 产品（直接人工）　200

根据上述资料登记基本生产成本明细账，如表 4-45 所示。

表 4-45　江城公司第二车间（B1 产品）基本生产成本明细账 2-1

成本对象：B1 产品　　　　生产部门：第二车间　　　　单位：元

2022 年		凭证字号	摘　要	成本项目			合　计
月	日			直接材料	直接人工	制造费用	
7	31		月末在产品成本	60 000	14 075	5 400	79 475
8	31	×	分配材料费用	250 000			250 000
8	31	×	分配职工薪酬费用		208 000		208 000
8	31	×	分配制造费用			70 000	70 000
8	31	×	废料回收	100			100
8	31	×	应收赔款		200		200

训练巩固篇

在线测试四

【实训题】

1．资料如例 4-3～例 4-7 所述。

要求：

（1）完成表 4-46，并说明结论。

表 4-46　皖巢公司辅助生产部门生产费用分配结果记录表

2022 年 8 月　　　　单位：元

分配方法	辅助生产成本——供水车间		辅助生产成本——供电车间		辅助生产成本——供汽车间	
	借方	贷方	借方	贷方	借方	贷方
直接分配法	待分配：4 414		待分配：4 268		待分配：4 532	
顺序分配法	待分配：4 414		待分配：4 268		待分配：4 532	
交互分配法	待分配：4 414		待分配：4 268		待分配：4 532	
代数分配法	待分配：4 414		待分配：4 268		待分配：4 532	
计划成本分配法	待分配：4 414		待分配：4 268		待分配：4 532	

（2）完成表 4-47，并说明结论。

表 4-47　皖巢公司辅助生产部门生产费用辅外分配结果记录表

2022 年 8 月　　　　单位：元

分配方法	辅外部门分配金额				
	制造费用		管理费用	销售费用	合　计
	第一车间	第二车间			
直接分配法					

续表

分配方法	辅外部门分配金额				
	制造费用		管理费用	销售费用	合　计
	第一车间	第二车间			
顺序分配法					
交互分配法					
代数分配法					
计划成本分配法					

2．根据例 3-6、例 3-7、例 3-9、例 3-10、例 3-14～例 3-17、例 4-5 资料，假定皖巢公司辅助生产部门不设置“制造费用”账户，采用交互分配法分配辅助生产费用。

要求：根据该公司 2022 年 8 月各项要素费用分配表、辅助生产费用分配表（交互分配法）登记管理费用明细账，如表 4-48 所示。

表 4-48　皖巢公司管理费用明细账

2022 年		凭证	摘　要	费用项目							合　计
月	日	字号		职工薪酬	物料消耗	业务招待费	办公费	折旧和摊销	水电汽	其他	

3．江城公司 2022 年 8 月供汽、供电、机修三个辅助生产车间在分配辅助生产费用之前归集的生产费用分别为 14 000 元、10 500 元、60 000 元。假定该公司辅助生产部门设置“制造费用”账户，且这三个辅助生产车间供应的对象和数量如表 4-49 所示。

表 4-49　江城公司辅助生产车间提供服务量统计表

受益对象		供汽车间/立方米	供电车间/千瓦时	机修车间/小时
辅助生产部门	供汽车间		300	150
	供电车间	100		180
	机修车间	200	400	
基本生产部门	第一车间	8 000	9 000	1 120
	第二车间	7 800	8 300	1 180
行政管理部门		900	1 000	170
合　计		17 000	19 000	2 800

要求：

（1）采用直接分配法编制辅助生产费用分配表（见表 4-50）和分配辅助生产费用的记账凭证。

表 4-50 江城公司辅助生产费用分配表（直接分配法）

单位： 2022 年 8 月 附单据 张

辅助生产车间名称				供汽车间	供电车间	机修车间	合 计

会计主管： 审核： 制单：

（2）试排列供汽、供电、机修三车间辅助生产费用分配顺序，并采用顺序分配法编制辅助生产费用分配表（见表 4-51）和分配辅助生产费用的记账凭证。

表 4-51 江城公司辅助生产费用分配表（顺序分配法）

单位： 2022 年 8 月 附单据 张

应借账户								
								辅外部门分配金额合计
							—	—
								—

会计主管： 审核： 制单：

（3）采用交互分配法编制辅助生产费用分配表（见表 4-52）和分配辅助生产费用的记账凭证。

（4）假定供汽、供电、机修三车间的实际单位成本分别为 X 元/立方米、Y 元/千瓦时、Z 元/小时，试联立方程组解之，并采用代数分配法编制辅助生产费用分配表（见表 4-53）和分配辅助生产费用的记账凭证。

表 4-52　江城公司辅助生产费用分配表（交互分配法）

单位：　　　　　　　　　　　　2022 年 8 月　　　　　　　　　　　　附单据　张

项　目	辅内部门交互分配				对辅外部门分配			
辅助生产车间名称	供汽车间	供电车间	机修车间	合　计	供汽车间	供电车间	机修车间	合　计

会计主管：　　　　　　　　　　审核：　　　　　　　　　　制单：

表 4-53　江城公司辅助生产费用分配表（代数分配法）

单位：　　　　　　　　　　　　2022 年 8 月　　　　　　　　　　　　附单据　张

辅助生产车间名称	供汽车间	供电车间	机修车间	合　计
分配实际生产费用合计				

会计主管：　　　　　　　　　　审核：　　　　　　　　　　制单：

（5）假定供汽、供电、机修三车间的计划单位成本分别为 1 元/立方米、0.75 元/千瓦时、21.50 元/小时，且辅助生产费用差额直接记入“管理费用”账户。采用计划成本分配法编制辅助生产费用分配表（见表 4-54）和分配辅助生产费用的记账凭证。

表 4-54 江城公司辅助生产费用分配表（计划成本分配法）

单位： 2022 年 8 月 附单据 张

<table>
<tr><td colspan="4">辅助生产车间名称</td><td>供汽车间</td><td>供电车间</td><td>机修车间</td><td>合 计</td></tr>
<tr><td colspan="4"></td><td></td><td></td><td></td><td></td></tr>
<tr><td colspan="4"></td><td></td><td></td><td></td><td></td></tr>
<tr><td colspan="4"></td><td></td><td></td><td></td><td></td></tr>
<tr><td rowspan="15"></td><td rowspan="7"></td><td rowspan="2"></td><td></td><td></td><td></td><td></td><td></td></tr>
<tr><td></td><td></td><td></td><td></td><td></td></tr>
<tr><td rowspan="2"></td><td></td><td></td><td></td><td></td><td></td></tr>
<tr><td></td><td></td><td></td><td></td><td></td></tr>
<tr><td rowspan="2"></td><td></td><td></td><td></td><td></td><td></td></tr>
<tr><td></td><td></td><td></td><td></td><td></td></tr>
<tr><td colspan="2"></td><td></td><td></td><td></td><td></td></tr>
<tr><td rowspan="5"></td><td rowspan="2"></td><td></td><td></td><td></td><td></td><td></td></tr>
<tr><td></td><td></td><td></td><td></td><td></td></tr>
<tr><td rowspan="2"></td><td></td><td></td><td></td><td></td><td></td></tr>
<tr><td></td><td></td><td></td><td></td><td></td></tr>
<tr><td colspan="2"></td><td></td><td></td><td></td><td></td></tr>
<tr><td colspan="2" rowspan="2"></td><td></td><td></td><td></td><td></td><td></td></tr>
<tr><td></td><td></td><td></td><td></td><td></td></tr>
<tr><td colspan="3"></td><td></td><td></td><td></td><td></td></tr>
<tr><td colspan="4">辅内部门“实际生产费用”</td><td></td><td></td><td></td><td></td></tr>
<tr><td colspan="4">辅内部门生产费用差额</td><td></td><td></td><td></td><td></td></tr>
</table>

会计主管： 审核： 制单：

4．江城公司第三生产车间实行季节性生产。2022 年该车间全年停工月份制造费用计划为 61 440 元，全年生产的 C1、C2 两种产品的计划产量分别为 2 800 件和 1 300 件，已知 C1、C2 两种产品的人工工时定额分别为 5 小时/件和 4 小时/件。假定该车间 1 月份实际制造费用为 55 300 元，实际生产 C1、C2 两种产品的产量分别为 250 件和 110 件；2 月份实际制造费用为 43 000 元，实际生产 C1、C2 两种产品的产量分别为 200 件和 100 件。又知该车间全年实际停工月份制造费用为 72 960 元；至年末，C1、C2 两种产品全年已按计划分配率分配其制造费用分别为 48 000 元、24 000 元，为明年开工生产准备预留制造费用为 600 元。该公司采用计划分配率法分配第三车间停工月份制造费用。

要求：

（1）计算该公司 2022 年第三车间停工月份制造费用年度计划分配率法。

（2）编制该公司 2022 年 1 月第三车间停工月份制造费用分配表（见表 4-55）和分配停工月份制造费用的记账凭证。

（3）编制该公司 2022 年 2 月第三车间停工月份制造费用分配表（见表 4-56）和分配停工月份制造费用的记账凭证。

（4）编制该公司 2022 年第三车间停工月份制造费用差额分配表（见表 4-57）和分配停工月份制造费用差额的记账凭证。

表 4-55 江城公司第三车间制造费用分配表（计划分配率法） 1

生产部门：第三车间　　2022 年 1 月　　附单据　张

应借账户			人工工时定额/（小时/件）	实际产量/件	定额人工工时/小时	计划分配率/（元/小时）	分配额/元
总账账户	明细账户	成本项目					
合　计			—	—		—	

会计主管：　　审核：　　制单：

表 4-56 江城公司第三车间制造费用分配表（计划分配率法） 2

生产部门：第三车间　　2022 年 2 月　　附单据　张

应借账户			人工工时定额/（小时/件）	实际产量/件	定额人工工时/小时	计划分配率/（元/小时）	分配额/元
总账账户	明细账户	成本项目					
合　计			—	—		—	

会计主管：　　审核：　　制单：

表 4-57 江城公司第三车间停工月份制造费用差额分配表

生产部门：第三车间　　2022 年　　单位：　　附单据　张

应借账户			全年停工月份实际费用	全年停工月份费用分配额	制造费用预留额	差异分配率	制造费用差异分配额
总账账户	明细账户	成本项目					
			—		—	—	
			—		—	—	
合　计							

会计主管：　　审核：　　制单：

5．三江公司设置一个基本生产加工车间（生产 D1、D2 两种产品）和一个辅助生产供电车间（提供一种服务），辅助生产部门设置“制造费用”账户核算。根据生产特点和管理要求，该公司确定采用品种法核算 D1、D2 两种产品成本。已知该公司基本生产车间生产的 D1 产品月初在产品成本为 2 430 元，其中，直接材料为 1 500 元、直接人工为 390 元、制造费用为 540 元，D2 产品月初在产品成本为 2 132 元，其中，直接材料为 800 元、直接人工为 378 元、制造费用为 954 元。假定该公司基本生产车间的制造费用按产品机器工时比例分配，已知 D1、D2 两种产品的本月机器工时分别为 910 小时和 818.25 小时。辅助生产部门为基本生产车间和行政管理部门提供的服务分别为 5 890 千瓦时和 2 328 千瓦时，采用直接分配法分配。

2022 年 8 月份该公司发生下列经济业务事项。

（1）领用原材料为 11 570 元。其中：直接用于产品生产为 5 600 元（按材料定额成本比例分配），用于基本生产车间机物料消耗为 1 510 元；直接用于辅助生产为 2 620 元，用于辅助生产车间机物料消耗为 810 元；用于行政管理部门为 1 030 元。假 D1、D2 两种产品的材料定额成本分别为 3 000 元和 2 600 元。

（2）应付工资为 8 400 元。其中：基本生产工人工资为 3 200 元（按定额工资比例分配），基本生产管理人员工资为 1 400 元；辅助生产工人工资为 1 500 元，辅助生产管理人员工资为 700 元；行政管理部门人员工资为 1 600 元。假定 D1、D2 两种产品的定额工资分别为 2 000 元和 1 200 元。假定该公司上月固定资产无增减变动，且没有本月折旧调整额。

（3）分别按工资总额的 10%、0.5%、8%计提住房公积金、生育保险费、医疗保险费。

（4）计提固定资产折旧费为 6 140 元，其中基本生产车间为 2 850 元、辅助生产车间为 1 320 元、行政管理部门为 1 970 元。

（5）用银行存款支付办公费为 1 000 元，其中基本生产车间为 300 元、辅助生产车间为 200 元、行政管理部门为 500 元；支付其他费用为 2 858 元，其中基本生产车间为 1 617 元、辅助生产车间为 661 元、行政管理部门为 580 元。

要求：

（1）分别按产品的品种设置基本生产成本明细账并登记期初余额（见表 4-58、表 4-59）。

表 4-58　三江公司（D1 产品）基本生产成本明细账 1

成本对象：D1 产品　　单位：

2022 年		凭证字号	摘　要	成本项目			合　计
月	日			直接材料	直接人工	制造费用	
7	31		月末在产品成本				
8	31	×	表 4-63 分配材料费用				
8	31	×	表 4-64 分配职工薪酬费用				
8	31	×	表 4-65 分配其他短期薪酬费用				
8	31	×	表 4-70 分配制造费用				

表 4-59　三江公司（D2 产品）基本生产成本明细账 1

成本对象：D2 产品　　单位：

2022 年		凭证字号	摘　要	成本项目			合　计
月	日			直接材料	直接人工	制造费用	
7	31		月末在产品成本				
8	31	×	表 4-63 分配材料费用				
8	31	×	表 4-64 分配职工薪酬费用				
8	31	×	表 4-65 分配其他短期薪酬费用				
8	31	×	表 4-70 分配制造费用				

（2）分别按生产部门设置辅助生产成本明细账、制造费用明细账（见表 4-60～表 4-62）。

表 4-60　三江公司（供电车间）辅助生产成本明细账

成本对象：供电车间　　单位：

2022 年		凭证字号	摘　要	成本项目			合　计
月	日			直接材料	直接人工	制造费用	
8	31	×	表 4-63 分配材料费用				
8	31	×	表 4-64 分配职工薪酬费用				
8	31	×	表 4-65 分配其他短期薪酬费用				
8	31	×	表 4-68 分配制造费用				
8	31	×	表 4-69 分配辅助生产费用				

表 4-61 三江公司（供电车间）制造费用明细账

生产部门：供电车间　　　　　　　　　　　　　　　　　　　　　　　　单位：

2022 年		凭证字号	摘　要	费用项目					合　计
月	日			间接人工	机物料消耗	办公费	折旧和摊销	其他	
8	31	×	表 4-63						
8	31	×	表 4-64						
8	31	×	表 4-65						
8	31	×	表 4-66						
8	31	×	表 4-67						
8	31	×	表 4-68						

表 4-62 三江公司（机加工车间）制造费用明细账

生产部门：机加工车间　　　　　　　　　　　　　　　　　　　　　　　　单位：

2022 年		凭证字号	摘　要	费用项目					合　计
月	日			间接人工	机物料消耗	办公费	折旧和摊销	其他	
8	31	×	表 4-63						
8	31	×	表 4-64						
8	31	×	表 4-65						
8	31	×	表 4-66						
8	31	×	表 4-67						
8	31	×	表 4-69						
8	31	×	表 4-70						

（3）编制各项要素费用分配表（见表 4-63～表 4-67），并据以登记相关成本、费用明细账。

表 4-63 三江公司原材料费用分配表

单位：　　　　　　　　　　　　2022 年 8 月　　　　　　　　　　　　附单据 7 张

应借账户			直接计入			间接计入		合　计
总账账户	明细账户	成本或费用项目	成本	差异率	成本差异	成本	成本差异	
基本生产成本	D1 产品	直接材料						
	D2 产品	直接材料						
	小　计							
辅助生产成本	供电车间	直接材料						
制造费用	机加工车间	机物料消耗						
	供电车间	机物料消耗						
	小　计							
管理费用		物料消耗						
合　计								

会计主管：　　　　　　　　　　　审核：　　　　　　　　　　　制单：

表 4-64　三江公司职工薪酬费用分配表

单位：　　　　　　　　　　　　　2022 年 8 月　　　　　　　　　　　　　附单据 3 张

应借账户			直接计入	间接计入	合　计
总账账户	明细账户	成本或费用项目			
基本生产成本	D1 产品	直接人工			
	D2 产品	直接人工			
	小　计				
辅助生产成本	供电车间	直接人工			
制造费用	机加工车间	间接人工			
	供电车间	间接人工			
	小　计				
管理费用		职工薪酬			
合　计					

会计主管：　　　　　　　　　　　审核：　　　　　　　　　　　制单：

表 4-65　三江公司计提的其他短期薪酬费用分配表

单位：　　　　　　　　　　　　　2022 年 8 月　　　　　　　　　　　　　附单据 1 张

应借账户			工资总额	住房公积金	生育保险费	医疗保险费	合　计
总账账户	明细账户	成本或费用项目					
基本生产成本	D1 产品	直接人工					
	D2 产品	直接人工					
	小　计						
辅助生产成本	供电车间	直接人工					
制造费用	机加工车间	间接人工					
	供电车间	间接人工					
	小　计						
管理费用		职工薪酬					
合　计							

会计主管：　　　　　　　　　　　审核：　　　　　　　　　　　制单：

表 4-66　三江公司固定资产折旧费用分配表

单位：　　　　　　　　　　　　　2022 年 8 月　　　　　　　　　　　　　附单据 6 张

应借账户			上月应提折旧额	本月折旧调整额	上月增加固定资产本月应提折旧额	上月减少固定资产上月应提折旧额	本月应提折旧额
总账账户	明细账户	成本或费用项目					
制造费用	机加工车间	折旧费					
	供电车间	折旧费					
	小　计						
管理费用		折旧费					
合　计							

会计主管：　　　　　　　　　　　审核：　　　　　　　　　　　制单：

（4）分别根据各项要素费用分配表（见表 4-63～表 4-67）编制记账凭证。

（5）编制辅助生产部门制造费用分配表（见表 4-68），并据以登记相关成本、费用明细账。

（6）根据辅助生产部门制造费用分配表（见表 4-68）编制记账凭证。

（7）编制辅助生产费用分配表（见表 4-69），并据以登记相关成本、费用明细账。

表 4-67　三江公司其他费用分配表

单位：　　　　　　　　　　　　　　2022 年 8 月　　　　　　　　　　　　　　附单据 5 张

应借账户			直接计入	间接计入	合　计	备　注
总账账户	明细账户	成本或费用项目				
制造费用	机加工车间	办公费				
		其他				
	供电车间	办公费				
		其他				
	小　计					
管理费用		办公费				
		其他				
		小　计				
合　计						

会计主管：　　　　　　　　　　　　审核：　　　　　　　　　　　　制单：

表 4-68　三江公司供电车间制造费用分配表

生产部门：供电车间　　　　　　2022 年 8 月　　　　　　单位：　　　　　　附单据 1 张

应借账户			分配标准	分配率	分配额
总账账户	明细账户	成本项目			
辅助生产成本	供电车间	制造费用			

会计主管：　　　　　　　　　　　　审核：　　　　　　　　　　　　制单：

表 4-69　三江公司辅助生产费用分配表（直接分配法）

单位：　　　　　　　　　　　　　　2022 年 8 月　　　　　　　　　　　　　　附单据 2 张

辅助生产车间名称				供电车间
等待分配辅助生产费用				
供应辅外部门的服务数量/千瓦时				
费用分配率/（元/千瓦时）				
应借账户	制造费用	机加工车间	受益数量/千瓦时	
			分配金额	
	管理费用	受益数量/千瓦时		
		分配金额		
分配金额合计				

会计主管：　　　　　　　　　　　　审核：　　　　　　　　　　　　制单：

（8）根据辅助生产费用分配表（见表 4-69）编制记账凭证。

（9）编制基本生产部门制造费用分配表（见表 4-70），并据以登记相关成本、费用明细账。

表 4-70　三江公司机加工车间制造费用分配表（机器工时法）

生产部门：机加工车间　　　　　　2022 年 8 月　　　　　　单位：　　　　　　附单据 1 张

应借账户			机器工时/小时	分配率	分配额
总账账户	明细账户	成本项目			
基本生产成本	D1 产品	制造费用			
	D2 产品	制造费用			
合　计					

会计主管：　　　　　　　　　　　　审核：　　　　　　　　　　　　制单：

参考答案

（10）根据基本生产部门制造费用分配表（见表 4-70）编制记账凭证。

项目五 核算产品的基本生产成本

学习导航篇

学习导航

- 核算产品基本生产成本
  - 归集产品基本生产成本
  - 核算在产品数量
    - 了解在产品的概念及其分类
      - 在产品的概念
      - 在产品的分类
        - 广义在产品
        - 狭义在产品
    - 明确在产品与完工产品的关系
    - 确定在产品数量
      - 账面盘存制——在产品台账
      - 实地盘存制
    - 清查在产品
  - 分配产品基本生产成本
    - 用在产品不计价法对在产品进行成本分配
    - 用固定成本计价法对在产品进行成本分配
    - 用耗用直接材料成本计价法对在产品进行成本分配
    - 用约当产量比例计价法对在产品进行成本分配
    - 用完工产品成本计价法对在产品进行成本分配
    - 用定额成本计价法对在产品进行成本分配
    - 用定额比例计价法对在产品进行成本分配
      - 定额消耗量比例法
      - 定额成本比例法

学习目标

☆ 掌握基本生产成本的归集；

☆ 理解在产品与完工产品的关系；

☆ 掌握约当产量法分配方法；

☆ 掌握定额成本法分配方法；

☆ 掌握定额比例法分配方法；

☆ 培育业财融合的创新创业能力。

引言导读

前面项目通过设置“基本生产成本”“辅助生产成本”和“制造费用”等明细账户将构成产品成本的各要素费用及其综合要素费用进行了归集与分配，并将应由产品承担的各项生产费用都已归集到了“基本生产成本”明细账户。这些生产成本是否就是产品的成本？答案是不一定。产品的成本应当根据其生产的完工情况具体确定。如果本期生产的产品全部完工，没有期末在产品，那么“基本生产成本”明细账户归集的生产成本不需要分配，可全部作为本期完工产品的成本；如果本期生产的产品全部未完工，期末都是在产品，那么“基本生产成本”明细账户归集的生产成本也不需要分配，可全部作为期末在产品的成本。诚然，这两种情况都是特殊情况。一般情况下，本期生产的产品部分完工，这就需要将“基本生产成本”明细账户归集的生产成本在本期完工产品和期末在产品之间进行分配。本项目主要就是解决它们之间的分配问题。

实践操作篇

步骤一 归集产品基本生产成本

如前所述，基本生产是指为完成企业主要生产目的而进行的产品生产或服务供应。企业为了正确核算这些产品或服务的生产成本，首先需要对构成这些产品或服务成本的生产费用进行归集、分配和结转。

基本生产部门生产产品或提供服务发生的生产费用的归集是通过设置“基本生产成本”账户，并根据各项费用分配表和综合要素分配表直接记入或间接分配记入“基本生产成本”明细账中相应成本项目的借方。基本生产费用的归集原理一般是：

借：基本生产成本——××对象（××成本项目）

　　贷：直接材料

　　　　应付职工薪酬

　　　　辅助生产成本

　　　　制造费用

【例 5-1】 承例 3-6 ~ 例 3-8、例 3-10、例 3-14、例 3-15、例 4-10 资料，假定皖巢公司辅助生产部门不设置“制造费用”账户，采用交互分配法分配辅助生产费用，采用生产工人工时比例法分配基本生产第一车间的制造费用。

要求：根据该公司 2022 年 8 月各项要素费用分配表、制造费用分配表分别登记基本生产第一车间 WH1、WH2 两种产品基本生产成本明细账。

根据上述资料分别登记该公司 2022 年 8 月第一车间 WH1、WH2 两种产品基本生产成本明细账，如表 5-1、表 5-2 所示。

表 5-1　皖巢公司第一车间（WH1 产品）基本生产成本明细账

成本对象：WH1 产品　　　　生产部门：第一车间　　　　单位：元

2022 年		凭证字号	摘　要	成本项目				合　计
月	日			直接材料	直接人工	燃料和动力	制造费用	
7	31		月末在产品成本	××	××	××	××	××
8	31	×	表 3-20	18 440.20				18 440.2
8	31	×	表 3-24			922.01		922.01
8	31	×	表 3-27	1 000				1 000
8	31	×	表 3-32			3 345.60		3 345.6
8	31	×	表 3-36		8 364			8 364
8	31	×	表 3-38		1 547.34			1 547.34
8	31	×	表 4-27				12 199.40	12 199.4

表 5-2　皖巢公司第一车间（WH2 产品）基本生产成本明细账

成本对象：WH2 产品　　　　生产部门：第一车间　　　　单位：元

2022 年		凭证字号	摘　要	成本项目				合　计
月	日			直接材料	直接人工	燃料和动力	制造费用	
7	31		月末在产品成本	××	××	××	××	××
8	31	×	表 3-20	22 668				22 668
8	31	×	表 3-24			1 133.40		1 133.4
8	31	×	表 3-27	1 200				1 200
8	31	×	表 3-32			3 624.40		3 624.4
8	31	×	表 3-36		9 061			9 061
8	31	×	表 3-38		1 676.29			1 676.29
8	31	×	表 4-27				13 215.97	13 215.97

【例 5-2】 承例 3-6、例 3-7、例 3-10、例 3-14、例 3-15、例 4-11、例 4-12 资料，假定皖巢公司辅助生产部门不设置“制造费用”账户，采用交互分配法分配辅助生产费用，分别采用机器工时比例法、年度计划分配率分配法分配基本生产第二车间的开工月份制造费用和停工月份制造费用。

要求：根据该公司 2022 年 8 月各项要素费用分配表、制造费用分配表分别登记基本生产第二车间 AH1、AH2、AH3 三种产品基本生产成本明细账。

根据上述资料分别登记该公司 2022 年 8 月第二车间 AH1、AH2、AH3 三种产品基本生产成本明细账，如表 5-3～表 5-5 所示。

可见，这些基本生产成本明细账归集的生产费用应当由本期完工产品成本和期末在产品成本负担，为了正确核算完工产品成本，企业首先要确定期末在产品的成本，而在产品数量的确定是在产品成本核算的前提。

表 5-3 皖巢公司第二车间（AH1 产品）基本生产成本明细账 1

成本对象：AH1 产品　　生产部门：第二车间　　单位：元

2022 年		凭证字号	摘　要	成本项目				合　计
月	日			直接材料	直接人工	燃料和动力	制造费用	
7	31		月末在产品成本	××	××	××	××	××
8	31	×	表 3-20	18 000				18 000
8	31	×	表 3-24			1 080		1 080
8	31	×	表 3-32			5 248		5 248
8	31	×	表 3-36		18 000			18 000
8	31	×	表 3-38		3 330			3 330
8	31	×	表 4-29				20 254.72	20 254.72
8	31	×	表 4-30				3 600	3 600

表 5-4 皖巢公司第二车间（AH2 产品）基本生产成本明细账

成本对象：AH2 产品　　生产部门：第二车间　　单位：元

2022 年		凭证字号	摘　要	成本项目				合　计
月	日			直接材料	直接人工	燃料和动力	制造费用	
7	31		月末在产品成本	××	××	××	××	××
8	31	×	表 3-20	2 040				2 040
8	31	×	表 3-24			122.40		122.4
8	31	×	表 3-32			615		615
8	31	×	表 3-36		2 160			2 160
8	31	×	表 3-38		399.6			399.60
8	31	×	表 4-29				2 373.60	2 373.60
8	31	×	表 4-30				432	432

表 5-5 皖巢公司第二车间（AH3 产品）基本生产成本明细账

成本对象：AH3 产品　　生产部门：第二车间　　单位：元

2022 年		凭证字号	摘　要	成本项目				合　计
月	日			直接材料	直接人工	燃料和动力	制造费用	
7	31		月末在产品成本	××	××	××	××	××
8	31	×	表 3-20	2 164				2 164
8	31	×	表 3-24			129.84		129.84
8	31	×	表 3-32			697		697
8	31	×	表 3-36		2 200			2 200
8	31	×	表 3-38		407			407
8	31	×	表 4-29				2 690.10	2 690.1
8	31	×	表 4-30				440	440

步骤二 核算在产品数量

一、了解在产品的概念及其分类

1．在产品的概念

在产品是指企业已经投入生产，但尚未完成全部生产过程，不能作为商品销售的产品。

2．在产品的分类

在产品有广义和狭义之分。广义在产品是基于整个企业来说的在产品，它是指产品生产从投料开始至最终制成产成品并验收入库前的全部产品，包括正在加工过程中的在制品、正在或等待返修的可修复废品、已经完成一个或几个生产步骤但仍需继续加工的半成品及尚未验收入库的产成品等，但企业用于对外销售的自制半成品属于商品产品，不是在产品。

狭义在产品是基于某一生产部门或某一生产步骤来说的在产品，它仅指本生产部门或本生产步骤正在加工过程中的那部分在产品。除非特别说明，本书所述的在产品是指狭义在产品。

二、明确在产品与完工产品的关系

众所周知，在产品与完工产品之间存在式（5-1）所示的价值关系：

期初在产品成本+本期生产成本=本期完工产品成本+期末在产品成本　　（5-1）

一般来说，本期期末在产品成本就是下期期初在产品成本。期初在产品成本与本期发生的生产成本之和就是本期产品（完工产品、期末在产品）的生产成本总额。它们就是本期“基本生产成本”明细账户借方归集的生产成本。因而，本期完工产品和期末在产品之间分配成本的方法通常有以下两类。

1．倒挤法

这类分配方法可用式（5-2）表示：

本期完工产品成本=期初在产品成本+本期生产成本−期末在产品成本　　（5-2）

倒挤法，即首先确定期末在产品成本，然后“倒挤”出本期完工产品成本。

2．同时法

这类分配方法是将本期产品的生产成本总额按一定比例在本期完工产品和期末在产品之间进行分配，同时核算出本期完工产品成本和期末在产品成本。

可见，无论采用哪一类分配方法，都需要核算在产品成本。

三、确定在产品数量

在产品数量是核算在产品成本的基础。企业必须加强在产品的实物管理，取得准确的在产品数量。在会计实务中，在产品数量通常是结合其账面核算资料和实地盘点资料来确定的。

1．账面盘存制——在产品台账

通过账面核算资料确定为了随时掌握在产品数量的动态信息，企业通常设置“在产品收发结存账”进行在产品收发结存的日常核算。这种账簿也称为在产品台账，其应当分别按照生产部门（如车间、分厂等）、产品品种和在产品名称（如零件、部件等）设立，以便用来反映生产部门各种在产品的转入、转出和结存的数量。在产品台账的账页格式如表5-6所示。

表 5-6　在产品台账

生产部门：　　　　　　　　　　　　　　　　　　　　　零部件名称：

产品名称：　　　　　　　　　　　　　　　　　　　　　计量单位：件

年		凭证		摘要	转入数量	转出数量		结存数量			备注
月	日	字	号			合格品	废品	完工	未完工	废品	
×	×							10	20	5	
	×	×	×	××			5	10	20		报废 1
	×	×	×	××	80			10	100		
	×	×	×	××		60		30	20		
…	…	…	…	…	…	…	…	…	…	…	…
	×	×	×	××	500	430	5		100		报废 1

各生产部门应当认真做好在产品的计量、验收和交接工作，并在此基础上由其核算人员根据领料凭证、在产品内部转移凭证、产成品检验凭证和产品交库凭证等依据及时完整地登记在产品台账中。

2．实地盘存制

为了核算在产品的数量，企业应当认真做好在产品实物的清查工作。由于在产品品种规格多，又处于不断流动之中，所以在产品清查可以采用不定期轮流清查，也可以采用定期清查，特别是没有设置在产品台账进行日常收发核算的生产部门，应当于每月月末清查一次在产品，以确保企业取得准确的在产品实际盘存数量。

四、清查在产品

企业一般应当采用实地盘点法清查在产品。各生产部门在盘点后，应当及时根据盘点结果填制“在产品盘点单”，并与在产品台账核对。若账实不符，还应当编制“在产品盈亏报告表”，如表 5-7 所示，并填明在产品的账面数量、实存数量、盘盈数量、盘亏和毁损数量，以及盈亏的原因和处理意见。对于毁损的在产品，还要登记残值。

表 5-7　在产品盈亏报告表

填制单位：第一车间　　　　　　　　2022 年 8 月 31 日　　　　　　　　单位：元

品名	单位	账面数量	实存数量	盘盈数量	盘亏和毁损数量	成本定额	盘盈金额	盘亏和毁损金额	备注
WH1 产品	件	20	14		4	50		200	
WH2 产品	件	30	32	3		20	60		
企业意见	收发差错盘亏由责任人赔偿 20 元，其余核销			生产单位意见	收发差错，请批		盘亏原因	盘亏均为收发差错	

会计主管：　　　　　　　　生产单位主管：　　　　　　　　审核：　　　　　　　　制表：

企业会计人员应当在对“在产品盈亏报告表”及“在产品盘点单”等凭证进行认真审核无误后，及时编制记账凭证。

1．在产品盘盈的会计处理

在产品发生盘盈时，一般应当按盘盈在产品的成本（一般按定额成本计价）借记“基本生产成本”等账户，贷记“待处理财产损溢——待处理流动资产损溢”账户。盘盈经过审批后，借记“待处理财产损溢——待处理流动资产损溢”账户，贷记“管理费用”等账户。

2．在产品盘亏和毁损的会计处理

在产品发生盘亏和毁损时，一般应当按盘亏和毁损在产品的成本（一般按定额成本计价）借记“待处理财产损溢——待处理流动资产损溢”账户，贷记“基本生产成本”等账户。盘亏和毁损经过审批后，应根据不同的审批情况，分别借记“直接材料”“其他应收款”“管理费用”“营业外支出”等账户，贷记“待处理财产损溢——待处理流动资产损溢”账户。若涉及增值税事项，还应按现行税收法规的规定进行相应的处理。

【例 5-3】 皖巢公司 2022 年 12 月基本生产第一车间 WH1、WH2 两种产品月末在产品清查结果如表 5-7 所示。假定盘亏 WH1 在产品成本中的材料成本已经抵扣的增值税为 10 元。

要求：根据表 5-7 资料，编制该公司 2022 年 12 月第一车间在产品盈亏的记账凭证。

根据上述资料编制该公司 2022 年 12 月第一车间在产品盈亏的记账凭证（用会计分录代替）如下。

（1）在产品盘亏。

发生盘亏时：

借：待处理财产损溢——待处理流动资产损溢　200

　　贷：基本生产成本——WH1 产品　200

批准转销时：

借：管理费用——在产品盘亏　190

　　其他应收款——××责任人　20

　　贷：待处理财产损溢——待处理流动资产损溢　200

　　　　应交税费——应交增值税（进项税额转出）　10

（2）在产品盘盈。

发生盘盈时：

借：基本生产成本——WH2 产品　60

　　贷：待处理财产损溢——待处理流动资产损溢　60

批准转销时：

借：待处理财产损溢——待处理流动资产损溢　60

　　贷：管理费用——在产品盘盈　60

需要指出的是，如果在产品的盈亏是由于没有办理领料或交接手续，或由于被其他产品挪用，则应当补办手续，及时转账更正。

步骤三 分配产品基本生产成本

如前所述，解决产品成本在完工产品与在产品之间的分配问题的关键在于正确确定期末在产品成本。企业产品的生产特点、成本管理要求等客观情况决定了在确定期末在产品成本时要考虑在产品数量的多少、各月在产品数量变化的大小、构成产品各项成本比重相差的大小、定额管理基础工作的好坏等因素。可见，期末在产品成本的确定方法是一个既复杂又重要的问题。在会计实务中，期末在产品成本的确定方法一般有在产品不计价法、在产品按固定成本计价法、在产品按耗用直接材料成本计价法、在产品按约当产量比例计价法、在产品按完工产品成本计价法、在产品按定额成本计价法和在产品按定额比例计价法等。企业应当根据产品的实际情况，合理选择一种恰当的方法分配成本。需要指出的是，分配方法一经确定，以后不得随意变更。

企业基本生产成本的分配一般通过编制“产品成本计算单”来完成其明细分类核算和总分类核算。

一、用在产品不计价法对在产品进行成本分配

如果产品的各期期末在产品的数量很少，那么期初在产品成本和期末在产品成本就很小，其差额就更少，因而各期末在产品成本对于完工产品成本的影响很小。在这种情况下，虽然存在期末在产品，但为了简化产品成本核算工作，可以不计算期末在产品成本（期末在产品成本=0），本期“基本生产成本”明细账户归集的生产成本就是本期完工产品成本。这种方法就是在产品不计价法，又称在产品忽略不计法。如在采掘企业中，由于产品生产的工作面小，期末在产品数量很少，期末在产品通常不计算成本。

【例 5-4】 承例 5-2 资料，假定 2022 年 8 月皖巢公司第二车间 AH1 产品的月初在产品数量为 1 件，成本为 0 元；本月完工产品数量为 899 件，月末在产品数量为 2 件。假定本月完工产品单位成本的尾差记入“制造费用”项目。下同。

要求：采用在产品不计价法计算该公司 2022 年 8 月完工 AH1 产品的成本。

根据表 5-3 编制产品成本计算单，如表 5-8 所示。

表 5-8　皖巢公司第二车间 AH1 产品成本计算单（在产品不计价法）

产品名称：AH1 产品　　　　完工产品数量：899 件　　　　月末在产品数量：2 件

2022 年 8 月　　　　单位：元

项　目	直接材料	直接人工	燃料和动力	制造费用	合　计
月初在产品成本	0	0	0	0	0
本月发生的生产成本	18 000	21 330	6 328	23 854.72	69 512.72
本月生产成本合计	18 000	21 330	6 328	23 854.72	69 512.72
本月完工产品成本	18 000	21 330	6 328	23 854.72	69 512.72
本月完工产品单位成本/（元/件）	20.02	23.73	7.04	26.53	77.32
月末在产品成本	0	0	0	0	0

会计主管：　　　　审核：　　　　制单：

根据表 5-8 登记基本生产成本、库存商品明细账。

根据表 5-8 编制记账凭证进行基本生产成本、库存商品总分类核算。

二、用固定成本计价法对在产品进行成本分配

如果产品的各期期末在产品的数量较少，或者各期期末在产品的数量较多，但其数量变化不大，那么期初在产品成本和期末在产品成本虽然不能忽略不计，但其差额对于完工产品成本的影响很小。在这种情况下，为了简化产品成本计算工作，可以将期末在产品成本按年初在产品成本固定计价，本期发生的生产成本就是本期完工产品成本。这种方法就是在产品按固定成本计价法，简称固定成本法。如在钢铁、化工等企业中，由于用于产品生产的高炉和化学反应装置的容积是固定的，期末在产品数量较少，或者其数量较多，但各期末在产品数量变化不大，因而期末在产品成本通常采用按固定成本计价法。

【例 5-5】 承例 5-2 资料，假定 2022 年 8 月皖巢公司第二车间 AH1 产品的月初在产品数量为 22 件，成本为 600 元，其中直接材料为 320 元、直接人工为 30 元、燃料和动力为 130 元、制造费用为 120 元；本月完工产品数量为 902 件，月末在产品数量为 20 件。

要求：采用在产品按固定成本计价法计算该公司 2022 年 8 月完工 AH1 产品的成本。

根据表 5-3 编制产品成本计算单，如表 5-9 所示。

表 5-9 皖巢公司第二车间 AH1 产品成本计算单（在产品按固定成本计价法）

产品名称：AH1 产品　　完工产品数量：902 件　　月末在产品数量：20 件

2022 年 8 月　　单位：元

项　目	直接材料	直接人工	燃料和动力	制造费用	合　计
月初在产品成本	320	30	130	120	600
本月发生的生产成本	18 000	21 330	6 328	23 854.72	69 512.72
本月生产成本合计	18 320	21 360	6 458	23 974.72	70 112.72
本月完工产品成本	18 000	21 330	6 328	23 854.72	69 512.72
本月完工产品单位成本/（元/件）	19.96	23.65	7.02	26.44	77.07
月末在产品成本	320	30	130	120	600

会计主管：　　审核：　　制单：

根据表 5-9 登记基本生产成本、库存商品明细账。

根据表 5-9 编制记账凭证进行基本生产成本、库存商品总分类核算。

需要指出的是，这种方法对固定成本的客观性要求较高。为了确保产品成本计算的可靠性，需要对固定成本定期审核、调整。在会计实务中，一般每年前 11 个月按例 5-5 计算产品成本；但在年末，企业应当根据实地盘点的在产品数量，确定第 12 月份的月末在产品成本，并将其作为下年度固定的年初在产品，以提高产品成本计算的正确性。

三、用耗用直接材料成本计价法对在产品进行成本分配

如果产品的各期期末在产品的数量较多，数量变化也较大，那么上述两种方法都不能采用。如果该产品的完工成本中的直接材料成本比重较大，直接人工等加工成本比重较小，那么该产品的在产品成本中的直接人工等加工成本比重就更小，从而期初在产品和期末在产品成本中的直接人工等加工成本的差额也就很少，以致可以忽略不计。在这种情况下，为了简化产品成本的计算工作，期末在产品成本可以不计算直接人工等加工成本，本期发生的直接人工等加工成本全部由本期完工产品承担。这种方法就是在产品按耗用直接材料成本计价法，又称主要耗费法❶。如在纺织、造纸和酿酒等企业中，由于各期期末在产品的数量较多，其数量变化也较大，但其完工产品成本中的直接材料成本比重较大，期末在产品成本通常采用按耗用直接材料成本计价法。

【例 5-6】 承例 5-2 资料，假定皖巢公司第二车间生产的 AH1 产品成本中直接材料成本比重较大，在产品只计算直接材料成本。该产品 2022 年 8 月月初在产品数量为 300 件，成本为 6 000 元；本月完工产品数量为 1 000 件，月末在产品数量为 200 件。（假定 AH1 产品的直接材料在生产开始时一次投入。）

要求：采用在产品按耗用直接材料成本计价法计算该公司 2022 年 8 月完工 AH1 产品的成本。

根据表 5-3 编制产品成本计算单，如表 5-10 所示。

在表 5-10 中：

本月“直接材料”项目分配率=(6 000+18 000)÷(1 000+200)=20（元/件）；

本月月末在产品成本=200×20=4 000（元）；

本月完工产品负担的直接材料成本=24 000−4 000=20 000（元）；

本月完工产品成本=月初在产品成本+本月发生的生产成本−月末在产品成本

=6 000+69 512.72− 4 000=71 512.72（元）。

❶ 在传统产品成本中，通常直接材料成本所占比重较大，而在一些高科技产品中，往往加工成本（如人工成本）所占比重较大，在这种情况下，在产品采用按耗用某项加工成本计价法是适当的。

表 5-10 皖巢公司第二车间 AH1 产品成本计算单（在产品按耗用直接材料成本计价法）

产品名称：AH1 产品　　完工产品数量：1 000 件　　月末在产品数量：200 件

2022 年 8 月　　单位：元

项　目	直接材料	直接人工	燃料和动力	制造费用	合　计
月初在产品成本	6 000	0	0	0	6 000
本月发生的生产成本	18 000	21 330	6 328	23 854.72	69 512.72
生产成本合计	24 000	21 330	6 328	23 854.72	75 512.72
本月完工产品产量/件	1 000	—	—	—	—
月末在产品产量/件	200	—	—	—	—
本月生产成本分配率/（元/件）	20	—	—	—	—
本月完工产品成本	20 000	21 330	6 328	23 854.72	71 512.72
本月完工产品单位成本	20	21.33	6.33	23.86	71.52
月末在产品成本	4 000	0	0	0	4 000

会计主管：　　审核：　　制单：

根据表 5-10 登记基本生产成本、库存商品明细账。

根据表 5-10 编制记账凭证进行基本生产成本、库存商品总分类核算。

需要指出的是，由于产品生产的不同投料方式决定了期末在产品耗用的直接材料成本水平，所以采用这种方法分配耗用直接材料成本时，应当关注产品的生产投料方式。

四、用约当产量比例计价法对在产品进行成本分配

如果产品的各期期末在产品的数量较多，数量变化也较大，完工产品成本中的直接材料成本比重与直接人工等加工成本比重相差不多，那么该产品的期末在产品成本既不能忽略不计，也不能固定不变，更不能只计算耗用直接材料成本，而必须按期末在产品数量计算其各成本项目的成本。在这种情况下，企业一般首先根据期末在产品的实际产量与其完工程度计算出期末在产品的约当产量[1]，然后按本期完工产品的实际产量与期末在产品的约当产量的比例分配本期“基本生产成本”明细账户归集的生产成本，同时计算出本期完工产品成本和期末在产品成本。这种方法就是在产品按约当产量比例计价法，简称约当产量法。如在食品等企业中，由于各期期末在产品的数量较多，其数量变化也较大，完工产品成本中的直接材料成本比重与直接人工等加工成本比重相差不多，期末在产品成本通常采用按约当产量比例计价法。其计算公式如下：

$$\text{期末在产品的约当产量}=\text{期末在产品的实际产量}\times\text{期末在产品的完工程度} \quad (5\text{-}3)$$

$$\text{本期生产成本分配率}=\frac{\text{期初在产品生产成本}+\text{本期发生的生产成本}}{\text{本期完工产品的实际产量}+\text{期末在产品的约当产量}}\times 100\% \quad (5\text{-}4)$$

$$\text{本期在产品生产成本}=\text{期末在产品约当产量}\times\text{本期生产成本分配率} \quad (5\text{-}5)$$

$$\begin{aligned}\text{本期完工产品生产成本}&=\text{本期完工产品的实际产量}\times\text{本期生产成本分配率}\\ &\text{或}=\text{本期生产成本总额}-\text{期末在产品生产成本}\end{aligned} \quad (5\text{-}6)$$

可见，采用约当产量法分配本期生产成本，关键在于确定期末在产品的约当产量。期末在产品约当产量的确定基础是期末在产品的完工程度。期末在产品的完工程度通常按照产品的生产工序和成本项目分别确定。其计算公式如下：

$$\text{某道工序期末单位在产品的完工程度}=\frac{\text{该道工序期末单位在产品已投成本}}{\text{本期单位完工产品应投成本}}\times 100\% \quad (5\text{-}7)$$

[1] 期末在产品的约当产量是指期末在产品的实际数量按其完工程度折算为相当于完工产品的实际产量。

该道工序期末单位在产品已投成本=该道工序期末单位在产品在前道工序累计已投成本+该道工序期末单位在产品在本道工序已投成本 （5-8）

该道工序期末单位在产品在前道工序累计已投成本=本期单位完工产品在前道工序累计应投成本 （5-9）

式（5-8）中的“该道工序期末单位在产品在本道工序已投成本”应当按照产品的成本项目分别确定。

（一）用约当产量法分配产品的直接材料成本

用约当产量法分配产品的直接材料成本，均可适用式（5-3）～式（5-9），而且确定式（5-8）中的“该道工序期末单位在产品在本道工序已投成本”的基础是产品每道生产工序的期末单位在产品的投料程度[1]。其计算公式如下：

该道工序期末单位在产品在本道工序已投材料成本=Σ（该道工序期末单位在产品在本道工序已投某材料量×该材料单位成本） （5-10）

该道工序期末单位在产品在本道工序已投某材料量=本期单位完工产品在本道工序应投该材料量×本道工序期末单位在产品的该材料投料程度 （5-11）

期末在产品成本中的直接材料成本与期末在产品的投料程度关系密切，确定期末在产品的投料程度的基础是产品生产的投料方式。在生产实践中，产品耗用的原材料投入方式一般有在某道工序生产开始时一次投料和在某道工序生产过程中陆续投料两种。

如果原材料在某道工序生产开始时一次投入，那么该道工序的期末单位在产品和本期单位完工产品所耗材料量相同，即该道工序的期末单位在产品的投料程度为100%。

如果原材料在某道工序生产过程中陆续投入，那么该道工序的期末单位在产品的投料程度各不相同。为了简化该道工序的期末单位在产品投料程度的测算工作，当原材料在该道工序生产过程中陆续均匀投入且该道工序的期末在产品呈均匀分布时，该道工序的期末单位在产品的投料程度一般平均确定为50%。该道工序的期末单位在产品的投料程度另有规定的，从其规定。

（二）用约当产量法分配产品的直接人工等加工成本

用约当产量法分配产品的直接人工等加工成本，均可适用式（5-3）～式（5-9），而且确定式（5-8）中的“该道工序期末单位在产品在本道工序已投成本”的基础是产品每道生产工序的期末单位在产品的加工程度[2]。其计算公式如下：

该道工序期末单位在产品在本道工序已投加工成本=该道工序期末单位在产品在本道工序已投加工量×该加工项目单位成本 （5-12）

该道工序期末单位在产品在本道工序已投加工量=本期单位完工产品在本道工序应投加工量×本道工序期末单位在产品的加工程度 （5-13）

期末在产品成本中的直接人工等加工成本的发生与期末在产品的加工程度关系密切。由于加工量在某道工序生产过程中陆续投入[3]，因此该道工序的期末单位在产品的加工程度各不相同。为了简化该道工序的期末单位在产品加工程度的测算工作，当加工量在该道工序生产过程

---

❶ 产品某道生产工序的期末单位在产品的投料程度是指该道工序期末单位在产品的已投材料量占本期单位完工产品在该道工序的应投材料量的百分比。其中材料量为材料的实际数或定额数，且一般为材料的价值量，在各材料单位成本相等时，也可为其实物量。

❷ 产品某道生产工序的期末单位在产品的加工程度是指该道工序期末单位在产品的已投加工量占本期单位完工产品在该道工序的应投加工量的百分比。其中加工量为“直接人工”等加工项目的实际数或定额数，且一般为加工项目的价值量，在各道工序该加工项目单位成本相等时，也可为其劳动量。

❸ 如果加工量在某道工序生产过程中非陆续投入，可以比照投料方式或者根据具体的加工方式确定该道工序的期末单位在产品的加工程度。

中陆续均匀投入且该道工序的期末在产品呈均匀分布时，该道工序的期末单位在产品的加工程度一般平均确定为50%。该道工序的期末单位在产品的加工程度另有规定的，从其规定。

【例5-7】 承例5-2资料，假定皖巢公司第二车间生产的AH1产品经三道工序制成，其耗用的原材料及其投料方式如表5-11所示，且月末在产品耗用的CL2、CL3两种材料在本道工序的平均投料程度均为50%；耗用的CL1、CL2、CL3、CL4四种材料的单位成本分别为4元/千克、5元/千克、2.5元/千克、10元/千克，消耗定额分别为2千克/件、1千克/件、1.2千克/件、0.8千克/件。第一、第二、第三道工序投入的工时定额分别为0.6小时/件、0.3小时/件、0.1小时/件，各道工序月末在产品在本道工序的平均加工程度均为50%，且各道工序的直接人工成本均为25元/小时、燃料和动力成本均为7元/小时、制造费用成本均为30元/小时。该产品2022年8月初在产品数量为300件，成本为5 239.93元，其中，直接材料为2 160元、直接人工为930元、燃料和动力为294.35元、制造费用为1 855.58元；本月完工产品数量为1 000件，月末在产品数量为200件，其中第一、第二、第三道工序在产品分别为100件、60件、40件。假定月末在产品的完工程度保留小数点后四位，第五位四舍五入，且本月产品成本分配的尾差计入完工产品成本。下同。

要求：采用在产品按约当产量比例计价法计算该公司2022年8月完工AH1产品的成本。

根据上述资料分别编制期末在产品约当产量计算表，如表5-11～表5-14所示。

表5-11 皖巢公司第二车间AH1期末在产品约当产量计算表（直接材料）

产品名称：AH1产品　　完工产品数量：1 000件　　月末在产品数量：200件

2022年8月　　单位：元

项　目	第一道工序			第二道工序	第三道工序	合　计
材料名称	CL1	CL2	小计	CL3	CL4	—
材料单位成本/（元/千克）	4	5	—	2.5	10	—
单位产品应投材料量/（千克/件）	2	1	—	1.2	0.8	—
单位在产品投料程度	100%	50%	—	50%	100%	—
单位在产品已投材料量/（千克/件）	2	0.5	—	0.6	0.8	—
单位产品应投材料成本/（元/千克）	8	5	13	3	8	24
单位产品累计应投材料成本/（元/千克）	—	—	13	16	24	—
单位在产品已投材料成本/（元/千克）	8	2.5	10.5	1.5	8	—
单位在产品累计已投材料成本/（元/千克）	—	—	10.5	14.5	24	—
月末在产品完工程度	—	—	43.75%	60.42%	100%	—
月末在产品实际产量/件	—	—	100	60	40	200
月末在产品约当产量/件	—	—	43.75	36.25	40	120
材料名称			投料方式			
CL1，CL4			在某道工序生产开始时一次投料			
CL2，CL3			在某道工序生产过程中陆续投料			

会计主管：　　审核：　　制单：

在表5-11中：

第一道工序单位在产品已投材料成本=2×100%×4+1×50%×5=10.5（元/件）；

第二道工序单位在产品已投材料成本=1.20×50%×2.50=1.5（元/件）；

第三道工序单位在产品已投材料成本=0.8×100%×10=8（元/件）；

第一道工序单位在产品完工程度=$\frac{10.5}{13+3+8}$×100%=43.75%；

第二道工序单位在产品完工程度= $\frac{13+1.5}{13+3+8}$ ×100%=60.42%；

第三道工序单位在产品完工程度= $\frac{16+8}{13+3+8}$ ×100%=100%。

表 5-12 皖巢公司第二车间 AH1 期末在产品约当产量计算表（直接人工）

产品名称：AH1 产品　　完工产品数量：1 000 件　　月末在产品数量：200 件

2022 年 8 月

项　目	第一道工序	第二道工序	第三道工序	合　计
加工单位成本/（元/小时）	25	25	25	—
单位产品应投加工量/（小时/件）	0.6	0.3	0.1	—
单位在产品加工程度	50%	50%	50%	—
单位在产品已投加工量/（小时/件）	0.3	0.15	0.05	—
单位产品应投加工成本/（元/件）	15	7.5	2.5	25
单位产品累计应投加工成本/（元/件）	15	22.5	25	—
单位在产品已投加工成本/（元/件）	7.5	3.75	1.25	—
单位在产品累计已投加工成本/（元/件）	7.5	18.75	23.75	—
月末在产品完工程度	30%	75%	95%	—
月末在产品实际产量/件	100	60	40	200
月末在产品约当产量/件	30	45	38	113

会计主管：　　审核：　　制单：

在表 5-12 中：

第一道工序单位在产品已投加工成本=0.6×50%×25=7.5（元/件）；

第二道工序单位在产品已投加工成本=0.3×50%×25=3.75（元/件）；

第三道工序单位在产品已投加工成本=0.1×50%×25=1.25（元/件）；

第一道工序单位在产品完工程度 = $\frac{7.5}{15+7.5+2.5}$ ×100%=30%；

第二道工序单位在产品完工程度 = $\frac{15+3.75}{15+7.5+2.5}$ ×100%=75%；

第三道工序单位在产品完工程度 = $\frac{22.5+1.25}{15+7.5+2.5}$ ×100%=95%。

表 5-13 皖巢公司第二车间 AH1 期末在产品约当产量计算表（燃料和动力）

产品名称：AH1 产品　　完工产品数量：1 000 件　　月末在产品数量：200 件

2022 年 8 月

项　目	第一道工序	第二道工序	第三道工序	合　计
加工单位成本/（元/小时）	7	7	7	—
单位产品应投加工量/（小时/件）	0.6	0.3	0.1	—
单位在产品加工程度	50%	50%	50%	—
单位在产品已投加工量/（小时/件）	0.3	0.15	0.05	—
单位产品应投加工成本/（元/件）	4.2	2.1	0.7	7
单位产品累计应投加工成本/（元/件）	4.2	6.3	7	—
单位在产品已投加工成本/（元/件）	2.1	1.05	0.35	—
单位在产品累计已投加工成本/（元/件）	2.1	5.25	6.65	—
月末在产品完工程度	30%	75%	95%	—
月末在产品实际产量/件	100	60	40	200
月末在产品约当产量/件	30	45	38	113

会计主管：　　审核：　　制单：

表 5-14 皖巢公司第二车间 AH1 期末在产品约当产量计算表（制造费用）

产品名称：AH1 产品　　完工产品数量：1 000 件　　月末在产品数量：200 件

2022 年 8 月

项　目	第一道工序	第二道工序	第三道工序	合　计
加工单位成本/（元/小时）	30	30	30	—
单位产品应投加工量/（小时/件）	0.6	0.3	0.1	—
单位在产品加工程度	50%	50%	50%	—
单位在产品已投加工量/（小时/件）	0.3	0.15	0.05	—
单位产品应投加工成本/（元/件）	18	9	3	30
单位产品累计应投加工成本/（元/件）	18	27	30	—
单位在产品已投加工成本/（元/件）	9	4.5	1.5	—
单位在产品累计已投加工成本/（元/件）	9	22.5	28.5	—
月末在产品完工程度	30%	75%	95%	—
月末在产品实际产量/件	100	60	40	200
月末在产品约当产量/件	30	45	38	113

会计主管：　　审核：　　制单：

根据表 5-3、表 5-11～表 5-14 资料编制产品成本计算单，如表 5-15 所示。

表 5-15 皖巢公司第二车间 AH1 产品成本计算单（在产品按约当产量比例计价法）

产品名称：AH1 产品　　完工产品数量：1 000 件　　月末在产品数量：200 件

2022 年 8 月　　单位：元

项　目	直接材料	直接人工	燃料和动力	制造费用	合　计
月初在产品成本	2 160	930	294.35	1 855.58	5 239.93
本月发生的生产成本	18 000	21 330	6 328	23 854.72	69 512.72
本月生产成本合计	20 160	22 260	6 622.35	25 710.3	74 752.65
本月完工产品产量/件	1 000	1 000	1 000	1 000	—
月末在产品约当产量/件	120	113	113	113	—
本月生产成本分配率/（元/件）	18	20	5.95	23.10	—
本月完工产品成本	18 000	20 000	5 950	23 100	67 050
本月完工产品单位成本/（元/件）	18	20	5.95	23.10	67.05
月末在产品成本	2 160	2 260	672.35	2 610.3	7 702.65

会计主管：　　审核：　　制单：

在表 5-15 中：

本月产品直接材料分配率=(2 160+18 000)÷(1 000+120)=18（元/件）；

本月在产品直接材料成本=120×18=2 160（元）。

根据表 5-15 登记基本生产成本、库存商品明细账。现根据表 5-15 登记基本生产成本明细账（承例 5-2 中的表 5-3 资料，当然，表 5-3 中的“期初余额”也要根据例 5-7 资料做相应登记），如表 5-16 所示。

表 5-16 皖巢公司第二车间（AH1 产品）基本生产成本明细账 2

成本对象：AH1 产品　　生产部门：第二车间　　单位：元

2022 年		凭证字号	摘　要	成本项目				合　计
月	日			直接材料	直接人工	燃料和动力	制造费用	
7	31		月末在产品成本	2 160	930	294.35	1 855.58	5 239.93
8	31	×	表 3-20	18 000				18 000

续表

2022年		凭证字号	摘　要	成本项目				合　计
月	日			直接材料	直接人工	燃料和动力	制造费用	
8	31	×	表 3-24			1 080		1 080
8	31	×	表 3-32			5 248		5 248
8	31	×	表 3-36		18 000			18 000
8	31	×	表 3-38		3 330			3 330
8	31	×	表 4-29				20 254.72	20 254.72
8	31	×	表 4-30				3 600	3 600
8	31	×	表 5-15	18 000	20 000	5 950	23 100	67 050

根据表 5-15 编制记账凭证进行基本生产成本、库存商品总分类核算。

五、用完工产品成本计价法对在产品进行成本分配

如果期末在产品已经接近完工或已经完工、只是尚未包装或尚未验收入库，那么期末在产品成本已经接近完工产品成本。在这种情况下，为了简化产品成本计算工作，期末在产品可以视同完工产品，按本期完工产品的实际产量与期末在产品的实际产量的比例分配本期“基本生产成本”明细账户归集的生产成本，同时计算出本期完工产品成本和期末在产品成本。这种方法就是在产品按完工产品成本计价法，简称完工产品法。

【例 5-8】 承例 5-2 资料，假定 2022 年 8 月皖巢公司 AH1 产品的月初在产品数量为 300 件，成本为 6 087.28 元，其中直接材料为 2 400 元、直接人工为 1 470 元、燃料和动力为 872 元、制造费用为 1 345.28 元；本月完工产品数量为 1 000 件，月末在产品数量为 200 件。

要求：采用在产品按完工产品成本计价法计算该公司 2022 年 8 月完工 AH1 产品的成本。

根据表 5-3 编制产品成本计算单，如表 5-17 所示。

表 5-17　皖巢公司第二车间 AH1 产品成本计算单（在产品按完工产品成本计价法）

产品名称：AH1 产品　　　完工产品数量：1 000 件　　　月末在产品数量：200 件

2022 年 8 月　　　单位：元

项　目	直接材料	直接人工	燃料和动力	制造费用	合　计
月初在产品成本	2 400	1 470	872	1 345.28	6 087.28
本月发生的生产成本	18 000	21 330	6 328	23 854.72	69 512.72
本月生产成本合计	20 400	22 800	7 200	25 200	75 600
本月完工产品产量/件	1 000	1 000	1 000	1 000	—
月末在产品产量/件	200	200	200	200	—
本月生产成本分配率/（元/件）	17	19	6	21	—
本月完工产品成本	17 000	19 000	6 000	21 000	63 000
本月完工产品单位成本/（元/件）	17	19	6	21	63
月末在产品成本	3 400	3 800	1 200	4 200	12 600

会计主管：　　　审核：　　　制单：

在表 5-17 中：

本月产品直接材料分配率=(2 400+18 000)÷(1 000+200)=17（元/件）；

本月在产品直接材料成本=200×17=3 400（元）。

根据表 5-17 登记基本生产成本、库存商品明细账。

根据表 5-17 编制记账凭证进行基本生产成本、库存商品总分类核算。

六、用定额成本计价法对在产品进行成本分配

若企业的产品成本实行定额管理，且定额管理工作水平较高，则可以采用定额类指标确定期末在产品成本。

如果产品的各项消耗定额或成本定额比较准确，那么期初单位在产品、期末单位在产品的实际成本与定额成本的差额都较少，其差额对本期完工产品成本影响也会更小；如果产品的各期末在产品数量变动不大，那么期初在产品定额成本与期末在产品定额成本的差额也就会较少，其差额对本期完工产品成本影响就会更小；如果产品的各项消耗定额或成本定额不稳定，那么在修订消耗定额的期间，期末在产品成本按新的定额成本计价，本期完工产品成本中就包含了期末在产品按新的定额成本计价所发生的差额，从而不利于本期完工产品成本的分析与考核。因此，对于产品的各项消耗定额或成本定额比较准确、稳定，且各期末在产品数量变动不大的情况下，为了简化产品成本计算工作，企业通常按照预先制定的成本定额和期末在产品成本数量计算出期末在产品成本，然后倒挤出本期完工产品成本。这种方法就是在产品按定额成本计价法，简称定额成本法。其计算公式如下：

本期完工产品实际成本=期初在产品实际成本+本期发生的生产成本−期末在产品实际成本 （5-14）

期末在产品实际成本=期末在产品定额成本 （5-15）

期末在产品定额成本的计算，通常按照产品的生产工序和成本项目分别确定。其计算公式如下：

期末在产品定额成本=Σ(某道工序期末单位在产品累计成本定额×该道工序期末在产品实际产量) （5-16）

某道工序期末单位在产品累计成本定额=该道工序期末单位在产品在前道工序累计成本定额+该道工序期末单位在产品在本道工序成本定额 （5-17）

该道工序期末单位在产品在前道工序累计成本定额=本期单位完工产品在前道工序累计成本定额 （5-18）

式（5-17）中的“该道工序期末单位在产品在本道工序成本定额”应当按照产品的成本项目分别确定。

（一）用定额成本法分配产品的直接材料成本

用定额成本法分配产品的直接材料成本，均可适用式（5-14）～式（5-18），而且确定式（5-17）中的“该道工序期末单位在产品在本道工序成本定额”的基础是产品每道生产工序的期末单位在产品的投料程度。其计算公式如下：

该道工序期末单位在产品在本道工序材料成本定额=Σ(该道工序期末单位在产品在本道工序某材料消耗定额×该材料单位成本) （5-19）

该道工序期末单位在产品在本道工序某材料消耗定额=本期单位完工产品在本道工序该材料消耗定额×本道工序期末单位在产品的该材料投料程度 （5-20）

（二）用定额成本法分配产品的直接人工等加工成本

用定额成本法分配产品的直接人工等加工成本，均可适用式（5-14）～式（5-18），而且确定式（5-18）中的“该道工序期末单位在产品在本道工序成本定额”的基础是产品每道生产工序的期末单位在产品的加工程度。其计算公式如下：

该道工序期末单位在产品在本道工序加工消耗定额=该道工序期末单位在产品在本道工序某加工项目消耗定额×该加工项目单位成本 （5-21）

该道工序期末单位在产品在本道工序某加工项目消耗定额=本期单位完工产品在本道工序某加工项目消耗定额×本道工序期末单位在产品的加工程度 (5-22)

【例 5-9】 资料如例 5-7 所述。

要求：采用在产品按定额成本计价法计算该公司 2022 年 8 月完工 AH1 产品的成本。

根据上述资料分别编制期末在产品定额成本计算表，如表 5-18～表 5-21 所示。

表 5-18 皖巢公司第二车间 AH1 期末在产品定额成本计算表（直接材料）

产品名称：AH1 产品　　完工产品数量：1 000 件　　月末在产品数量：200 件

2022 年 8 月　　单位：元

项　目	第一道工序			第二道工序	第三道工序	合　计
材料名称	CL1	CL2	小计	CL3	CL4	—
材料单位成本/（元/千克）	4	5	—	2.5	10	—
单位产品材料消耗定额/（千克/件）	2	1	—	1.2	0.8	—
单位在产品投料程度	100%	50%	—	50%	100%	—
单位在产品材料消耗定额/（千克/件）	2	0.5	—	0.6	0.8	—
单位产品材料成本定额/（元/件）	8	5	13	3	8	24
单位产品累计材料成本定额/（元/件）	—	—	13	16	24	—
单位在产品材料成本定额/（元/件）	8	2.5	10.5	1.5	8	—
单位在产品累计材料成本定额/（元/件）	—	—	10.5	14.5	24	—
月末在产品实际产量/件	—	—	100	60	40	200
月末在产品定额成本	—	—	1 050	870	960	2 880
本月完工产品实际产量/件	—	—	—	—	—	1 000
本月完工产品定额成本	—	—	—	—	—	24 000
材料名称			投料方式			
CL1，CL4			在某道工序生产开始时一次投料			
CL2，CL3			在某道工序生产过程中陆续投料			

会计主管：　　审核：　　制单：

在表 5-18 中：

第一道工序单位在产品材料成本定额=2×100%×4+1×50%×5=10.5（元/件）；

第二道工序单位在产品材料成本定额=1.2×50%×2.5=1.5（元/件）；

第三道工序单位在产品材料成本定额=0.8×100%×10=8（元/件）；

第一道工序单位在产品累计材料成本定额=10.5（元/件）；

第二道工序单位在产品累计材料成本定额=13+1.5=14.5（元/件）；

第三道工序单位在产品累计材料成本定额=16+8=24（元/件）；

第一道工序在产品材料定额成本=10.5×100=1 050（元）；

第二道工序在产品材料定额成本=14.5×60=870（元）；

第三道工序在产品材料定额成本=24×40=960（元）。

表 5-19 皖巢公司第二车间 AH1 期末在产品定额成本计算表（直接人工）

产品名称：AH1 产品　　完工产品数量：1 000 件　　月末在产品数量：200 件

2022 年 8 月　　单位：元

项　目	第一道工序	第二道工序	第三道工序	合　计
加工单位成本/（元/小时）	25	25	25	—
单位产品加工消耗定额/（小时/件）	0.6	0.3	0.1	—

续表

项　目	第一道工序	第二道工序	第三道工序	合　计
单位在产品加工程度	50%	50%	50%	—
单位在产品加工消耗定额/（小时/件）	0.3	0.15	0.05	—
单位产品加工成本定额/（元/件）	15	7.5	2.5	25
单位产品累计加工成本定额/（元/件）	15	22.5	25	—
单位在产品加工成本定额/（元/件）	7.5	3.75	1.25	—
单位在产品累计加工成本定额/（元/件）	7.5	18.75	23.75	—
月末在产品实际产量/件	100	60	40	200
月末在产品定额成本	750	1 125	950	2 825
本月完工产品实际产量/件	—	—	—	1 000
本月完工产品定额成本	—	—	—	25 000

会计主管：　　　　审核：　　　　制单：

表 5-20　皖巢公司第二车间 AH1 期末在产品定额成本计算表（燃料和动力）

产品名称：AH1 产品　　　　完工产品数量：1 000 件　　　　月末在产品数量：200 件

2022 年 8 月　　　　单位：元

项　目	第一道工序	第二道工序	第三道工序	合　计
加工单位成本/（元/小时）	7	7	7	—
单位产品加工消耗定额/（小时/件）	0.6	0.3	0.1	—
单位在产品加工程度	50%	50%	50%	—
单位在产品加工消耗定额/（小时/件）	0.3	0.15	0.05	—
单位产品加工成本定额/（元/件）	4.2	2.1	0.7	7
单位产品累计加工成本定额/（元/件）	4.2	6.3	7	—
单位在产品加工成本定额/（元/件）	2.1	1.05	0.35	—
单位在产品累计加工成本定额/（元/件）	2.1	5.25	6.65	—
月末在产品实际产量/件	100	60	40	200
月末在产品定额成本	210	315	266	791
本月完工产品实际产量/件	—	—	—	1 000
本月完工产品定额成本	—	—	—	7 000

会计主管：　　　　审核：　　　　制单：

表 5-21　皖巢公司第二车间 AH1 期末在产品定额成本计算表（制造费用）

产品名称：AH1 产品　　　　完工产品数量：1 000 件　　　　月末在产品数量：200 件

2022 年 8 月　　　　单位：元

项　目	第一道工序	第二道工序	第三道工序	合　计
加工单位成本/（元/小时）	30	30	30	—
单位产品加工消耗定额/（小时/件）	0.6	0.3	0.1	—
单位在产品加工程度	50%	50%	50%	—
单位在产品加工消耗定额/（小时/件）	0.3	0.15	0.05	—
单位产品加工成本定额/（元/件）	18	9	3	30
单位产品累计加工成本定额/（元/件）	18	27	30	—
单位在产品加工成本定额/（元/件）	9	4.5	1.5	—
单位在产品累计加工成本定额/（元/件）	9	22.5	28.5	—
月末在产品实际产量/件	100	60	40	200
月末在产品定额成本	900	1 350	1 140	3 390
本月完工产品实际产量/件	—	—	—	1 000
本月完工产品定额成本	—	—	—	30 000

会计主管：　　　　审核：　　　　制单：

根据表 5-3、表 5-18～表 5-21 编制产品成本计算单，如表 5-22 所示。

表 5-22　皖巢公司第二车间 AH1 产品成本计算单（在产品按定额成本计价法）

产品名称：AH1 产品　　完工产品数量：1 000 件　　月末在产品数量：200 件

2022 年 8 月　　单位：元

项　目	直接材料	直接人工	燃料和动力	制造费用	合　计
月初在产品成本	2 160	930	294.35	1 855.58	5 239.93
本月发生的生产成本	18 000	21 330	6 328	23 854.72	69 512.72
本月生产成本合计	20 160	22 260	6 622.35	25 710.30	74 752.65
本月完工产品成本	17 280	19 435	5 831.35	22 320.30	64 866.65
本月完工产品单位成本/（元/件）	17.28	19.44	5.83	22.32	64.87
月末在产品成本	2 880	2 825	791	3 390	9 886

会计主管：　　审核：　　制单：

根据表 5-22 登记基本生产成本、库存商品明细账。

根据表 5-22 编制记账凭证进行基本生产成本、库存商品总分类核算。

需要指出的是，采用期末在产品按定额成本计价法分配生产成本，如果产品成本中直接材料成本所占比重较大，或者直接材料成本与直接人工成本之和所占比重较大，为了简化核算工作，期末在产品成本也可以只按直接材料成本计算，或者按直接材料成本与直接人工成本之和计算。即期末在产品的这一项或这两项实际成本与定额成本的差异，以及其他各项实际成本全部计入本期完工产品成本。

七、用定额比例计价法对在产品进行成本分配

如果产品的各项消耗定额或成本定额比较准确、稳定，但各期末在产品数量变动较大时，虽然期初单位在产品、期末单位在产品的实际成本与定额成本的差额都较少，但期初在产品实际成本与定额成本的差额同期末在产品的实际成本与定额成本的差额的差额会较多，如仍然采用在产品按定额成本法计价，期初在产品成本以及期末在产品的实际成本与定额成本的差额计入本期完工产品成本，就会对本期完工产品成本的正确性产生较大的影响，甚至出现本期完工产品成本是负数的不合理现象。

在这种情况下，为了提高产品成本计算的正确性、合理性，企业通常按照本期完工产品和期末在产品的定额消耗量或定额成本的比例分配本期“基本生产成本”明细账户归集的生产成本，同时计算出本期完工产品成本和期末在产品成本。这种方法就是在产品按定额比例计价法，简称定额比例法。在会计实务中，定额比例法又可分为定额消耗量比例法和定额成本比例法两种。其计算公式如下：

1．定额消耗量比例法

$$\text{本期实际生产成本分配率}=\frac{\text{期初在产品实际成本}+\text{本期发生的实际生产成本}}{\text{本期完工产品定额消耗量}+\text{期末在产品定额消耗量}}\times 100\% \quad (5\text{-}23)$$

期末在产品实际成本=期末在产品定额消耗量×本期实际生产成本分配率　　(5-24)

本期完工产品实际成本=本期完工产品定额消耗量×本期实际生产成本分配率

或=期初在产品实际成本+本期发生的实际生产成本−期末在产品实际成本　　(5-25)

本期完工产品定额消耗量=本期完工产品实际产量×本期完工产品消耗定额　　(5-26)

本期完工产品消耗定额=Σ各道工序本期完工产品消耗定额　　(5-27)

期末在产品定额消耗量=期末在产品约当产量×本期完工产品消耗定额　　(5-28)

需要说明的是，只有产品的某成本项目单位成本在各道生产工序中均相等，才可以采用定

额消耗量比例法对在产品进行成本分配。

2．定额成本比例法

$$本期实际生产成本分配率=\frac{期初在产品实际成本+本期发生的实际生产成本}{本期完工产品定额成本+期末在产品定额成本}\times100\% \quad (5\text{-}29)$$

期末在产品实际成本=期末在产品定额成本×本期实际生产成本分配率　　（5-30）

本期完工产品实际成本=本期完工产品定额成本×本期实际生产成本分配率

或=期初在产品实际成本+本期发生的实际生产成本−期末在产品实际成本　　（5-31）

本期完工产品定额成本=本期完工产品实际产量×本期完工产品成本定额　　（5-32）

可见，采用定额比例法分配本期产品成本，企业必须取得比较准确、稳定的本期完工产品和期末在产品的定额消耗量或定额成本。本期完工产品和期末在产品的定额消耗量或定额成本通常是按成本项目分别确定的。

【例 5-10】 资料如例 5-9 所述。

要求：采用在产品按定额成本比例计价法计算该公司 2022 年 8 月完工 AH1 产品的成本。

根据表 5-3、表 5-18～表 5-21 编制产品成本计算单，如表 5-23 所示。

表 5-23　皖巢公司第二车间 AH1 产品成本计算单（在产品按定额成本比例计价法）

产品名称：AH1 产品　　完工产品数量：1 000 件　　月末在产品数量：200 件

2022 年 8 月　　单位：元

项　目	直接材料	直接人工	燃料和动力	制造费用	合　计
月初在产品成本	2 160	930	294.35	1 855.58	5 239.93
本月发生的生产成本	18 000	21 330	6 328	23 854.72	69 512.72
本月生产成本合计	20 160	22 260	6 622.35	25 710.3	74 752.65
本月完工产品定额成本	24 000	25 000	7 000	30 000	86 000
月末在产品定额成本	2 880	2 825	791	3 390	9 886
本月生产成本分配率	0.75	0.8	0.85	0.77	—
本月完工产品成本	18 000	20 000	5 950	23 100	67 050
本月完工产品单位成本/（元/件）	18	20	5.95	23.1	67.05
月末在产品成本	2 160	2 260	672.35	2 610.3	7 702.65

会计主管：　　审核：　　制单：

在表 5-23 中：

本月完工产品直接材料定额成本=1 000×(13+3+8)=24 000（元）；

本月产品直接材料分配率=(2 160+18 000)÷(24 000+2 880)=0.75；

本月在产品直接材料成本=2 880×0.75=2 160（元）。

根据表 5-23 登记基本生产成本、库存商品明细账。

根据表 5-23 编制记账凭证进行基本生产成本、库存商品总分类核算。

需要指出的是，为方便起见，在会计实务中，企业可以同时采用在产品按定额比例计价法的两种方法分配产品生产成本，即直接材料成本项目可以采用在产品按定额成本比例计价法分配，而直接人工等加工成本项目可以采用在产品按定额消耗量比例计价法分配。

训练巩固篇

在线测试五

【实训题】

1．承例 5-1 资料，假定皖巢公司基本生产第一车间生产的 WH1 产品经三道工序制成，其耗用的原材料及其投料方式如表 5-24 所示，且月末在产品耗用的 YL1、YL3、YL4 三种材料在本道工序的平均投料程度均为 50%；耗用的 YL1、YL2、YL3、YL4 四种材料的单位成本分别为 6 元/千克、4 元/千克、6 元/千克、3.5 元/千克，消耗定额分别为 4 千克/件、6 千克/件、4 千克/件、8 千克/件。第一、第二、第三道工序投入的工时定额分别为 1.2 小时/件、0.6 小时/件、0.2 小时/件，各道工序月末在产品在本道工序的平均加工程度分别为 70%、40%、60%，且各道工序直接人工成本均为 30 元/小时、燃料和动力成本均为 10 元/小时、制造费用成本均为 20 元/小时。该产品 2022 年 8 月月初在产品数量为 400 件，成本为 34 625.85 元，其中，直接材料为 12 380.2 元、直接人工为 14 400.66 元、燃料和动力为 3 836.39 元、制造费用为 4 008.6 元；本月完工产品数量为 200 件，月末在产品数量为 300 件，其中第一、第二、第三道工序在产品分别为 100 件、120 件、80 件。

要求：

（1）根据上述资料，按材料成本定额计算该公司 2022 年 8 月 WH1 产品各道工序月末在产品完工程度。

（2）根据上述资料，按以材料成本定额确定的月末在产品完工程度计算该公司 2022 年 8 月 WH1 产品月末在产品约当产量。

（3）根据上述资料编制该公司 2022 年 8 月月末在产品约当产量计算表（直接材料），如表 5-24 所示。

表 5-24　皖巢公司第一车间 WH1 期末在产品约当产量计算表（直接材料）

产品名称：WH1 产品　　　　完工产品数量：200 件　　　　月末在产品数量：300 件

2022 年 8 月

项　目	第一道工序	第二道工序			第三道工序	合　计
材料名称	YL1	YL2	YL3	小计	YL4	—
材料单位成本/（元/千克）				—		—
单位产品应投材料量/（千克/件）				—		—
单位在产品投料程度				—		—
单位在产品已投材料量/（千克/件）				—		—
单位产品应投材料成本/（元/件）						
单位产品累计应投材料成本/（元/件）		—	—			—
单位在产品已投材料成本/（元/件）						—
单位在产品累计已投材料成本/（元/件）		—	—			—
月末在产品完工程度		—	—			—
月末在产品实际产量/件		—	—			
月末在产品约当产量/件		—	—			

材料名称	投料方式
YL2	在某道工序生产开始时一次投料
YL1，YL3，YL4	在某道工序生产过程中陆续投料

会计主管：　　　　审核：　　　　制单：

（4）根据上述资料，按工时成本定额计算该公司 2022 年 8 月 WH1 产品各道工序月末在产品完工程度。

（5）根据上述资料，按以工时成本定额确定的月末在产品完工程度计算该公司 2022 年 8 月 WH1 产品月末在产品约当产量。

（6）根据上述资料，分别编制该公司 2022 年 8 月月末在产品约当产量计算表，如表 5-25～表 5-27 所示。

表 5-25　皖巢公司第一车间 WH1 期末在产品约当产量计算表（直接人工）

产品名称：WH1 产品　　完工产品数量：200 件　　月末在产品数量：300 件

2022 年 8 月

项　目	第一道工序	第二道工序	第三道工序	合　计
加工单位成本/（元/小时）				—
单位产品应投加工量/（小时/件）				—
单位在产品加工程度				—
单位在产品已投加工量/（小时/件）				—
单位产品应投加工成本/（元/件）				
单位产品累计应投加工成本/（元/件）				—
单位在产品已投加工成本/（元/件）				—
单位在产品累计已投加工成本/（元/件）				—
月末在产品完工程度				—
月末在产品实际产量/件				
月末在产品约当产量/件				

会计主管：　　审核：　　制单：

表 5-26　皖巢公司第一车间 WH1 期末在产品约当产量计算表（燃料和动力）

产品名称：WH1 产品　　完工产品数量：200 件　　月末在产品数量：300 件

2022 年 8 月

项　目	第一道工序	第二道工序	第三道工序	合　计
加工单位成本/（元/小时）				—
单位产品应投加工量/（小时/件）				—
单位在产品加工程度				—
单位在产品已投加工量/（小时/件）				—
单位产品应投加工成本/（元/件）				
单位产品累计应投加工成本/（元/件）				—
单位在产品已投加工成本/（元/件）				—
单位在产品累计已投加工成本/（元/件）				—
月末在产品完工程度				—
月末在产品实际产量/件				
月末在产品约当产量/件				

会计主管：　　审核：　　制单：

表 5-27 皖巢公司第一车间 WH1 期末在产品约当产量计算表（制造费用）

产品名称：WH1 产品　　　　完工产品数量：200 件　　　　月末在产品数量：300 件

2022 年 8 月

项　目	第一道工序	第二道工序	第三道工序	合　计
加工单位成本/（元/小时）				—
单位产品应投加工量/（小时/件）				—
单位在产品加工程度				—
单位在产品已投加工量/（小时/件）				—
单位产品应投加工成本/（元/件）				
单位产品累计应投加工成本/（元/件）				—
单位在产品已投加工成本/（元/件）				—
单位在产品累计已投加工成本/（元/件）				—
月末在产品完工程度				—
月末在产品实际产量/件				
月末在产品约当产量/件				

会计主管：　　　　审核：　　　　制单：

（7）根据上述资料，采用在产品按约当产量比例计价法分别计算该公司 2022 年 8 月 WH1 产品直接材料、直接人工、燃料和动力、制造费用的分配率。

（8）根据上述资料，采用在产品按约当产量比例计价法分别计算该公司 2022 年 8 月 WH1 产品完工产品和月末在产品成本。

（9）根据表 5-24～表 5-27 资料，采用在产品按约当产量比例计价法编制该公司 2022 年 8 月 WH1 产品成本计算单，如表 5-28 所示。

（10）根据表 5-28 登记该公司 2022 年 8 月 WH1 产品基本生产成本明细账（承例 5-1 中的表 5-1）如表 5-29。

（11）根据表 5-28 编制该公司 2022 年 8 月结转完工 WH1 产品生产成本的记账凭证。

表 5-28 皖巢公司第一车间 WH1 产品成本计算单（在产品按约当产量比例计价法）

产品名称：WH1 产品　　　　完工产品数量：200 件　　　　月末在产品数量：300 件

2022 年 8 月

项　目	直接材料	直接人工	燃料和动力	制造费用	合　计
月初在产品成本					
本月发生的生产成本					
本月生产成本合计					
本月完工产量/件					—
月末在产品约当产量/件					—
本月生产成本分配率/（元/件）					—
本月完工产品成本					
本月完工产品单位成本/（元/件）					
月末在产品成本					

会计主管：　　　　审核：　　　　制单：

表 5-29 皖巢公司第一车间（WH1 产品）基本生产成本明细账

成本对象：WH1 产品　　　　生产部门：第一车间　　　　单位：元

2022 年		凭证字号	摘 要	成本项目				合 计
月	日			直接材料	直接人工	燃料和动力	制造费用	
7	31		月末在产品成本					
8	31	×	表 3-20	18 440.2				18 440.2
8	31	×	表 3-24			922.01		922.01
8	31	×	表 3-27	1 000				1 000
8	31	×	表 3-32			3 345.6		3 345.6
8	31	×	表 3-36		8 364			8 364
8	31	×	表 3-38		1 547.34			1 547.34
8	31	×	表 4-27				12 199.4	12 199.4
8	31	×	表 5-28					

2．承例 5-1 资料，假定皖巢公司基本生产第一车间生产的 WH2 产品经三道工序制成，其耗用的原材料及其投料方式如表 5-30 所示，且月末在产品耗用的 YL6、YL7、YL8 三种材料在本道工序的平均投料程度分别为 70%、80%、40%；耗用的 YL5、YL6、YL7、YL8 四种材料的单位成本分别为 10 元/千克、9 元/千克、4 元/千克、5 元/千克，消耗定额分别为 8 千克/件、4 千克/件、6 千克/件、2 千克/件。第一、第二、第三道工序投入的工时定额分别为 1 小时/件、1.10 小时/件、0.80 小时/件，各道工序月末在产品在本道工序的平均加工程度分别为 40%、80%、60%，且各道工序的直接人工成本分别为 30 元/小时、40 元/小时、20 元/小时，燃料和动力成本分别为 14 元/小时、10 元/小时、8 元/小时，制造费用成本分别为 38 元/小时、40 元/小时、45 元/小时。该产品 2022 年 8 月初在产品数量为 220 件，成本为 56 096.14 元，其中直接材料为 20 308 元、直接人工为 13 758.71 元、燃料和动力为 3 917.4 元、制造费用为 18 112.03 元；本月完工产品数量为 160 件，月末在产品数量为 180 件，其中第一、第二、第三道工序分别为 60 件、40 件、80 件。

要求：

（1）根据上述资料分别编制期末在产品定额成本计算表，如表 5-30～表 5-33 所示。

表 5-30 皖巢公司第一车间 WH2 期末在产品定额成本计算表（直接材料）

产品名称：WH2 产品　　　　完工产品数量：160 件　　　　月末在产品数量：180 件

2022 年 8 月

项 目	第一道工序	第二道工序	第三道工序			合 计
材料名称	YL5	YL6	YL7	YL8	小计	—
材料单位成本/（元/千克）					—	—
单位产品材料消耗定额/（千克/件）					—	—
单位在产品投料程度					—	—
单位在产品材料消耗定额/（千克/件）					—	—
单位产品材料成本定额/（元/件）						—
单位产品累计材料成本定额/（元/件）			—	—		—
单位在产品材料成本定额/（元/件）						—
单位在产品累计材料成本定额/（元/件）			—	—		—
月末在产品实际产量/件			—	—		
月末在产品定额成本/元			—	—		

续表

项目	第一道工序	第二道工序	第三道工序			合计
本月完工产品实际产量/件	—	—	—	—	—	
本月完工产品定额成本/元	—	—	—	—	—	
材料名称		投料方式				
YL5		在某道工序生产开始时一次投料				
YL6，YL7，YL8		在某道工序生产过程中陆续投料				

会计主管： 审核： 制单：

表 5-31 皖巢公司第一车间 WH2 期末在产品定额成本计算表（直接人工）

产品名称：WH2 产品 完工产品数量：160 件 月末在产品数量：180 件

2022 年 8 月

项目	第一道工序	第二道工序	第三道工序	合计
加工单位成本/（元/小时）				—
单位产品加工消耗定额/（小时/件）				—
单位在产品加工程度				—
单位在产品加工消耗定额/（小时/件）				—
单位产品加工成本定额/（元/件）				
单位产品累计加工成本定额/（元/件）				—
单位在产品加工成本定额/（元/件）				—
单位在产品累计加工成本定额/（元/件）				—
月末在产品实际产量/件				
月末在产品定额成本/元				
本月完工产品实际产量/件	—	—	—	
本月完工产品定额成本/元	—	—	—	

会计主管： 审核： 制单：

表 5-32 皖巢公司第一车间 WH2 期末在产品定额成本计算表（燃料和动力）

产品名称：WH2 产品 完工产品数量：160 件 月末在产品数量：180 件

2022 年 8 月

项目	第一道工序	第二道工序	第三道工序	合计
加工单位成本/（元/小时）				—
单位产品加工消耗定额/（小时/件）				—
单位在产品加工程度				—
单位在产品加工消耗定额/（小时/件）				—
单位产品加工成本定额/（元/件）				
单位产品累计加工成本定额/（元/件）				—
单位在产品加工成本定额/（元/件）				—
单位在产品累计加工成本定额/（元/件）				—
月末在产品实际产量/件				
月末在产品定额成本/元				
本月完工产品实际产量/件	—	—	—	
本月完工产品定额成本/元	—	—	—	

会计主管： 审核： 制单：

表 5-33 皖巢公司第一车间 WH2 期末在产品定额成本计算表（制造费用）

产品名称：WH2 产品　　完工产品数量：160 件　　月末在产品数量：180 件

2022 年 8 月

项　目	第一道工序	第二道工序	第三道工序	合　计
加工单位成本/（元/小时）				—
单位产品加工消耗定额/（小时/件）				—
单位在产品加工程度				—
单位在产品加工消耗定额/（小时/件）				—
单位产品加工成本定额/（元/件）				
单位产品累计加工成本定额/（元/件）				—
单位在产品加工成本定额/（元/件）				—
单位在产品累计加工成本定额/（元/件）				—
月末在产品实际产量/件				
月末在产品定额成本/元				
本月完工产品实际产量/件	—	—	—	
本月完工产品定额成本/元	—	—	—	

会计主管：　　审核：　　制单：

（2）根据上述资料，采用在产品按定额成本计价法计算该公司 2022 年 8 月 WH2 产品的完工成本和月末在产品成本。

（3）根据表 5-30～表 5-33 资料，采用在产品按定额成本计价法编制该公司 2022 年 8 月 WH2 产品成本计算单，如表 5-34 所示。

表 5-34 皖巢公司第一车间（WH2 产品）成本计算单（在产品按定额成本计价法）

产品名称：WH2 产品　　完工产品数量：160 件　　月末在产品数量：180 件

2022 年 8 月　　单位：元

项　目	直接材料	直接人工	燃料和动力	制造费用	合　计
月初在产品成本					
本月发生的生产成本					
本月生产成本合计					
本月完工产品成本					
本月完工单位成本/（元/件）					
月末在产品成本					

会计主管：　　审核：　　制单：

（4）根据表 5-34 登记该公司 2022 年 8 月 WH2 产品基本生产成本明细账（承例 5-1 中的表 5-2），如表 5-35 所示。

表 5-35 皖巢公司第一车间（WH2 产品）基本生产成本明细账 2

成本对象：WH2 产品　　生产部门：第一车间　　单位：元

2022 年		凭证字号	摘　要	成本项目				合　计
月	日			直接材料	直接人工	燃料和动力	制造费用	
7	31		月末在产品成本					
8	31	×	表 3-20	22 668				22 668
8	31	×	表 3-24			1 133.4		1 133.4
8	31	×	表 3-27	1 200				1 200
8	31	×	表 3-32			3 624.4		3 624.4

续表

2022年 月	日	凭证字号	摘　要	成本项目 直接材料	直接人工	燃料和动力	制造费用	合　计
8	31	×	表 3-36		9 061			9 061
8	31	×	表 3-38		1 676.29			1 676.29
8	31	×	表 4-27				13 215.97	13 215.97
8	31	×	表 5-34					

（5）根据表 5-34 资料，编制该公司 2022 年 8 月结转完工 WH2 产品生产成本的记账凭证。

3．资料如例 5-9 所述。

要求：

（1）根据例 5-9 资料，计算皖巢公司 2022 年 8 月 AH1 产品的完工产品和月末在产品的直接人工等加工成本项目的定额消耗量。

（2）根据例 5-9 资料，编制期末在产品定额消耗量计算表，如表 5-36 所示。

表 5-36　皖巢公司第二车间 AH1 期末在产品定额消耗量计算表（直接人工等加工项目）

产品名称：AH1 产品　　　　完工产品数量：1 000 件　　　　月末在产品数量：200 件

2022 年 8 月

项　目	第一道工序	第二道工序	第三道工序	合　计
单位产品加工消耗定额/（小时/件）				
单位产品累计加工消耗定额/（小时/件）				—
单位在产品加工程度				—
单位在产品加工消耗定额/（小时/件）				—
单位在产品累计加工消耗定额/（小时/件）				—
月末在产品实际产量/件				
月末在产品定额消耗量/小时				
本月完工产品实际产量/件	—	—	—	
本月完工产品定额消耗量/小时	—	—	—	

会计主管：　　　　审核：　　　　制单：

（3）根据例 5-9 资料，采用在产品直接材料成本项目按定额成本比例计价法，直接人工等加工成本项目按定额消耗量比例计价法计算该公司 2022 年 8 月 AH1 产品的完工成本和月末在产品成本。

（4）根据表 5-22、表 5-36 资料，采用在产品直接材料成本项目按定额成本比例计价法，直接人工等加工成本项目按定额消耗量比例计价法编制该公司 2022 年 8 月 AH1 产品成本计算单，如表 5-37 所示。

表 5-37　皖巢公司第二车间（AH1 产品）成本计算单（在产品按定额成本/定额消耗量比例计价法）

产品名称：AH1 产品　　　　完工产品数量：1 000 件　　　　月末在产品数量：200 件

本月加工成本分配率：元/小时　　　　2022 年 8 月　　　　定额消耗量：小时　　单位：元

项　目	直接材料	直接人工	燃料和动力	制造费用	合　计
月初在产品成本	2 160	930	294.35	1 855.58	5 239.93
本月发生的生产成本	18 000	21 330	6 328	23 854.72	69 512.72
本月生产成本合计	20 160	22 260	6 622.35	25 710.3	74 752.65
本月完工产品定额成本/定额消耗量					—

续表

项　目	直接材料	直接人工	燃料和动力	制造费用	合　计
月末在产品定额成本/定额消耗量					—
本月生产成本分配率					—
本月完工产品成本					
本月完工产品单位成本/（元/件）					
月末在产品成本					

会计主管：　　　　　　　　　　　审核：　　　　　　　　　　　　　　　　制单：

（5）根据表 5-37 编制该公司 2022 年 8 月结转完工 AH1 产品生产成本的记账凭证。

参考答案

项目六 描述产品成本的核算方法

学习导航篇

学习导航

- 描述产品成本的核算方法
  - 了解影响产品成本核算方法的因素
    - 企业生产类型对产品成本核算方法的影响
    - 管理要求对产品成本核算方法的影响
  - 明确产品成本的核算方法
    - 理解产品成本核算的基本方法
      - 品种法
      - 分批法
      - 分步法
    - 理解产品成本核算的辅助方法
      - 分类法
      - 定额法
    - 理解各种产品成本核算方法的实际应用

学习目标

☆ 掌握影响产品成本核算方法的因素；

☆ 掌握企业生产类型的分类；

☆ 掌握各种产品成本核算基本方法的特点与适用范围；

☆ 掌握各种产品成本核算辅助方法的特点与适用范围；

☆ 理解各种产品成本核算方法的实际应用；

☆ 了解行业发展理念及发展战略。

引言导读

前面几个项目介绍产品成本核算的一般程序以产品的品种作为核算产品成本的对象。在生产实践中，企业的生产类型、成本管理要求是各不相同，因而其产品成本对象也有所不同。企业应当如何确定产品成本的核算对象？影响产品成本核算方法的主要因素有哪些？有哪些成本核算方法？本项目主要就是解答这些问题。

实践操作篇

步骤一 了解影响产品成本核算方法的因素

众所周知，产品的生产过程也是产品成本的形成过程。产品成本核算方法是指将一定时期发生的生产费用对象化到各种产品成本核算对象，以求出各种产品成本核算对象的总成本和单位成本的一种方法。其主要标志是产品成本核算对象，它是核算产品成本过程中，用来归集与分配生产费用的客体。

一般来说，影响产品成本核算方法的主要因素有生产类型和管理要求两个方面。

一、企业生产类型对产品成本核算方法的影响

（一）企业的生产类型

企业的生产可以按不同的标准分为不同的生产类型。具体生产类型如图 6-1 所示。

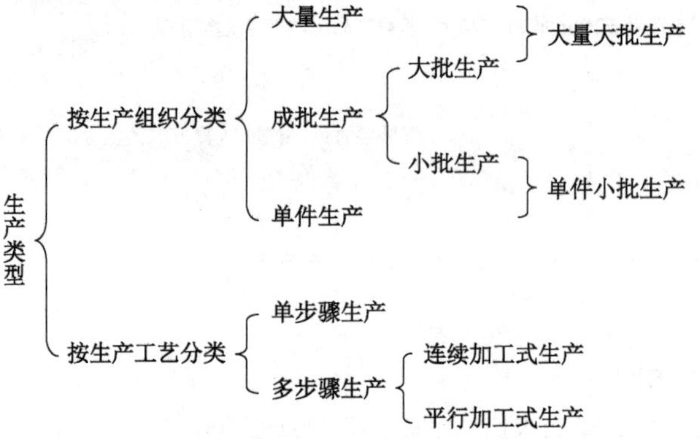

图 6-1　生产类型

1．企业产品的生产按照生产组织分类

企业产品的生产组织是指企业产品生产的专业化程度，即产品生产在一定时期内的重复性。工业企业的产品生产按照生产组织可以划分为大量生产、成批生产和单件生产三种类型。

（1）大量生产。大量生产是指不断地重复生产一种或若干种产品，如面粉、食糖、化肥、冶金产品、纺织品等的生产。其特点是生产的产品陆续投入、陆续产出，生产专业化程度高，产量大，品种较少且比较稳定。

（2）成批生产。成批生产是指按照一定的品种规格和数量（通常称为“批”），每隔一定时期生产一种或若干种产品，如服装、食品、电梯等的生产。其特点是生产的产品具有一定的重复性，生产专业化程度较高，品种较多。成批生产按照每批生产产品数量的大小又可以划分为

大批生产和小批生产两种。大批生产的产品数量较大，类似于大量生产；小批生产的产品数量较小，每批产品同时投产，通常也同时完工，类似于单件生产。

（3）单件生产。单件生产是指依据购货单位的要求，生产个别的、性质特殊的产品，如飞机、船舶、大型机械设备等。其特点是生产的产品一般不具有重复性或定期性，生产专业化程度不高，产量小，品种多且不稳定。

2．企业产品的生产按照生产工艺分类

企业产品的生产工艺是指劳动者利用生产工具对各种原材料、半成品进行增值加工或处理生产出产成品的方法与过程。工业企业的产品生产按照生产工艺可以划分为单步骤生产和多步骤生产两种类型。

（1）单步骤生产。单步骤生产，也称简单生产，是指生产过程在工艺技术上不可间断或生产地点不便分散，通常只能由一个企业整体进行的产品生产，如发电、采掘、燃气、铸件等。其特点是产品的生产一般周期较短、没有自制半成品。

（2）多步骤生产。多步骤生产，也称复杂生产，是指生产过程在工艺技术上可以间断，生产地点或时间可以分散进行的产品生产。其特点是产品的生产一般周期较长、自制半成品较多。多步骤生产按照劳动对象的加工程序又可以划分为连续加工式多步骤生产和装配加工式多步骤生产两种。连续加工式多步骤生产是指从原材料投入生产到产品完工，要顺序经过若干生产步骤的生产，即上一生产步骤生产的自制半成品要转移到下一生产步骤继续加工，直到最后制成产成品的生产，如棉纺织等。装配加工式多步骤生产，也称平行加工式多步骤生产，是指先将原材料投入到不同的生产部门生产出各种零部件，然后将各种零部件装配制成产成品的生产，如机械制造产品等。

需要指出的是，上述两种分类不是相互排斥的，而是相互关联的。大量大批生产、单件小批生产都既可以是单步骤生产，又可以是多步骤生产；同样的，单步骤生产、多步骤生产也都既可以是大量大批生产，又可以是单件小批生产。

（二）生产类型对产品成本核算方法的影响

由于产品成本核算方法取决于成本核算对象，成本核算对象取决于产品的生产类型，而成本核算对象又对生产费用计入产品成本的程序、成本核算期的确定及生产成本在完工产品与在产品之间的分配方法等方面产生重要影响，因此，生产类型对产品成本核算方法的影响是通过其对成本核算对象的影响来实现的。具体如图 6-2 所示。

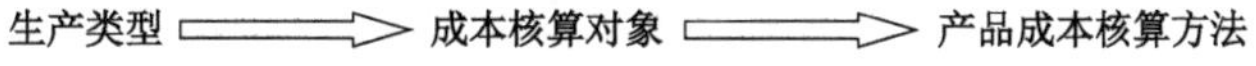

图 6-2　生产类型对产品成本核算方法的影响

1．生产类型对成本核算对象的影响

如果产品的生产是大量大批单步骤的生产，不间断地重复生产没有自制半成品的产品，那么只能以产品的品种作为成本核算对象归集生产费用与核算产品成本；如果产品的生产是大量大批多步骤的生产，各个生产步骤相对独立地生产自制半成品，生产费用可以按照产品的生产步骤归集，那么就可以分别按照产品生产的各个生产步骤的自制半成品（最后一个生产步骤的产成品）作为成本核算对象归集生产费用与核算产品成本；如果产品的生产是单件小批的生产，一般以购货单位的订单或批别组织生产，那么就可以按照产品的订单或批别作为成本核算对象归集生产费用与核算产品成本。

2．生产类型对生产费用计入产品成本程序的影响

生产费用计入产品成本程序是指产品生产过程中发生的各种生产费用，经过一系列的归集与

分配，最后汇总出产品成本的步骤。如果产品的生产是单件生产，那么其成本核算对象就是该件产品，因而生产该产品发生的全部生产费用均为直接计入生产费用，直接计入该件产品成本。

如果产品的生产是成批生产，生产的产品批别较多，那么其所发生的生产费用，凡能分清批别的，属于直接计入生产费用，直接计入该批产品成本；凡不能分清批别的，属于间接计入生产费用，需要采用适当的方法分配计入各批别产品成本。

如果产品的生产是大量多步骤生产，那么其生产费用计入产品成本的程序比较复杂。若需要核算各生产步骤自制半成品成本，则各生产步骤应当将本生产步骤发生的生产费用直接或间接计入本生产步骤生产的自制半成品成本，直至核算出完工产成品成本；若不需要核算各生产步骤自制半成品成本，则各生产步骤应当将本生产步骤发生的除耗用上一生产步骤自制半成品成本以外的其他生产费用直接或间接计入本生产步骤生产成本，并核算这些生产费用应当计入最终产成品成本的份额，最后平行汇总核算出完工产成品成本。

3．生产类型对成本核算期的影响

如果产品的生产是大量大批生产，产品陆续投入、陆续产出，为了便于分期核算损益，按照会计分期假设，一般按月核算产品成本，即成本核算期与会计报告期一致，而与产品的生产周期不一致。如果产品的生产是单件小批生产，不具有重复性或周期性，一般按照单件或各批产品的生产周期核算产品成本，即成本核算期与产品的生产周期一致，而与会计报告期不一致。

4．生产类型对生产成本在完工产品与在产品之间分配方法的影响

如果产品的生产是大量大批生产，其成本核算期与产品的生产周期不一致，每月月末，一般有在产品，那么就需要将产品的生产成本采用适当的方法在完工产品与月末在产品之间分配。如果产品的生产是单件小批生产，成本核算期与产品的生产周期一致，每月月末，产品一般要么全部完工，要么全部未完工，因而一般不需要将产品的生产成本采用适当的方法在完工产品与月末在产品之间分配。

二、管理要求对产品成本核算方法的影响

产品成本核算对象除了取决于产品的生产类型以外，还受制于企业成本管理的要求，而成本核算对象又对生产费用计入产品成本的程序、成本核算期的确定以及生产成本在完工产品与在产品之间的分配方法等方面产生重要影响，因此，管理要求对产品成本核算方法的影响，是通过其对成本核算对象的影响来实现的。具体如图 6-3 所示。

管理要求 ⟹ **成本核算对象** ⟹ **产品成本核算方法**

图 6-3　管理要求对产品成本核算方法的影响

1．管理要求对大量大批多步骤生产的产品成本核算方法的影响

如果产品的生产是大量大批多步骤生产，生产过程在工艺技术上可以间断，生产地点或时间也可以分散进行，那么就为核算各生产步骤自制半成品成本提供了条件。若企业管理上要求核算各生产步骤自制半成品成本，为提供自制半成品成本资料，企业应当按照产品生产的各个生产步骤的自制半成品（最后一个生产步骤的产成品）作为成本核算对象归集生产费用与核算产品成本；反之，若企业管理上不要求核算各生产步骤自制半成品成本，尽管这种生产类型为核算各生产步骤自制半成品成本提供了条件，也不以产品生产的各个生产步骤的自制半成品作为成本核算对象，而以最终的产成品作为成本核算对象归集生产费用与核算产品成本。

2．管理要求对单件小批生产的产品成本核算方法的影响

如果产品的生产是单件小批生产，在确定其成本核算对象时，可以根据经济合理地组织生

产和便于管理的要求，对购货单位的订单做适当的归类，按重新组织的生产批别作为成本核算对象归集生产费用与核算产品成本。

步骤二 明确产品成本的核算方法

在实践中，不同的成本核算对象、生产费用计入产品成本程序、成本核算期及生产成本在完工产品与在产品之间的分配方法等方面相互组合，形成了企业产品成本核算的不同方法。一般有品种法、分批法、分步法等基本方法和分类法、定额法等辅助方法。

一、理解产品成本核算的基本方法

企业的生产类型和管理要求不同，选用的产品成本核算基本方法也就不同，其具体影响如表 6-1 所示。

表 6-1 生产类型和管理要求对成本核算基本方法的影响

生产类型		管理要求	成本核算方法	成本核算对象	成本核算期	是否核算期末在产品成本	适用企业
生产组织	生产工艺						
大量大批生产	单步骤生产	只按产品品种核算成本	品种法	最终产成品	每月	一般不需要	采掘、发电等
	连续加工式多步骤生产	不分步，只按产品品种核算成本	品种法	最终产成品	每月	需要	水泥、造纸等
		既按产品品种，又核算各步骤半成品成本	逐步结转分步法	自制半成品和最终产成品	每月	需要	冶金、纺织等
		按产品品种，且核算各步骤份额	平行结转分步法	最终产成品	每月	需要	化肥、化工等
	装配加工式多步骤生产	只按产品品种核算成本	品种法	最终产成品	每月	需要	钟表、手机等
		按产品品种，且核算各步骤份额	平行结转分步法	最终产成品	每月	需要	机械制造等
单件小批生产	单步骤生产	按产品的批别或件别核算成本	分批法	每件或每批产品	生产周期	一般不需要	飞机、船舶等
	多步骤生产						

1．品种法

品种法是指按照产品的品种（不分批、不分步）作为成本核算对象归集生产费用与核算产品成本的方法。它适用于大量大批单步骤生产的企业，或者管理上不要求核算各生产步骤自制半成品成本的大量大批多步骤生产的企业。

2．分批法

分批法是指按照产品的批别（分批、不分步）作为成本核算对象进行归集生产费用与核算产品成本的方法。它适用于单件小批单步骤生产和管理上不要求分步骤核算成本的单件小批多步骤生产的企业。

3．分步法

分步法是指按照产品的生产步骤（分步、不分批）作为成本核算对象归集生产费用与核算产品成本的方法。它适用于管理上要求分步骤核算产品成本的大量大批多步骤生产的企业。

需要指出的是，上述三种方法都与不同的生产类型密切相关，是核算产品实际成本必不可少的独立方法。

二、了解产品成本核算的辅助方法

除上述基本方法以外，还有分类法、定额法等辅助方法。

1．分类法

分类法是指以产品类别为成本核算对象进行归集生产费用与核算各类别产品成本，然后按照一定的标准核算该类别内各种产品成本的方法。它主要用于生产的产品品种、规格很多，且生产工艺基本相同的产品，为了减少成本核算对象，简化成本核算工作而采用的一种成本核算方法。

2．定额法

定额法是指以产品定额成本为基础，加减脱离定额差异和定额变动差异，来核算产品成本的一种方法。它主要用于定额管理工作较好的企业，为了配合和加强生产费用和产品成本的定额管理，较好地利用定额管理的条件，所采用的一种将符合定额的费用和脱离定额的差异分别核算的产品成本核算方法。

需要指出的是，分类法和定额法都与企业的生产类型无直接联系，不是核算产品实际成本必不可少的独立方法，必须结合基本方法才能核算产品成本。

三、理解各种产品成本核算方法的实际应用

在实务中，一个企业或生产部门可以同时采用几种不同的方法，或将几种不同的成本核算方法结合起来加以综合应用。

（一）几种成本核算方法同时应用

1．同一企业的不同生产部门可能同时采用几种成本核算方法

工业企业一般都设置基本生产部门和辅助生产部门。一般来说，基本生产部门和辅助生产部门的生产类型不同，因而采用的成本核算方法不同。例如，纺织企业的纺纱和织布等基本生产车间，一般属于大量大批多步骤生产，且管理上要求核算各生产步骤半成品纱和产成品布的成本，应当采用分步法核算产品成本；但企业内部供水、供电等辅助生产部门，属于大量大批单步骤生产，应当采用品种法核算成本。

同一企业的基本生产部门和辅助生产部门的生产类型即使相同，但由于管理要求不同，采用的成本核算方法也会不同。例如，发电企业的基本生产发电车间和辅助生产供水车间，都是大量大批单步骤生产，都可采用品种法核算成本，但是由于供水是企业的辅助生产，如果发生的生产费用较少，也可以不单独核算供水的成本。

2．同一企业或生产部门的不同产品可能同时采用几种成本核算方法

同一企业或生产部门的不同产品，其生产类型可能不同，因而采用的成本核算方法也不相同。例如，家具生产企业生产的各种家具，有的已经定型，已大量大批生产，可以采用分步法核算成本；有的正在试制，只能进行单件小批生产，应当采用分批法核算成本。即使生产的产品已经定型，由于其生产类型不同，成本核算方法也不相同。例如，玻璃制品企业生产的日用玻璃杯，属于大量大批单步骤生产，通常采用品种法核算成本；而其生产的玻璃仪器，属于大量大批多步骤生产，一般采用分步法核算成本。

（二）几种成本核算方法结合应用

1．同一产品可能结合采用几种成本核算方法

即使是同一种产品，其各个生产步骤、各种自制半成品和各成本项目之间的生产特点和管理要求也可能不同，因而需要将几种成本核算方法结合应用。

同种产品的不同生产步骤，由于生产特点和管理要求不同，可以采用不同的成本核算方法。例如，单件小批生产的机械制造企业，铸造车间可以采用品种法核算铸件的成本，机加工车间和装配车间可以采用分批法核算各批别产品成本，在铸造车间和机加工车间之间可以采用逐步结转分步法结转铸件的成本；由于机加工车间生产的自制半成品种类较多，又不对外销售，因而机加工车间与装配车间之间可以采用平行结转分步法。可见，该企业在分批法的基础上结合采用了品种法和分步法，其中分步法还结合采用了逐步结转和平行结转的核算方法。

构成同一产品的不同零部件（自制半成品）之间也可以采用不同的成本核算方法。例如，机械制造企业生产的各种零部件，如果是不对外出售的专用零部件，则不要求单独核算其成本；如果是经常对外出售的标准件或通用件，则应当根据这些零部件的生产类型和管理要求，采用适当的成本核算方法单独核算其成本。

同一产品的不同成本项目也可以采用不同的成本核算方法。例如，钢铁企业生产的产品中原料成本所占比重较大，又属于直接计入生产费用，应当采用逐步结转分步法核算其成本，而其他成本项目可以采用分类法核算其成本，又如，机械制造企业生产的产品中直接材料费用所占比重较大，如果定额资料比较准确、稳定，可以采用定额法核算其成本，其他成本项目可以采用其他适当的方法核算。

2．成本核算的辅助方法一般应当与基本方法结合应用

产品成本核算的辅助方法如分类法和定额法，一般是为了简化成本核算工作或加强成本管理而采用的一种成本核算方法。这两种方法与企业的生产类型没有直接联系，因而在各种类型生产中都可以应用，但一般都应当与各生产类型所采用的基本方法结合应用，而不能单独应用。在实践中，在核算大量大批单步骤生产的产品成本时，可以采用品种法和分类法相结合的方法核算，即首先采用品种法核算各类产品的成本，然后采用分类法核算类内各种产品成本；在核算大量大批多步骤生产的产品成本时，可以采用分步法和分类法相结合的方法核算，即首先采用分步法核算各类产品的成本，然后采用分类法核算类内各种产品成本。诚然，在核算大量大批多步骤生产的产品成本时，如果定额管理基础较好，也可以在采用分步法的基础上，结合采用定额法核算产品成本。

综上所述，企业的实际生产错综复杂，因而采用的成本核算方法多种多样。我们必须很好地掌握品种法、分批法、分步法三种成本核算基本方法和分类法、定额法两种成本核算辅助方法的基本原理，才能在实际工作中结合生产类型和管理要求选择适当的方法加以应用。

训练巩固篇

在线测试六

项目七
核算产品成本的基本方法

学习导航篇

学习导航

核算产品成本的基本方法
- 用品种法核算产品成本
  - 了解品种法
  - 用品种法核算产品成本实例
- 用分批法核算产品成本
  - 了解分批法
  - 用分批法核算产品成本实例
  - 了解简化分批法
  - 用简化分批法核算产品成本实例
- 用分步法核算产品成本
  - 了解分步法
  - 用逐步结转分步法核算产品成本
  - 用平行结转分步法核算产品成本

学习目标

☆ 了解产品成本核算的基本方法；
☆ 掌握产品成本核算的品种法；
☆ 掌握产品成本核算的分批法；
☆ 掌握产品成本核算的逐步结转分步法与平行结转分步法；
☆ 培育精益求精的工匠精神。

引言导读

通过上一项目介绍，我们已经对企业产品成本核算方法有了总括理解。产品成本核算的基本方法一般有品种法、分批法和分步法，它们分别有何特点？适用范围有哪些？核算程序有何区别？本项目主要通过列举典型案例来解答这些问题。

实践操作篇

步骤一 用品种法核算产品成本

一、了解品种法

1．品种法的定义

产品成本核算的品种法是指以产品的品种作为成本核算对象归集生产费用与核算产品成本的方法。它是产品成本核算中的最基本方法，其他各种产品成本核算方法都是在品种法的基础上发展起来的。

2．品种法的特点

企业采用品种法核算产品成本一般具有以下特点。

（1）以产品的品种作为成本核算对象，并据以设置产品成本明细账归集生产费用，核算产品成本。

（2）成本核算期与会计报告期一致，即按月定期核算产品成本。

（3）月末，一般需要在完工产品与在产品之间分配生产费用。

3．品种法的适用范围

品种法的适用范围有以下几个方面。

（1）大量大批单步骤生产的产品。

（2）在大量大批多步骤生产下，如果企业或生产部门的规模较小，或者生产部门是封闭式的，即从原材料投入到产品产出的全部生产过程都在一个生产部门内进行，或者生产是按流水线组织的，管理上不要求按照生产步骤核算产品成本，其生产的产品也可以采用品种法核算成本。

（3）企业辅助生产的供水、供电、供汽等部门提供的水、电、汽等产品或服务，由于其是大量单步骤生产，因而也应当采用品种法核算成本。

4．品种法的成本核算程序

采用品种法核算产品成本一般有以下几个步骤。

第一步，以产品的品种作为成本核算对象设置基本生产成本明细账，即建账。

第二步，根据各项费用的原始凭证和其他有关资料，编制各种要素费用分配表，分配各种要素费用。

第三步，根据各种要素费用分配表及其他有关资料，登记基本生产成本明细账、辅助生产成本明细账、制造费用明细账、管理费用明细账等。

第四步，编制辅助生产费用分配表，将辅助生产成本明细账中所归集的生产费用采用适当方法分配给各受益对象，并据以登记有关成本、费用明细账。

第五步，编制制造费用分配表，将制造费用明细账中所归集的制造费用采用适当方法在各种产品之间进行分配，并据以登记基本生产成本明细账等。

第六步，编制基本生产成本分配表（或产品成本核算单），将基本生产成本明细账中按成本项目归集的生产费用采用适当方法在本月完工产品和月末在产品之间进行分配，确定本月完工产品和月末在产品成本。

二、用品种法核算产品成本实例

【例 7-1】 弋江公司设置一个基本生产车间，大量单步骤生产 E1、E2 两种产品。根据生产特点和管理要求，各种产品发生的废品损失单独核算，产品成本专设“直接材料”“直接人工”“燃料和动力”“制造费用”“废品损失”五个成本项目。该公司设置修理和运输两个辅助生产车间，并设置“制造费用”账户核算，辅助生产成本专设“直接材料”“直接人工”“燃料和动力”“制造费用”四个成本项目。已知该公司 2022 年 8 月基本生产车间生产的 E1、E2 两种产品的月初产量分别为 70 件、100 件（含可修复废品 E2 在产品 10 件），本月投产产量分别为 300 件、200 件；E1 产品的月初在产品成本为 58 786.04 元，其中直接材料为 41 312 元、直接人工为 2 452.94 元、燃料和动力为 11 296 元、制造费用为 3 725.1 元；E2 产品的月初在产品成本为 82 122 元（含可修复废品 E2 在产品成本），其中直接材料为 68 000 元、直接人工为 6 610 元、燃料和动力为 1 880 元、制造费用为 5 632 元。

要求：采用品种法核算该公司这两种产品成本。

根据上述资料，按 E1、E2 两种产品分别设置基本生产成本明细账并登记期初余额分别如表 7-24、表 7-25 所示。

该公司 2022 年 8 月发生的各项要素费用资料如下。

（1）材料费用。根据 8 月份领退料凭证汇总的材料费用为：

E1 产品耗用主要材料为 118 000 元，E2 产品耗用主要材料为 98 000 元；直接用于产品生产的各种辅助材料费用都是间接计入费用，计 84 840 元，按产品的辅助材料定额成本比例分配，已知 E1、E2 两种产品的辅助材料成本定额分别为 160 元/件、180 元/件。可修复废品（E2 产品）耗用主要材料为 600 元，辅助材料为 180 元。修理、运输两车间分别耗用主要材料为 4 800 元、1 300 元。基本生产车间、修理车间、运输车间消耗机物料分别为 3 200 元、1 700 元、2 000 元。专设销售机构耗用包装材料为 11 000 元。行政管理部门消耗物料为 1 000 元。

根据上述资料编制辅助材料费用计算表，如表 7-1 所示。

表 7-1 弋江公司辅助材料费用计算表（定额成本比例法）

2022 年 8 月　　　　附单据 2 张

分配对象	成本定额/（元/件）	实际产量/件	定额成本/元	分配率	分配额/元
E1 产品	160	300	48 000		48 480
E2 产品	180	200	36 000		36 360
合　计	—	—	84 000	1.01	84 840

会计主管：　　　　审核：　　　　制单：

根据上述资料及表 7-1 编制原材料费用分配表，如表 7-2 所示。

表 7-2 弋江公司原材料费用分配表

单位：元　　　　2022 年 8 月　　　　附单据 10 张

应借账户			直接计入			间接计入		合　计
总账账户	明细账户	成本或费用项目	成本	差异率	成本差异	成本	成本差异	
基本生产成本	E1 产品	直接材料	118 000			48 480		166 480
	E2 产品	直接材料	98 000			36 360		134 360
	小　计		216 000			84 840		300 840
废品损失	E2 废品	直接材料	780					780

续表

应借账户			直接计入			间接计入		合 计
总账账户	明细账户	成本或费用项目	成本	差异率	成本差异	成本	成本差异	
辅助生产成本	修理车间	直接材料	4 800					4 800
	运输车间	直接材料	1 300					1 300
	小 计		6 100					6 100
制造费用	基本生产车间	机物料消耗	3 200					3 200
	修理车间	机物料消耗	1 700					1 700
	运输车间	机物料消耗	2 000					2 000
	小 计		6 900					6 900
管理费用		物料消耗	1 000					1 000
销售费用		包装费	11 000					11 000
合 计			241 780			84 840		326 620

会计主管： 审核： 制单：

根据表 7-2 登记有关成本、费用明细账。

根据表 7-2 编制记账凭证（用会计分录代替）如下：

借：基本生产成本 300 840
　　废品损失 780
　　辅助生产成本 6 100
　　制造费用 6 900
　　管理费用 1 000
　　销售费用 11 000
　　贷：原材料 326 620

（2）燃料费用。根据 8 月份燃料领退料凭证汇总的燃料费用为：

E1、E2 两种产品耗用工艺用燃料为 86 400 元，按 E1、E2 两种产品的直接计入原材料费用比例分配。可修复废品（E2 产品）耗用工艺用燃料为 300 元。修理车间、运输车间耗用工艺用燃料分别为 2 100 元、6 700 元。

根据上述资料及表 7-2 编制燃料费用计算表，如表 7-3 所示。

表 7-3　弋江公司燃料费用计算表（耗用直接材料费用比例法）

单位：元　　2022 年 8 月　　附单据 4 张

分配对象	耗用原材料费用	分配率	分配额
E1 产品	118 000		47 200
E2 产品	98 000		39 200
合 计	216 000	0.40	86 400

会计主管： 审核： 制单：

根据上述资料及表 7-3 编制燃料费用分配表，如表 7-4 所示。

表 7-4　弋江公司燃料费用分配表

单位：元　　2022 年 8 月　　附单据 4 张

应借账户			直接计入			间接计入		合 计
总账账户	明细账户	成本或费用项目	成本	差异率	成本差异	成本	成本差异	
基本生产成本	E1 产品	燃料和动力				47 200		47 200
	E2 产品	燃料和动力				39 200		39 200
	小 计					86 400		86 400

续表

应借账户			直接计入			间接计入		合 计
总账账户	明细账户	成本或费用项目	成本	差异率	成本差异	成本	成本差异	
废品损失	E2 废品	燃料和动力	300					300
辅助生产成本	修理车间	燃料和动力	2 100					2 100
	运输车间	燃料和动力	6 700					6 700
	小 计		8 800					8 800
合 计			9 100			86 400		95 500

会计主管： 审核： 制单：

根据表 7-4 登记有关成本、费用明细账。

根据表 7-4 编制记账凭证（用会计分录代替）如下：

借：基本生产成本 86 400
　　废品损失 300
　　辅助生产成本 8 800
　　贷：燃料 95 500

（3）外购电力费用。该公司 8 月份共用电 89 990 千瓦时，应付不含税电费为 71 992 元。

基本生产车间工艺用电为 72 150 千瓦时，E1、E2 两种产品按用电度数计算，共耗用不含税工艺用电力费用为 57 720 元，按产品的生产工时比例分配，已知 E1、E2 两种产品生产工时分别为 2 886 小时、1 924 小时（其中可修复废品 E2 生产工时为 74 小时）。修理车间工艺用电为 9 830 千瓦时；基本生产车间、修理车间、运输车间、行政管理部门照明用电分别为 3 140 千瓦时、2 110 千瓦时、870 千瓦时、1 890 千瓦时。

根据上述资料编制外购电力费用计算表，如表 7-5 所示。

表 7-5 弋江公司外购电力费用计算表（生产工时比例法）

单位：元　　2022 年 8 月　　附单据 1 张

分配对象	生产工时/小时	分配率/（元/小时）	分配额
E1 产品	2 886		34 632
E2 产品	1 850		22 200
可修复废品 E2	74		888
合 计	4 810	12	57 720

会计主管： 审核： 制单：

在表 7-5 中，分配率=57 720÷(2 886+1 850+74)=12（元/小时）。

根据上述资料及表 7-5 编制外购电力费用分配表，如表 7-6 所示。

表 7-6 弋江公司外购电力费用分配表

计量单位：千瓦时　　金额单位：元　　2022 年 8 月　　附单据 5 张

应借账户			直接计入			间接计入	合 计
总账账户	明细账户	成本或费用项目	电表记录	电费分配率/（元/千瓦时）	分配额		
基本生产成本	E1 产品	燃料和动力				34 632	34 632
	E2 产品	燃料和动力				22 200	22 200
	小 计					56 832	56 832
废品损失	E2 废品	燃料和动力				888	888
辅助生产成本	修理车间	燃料和动力	9 830		7 864		7 864
	小计		9 830		7 864		7 864

续表

应借账户			直接计入			间接计入	合计
总账账户	明细账户	成本或费用项目	电表记录	电费分配率/（元/千瓦时）	分配额		
制造费用	基本生产车间	水电费	3 140		2 512		2 512
	修理车间	水电费	2 110		1 688		1 688
	运输车间	水电费	870		696		696
	小　计		6 120		4 896		4 896
管理费用		水电费	1 890		1 512		1 512
合　计			17 840	0.8	14 272	57 720	71 992

会计主管：　　　　审核：　　　　制单：

在表 7-6 中，电费分配率=71 992÷89 990=0.8（元/千瓦时）。

根据表 7-6 登记有关成本、费用明细账。

根据表 7-6 编制记账凭证（用会计分录代替）如下：

借：基本生产成本　56 832
　　废品损失　888
　　辅助生产成本　7 864
　　制造费用　4 896
　　管理费用　1 512
　　贷：应付账款　71 992

（4）工资费用。根据 8 月份工资结算单等凭证汇总的工资费用如下：

基本生产车间生产工人工资为：E1 产品计件工资为 7 304 元，E2 产品计件工资为 5 836 元，两种产品需要分配计入的工资为 9 620 元，按产品的生产工时比例分配；修理车间、运输车间生产工人工资分别为 4 200 元、2 900 元。基本生产车间、修理车间、运输车间等管理人员，行政管理部门人员，专设销售机构人员工资分别为 3 150 元、1 950 元、2 100 元、4 850 元、2 450 元。

根据上述资料及表 7-5 编制工资费用计算表，如表 7-7 所示。

表 7-7　弋江公司工资费用计算表（生产工时比例法）

单位：元　　　　2022 年 8 月　　　　附单据 2 张

分配对象	生产工时	分配率/（元/小时）	分配额
E1 产品	2 886		5 772
E2 产品	1 850		3 700
可修复废品 E2	74		148
合　计	4 810	2	9 620

会计主管：　　　　审核：　　　　制单：

在表 7-7 中，分配率=9 620÷(2 886+1 850+74)=2（元/小时）。

根据上述资料及表 7-7 编制工资费用分配表，如表 7-8 所示。

表 7-8　弋江公司工资费用分配表

单位：元　　　　2022 年 8 月　　　　附单据 4 张

应借账户			直接计入	间接计入	合计
总账账户	明细账户	成本或费用项目			
基本生产成本	E1 产品	直接人工	7 304	5 772	13 076
	E2 产品	直接人工	5 836	3 700	9 536
	小　计		13 140	9 472	22 612

续表

应借账户			直接计入	间接计入	合　计
总账账户	明细账户	成本或费用项目			
废品损失	E2 废品	直接人工		148	148
辅助生产成本	修理车间	直接人工	4 200		4 200
	运输车间	直接人工	2 900		2 900
	小　计		7 100		7 100
制造费用	基本生产车间	间接人工	3 150		3 150
	修理车间	间接人工	1 950		1 950
	运输车间	间接人工	2 100		2 100
	小　计		7 200		7 200
管理费用		职工薪酬	4 850		4 850
销售费用		职工薪酬	2 450		2 450
合　计			34 740	9 620	44 360

会计主管：　　　　审核：　　　　制单：

根据表 7-8 登记有关成本、费用明细账。

根据表 7-8 编制记账凭证（用会计分录代替）如下：

借：基本生产成本　　22 612

　　废品损失　　148

　　辅助生产成本　　7 100

　　制造费用　　7 200

　　管理费用　　4 850

　　销售费用　　2 450

　　贷：应付职工薪酬　　44 360

（5）分别按工资总额的 10%、0.5%、8%计提住房公积金、生育保险费、医疗保险费。

根据上述资料及表 7-8 编制计提的其他短期薪酬费用分配表，如表 7-9 所示。

表 7-9　弋江公司计提的其他短期薪酬费用分配表

单位：元　　　　2022 年 8 月　　　　附单据 1 张

应借账户			工资总额	住房公积金	生育保险费	医疗保险费	合　计
总账账户	明细账户	成本或费用项目					
基本生产成本	E1 产品	直接人工	13 076	1 307.6	65.38	1 046.08	2 419.06
	E2 产品	直接人工	9 536	953.6	47.68	762.88	1 764.16
	小　计		22 612	2 261.2	113.06	1 808.96	4 183.22
废品损失	E2 废品	直接人工	148	14.8	0.74	11.84	27.38
辅助生产成本	修理车间	直接人工	4 200	420	21	336	777
	运输车间	直接人工	2 900	290	14.5	232	536.5
	小　计		7 100	710	35.5	568	1 313.5
制造费用	基本生产车间	间接人工	3 150	315	15.75	252	582.75
	修理车间	间接人工	1 950	195	9.75	156	360.75
	运输车间	间接人工	2 100	210	10.50	168	388.5
	小　计		7 200	720	36	576	1 332
管理费用		职工薪酬	4 850	485	24.25	388	897.25
销售费用		职工薪酬	2 450	245	12.25	196	453.25
合　计			44 360	4 436	221.8	3 548.8	8 206.6

会计主管：　　　　审核：　　　　制单：

根据表 7-9 登记有关成本、费用明细账。

根据表 7-9 编制记账凭证（用会计分录代替）如下：

借：基本生产成本　　4 183.22

　　废品损失　　27.38

　　辅助生产成本　　1 313.5

　　制造费用　　1 332

　　管理费用　　897.25

　　销售费用　　453.25

　　贷：应付职工薪酬　　8 206.6

（6）折旧费用。该公司 2022 年 7 月份固定资产的应提折旧额和该月增、减固定资产的应提折旧额分别为：

基本生产车间：7 月固定资产的应提折旧额为 4 760 元、增加固定资产的应提折旧额为 1 780 元、减少固定资产的应提折旧额为 2 110 元。

修理车间：7 月固定资产的应提折旧额为 1 580 元、减少固定资产的应提折旧额为 220 元。

运输车间：7 月固定资产的应提折旧额为 460 元、增加固定资产的应提折旧额为 140 元。

行政管理部门：7 月固定资产的应提折旧额为 2 120 元。

根据上述资料编制固定资产折旧费用分配表，如表 7-10 所示。

表 7-10　弋江公司固定资产折旧费用分配表

单位：元　　2022 年 8 月　　附单据 12 张

应借账户			上月应提折旧额	本月折旧调整额	上月增加固定资产本月应提折旧额	上月减少固定资产上月应提折旧额	本月应提折旧额
总账账户	明细账户	成本或费用项目					
制造费用	基本生产车间	折旧费	4 760		1 780	2 110	4 430
	修理车间	折旧费	1 580			220	1 360
	运输车间	折旧费	460		140		600
	小　计		6 800		1 920	2 330	6 390
管理费用		折旧费	2 120				2 120
合　计			8 920		1 920	2 330	8 510

会计主管：　　审核：　　制单：

根据表 7-10 登记有关成本、费用明细账。

根据表 7-10 编制记账凭证（用会计分录代替）如下：

借：制造费用　　6 390

　　管理费用　　2 120

　　贷：累计折旧　　8 510

（7）其他费用。根据 2022 年 8 月份其他费用相关凭证汇总为：

基本生产车间：办公费为 1 277 元，水电费为 913 元，其他费用为 580 元。

修理车间：办公费为 380 元，水电费为 320 元，其他费用为 210 元。

运输车间：办公费为 270 元，水电费为 120 元，其他费用为 130 元。

行政管理部门：办公费为 3 410 元，水电费为 980 元，房产税等为 2 890 元，其他费用为

760 元。

专设的销售机构：办公费为 2 140 元，广告费为 5 000 元，其他费用为 640 元。

根据上述资料编制其他费用分配表，如表 7-11 所示。

表 7-11 弋江公司其他费用分配表

单位：元　　　　2022 年 8 月　　　　附单据 11 张

应借账户			直接计入	间接计入	合 计	备 注
总账账户	明细账户	成本或费用项目				
制造费用	基本生产车间	办公费	1 277		1 277	银付
		水电费	913		913	银付
		其他	580		580	银付
	修理车间	办公费	380		380	银付
		水电费	320		320	银付
		其他	210		210	银付
	运输车间	办公费	270		270	银付
		水电费	120		120	银付
		其他	130		130	银付
	小 计		4 200		4 200	
管理费用		办公费	3 410		3 410	银付
		水电费	980		980	银付
		其他	760		760	银付
		小 计	5 150		5 150	
税金及附加		房产税等	2 890		2 890	预提
销售费用		办公费	2 140		2 140	银付
		广告费	5 000		5 000	银付
		其他	640		640	银付
		小 计	7 780		7 780	
合 计			20 020		20 020	

会计主管：　　　　审核：　　　　制单：

根据表 7-11 登记有关成本、费用明细账。

根据表 7-11 编制记账凭证（用会计分录代替）如下：

借：制造费用　　4 200
　　管理费用　　5 150
　　税金及附加　　2 890
　　销售费用　　7 780
　　贷：银行存款　　17 130
　　　　应交税费　　2 890

（8）在产品盘亏和毁损损失。2022 年 8 月该公司基本生产的 E2 产品的在产品盘亏和毁损为 10 件，按定额成本计价，盘亏和毁损在产品的定额工时为 30 小时。已知盘亏和毁损在产品的直接材料成本定额为 100 元/件，直接人工、燃料和动力、制造费用的成本定额分别为 5 元/小时、1 元/小时、2 元/小时。

根据上述资料编制该公司 2022 年 8 月基本生产车间在产品盘亏和毁损损失计算表，如表 7-12 所示。

表 7-12　弋江公司基本生产车间 E2 在产品盘亏和毁损损失计算表（按定额成本计价）

生产部门：基本生产车间　　　　盘亏和毁损数量：10 件

产品名称：E2 产品　　　　2022 年 8 月　　　　盘亏和毁损定额工时：30 小时

项　目	直接材料	直接人工	燃料和动力	制造费用	合　计
盘亏和毁损在产品材料成本定额或加工单位成本	100 元/件	5 元/小时	1 元/小时	2 元/小时	—
盘亏和毁损在产品数量或定额工时	10 件	30 小时	30 小时	30 小时	—
盘亏和毁损在产品定额成本/元	1 000	150	30	60	1 240

会计主管：　　　　审核：　　　　制单：

根据表 7-12 登记有关成本明细账。

根据表 7-12 编制记账凭证（用会计分录代替）如下：

借：待处理财产损溢　　　　1 240

　　贷：基本生产成本　　　　1 240

（9）辅助生产费用。根据表 7-2、表 7-4、表 7-6～表 7-11 分别登记该公司 2022 年 8 月辅助生产成本明细账（见表 7-13、表 7-15）及制造费用明细账（见表 7-14、表 7-16）。

表 7-13　弋江公司（修理车间）辅助生产成本明细账 1

生产部门：修理车间　　　　单位：元

2022 年		凭证字号	摘　要	成本项目				合　计
月	日			直接材料	直接人工	燃料和动力	制造费用	
8	31	×	表 7-2	4 800				4 800
8	31	×	表 7-4			2 100		2 100
8	31	×	表 7-6			7 864		7 864
8	31	×	表 7-8		4 200			4 200
8	31	×	表 7-9		777			777

由表 7-13 可得，2022 年 8 月该公司修理车间归集的辅助生产费用合计为 19 741 元。

表 7-14　弋江公司（修理车间）制造费用明细账 1

生产部门：修理车间　　　　单位：元

2022 年		凭证字号	摘　要	费用项目						合　计
月	日			间接人工	机物料消耗	办公费	折旧费	水电费	其他	
8	31	×	表 7-2		1 700					1 700
8	31	×	表 7-6					1 688		1 688
8	31	×	表 7-8	1 950						1 950
8	31	×	表 7-9	360.75						360.75
8	31	×	表 7-10				1 360			1 360
8	31	×	表 7-11			380		320	210	910

由表 7-14 可得，2022 年 8 月该公司修理车间归集的制造费用合计为 7 968.75 元。

表 7-15 弋江公司（运输车间）辅助生产成本明细账 1

生产部门：运输车间 单位：元

2022 年		凭证字号	摘 要	成本项目				合 计
月	日			直接材料	直接人工	燃料和动力	制造费用	
8	31	×	表 7-2	1 300				1 300
8	31	×	表 7-4			6 700		6 700
8	31	×	表 7-8		2 900			2 900
8	31	×	表 7-9		536.50			536.5

由表 7-15 可得，2022 年 8 月该公司运输车间归集的辅助生产费用合计为 11 436.50 元。

表 7-16 弋江公司（运输车间）制造费用明细账 1

生产部门：运输车间 单位：元

2022 年		凭证字号	摘 要	费用项目						合 计
月	日			间接人工	机物料消耗	办公费	折旧费	水电费	其他	
8	31	×	表 7-2		2 000					2 000
8	31	×	表 7-6					696		696
8	31	×	表 7-8	2 100						2 100
8	31	×	表 7-9	388.50						388.5
8	31	×	表 7-10				600			600
8	31	×	表 7-11			270		120	130	520

由表 7-16 可得，2022 年 8 月该公司运输车间归集的制造费用合计为 6 304.5 元。

假定该公司辅助生产费用采用计划成本分配法分配，且修理、运输两个车间的计划单位成本分别为 3.4 元/小时、0.95 元/千米。已知 2022 年 8 月该公司修理车间提供修理服务 8 400 小时，其中运输车间、基本生产车间、行政管理部门分别受益 500 小时、6 800 小时、1 100 小时；运输车间提供运输服务 20 000 千米，其中修理车间、基本生产车间、行政管理部门、独立销售部门分别受益 500 千米、5 200 千米、300 千米、14 000 千米。

根据上述资料编制辅助生产费用分配表，如表 7-17 所示。

表 7-17 弋江公司辅助生产费用分配表（计划成本分配法）

单位：元 2022 年 8 月

辅助生产车间名称				修理车间	运输车间	合 计
等待分配辅助生产费用		“辅助生产成本”账户		19 741	11 436.5	31 177.5
		“制造费用”账户		7 968.75	6 304.5	14 273.25
供应各部门的服务数量				8 400 小时	20 000 千米	—
计划单位成本				3.40 元/小时	0.95 元/千米	—
应借账户	制造费用	修理车间	受益数量	—	500 千米	—
			分配金额	—	475	475
		运输车间	受益数量	500 小时	—	—
			分配金额	1 700	—	1 700
		基本生产车间	受益数量	6 800 小时	5 200 千米	—
			分配金额	23 120	4 940	28 060
		小 计		—	—	30 235

续表

辅助生产车间名称			修理车间	运输车间	合　计
应借账户	管理费用	受益数量	1 100 小时	300 千米	—
		分配金额	3 740	285	4 025
	销售费用	受益数量		14 000 千米	—
		分配金额		13 300	13 300
计划成本分配金额合计			28 560	19 000	47 560
辅助生产部门“实际生产费用”			28 184.75	19 441	47 625.75
辅助生产费用分配差额			−375.25	441	65.75

会计主管：　　审核：　　制单：

在表 7-17 中：

修理车间的“实际生产费用”=(19 741+7 968.75)+475=28 184.75（元）;

运输车间的“实际生产费用”=(11 436.50+6 304.50)+1 700=19 441（元）。

根据表 7-17 登记有关成本、费用明细账。

根据表 7-17 编制记账凭证（用会计分录代替）如下：

① 按计划成本分配辅助生产费用。

借：制造费用　　30 235

　　管理费用　　4 025

　　销售费用　　13 300

　　贷：辅助生产成本　　47 560

② 调整辅助生产成本差异。

借：管理费用　　65.75

　　贷：辅助生产成本　　65.75

根据表 7-17 编制辅助生产车间制造费用分配表，如表 7-18 所示。

表 7-18　弋江公司辅助生产车间制造费用分配表

生产部门：辅助生产车间　　2022 年 8 月　　单位：元　　附单据 2 张

应借账户			修理车间	运输车间	合　计
总账账户	明细账户	成本项目			
辅助生产成本	修理车间	制造费用	8 443.75		8 443.75
	运输车间	制造费用		8 004.5	8 004.5
合　计			8 443.75	8 004.5	16 448.25

会计主管：　　审核：　　制单：

在表 7-18 中：

修理车间的制造费用=7 968.75+475=8 443.75（元）;

运输车间的制造费用=6 304.50+1 700=8 004.5（元）。

根据表 7-18 登记有关成本、费用明细账。

根据表 7-18 编制记账凭证（用会计分录代替）如下：

借：辅助生产成本　　16 448.25

　　贷：制造费用　　16 448.25

现根据表 7-17、表 7-18 分别登记辅助生产成本明细账（承表 7-13、表 7-15）如表 7-19、表 7-21 所示及制造费用明细账（承表 7-14、表 7-16）如表 7-20、表 7-22 所示。

表 7-19　弋江公司（修理车间）辅助生产成本明细账 2

生产部门：修理车间　　　　单位：元

2022 年		凭证字号	摘　要	成本项目				合　计
月	日			直接材料	直接人工	燃料和动力	制造费用	
8	31	×	表 7-2	4 800				4 800
8	31	×	表 7-4			2 100		2 100
8	31	×	表 7-6			7 864		7 864
8	31	×	表 7-8		4 200			4 200
8	31	×	表 7-9		777			777
8	31	×	表 7-18				8 443.75	8 443.75
8	31	×	表 7-17	4 863.84	5 043.19	10 096.52	8 556.45	28 560
8	31	×	表 7-17	63.84	66.19	132.52	112.70	375.25

表 7-20　弋江公司（修理车间）制造费用明细账 2

生产部门：修理车间　　　　单位：元

2022 年		凭证字号	摘　要	费用项目						合　计
月	日			间接人工	机物料消耗	办公费	折旧费	水电费	其他	
8	31	×	表 7-2		1 700					1 700
8	31	×	表 7-6					1 688		1 688
8	31	×	表 7-8	1 950						1 950
8	31	×	表 7-9	360.75						360.75
8	31	×	表 7-10				1 360			1 360
8	31	×	表 7-11			380		320	210	910
8	31	×	表 7-17						475	475
8	31	×	表 7-18	2 310.75	1 700	380	1 360	2 008	685	8 443.75

表 7-21　弋江公司（运输车间）辅助生产成本明细账 2

生产部门：运输车间　　　　单位：元

2022 年		凭证字号	摘　要	成本项目				合　计
月	日			直接材料	直接人工	燃料和动力	制造费用	
8	31	×	表 7-2	1 300				1 300
8	31	×	表 7-4			6 700		6 700
8	31	×	表 7-8		2 900			2 900
8	31	×	表 7-9		536.50			536.50
8	31	×	表 7-18				8 004.50	8 004.50
8	31	×	表 7-17	1 270.49	3 358.49	6 547.91	7 823.11	19 000
8	31	×	表 7-17	29.51	78.01	152.09	181.39	441

表 7-22　弋江公司（运输车间）制造费用明细账 2

生产部门：运输车间　　　　单位：元

2022 年		凭证字号	摘　要	费用项目						合　计
月	日			间接人工	机物料消耗	办公费	折旧费	水电费	其他	
8	31	×	表 7-2		2 000					2 000
8	31	×	表 7-6					696		696

续表

2022年		凭证字号	摘要	费用项目						合计
月	日			间接人工	机物料消耗	办公费	折旧费	水电费	其他	
8	31	×	表 7-8	2 100						2 100
8	31	×	表 7-9	388.5						388.5
8	31	×	表 7-10				600			600
8	31	×	表 7-11			270		120	130	520
8	31	×	表 7-17						1 700	1 700
8	31	×	表 7-18	2 488.5	2 000	270	600	816	1 830	8 004.5

（10）基本生产的制造费用。根据表 7-2、表 7-4、表 7-6、表 7-8～表 7-11、表 7-17 登记该公司 2022 年 8 月基本生产车间制造费用明细账，如表 7-23 所示。

表 7-23 弋江公司（基本生产车间）制造费用明细账 1

生产部门：基本生产车间　　单位：元

2022年		凭证字号	摘要	费用项目						合计
月	日			间接人工	机物料消耗	办公费	折旧费	水电费	其他	
8	31	×	表 7-2		3 200					3 200
8	31	×	表 7-6					2 512		2 512
8	31	×	表 7-8	3 150						3 150
8	31	×	表 7-9	582.75						582.75
8	31	×	表 7-10				4 430			4 430
8	31	×	表 7-11			1 277		913	580	2 770
8	31	×	表 7-17						28 060	28 060

由表 7-23 可得，2022 年 8 月该公司基本生产车间归集的制造费用合计为 44 704.75 元。

假定该公司基本生产车间制造费用采用生产工人工时比例法分配，且尾差计入 E1 产品生产成本。

根据上述资料及表 7-5 编制基本生产车间制造费用分配表，如表 7-24 所示。

表 7-24 弋江公司基本生产车间制造费用分配表

生产部门：基本生产车间　　2022 年 8 月　　附单据 2 张

应借账户			生产工时/小时	分配率/（元/小时）	分配额/元
总账账户	明细账户	成本项目			
基本生产成本	E1 产品	制造费用	2 886		26 822.9
	E2 产品	制造费用	1 850		17 194.09
	小计		4 736		44 016.99
废品损失	E2 废品	制造费用	74		687.76
合计			4 810	9.2941	44 704.75

会计主管：　　审核：　　制单：

可根据表 7-24 登记有关成本、费用明细账。现根据表 7-24 登记基本生产车间制造费用明细账（承表 7-23），如表 7-25 所示。

表 7-25　弋江公司（基本生产车间）制造费用明细账 2

生产部门：基本生产车间　　　　单位：元

2022 年		凭证字号	摘　要	费用项目						合　计
月	日			间接人工	机物料消耗	办公费	折旧费	水电费	其他	
8	31	×	表 7-2		3 200					3 200
8	31	×	表 7-6					2 512		2 512
8	31	×	表 7-8	3 150						3 150
8	31	×	表 7-9	582.75						582.75
8	31	×	表 7-10				4 430			4 430
8	31	×	表 7-11			1 277		913	580	2 770
8	31	×	表 7-17						28 060	28 060
8	31	×	表 7-19	3 732.75	3 200	1 277	4 430	3 425	28 640	44 704.75

根据表 7-24 编制记账凭证（用会计分录代替）如下：

借：基本生产成本　　44 016.99

　　废品损失　　687.76

　　贷：制造费用　　44 704.75

（11）不可修复废品损失。2022 年 8 月该公司基本生产车间在生产 E2 产品过程中发生不可修复废品为 20 件，按定额成本计价，不可修复废品已完成的定额工时为 80 小时。已知不可修复废品的单位直接材料成本定额为 100 元，每小时直接人工、燃料和动力、制造费用的成本定额分别为 5 元、1 元、2 元。废品回收的残料价值为 200 元，应收过失人赔款为 300 元。

根据上述资料编制该公司 2022 年 8 月基本生产车间不可修复废品损失计算表，如表 7-26 所示。

表 7-26　弋江公司 E2 不可修复废品损失计算表（按定额成本计价）

生产部门：基本生产车间　　　　废品数量：20 件

废品名称：E2 废品　　　　2022 年 8 月　　　　废品定额工时：80 小时

项　目	直接材料	直接人工	燃料和动力	制造费用	合　计
废品材料成本定额或加工单位成本	100 元/件	5 元/小时	1 元/小时	2 元/小时	—
废品数量或定额工时	20 件	80 小时	80 小时	80 小时	—
废品定额成本/元	2 000	400	80	160	2 640

会计主管：　　　　审核：　　　　制单：

① 根据表 7-26 登记废品损失、基本生产成本明细账。

根据表 7-26 编制记账凭证（用会计分录代替）如下：

借：废品损失　　2 640

　　贷：基本生产成本　　2 640

② 根据废品交库单编制记账凭证（用会计分录代替）如下：

借：原材料　　200

　　贷：废品损失——E2 废品（直接材料）　　200

据以登记废品损失明细账如表 7-27 所示。

③ 根据应收赔款凭证编制记账凭证（用会计分录代替）如下：

借：其他应收款　　300

贷：废品损失——E2 废品（直接人工） 300

据以登记废品损失明细账如表 7-27 所示。

（12）基本生产的废品损失。根据表 7-2、表 7-4、表 7-6、表 7-8、表 7-9、表 7-24、表 7-26 及废品回收、应收赔款相关凭证资料登记该公司 2022 年 8 月废品损失明细账，如表 7-27 所示。

表 7-27 弋江公司（E2 废品）废品损失明细账 1

废品名称：E2 废品　　　　生产部门：基本生产车间　　　　单位：元

2022 年		凭证字号	摘 要	损失项目				合 计
月	日			直接材料	直接人工	燃料和动力	制造费用	
8	31	×	表 7-2	780				780
8	31	×	表 7-4			300		300
8	31	×	表 7-6			888		888
8	31	×	表 7-8		148			148
8	31	×	表 7-9		27.38			27.38
8	31	×	表 7-24				687.76	687.76
8	31	×	表 7-26	2 000	400	80	160	2 640
8	31	×	废品回收	200				200
8	31	×	应收赔款		300			300

由表 7-27 可得，2022 年 8 月该公司基本生产车间归集的 E2 产品的废品净损失合计为 4 971.14 元。

根据上述资料编制基本生产车间废品损失分配表，如表 7-28 所示。

表 7-28 弋江公司（E2 废品）废品损失分配表

生产部门：基本生产车间　　　　2022 年 8 月　　　　单位：元　　　　附单据 1 张

应借账户			分配标准	分配率	分配额
总账账户	明细账户	成本项目			
基本生产成本	E2 废品	废品损失			4 971.14

会计主管：　　　　审核：　　　　制单：

可根据表 7-28 分别登记基本生产成本明细账、废品损失明细账。现根据表 7-28 登记废品损失明细账（承表 7-27），如表 7-29 所示。

表 7-29 弋江公司（E2 废品）废品损失明细账 2

废品名称：E2 废品　　　　生产部门：基本生产车间　　　　单位：元

2022 年		凭证字号	摘 要	损失项目				合 计
月	日			直接材料	直接人工	燃料和动力	制造费用	
8	31	×	表 7-2	780				780
8	31	×	表 7-4			300		300
8	31	×	表 7-6			888		888
8	31	×	表 7-8		148			148
8	31	×	表 7-9		27.38			27.38
8	31	×	表 7-24				687.76	687.76
8	31	×	表 7-26	2 000	400	80	160	2 640

续表

2022 年		凭证字号	摘　要	损失项目				合　计
月	日			直接材料	直接人工	燃料和动力	制造费用	
8	31	×	②废品回收	200				200
8	31	×	③应收赔款		300			300
8	31	×	表 7-28	2 580	275.38	1 268	847.76	4 971.14

根据表 7-28 编制记账凭证（用会计分录代替）如下：

借：基本生产成本　　4 971.14

　　贷：废品损失　　4 971.14

（13）基本生产成本。根据表 7-2、表 7-4、表 7-6、表 7-8、表 7-9、表 7-24、表 7-26、表 7-28 登记该公司 2022 年 8 月基本生产成本明细账，如表 7-30、表 7-31 所示。

表 7-30　弋江公司（E1 产品）基本生产成本明细账 1

成本对象：E1 产品　　　生产部门：基本生产车间　　　单位：元

2022 年		凭证字号	摘　要	成本项目					合　计
月	日			直接材料	直接人工	燃料和动力	制造费用	废品损失	
7	31		月末在产品成本	41 312	2 452.94	11 296	3 725.1		58 786.04
8	31	×	表 7-2	166 480					166 480
8	31	×	表 7-4			47 200			47 200
8	31	×	表 7-6			34 632			34 632
8	31	×	表 7-8		13 076				13 076
8	31	×	表 7-9		2 419.06				2 419.06
8	31	×	表 7-24				26 822.9		26 822.9

由表 7-30 可得，2022 年 8 月该公司基本生产车间生产 E1 产品归集的生产成本合计为 349 416 元，其中本月发生的生产成本为 290 629.96 元。

表 7-31　弋江公司（E2 产品）基本生产成本明细账 1

成本对象：E2 产品　　　生产部门：基本生产车间　　　单位：元

2022 年		凭证字号	摘　要	成本项目					合　计
月	日			直接材料	直接人工	燃料和动力	制造费用	废品损失	
7	31		月末在产品成本	68 000	6 610	1 880	5 632		82 122
8	31	×	表 7-2	134 360					134 360
8	31	×	表 7-4			39 200			39 200
8	31	×	表 7-6			22 200			22 200
8	31	×	表 7-8		9 536				9 536
8	31	×	表 7-9		1 764.16				1 764.16
8	31	×	表 7-12	1 000	150	30	60		1 240
8	31	×	表 7-24				17 194.09		17 194.09
8	31	×	表 7-26	2 000	400	80	160		2 640
8	31	×	表 7-28					4 971.14	4 971.14

由表 7-31 可得，2022 年 8 月该公司基本生产车间生产 E2 产品归集的生产成本合计为 307 467.14 元，其中本月发生的生产成本为 225 345.39 元。

假定该公司基本生产车间生产的 E1、E2 两种产品本月完工产量分别为 320 件、200 件，月末在产品分别为 50 件、70 件；在产品分别采用定额比例计价法、定额成本计价法计量，且尾差均计入完工产品生产成本。已知该公司 E1 产品的直接材料费用按其定额成本比例分配，其他各项费用都按定额工时比例分配；E1 产品的直接材料在生产开始时一次投入，且其成本定额为 520 元，E1 产品的工时定额为 8 小时，月末在产品的定额工时为 240 小时。E2 产品的月末在产品的直接材料成本定额为 671.8 元，其定额工时为 650 小时；每小时的直接人工、燃料和动力、制造费用的成本定额分别为 7 元、2 元、6 元。

根据上述资料编制产品成本计算单，如表 7-32、表 7-33 所示。

表 7-32　弋江公司（E1 产品）成本计算单（在产品按定额成本/定额工时比例计价法）

产品名称：E1 产品　　完工产品数量：320 件　　月末在产品数量：50 件

本月加工成本分配率：元/小时　　2022 年 8 月　　定额工时：小时　　单位：元

项　目	直接材料	直接人工	燃料和动力	制造费用	合　计
月初在产品成本	41 312	2 452.94	11 296	3 725.1	58 786.04
本月发生的生产成本	166 480	15 495.06	81 832	26 822.9	290 629.96
本月生产成本合计	207 792	17 948	93 128	30 548	349 416
本月完工产品定额成本/定额工时	166 400	2 560	2 560	2 560	—
月末在产品定额成本/定额工时	26 000	240	240	240	—
本月生产成本分配率	1.08	6.41	33.26	10.91	—
本月完工产品成本	179 712	16 409.6	85 146	27 929.6	309 197.20
本月完工产品单位成本/（元/件）	561.6	51.28	266.08	87.28	966.24
月末在产品成本	28 080	1 538.40	7 982.4	2 618.4	40 219.2

会计主管：　　审核：　　制单：

表 7-33　弋江公司（E2 产品）成本计算单（在产品按定额成本计价法）

产品名称：E2 产品　　完工产品数量：200 件　　月末在产品数量：70 件

2022 年 8 月　　单位：元

项　目	直接材料	直接人工	燃料和动力	制造费用	废品损失	合　计
月初在产品成本	68 000	6 610	1 880	5 632	0	82 122
本月发生的生产成本	131 360	10 750.16	61 290	16 974.09	4 971.14	225 345.39
本月生产成本合计	199 360	17 360.16	63 170	22 606.09	4 971.14	307 467.39
本月完工产品成本	152 334	12 810.16	61 870	18 706.09	4 971.14	250 691.39
本月完工产品单位成本/（元/件）	761.17	64.05	309.35	93.53	24.86	1 253.46
月末在产品成本	47 026	4 550	1 300	3 900	0	56 776

会计主管：　　审核：　　制单：

可根据表 7-32、表 7-33 分别登记基本生产成本明细账、库存商品明细账。现根据表 7-32、表 7-33 分别登记基本生产成本明细账，如表 7-34（承表 7-30）、表 7-35（承表 7-31）所示。

根据表 7-32、表 7-33 编制记账凭证（用会计分录代替）如下：

借：库存商品——E1 产品　　309 197.2

　　　　　　——E2 产品　　250 691.39

　贷：基本生产成本——E1 产品　　309 197.2

　　　　　　　　　——E2 产品　　250 691.39

表 7-34　弋江公司（E1 产品）基本生产成本明细账 2

成本对象：E1 产品　　　　生产部门：基本生产车间　　　　单位：元

2022 年		凭证字号	摘　要	成本项目					合　计
月	日			直接材料	直接人工	燃料和动力	制造费用	废品损失	
7	31		月末在产品成本	41 312	2 452.94	11 296	3 725.1		58 786.04
8	31	×	表 7-2	166 480					166 480
8	31	×	表 7-4			47 200			47 200
8	31	×	表 7-6			34 632			34 632
8	31	×	表 7-8		13 076				13 076
8	31	×	表 7-9		2 419.06				2 419.06
8	31	×	表 7-24				26 822.9		26 822.9
8	31	×	表 7-32	179 712	16 409.6	85 146	27 929.6		309 197.2

表 7-35　弋江公司（E2 产品）基本生产成本明细账 2

成本对象：E2 产品　　　　生产部门：基本生产车间　　　　单位：元

2022 年		凭证字号	摘　要	成本项目					合　计
月	日			直接材料	直接人工	燃料和动力	制造费用	废品损失	
7	31		月末在产品成本	68 000	6 610	1 880	5 632		82 122
8	31	×	表 7-2	134 360					134 360
8	31	×	表 7-4			39 200			39 200
8	31	×	表 7-6			22 200			22 200
8	31	×	表 7-8		9 536				9 536
8	31	×	表 7-9		1 764.16				1 764.16
8	31	×	表 7-12	1 000	150	30	60		1 240
8	31	×	表 7-24				17 194.09		17 194.09
8	31	×	表 7-26	2 000	400	80	160		2 640
8	31	×	表 7-28					4 971.14	4 971.14
8	31	×	表 7-33	152 334	12 810.16	61 870	18 706.09	4 971.14	250 691.39

步骤二　用分批法核算产品成本

一、了解分批法

1．分批法的定义

产品成本核算的分批法是指以产品的批别作为成本核算对象归集生产费用与核算产品成本的方法。

2．分批法的特点

用分批法核算产品成本一般具有以下特点。

（1）以产品的批别作为成本核算对象，并据以设置产品成本明细账归集生产费用，核算产品成本。在单件小批生产中，由于产品的种类和每批产品的批量，一般根据购货单位的产品订单确定，因而按照产品的批别核算产品成本就是按照订单核算产品成本，所以分批法又称订单法。

需要指出的是，产品的订单与产品的生产批别并非完全一致。如果一张订单中定购的产品不止一种，为了考核和分析各种产品成本计划的执行情况，便于生产管理，应当按照产品的品种分批组织生产和核算成本；如果一张订单中只定购一种产品，但这种产品数量较大，不便于集中一次投产，或者定购单位要求分批交货，也可以分为数批组织生产和核算成本；如果一张订单中只定购一种产品，但这种产品属于大型复杂的产品，价值较大，生产周期较长，也可以按照产品的组成部分分批组织生产和核算成本；如果同一时期的几张订单定购相同的产品，为了更加经济合理地组织生产，也可将相同产品合为一批组织生产和核算成本。

（2）成本核算期与产品的生产周期一致。通常一批产品只有在全部完工时，才能通过该批产品成本明细账将生产费用全部归集与核算成本，这就决定了成本核算期与产品生产周期同步，因而一般不需要按月核算该批产品成本。

（3）月末，一般不需要在完工产品与在产品之间分配生产费用。如果是单件生产，产品完工之前，产品成本明细账所归集的生产费用，都是在产品成本；产品完工时，产品成本明细账所归集的生产费用，就是完工产品的成本，因而在月末核算产品成本时，不需要在完工产品与在产品之间分配生产费用。如果是小批生产，批内产品一般都能同时完工，在月末核算产品成本时，抑或全部已经完工，抑或全部未完工，因而，一般也不需要在完工产品与在产品之间分配生产费用。但在批内产品跨月陆续完工的情况下，月末核算产品成本时，就需要在完工产品与在产品之间分配生产费用。

3．分批法的适用范围

分批法适用于需要按照产品的批别核算产品成本的产品或服务，其主要体现在以下几方面。

（1）单件或小批生产的精密仪器、专用设备、重型机械、船舶、某些特殊或精密铸件、新产品的试制、机器设备的专业修理等产品或服务。

（2）不断更新的高档服装等经常变动的产品。

（3）企业辅助生产部门生产的工具、夹具、模具等产品。

（4）会计、税务、审计、法律等中介机构提供的服务。

4．分批法的成本核算程序

采用分批法核算产品成本一般有以下几个步骤。

第一步，以产品的批别作为成本核算对象设置基本生产成本明细账，即建账。企业应当以生产任务通知单的编号，即产品的生产批别，而不是以购货单位的订单设置产品成本明细账，以保证各批产品成本核算的正确性。

第二步，编制各种要素费用分配表、辅助生产费用分配表、制造费用分配表等归集与分配各批别产品的生产费用。对于能够分清产品批别的生产费用，属于直接计入生产费用，直接记入各批产品的产品成本明细账；对于不能分清产品批别的生产费用，属于间接计入生产费用，应当采用适当的方法，分配记入各批产品的产品成本明细账。

需要指出的是，由于各批别产品通常耗用相同的原材料和半成品，因此在填列领料单、转移在产品等核算时，都应当分清各批别，防止“串批”。

第三步，核算各批别完工产品成本。如果同一批别产品跨月陆续完工的数量不多，可以采用简便的分配方法，即按计划单位成本、定额单位成本或最近一期相同产品的实际单位成本核算完工产品成本。为了正确地考核和分析该批产品成本计划的执行情况，在该批产品全部完工时，还应当核算该批产品的实际总成本和单位成本，但对于已经转账的完工产品成本不做账面调整。如果同一批别产品跨月陆续完工的数量较多，月末同一批别完工产品的数量占全部批量的比重较大，应当采用适当的分配方法核算完工产品成本。

在实践中，为了减少在完工产品与月末在产品之间分配生产费用的工作量，提高成本核算的正确性和及时性，在合理组织生产的前提下，也可以适当缩小产品的批量，以较小的批量分批投产，尽量使同一批别的产品能够同时完工，避免跨月陆续完工的情况。但是缩小产品批量，应有一定的限度，如果批量过小，不仅会使生产组织不合理、不经济，而且会使设立的产品成本明细账过多，加大核算工作量。

二、用分批法核算产品成本实例

【例 7-2】 鸠江公司设置一个基本生产车间，小批多步骤生产 F1、F2 两种产品。根据生产特点和管理要求，各种产品发生的生产损失不单独核算，产品成本专设“直接材料”“直接人工”“制造费用”三个成本项目。该公司设置供电和机修两个辅助生产车间，并不设置“制造费用”账户核算。已知该公司 2022 年 8 月基本生产车间生产的 20220708 批号（F1 产品 6 台）为本年 7 月 20 日投产，7 月末全部未完工，计划本月完工；20220801 批号（F1 产品 10 台）为本年 8 月 9 日投产，计划本月完工；20220802 批号（F2 产品 15 台）为本年 8 月 12 日投产，计划下月完工。又知 20220708 批号 F1 产品的月初在产品生产成本为 57 530 元，其中直接材料为 36 000 元、直接人工为 1 650 元、制造费用为 19 880 元。

要求：采用分批法核算该公司这两种产品成本。

根据上述资料，按产品的生产批号分别设置基本生产成本明细账并登记期初余额分别如表 7-40、表 7-41、表 7-42 所示。

该公司 2022 年 8 月发生的各项要素费用资料（限于本书篇幅，本例中省略了部分要素费用核算。下同）如下。

（1）材料费用。根据 8 月份领退料凭证汇总，编制原材料费用分配表，如表 7-36 所示。

表 7-36 鸠江公司原材料费用分配表

单位：元　　　　2022 年 8 月　　　　附单据 8 张

应借账户			直接计入			间接计入		合计
总账账户	明细账户	成本或费用项目	成本	差异率	成本差异	成本	成本差异	
基本生产成本	20220801	直接材料	60 000					60 000
	20220802	直接材料	92 000					92 000
	小计		152 000					152 000
辅助生产成本	供电车间	直接材料	2 000					2 000
		机物料消耗	1 000					1 000
	机修车间	直接材料	4 000					4 000
		机物料消耗	1 500					1 500
	小计		8 500					8 500
制造费用	基本生产车间	机物料消耗	3 000					3 000
管理费用		物料消耗	1 000					1 000
销售费用		包装费	10 000					10 000
合计			174 500					174 500

会计主管：　　　　审核：　　　　制单：

可根据表 7-36 登记有关成本、费用明细账。根据表 7-36 编制记账凭证（省略）。

（2）工资费用。根据 8 月份工资结算单等凭证汇总编制工资费用分配表（表中的金额包含计提的其他短期薪酬费用。下同），如表 7-37 所示。

表 7-37 鸠江公司工资费用分配表

单位：元 2022 年 8 月 附单据 2 张

应借账户			直接计入	间接计入	合计
总账账户	明细账户	成本或费用项目			
基本生产成本	20220708	直接人工		35 550	35 550
	20220801	直接人工		52 140	52 140
	20220802	直接人工		93 615	93 615
	小计			181 305	181 305
辅助生产成本	供电车间	职工薪酬	2 844		2 844
	机修车间	职工薪酬	5 451		5 451
	小计		8 295		8 295
制造费用	基本生产车间	间接人工	4 266		4 266
管理费用		职工薪酬	29 151		29 151
销售费用		职工薪酬	14 694		14 694
合计			56 406	181 305	237 711

会计主管： 审核： 制单：

可根据表 7-37 登记有关成本、费用明细账。根据表 7-37 编制记账凭证（省略）。

（3）辅助生产部门的生产费用。根据辅助生产成本明细账归集的各项辅助生产费用和相关资料编制辅助生产费用分配表（表中的辅助生产费用金额包含了省略的其他辅助生产费用。下同），如表 7-38 所示。

表 7-38 鸠江公司辅助生产费用分配表（直接分配法）

单位：元 2022 年 8 月 附单据 4 张

辅助生产车间名称				供电车间	机修车间	合计
等待分配辅助生产费用				70 090	131 540	201 630
供应辅外部门的服务数量				43 000 千瓦时	2 000 小时	—
费用分配率（单位成本）				1.63 元/千瓦时	65.77 元/小时	—
应借账户	制造费用	基本生产车间	受益数量	33 000 千瓦时	1 600 小时	—
			分配金额	53 790	105 232	159 022
	管理费用	受益数量		8 000 千瓦时	400 小时	8 400
		分配金额		13 040	26 308	39 348
	销售费用	受益数量		2 000 千瓦时	0	2 000
		分配金额		3 260	0	3 260
分配金额合计				70 090	131 540	201 630

会计主管： 审核： 制单：

可根据表 7-38 登记有关成本、费用明细账。根据表 7-38 编制记账凭证（省略）。

（4）基本生产的制造费用。根据制造费用明细账归集的各项制造费用和相关资料编制基本生产车间制造费用分配表（表中的制造费用金额包含了省略的其他制造费用。下同），如表 7-39 所示。

可根据表 7-39 登记有关成本明细账。根据表 7-39 编制记账凭证（省略）。

（5）基本生产成本。根据表 7-36、表 7-37、表 7-39 资料登记该公司 2022 年 8 月基本生产成本明细账，如表 7-40～表 7-42 所示。

表 7-39 鸠江公司基本生产车间制造费用分配表（人工工时法）

生产部门：基本生产车间　　2022 年 8 月　　附单据 1 张

应借账户			生产工人工时/小时	分配率/（元/小时）	分配额/元
总账账户	明细账户	成本项目			
基本生产成本	20220708	制造费用	1 000		40 000
	20220801	制造费用	2 200		88 000
	20220802	制造费用	1 700		68 000
合　计			4 900	40	196 000

会计主管：　　审核：　　制单：

表 7-40 鸠江公司（20220708 批号）基本生产成本明细账 1

成本对象：20220708　　产品名称：F1 产品　　批量：6 台　　开工日期：7 月 20 日
购货单位：一江公司　　完工日期：　月　日　　单位：元　　完工数量：　台

2022 年		凭证字号	摘　要	成本项目			合　计
月	日			直接材料	直接人工	制造费用	
7	31		月末在产品成本	36 000	1 650	19 880	57 530
8	31	×	表 7-37 分配工资费用		35 550		35 550
8	31	×	表 7-39 分配制造费用			40 000	40 000

由表 7-40 可得，2022 年 8 月该公司基本生产车间生产 20220708 批号 F1 产品归集的生产成本合计为 133 080 元，其中本月发生的生产成本为 75 550（133 080−57 530）元。

表 7-41 鸠江公司（20220801 批号）基本生产成本明细账 1

成本对象：20220801　　产品名称：F1 产品　　批量：10 台　　开工日期：8 月 9 日
购货单位：二江公司　　完工日期：　月　日　　单位：元　　完工数量：　台

2022 年		凭证字号	摘　要	成本项目			合　计
月	日			直接材料	直接人工	制造费用	
8	31	×	表 7-36 分配材料费用	60 000			60 000
8	31	×	表 7-37 分配工资费用		52 140		52 140
8	31	×	表 7-39 分配制造费用			88 000	88 000

由表 7-41 可得，2022 年 8 月该公司基本生产车间生产 20220801 批号 F1 产品归集的生产成本合计为 200 140 元。

表 7-42 鸠江公司（20220802 批号）基本生产成本明细账 1

成本对象：20220802　　产品名称：F2 产品　　批量：15 台　　开工日期：8 月 12 日
购货单位：三江公司　　完工日期：　月　日　　单位：元　　完工数量：　台

2022 年		凭证字号	摘　要	成本项目			合　计
月	日			直接材料	直接人工	制造费用	
8	31	×	表 7-36 分配材料费用	92 000			92 000
8	31	×	表 7-37 分配工资费用		93 615		93 615
8	31	×	表 7-39 分配制造费用			68 000	68 000

由表 7-42 可得，2022 年 8 月该公司基本生产车间生产 20220802 批号 F2 产品归集的生产成本合计为 253 615 元。

假定该公司基本生产车间生产的 20220708 批号(F1 产品 6 台)产品本月全部完工;20220801 批号（F1 产品 10 台）产品本月完工 7 台，由于本月完工数量较大，在产品采用约当产量比例计价法计量，且尾差均计入完工产品生产成本；20220802 批号（F2 产品 15 台）产品本月提前完工 2 台，由于本月完工数量较小，完工产品按计划成本结转。已知该公司 F1 产品的直接材料在生产开始时一次投入，在产品的加工成本的完工程度平均为 60%；F2 产品每台计划成本为 24 000 元，其中，直接材料为 9 000 元、直接人工为 8 000 元、制造费用为 7 000 元。

根据上述资料编制产品成本计算单，分别如表 7-43～表 7-45 所示。

表 7-43 鸠江公司（20220708 批号）产品成本计算单

生产批号：20220708　　产品名称：F1 产品　　完工产品数量：6 台　　月末在产品数量：0 台

2022 年 8 月　　单位：元

项 目	直接材料	直接人工	制造费用	合 计
月初在产品成本	36 000	1 650	19 880	57 530
本月发生的生产成本	0	35 550	40 000	75 550
本月生产成本合计	36 000	37 200	59 880	133 080
本月完工产品成本	36 000	37 200	59 880	133 080
本月完工产品单位成本/（元/台）	6 000	6 200	9 980	22 180
月末在产品成本	0	0	0	0

会计主管：　　审核：　　制单：

表 7-44 鸠江公司（20220801 批号）产品成本计算单（在产品按约当产量比例计价法）

生产批号：20220801　　产品名称：F1 产品　　完工产品数量：7 台　　月末在产品数量：3 台

2022 年 8 月　　单位：元

项 目	直接材料	直接人工	制造费用	合 计
月初在产品成本	0	0	0	0
本月发生的生产成本	60 000	52 140	88 000	200 140
本月生产成本合计	60 000	52 140	88 000	200 140
本月完工产品实际产量/台	7	7	7	—
月末在产品实际产量/台	3	3	3	—
月末在产品完工程度	100%	60%	60%	—
月末在产品约当产量/台	3	1.8	1.8	—
本月生产成本分配率/（元/台）	6 000	5 925	10 000	—
本月完工产品成本	42 000	41 475	70 000	153 475
本月完工产品单位成本/（元/台）	6 000	5 925	10 000	21 925
月末在产品成本	18 000	10 665	18 000	46 665

会计主管：　　审核：　　制单：

表 7-45 鸠江公司（20220802 批号）产品成本计算单（完工产品按计划成本计价法）

生产批号：20220802　　产品名称：F2 产品　　完工产品数量：2 台　　月末在产品数量：13 台

2022 年 8 月　　单位：元

项 目	直接材料	直接人工	制造费用	合 计
月初在产品成本	0	0	0	0
本月发生的生产成本	92 000	93 615	68 000	253 615

续表

项　目	直接材料	直接人工	制造费用	合　计
本月生产成本合计	92 000	93 615	68 000	253 615
本月完工产品成本	18 000	16 000	14 000	48 000
本月完工产品单位成本/（元/台）	9 000	8 000	7 000	24 000
月末在产品成本	74 000	77 615	54 000	205 615

会计主管：　　　　　　　　审核：　　　　　　　　制单：

可根据表 7-43～表 7-45 分别登记基本生产成本明细账、库存商品明细账。现根据表 7-43～表 7-45 分别登记基本生产成本明细账（承表 7-40～表 7-42），如表 7-46～表 7-48 所示。

表 7-46　鸠江公司（20220708 批号）基本生产成本明细账 2

成本对象：20220708　　产品名称：F1 产品　　批量：6 台　　开工日期：7 月 20 日

购货单位：一江公司　　完工日期：8 月 31 日　　单位：元　　完工数量：6 台

2022 年		凭证字号	摘　要	成本项目			合　计
月	日			直接材料	直接人工	制造费用	
7	31		月末在产品成本	36 000	1 650	19 880	57 530
8	31	×	表 7-37 分配工资费用		35 550		35 550
8	31	×	表 7-39 分配制造费用			40 000	40 000
8	31	×	表 7-43 结转完工产品成本	36 000	37 200	59 880	133 080

表 7-47　鸠江公司（20220801 批号）基本生产成本明细账 2

成本对象：20220801　　产品名称：F1 产品　　批量：10 台　　开工日期：8 月 9 日

购货单位：二江公司　　完工日期：8 月 31 日　　单位：元　　完工数量：7 台

2022 年		凭证字号	摘　要	成本项目			合　计
月	日			直接材料	直接人工	制造费用	
8	31	×	表 7-36 分配材料费用	60 000			60 000
8	31	×	表 7-37 分配工资费用		52 140		52 140
8	31	×	表 7-39 分配制造费用			88 000	88 000
8	31	×	表 7-44 结转完工产品成本	42 000	41 475	70 000	153 475

表 7-48　鸠江公司（20220802 批号）基本生产成本明细账 2

成本对象：20220802　　产品名称：F2 产品　　批量：15 台　　开工日期：8 月 12 日

购货单位：三江公司　　完工日期：8 月 31 日　　单位：元　　完工数量：2 台

2022 年		凭证字号	摘　要	成本项目			合　计
月	日			直接材料	直接人工	制造费用	
8	31	×	表 7-36 分配材料费用	92 000			92 000
8	31	×	表 7-37 分配工资费用		93 615		93 615
8	31	×	表 7-39 分配制造费用			68 000	68 000
8	31	×	表 7-45 结转完工产品成本	18 000	16 000	14 000	48 000

根据表 7-43～表 7-45 编制记账凭证（用会计分录代替）如下：

借：库存商品——F1 产品　　　　286 555

　　　　　　——F2 产品　　　　48 000

贷：基本生产成本——20220708　　133 080
——20220801　　153 475
——20220802　　48 000

三、了解简化分批法

（一）简化分批法的定义

在同一月份内投产的产品批别很多、月末未完工产品的批别也多，且各月份的间接计入生产费用相差不大的单件或小批生产的企业或其生产部门，如果不论各批产品是否完工，都将当月发生的间接计入生产费用全部分配给各批产品，那么间接计入生产费用分配的工作量将很大。在这种情况下，为了简化当月发生的间接计入生产费用在各批产品之间进行分配的工作和及时核算完工产品成本，企业可以将发生的间接计入生产费用累计起来，等到有产品完工时，再按一定分配标准将间接计入生产费用分配给完工批别产品，以核算其完工产品生产成本，而未完工产品的批别不分配间接计入生产费用，即不核算未完工批别的在产品成本。这种方法就是不分批核算在产品成本分批法，也称累计间接计入生产费用分配率法或简化分批法。

（二）简化分批法的特点

1．增设“生产工时”专栏

在基本生产成本明细账和基本生产成本二级账中，应增设生产工时专栏，以登记各批产品的累计生产工时和全部各批产品的累计生产工时。

2．基本生产成本明细账的登记要求

对于各批产品，企业平时只需按月登记该批产品发生的直接计入生产费用（如直接材料等）和生产工时两栏，而间接计入生产费用只在有完工产品的月份（而不必按月）进行分配登记。

3．增设基本生产成本二级账

按月登记企业或其生产部门全部各批产品的累计生产费用和累计生产工时。

4．生产费用的横向分配和纵向分配工作在有产品完工时同时进行

各批产品之间分配间接计入生产费用的工作及完工产品与月末在产品之间分配生产费用的工作，即生产费用的横向分配工作和纵向分配工作，在有产品完工时，利用累计间接计入生产费用分配率一次分配完成。

（三）简化分批法的核算程序

简化分批法的核算一般有以下几个步骤。

第一步，按产品的批别设置基本生产成本明细账和按全部各批产品设置（一个）基本生产成本二级账，并在账内均增设“生产工时”专栏，即建账。

第二步，根据直接计入要素费用分配表和有关的工时记录，登记各批别产品基本生产成本明细账中的直接计入生产费用（如直接材料等）和生产工时两栏；根据各种要素费用分配表和有关的工时记录，登记全部各批产品的基本生产成本二级账各栏。

第三步，月末，如果无产品完工，不需做任何核算，即不核算各批别在产品成本；如果有产品完工，应当根据基本生产成本二级账归集的数据资料，分别核算全部各批产品当月各项累计间接计入生产费用分配率。其计算公式为：

各项目累计间接计入生产费用分配率

$$=\frac{\text{月初该项间接计入生产费用}+\text{本月发生的该项间接计入生产费用}}{\text{月初在产品累计工时}+\text{本月发生的工时}} \qquad (7\text{-}1)$$

第四步，各批别完工产品应负担的直接计入生产费用（如直接材料等）按适当的分配

方法核算；各批别完工产品应负担的间接计入生产费用应当根据各批别完工产品的累计生产工时和各项累计间接计入生产费用分配率核算，从而核算出各批别完工产品的总成本和单位成本。

各批别完工产品应负担的各项间接计入生产费用=该批别完工产品累计生产工时×该项目累计间接计入生产费用分配率 （7-2）

第五步，汇总各批别基本生产成本明细账记录的完工产品应负担的生产工时和生产费用，登记基本生产成本二级账，从而在二级账中转出各批别完工产品负担的生产工时和生产费用。

四、用简化分批法核算产品成本实例

【例 7-3】 湾沚公司设置一个基本生产车间，小批多步骤生产 G1、G2、G3、G4 四种产品，产品的批别很多，每月末没有产品完工的批别也多，且各月份的间接计入生产费用相差不大。根据生产特点和管理要求，各种产品发生的生产损失不单独核算，产品成本专设“直接材料”“直接人工”“制造费用”三个成本项目。该公司设置供电和机修两个辅助生产车间，并不设置“制造费用”账户核算。已知该公司 2022 年 9 月基本生产车间生产的 20220818 批号（G1 产品 6 台）为本年 8 月 20 日投产，8 月末全部未完工，计划本月完工；20220819 批号（G2 产品 6 台）为本年 8 月 25 日投产，8 月末全部未完工，计划下月完工；20220901 批号（G1 产品 10 台）为本年 9 月 8 日投产，计划本月完工；20220902 批号（G2 产品 15 台）为本年 9 月 13 日投产，计划下月完工；20220903 批号（G3 产品 5 台）为本年 9 月 15 日投产，计划本月完工；20220904 批号（G4 产品 7 台）为本年 9 月 22 日投产，计划下月完工。又知该公司 2022 年 9 月全部各批产品月初在产品生产成本为 206 500 元，其中直接材料为 82 000 元、直接人工为 35 000 元、制造费用为 89 500 元，月初在产品生产工时为 8 400 小时；20220818 批号 G1 产品的月初在产品直接材料为 36 000 元，生产工时为 3 600 小时；20220819 批号 G2 产品的月初在产品直接材料为 46 000 元，生产工时为 4 800 小时。

要求：采用简化分批法核算该公司这四种产品成本。

根据上述资料，按全部各批产品设置基本生产成本二级账，按产品的生产批号分别设置基本生产成本明细账并登记期初余额，分别如表 7-54～表 7-60 所示。

该公司 2022 年 9 月发生的各项要素费用资料如下。

（1）材料费用。根据 9 月份领退料凭证汇总，编制原材料费用分配表，如表 7-49 所示。

表 7-49 湾沚公司原材料费用分配表

单位：元 2022 年 9 月 附单据 11 张

应借账户			直接计入			间接计入		合 计
总账账户	明细账户	成本或费用项目	成 本	差异率	成本差异	成 本	成本差异	
基本生产成本	20220819	直接材料	34 000					34 000
	20220901	直接材料	60 000					60 000
	20220902	直接材料	92 000					92 000
	20220903	直接材料	40 000					40 000
	20220904	直接材料	50 000					50 000
	小 计		276 000					276 000
辅助生产成本	供电车间	直接材料	2 000					2 000
		机物料消耗	1 000					1 000
	机修车间	直接材料	4 000					4 000
		机物料消耗	1 500					1 500
	小 计		8 500					8 500

续表

应借账户			直接计入			间接计入		合　计
总账账户	明细账户	成本或费用项目	成　本	差异率	成本差异	成　本	成本差异	
制造费用	基本生产车间	机物料消耗	3 000					3 000
管理费用		物料消耗	1 000					1 000
销售费用		包装费	10 000					10 000
合　计			298 500					298 500

会计主管：　　　　　审核：　　　　　制单：

可根据表 7-49 登记有关成本、费用明细账。根据表 7-49 编制记账凭证（省略）。

（2）工资费用。根据 9 月份工资结算单等凭证汇总编制工资费用分配表，如表 7-50 所示。

表 7-50　湾沚公司工资费用分配表

单位：元　　　　　2022 年 9 月　　　　　附单据 2 张

应借账户			直接计入	间接计入	合　计
总账账户	明细账户	成本或费用项目			
基本生产成本	基本生产车间	直接人工	355 500		355 500
辅助生产成本	供电车间	职工薪酬	2 844		2 844
	机修车间	职工薪酬	5 451		5 451
	小　计		8 295		8 295
制造费用	基本生产车间	间接人工	4 266		4 266
管理费用		职工薪酬	29 151		29 151
销售费用		职工薪酬	14 694		14 694
合　计			411 906		411 906

会计主管：　　　　　审核：　　　　　制单：

可根据表 7-50 登记有关成本、费用明细账。根据表 7-50 编制记账凭证（省略）。

（3）辅助生产部门的生产费用。根据辅助生产成本明细账归集的各项辅助生产费用和相关资料编制辅助生产费用分配表，如表 7-51 所示。

表 7-51　湾沚公司辅助生产费用分配表（直接分配法）

单位：元　　　　　2022 年 9 月　　　　　附单据 5 张

辅助生产车间名称				供电车间	机修车间	合　计
等待分配辅助生产费用				154 880	230 608	385 488
供应辅外部门的服务数量				88 000 千瓦时	2 800 小时	—
费用分配率（单位成本）				1.76 元/千瓦时	82.36 元/小时	—
应借账户	制造费用	基本生产车间	受益数量	72 000 千瓦时	2 000 小时	—
			分配金额	126 720	164 720	291 440
	管理费用	受益数量		11 000 千瓦时	800 小时	—
		分配金额		19 360	65 888	85 248
	销售费用	受益数量		5 000 千瓦时	0	—
		分配金额		8 800	0	8 800
分配金额合计				154 880	230 608	385 488

会计主管：　　　　　审核：　　　　　制单：

可根据表 7-51 登记有关成本、费用明细账。根据表 7-51 编制记账凭证（省略）。

（4）基本生产的制造费用。根据制造费用明细账归集的各项制造费用和相关资料编制基本生产车间制造费用分配表，如表 7-52 所示。

表 7-52 湾沚公司基本生产车间制造费用分配表

生产部门：基本生产车间　　　　2022 年 9 月　　　　附单据 1 张

应借账户			分配标准	分配率	分配额/元
总账账户	明细账户	成本项目			
基本生产成本	基本生产车间	制造费用			372 000

会计主管：　　　　审核：　　　　制单：

根据表 7-52 登记基本生产成本二级账、制造费用明细账。根据表 7-52 编制记账凭证（省略）。

（5）生产工时。根据 9 月份产量及工时记录凭证汇总编制全部各批产品发生的生产工时统计表，如表 7-53 所示。

表 7-53 湾沚公司各批产品生产工时统计表

生产部门：基本生产车间　　　　2022 年 9 月　　　　单位：小时　　　　附单据 6 张

生产批号	生产工时
20220818	3 200
20220819	3 000
20220901	9 800
20220902	6 600
20220903	2 500
20220904	2 000
合　计	27 100

会计主管：　　　　审核：　　　　制单：

根据表 7-53 分别登记基本生产成本二级账、各批别产品基本生产成本明细账，如表 7-54～表 7-60 所示。

表 7-54 湾沚公司（全部各批产品）基本生产成本二级账 1

成本对象：全部各批产品　　　　单位：元

2022 年		凭证字号	摘　要	生产工时/小时	成本项目			合　计
月	日				直接材料	直接人工	制造费用	
8	31		月末在产品	8 400	82 000	35 000	89 500	206 500
9	30	×	表 7-49 分配材料费用		276 000			276 000
9	30	×	表 7-50 分配工资费用			355 500		355 500
9	30	×	表 7-52 分配制造费用				372 000	372 000
9	30	×	表 7-53 本月发生	27 100				—

表 7-55 湾沚公司（20220818 批号）基本生产成本明细账 1

成本对象：20220818　　　　产品名称：G1 产品　　　　批量：6 台　　　　开工日期：8 月 20 日

购货单位：一江公司　　　　完工日期：　月　日　　　　单位：元　　　　完工数量：　台

2022 年		凭证字号	摘　要	生产工时/小时	成本项目			合　计
月	日				直接材料	直接人工	制造费用	
8	31		月末在产品	3 600	36 000			—
9	30	×	表 7-53 本月发生	3 200				—

表 7-56 湾沚公司（20220819 批号）基本生产成本明细账 1

成本对象：20220819　产品名称：G2 产品　批量：6 台　开工日期：8 月 25 日
购货单位：二江公司　完工日期：　月　日　单位：元　完工数量：　台

2022 年		凭证字号	摘要	生产工时/小时	成本项目			合计
月	日				直接材料	直接人工	制造费用	
8	31		月末在产品	4 800	46 000			—
9	30	×	表 7-49 本月发生		34 000			—
9	30	×	表 7-53 本月发生	3 000				—

表 7-57 湾沚公司（20220901 批号）基本生产成本明细账 1

成本对象：20220901　产品名称：G1 产品　批量：10 台　开工日期：9 月 8 日
购货单位：三江公司　完工日期：　月　日　单位：元　完工数量：　台

2022 年		凭证字号	摘要	生产工时/小时	成本项目			合计
月	日				直接材料	直接人工	制造费用	
9	30	×	表 7-49 本月发生		60 000			—
9	30	×	表 7-53 本月发生	9 800				—

表 7-58 湾沚公司（20220902 批号）基本生产成本明细账 1

成本对象：20220902　产品名称：G2 产品　批量：15 台　开工日期：9 月 13 日
购货单位：四江公司　完工日期：　月　日　单位：元　完工数量：　台

2022 年		凭证字号	摘要	生产工时/小时	成本项目			合计
月	日				直接材料	直接人工	制造费用	
9	30	×	表 7-49 本月发生		92 000			—
9	30	×	表 7-53 本月发生	6 600				—

表 7-59 湾沚公司（20220903 批号）基本生产成本明细账 1

成本对象：20220903　产品名称：G3 产品　批量：5 台　开工日期：9 月 15 日
购货单位：五江公司　完工日期：　月　日　单位：元　完工数量：　台

2022 年		凭证字号	摘要	生产工时/小时	成本项目			合计
月	日				直接材料	直接人工	制造费用	
9	30	×	表 7-49 本月发生		40 000			—
9	30	×	表 7-53 本月发生	2 500				—

表 7-60 湾沚公司（20220904 批号）基本生产成本明细账 1

成本对象：20220904　产品名称：G4 产品　批量：7 台　开工日期：9 月 22 日
购货单位：六江公司　完工日期：　月　日　单位：元　完工数量：　台

2022 年		凭证字号	摘要	生产工时/小时	成本项目			合计
月	日				直接材料	直接人工	制造费用	
9	30	×	表 7-49 本月发生		50 000			—
9	30	×	表 7-53 本月发生	2 000				—

假定该公司基本生产车间生产的20220818批号（G1产品6台）产品本月全部完工；20220819批号（G2产品6台）产品本月全部未完工；20220901批号（G1产品10台）产品本月完工7台，由于本月完工数量较大，在产品采用定额成本计价法计量；20220902批号（G2产品15台）产品本月提前完工2台，由于本月完工数量较小，完工产品按定额成本计量；20220903批号（G3产品5台）产品本月全部完工；20220904批号（G4产品7台）产品本月全部未完工。已知该公司G1产品的直接材料在生产开始时一次性投入，工时定额为1 100小时/台，在产品的加工成本的完工程度平均为60%；G2产品的材料成本定额为7 000元/台，工时定额为1 000小时/台。

根据表7-54资料编制累计间接计入生产费用分配率计算表，如表7-61所示。

表7-61 湾沚公司基本生产车间累计间接计入生产费用分配率计算表（全部各批产品） 1

生产部门：基本生产车间　　2022年9月　　单位：元

项　目	直接人工	制造费用
月初累计间接计入生产费用	35 000	89 500
本月发生间接计入生产费用	355 550	372 000
本月累计间接计入生产费用	390 500	461 500
月初累计生产工时/小时	8 400	8 400
本月发生生产工时/小时	27 100	27 100
本月累计生产工时/小时	35 500	35 500
本月累计间接计入生产费用分配率/（元/小时）	11	13

会计主管：　　审核：　　制单：

在表7-61中：本月累计直接人工分配率=本月累计直接人工÷本月累计生产工时=390 500÷35 500=11（元/小时）；

本月累计制造费用分配率=本月累计制造费用÷本月累计生产工时=461 500÷35 500=13（元/小时）。

根据上述资料及表7-61编制产品成本计算单，分别如表7-62～表7-65所示。

表7-62 湾沚公司（20220818批号）产品成本计算单

生产批号：20220818　　产品名称：G1产品　　完工产品数量：6台　　月末在产品数量：0台

2022年9月　　单位：元

项　目	生产工时/小时	直接材料	直接人工	制造费用	合　计
月初在产品	3 600	36 000			—
本月发生	3 200	0			—
本月合计	6 800	36 000			—
本月累计间接计入生产费用分配率/（元/小时）			11	13	—
本月完工产品	6 800	36 000	74 800	88 400	199 200
本月完工产品单位成本/（元/台）		6 000	12 466.67	14 733.33	33 200
月末在产品	0	0			—

会计主管：　　审核：　　制单：

表7-63 湾沚公司（20220901批号）产品成本计算单（在产品按定额成本计价法） 1

生产批号：20220901　　产品名称：G1产品　　完工产品数量：7台　　月末在产品数量：3台

2022年9月　　单位：元

项　目	生产工时/小时	直接材料	直接人工	制造费用	合　计
月初在产品	0	0			—
本月发生	9 800	60 000			—

续表

项　目	生产工时/小时	直接材料	直接人工	制造费用	合　计
本月合计	9 800	60 000			—
本月累计间接计入生产费用分配率/（元/小时）			11	13	—
本月完工产品	7 820	42 000	86 020	101 660	229 680
本月完工产品单位成本/（元/台）		6 000	12 288.57	14 522.86	32 811.43
产品工时定额/成本定额	1 100	6 000			—
月末在产品工时定额/成本定额	660	6 000			—
月末在产品	1 980	18 000			—

会计主管：　　　　　　审核：　　　　　　制单：

表 7-64　湾沚公司（20220902 批号）产品成本计算单（完工产品按定额成本计价法）1

生产批号：20220902　　产品名称：G2 产品　　完工产品数量：2 台　　月末在产品数量：13 台

2022 年 9 月　　单位：元

项　目	生产工时/小时	直接材料	直接人工	制造费用	合　计
月初在产品	0	0			—
本月发生	6 600	92 000			—
本月合计	6 600	92 000			—
产品工时定额/成本定额	1 000	7 000			—
本月累计间接计入生产费用分配率/（元/小时）			11	13	—
本月完工产品	2 000	14 000	22 000	26 000	62 000
本月完工产品单位成本/（元/台）		7 000	11 000	13 000	31 000
月末在产品	4 600	78 000			—

会计主管：　　　　　　审核：　　　　　　制单：

表 7-65　湾沚公司（20220903 批号）产品成本计算单

生产批号：20220903　　产品名称：G3 产品　　完工产品数量：5 台　　月末在产品数量：0 台

2022 年 9 月　　单位：元

项　目	生产工时/小时	直接材料	直接人工	制造费用	合　计
月初在产品	0	0			—
本月发生	2 500	40 000			—
本月合计	2 500	40 000			—
本月累计间接计入生产费用分配率/（元/小时）			11	13	—
本月完工产品	2 500	40 000	27 500	32 500	100 000
本月完工产品单位成本/（元/台）		8 000	5 500	6 500	20 000
月末在产品	0	0			—

会计主管：　　　　　　审核：　　　　　　制单：

根据表 7-62～表 7-65 编制全部各批完工产品生产工时及生产成本汇总表，如表 7-66 所示。

表 7-66　湾沚公司全部各批完工产品生产工时及生产成本汇总表 1

2022 年 9 月　　单位：元

生产批号	产品名称	完工数量/台	生产工时/小时	直接材料	直接人工	制造费用	合　计
20220818	G1 产品	6	6 800	36 000	74 800	88 400	199 200
20220901	G1 产品	7	7 820	42 000	86 020	101 660	229 680
20220902	G2 产品	2	2 000	14 000	22 000	26 000	62 000

续表

生产批号	产品名称	完工数量/台	生产工时/小时	直接材料	直接人工	制造费用	合　计
20220903	G3 产品	5	2 500	40 000	27 500	32 500	100 000
合　计	—	—	19 120	132 000	210 320	248 560	590 880

会计主管：　　　　审核：　　　　制单：

根据表 7-66 分别登记全部批别产品基本生产成本二级账，如表 7-67（承表 7-54）所示，以及各批别产品基本生产成本明细账，如表 7-68～表 7-71（承表 7-55、表 7-57、表 7-58、表 7-59）所示。

表 7-67　湾沚公司（全部各批产品）基本生产成本二级账 2

成本对象：全部各批产品　　　　单位：元

2022 年		凭证字号	摘　要	生产工时/小时	成本项目			合　计
月	日				直接材料	直接人工	制造费用	
8	31		月末在产品	8 400	82 000	35 000	89 500	206 500
9	30	×	表 7-49 分配材料费用		276 000			276 000
9	30	×	表 7-50 分配工资费用			300 000		300 000
9	30	×	表 7-51 分配其他薪酬			55 500		55 500
9	30	×	表 7-52 分配制造费用				372 000	372 000
9	30	×	表 7-53 本月发生	27 100				—
9	30	×	表 7-66 结转完工产品	19 120	132 000	210 320	248 560	590 880

表 7-68　湾沚公司（20220818 批号）基本生产成本明细账 2

成本对象：20220818　　产品名称：G1 产品　　批量：6 台　　开工日期：8 月 20 日
购货单位：一江公司　　完工日期：9 月 30 日　　单位：元　　完工数量：6 台

2022 年		凭证字号	摘　要	生产工时/小时	成本项目			合　计
月	日				直接材料	直接人工	制造费用	
8	31		月末在产品	3 600	36 000			—
9	30	×	表 7-53 本月发生	3 200				—
9	30	×	表 7-66 结转完工产品	6 800	36 000	74 800	88 400	199 200

表 7-69　湾沚公司（20220901 批号）基本生产成本明细账 2

成本对象：20220901　　产品名称：G1 产品　　批量：10 台　　开工日期：9 月 8 日
购货单位：三江公司　　完工日期：9 月 30 日　　单位：元　　完工数量：7 台

2022 年		凭证字号	摘　要	生产工时/小时	成本项目			合　计
月	日				直接材料	直接人工	制造费用	
9	30	×	表 7-49 本月发生		60 000			—
9	30	×	表 7-53 本月发生	9 800				—
9	30	×	表 7-66 结转完工产品	7 820	42 000	86 020	101 660	229 680

表 7-70　湾沚公司（20220902 批号）基本生产成本明细账 2

成本对象：20220902　　产品名称：G2 产品　　批量：15 台　　开工日期：9 月 13 日
购货单位：四江公司　　完工日期：9 月 30 日　　单位：元　　完工数量：2 台

2022 年		凭证字号	摘　要	生产工时/小时	成本项目			合　计
月	日				直接材料	直接人工	制造费用	
9	30	×	表 7-49 本月发生		92 000			—

续表

2022年		凭证字号	摘要	生产工时	成本项目			合计
月	日				直接材料	直接人工	制造费用	
9	30	×	表7-53 本月发生	6 600				—
9	30	×	表7-66 结转完工产品	2 000	14 000	22 000	26 000	62 000

表7-71 湾沚公司（20220903批号）基本生产成本明细账 2

成本对象：20220903　产品名称：G3产品　批量：5台　开工日期：9月15日

购货单位：五江公司　完工日期：9月30日　单位：元　完工数量：5台

2022年		凭证字号	摘要	生产工时/小时	成本项目			合计
月	日				直接材料	直接人工	制造费用	
9	30	×	表7-49 本月发生		40 000			—
9	30	×	表7-53 本月发生	2 500				—
9	30	×	表7-66 结转完工产品	2 500	40 000	27 500	32 500	100 000

根据表7-61～表7-66编制记账凭证（用会计分录代替）如下：

借：库存商品——G1产品　428 880

　　　　　　——G2产品　62 000

　　　　　　——G3产品　100 000

　　贷：基本生产成本——20220818　199 200

　　　　　　　　　　——20220901　229 680

　　　　　　　　　　——20220902　62 000

　　　　　　　　　　——20220903　100 000

步骤三 用分步法核算产品成本

一、了解分步法

1. 分步法的定义

产品成本核算的分步法是指以产品的生产步骤作为成本核算对象，归集生产费用与核算产品成本的方法。

2. 分步法的特点

分步法核算产品成本一般具有以下特点。

（1）以产品的生产步骤作为成本核算对象，并据以设置产品成本明细账归集生产费用，核算产品成本。

（2）成本核算期与会计报告期一致，即按月定期核算产品成本。

（3）月末，一般需要在完工产品与在产品之间分配生产费用。

3. 分步法的适用范围

分步法主要适用于大量大批多步骤生产，而且成本管理上要求按照产品的生产步骤归集生产费用，核算各步骤半成品成本的纺织、冶金、造纸、化工及大量大批生产的机械制造业等产品。

4．分步法的分类

按企业成本管理是否要求核算各生产步骤生产的半成品成本，分步法可以分为逐步结转分步法和平行结转分步法两种，如图 7-1 所示。

- 逐步结转分步法（计算半成品成本分步法）
  - 综合逐步结转分步法
    - 按实际成本综合逐步结转分步法
    - 按计划成本综合逐步结转分步法
  - 分项逐步结转分步法
    - 按实际成本分项逐步结转分步法
    - 按计划成本分项逐步结转分步法
- 平行结转分步法（不计算半成品成本分步法）

图 7-1　分步法的分类

二、用逐步结转分步法核算产品成本

（一）逐步结转分步法的核算程序

采用逐步结转分步法核算产品成本一般有以下几个步骤。

第一步，以产品的生产步骤作为成本核算对象来设置基本生产成本明细账，即建账。

第二步，编制各种要素费用分配表、辅助生产费用分配表、制造费用分配表等归集与分配各生产步骤产品的生产费用。对于能够分清生产步骤的生产费用，属于直接计入生产费用，直接记入该生产步骤的产品成本明细账；对于不能分清生产步骤的生产费用，属于间接计入生产费用，应当采用适当的方法，分配记入各生产步骤的产品成本明细账。

第三步，核算各生产步骤的完工产品成本。月末，各生产步骤的产品成本明细账归集的生产费用（含耗用的上一生产步骤生产的半成品成本），一般需要采用适当的分配方法在该生产步骤完工产品和在产品之间进行分配，从而核算出该生产步骤的完工产品成本。

可见，在逐步结转分步法下，各生产步骤完工产品成本应当从该生产步骤产品成本明细账中转出；各生产步骤耗用的上一生产步骤生产的半成品成本，也应当作为该生产步骤的生产费用记入该生产步骤产品成本明细账。逐步结转分步法实际上就是品种法的多次连接应用。

需要指出的是，如果各生产步骤完工的自制半成品通过半成品仓库收发，那么企业还应当增设“自制半成品”账户。

逐步结转分步法按照各生产步骤生产的自制半成品成本在下一生产步骤产品成本明细账中的列示方法不同，又可以分为综合逐步结转分步法和分项逐步结转分步法两种。

（二）综合逐步结转分步法

自制半成品成本的综合逐步结转分步法是指将各生产步骤耗用上一生产步骤的自制半成品成本，以一个合计的金额（实际成本或计划成本）综合记入该生产步骤的产品成本明细账中的“自制半成品”项目的一种核算方法。

1．按实际成本综合逐步结转分步法

按实际成本综合逐步结转分步法是指各生产步骤所耗用上一生产步骤的自制半成品成本，应当根据其所耗用半成品的实际数量乘以该半成品的单位实际成本（可选择先进先出法、月末一次加权平均法、移动加权平均法、个别计价法等方法确定）核算确定的一种方法。

【例 7-4】 皖芜公司设置三个基本生产车间，大批多步骤生产 H 产品，该产品顺序经过第一、第二、第三车间生产，第一车间投入直接材料分别生产出 H1、I1 半成品，交给第二车间分别生产出 H2、I2 半成品，再交给第三车间分别生产出 H、I 产成品。根据生产特点和管理要求，各种产品发生的生产损失不单独核算。该公司设置供水和供电两个辅助生产车间，并不设置“制造费用”账户核算。假定各基本生产车间的在产品均采用约当产量比例计价法计量，直接材料在第一车间开始生产时一次投入，各车间的加工成本陆续发生，且各车间月末在产品的加工成本的完工程度平均为50%。自制半成品通过半成品仓库收发，H1半成品月初库存为60件，实际成本为243.55元/件，H2半成品月初无库存，且发出的自制半成品采用月末一次加权平均法计量，尾差计入发出半成品成本。该公司2022年8月份有关成本核算资料如表7-72、表7-73所示。

要求：采用按实际成本综合逐步结转分步法核算该公司H产品成本。

表7-72　皖芜公司各车间生产产量记录

单位：件

项　目	月初在产品	本月投产	本月完工	月末在产品
第一车间（H1半成品）	60	300	260	100
第二车间（H2半成品）	40	280	200	120
第三车间（H产成品）	80	180	240	20

表7-73　皖芜公司月初在产品生产成本 1

单位：元

项　目	直接材料	自制半成品	直接人工	制造费用	合　计
第一车间（H1半成品）	10 920		668.70	1 436.80	13 025.50
第二车间（H2半成品）		9 516	226	872	10 614
第三车间（H产成品）		27 590	4 783	950	33 323

根据上述资料，按产品的生产步骤分别设置基本生产成本明细账并登记期初余额，分别如表7-78、表7-82、表7-86所示；按自制半成品的品种分别设置自制半成品明细账并登记期初余额，分别如表7-81、表7-85所示。

该公司2022年8月发生的各项要素费用资料如下。

（1）材料费用。根据8月份领退料凭证汇总编制原材料费用分配表，如表7-74所示。

表7-74　皖芜公司原材料费用分配表

单位：元　　2022年8月　　附单据8张

应借账户			直接计入			间接计入		合　计
总账账户	明细账户	成本或费用项目	成本	差异率	成本差异	成本	成本差异	
基本生产成本	第一车间（H1半成品）	直接材料	50 000			4 600		54 600
	第一车间（I1半成品）	直接材料	52 000			4 000		56 000
	小　计		102 000			8 600		110 600
辅助生产成本	供水车间	直接材料	2 000					2 000
		机物料消耗	1 000					1 000
	供电车间	直接材料	4 000					4 000
		机物料消耗	1 500					1 500
	小　计		8 500					8 500
制造费用	第一车间	机物料消耗	1 000					1 000
	第二车间	机物料消耗	1 000					1 000
	第三车间	机物料消耗	1 000					1 000
	小　计		3 000					3 000

续表

应借账户			直接计入			间接计入		合 计
总账账户	明细账户	成本或费用项目	成本	差异率	成本差异	成本	成本差异	
管理费用		物料消耗	1 000					1 000
销售费用		包装费	10 000					10 000
合 计			124 500			8 600		133 100

会计主管：　　审核：　　制单：

根据表 7-74 登记有关成本、费用明细账。根据表 7-74 编制记账凭证（省略）。

（2）工资费用。根据 8 月份工资结算单等凭证汇总编制工资费用分配表，如表 7-75 所示。

表 7-75　皖芜公司工资费用分配表

单位：元　　2022 年 8 月　　附单据 2 张

应借账户			直接计入	间接计入	合 计
总账账户	明细账户	成本或费用项目			
基本生产成本	第一车间（H1 半成品）	直接人工		5 925	5 925
	第一车间（I1 半成品）	直接人工		5 925	5 925
	第二车间（H2 半成品）	直接人工		10 902	10 902
	第二车间（I2 半成品）	直接人工		12 798	12 798
	第三车间（H 产成品）	直接人工		21 567	21 567
	第三车间（I 产成品）	直接人工		25 833	25 833
	小 计			82 950	82 950
辅助生产成本	供水车间	职工薪酬	2 844		2 844
	供电车间	职工薪酬	5 451		5 451
	小计		8 295		8 295
制造费用	第一车间	间接人工	1 422		1 422
	第二车间	间接人工	1 422		1 422
	第三车间	间接人工	1 422		1 422
	小 计		4 266		4 266
管理费用		职工薪酬	29 151		29 151
销售费用		职工薪酬	14 694		14 694
合 计			56 406	82 950	139 356

会计主管：　　审核：　　制单：

根据表 7-75 登记有关成本、费用明细账。根据表 7-75 编制记账凭证（省略）。

（3）辅助生产部门的生产费用。根据辅助生产成本明细账归集的各项辅助生产费用和相关资料编制辅助生产费用分配表，如表 7-76 所示。

表 7-76　皖芜公司辅助生产费用分配表（直接分配法）

单位：元　　2022 年 8 月　　附单据 7 张

辅助生产车间名称				供水车间	供电车间	合 计
等待分配辅助生产费用				27 272	38 088	65 360
供应辅外部门的服务数量				9 740 吨	31 740 千瓦时	—
费用分配率（单位成本）				2.8 元/吨	1.2 元/千瓦时	—
应借账户	制造费用	第一车间	受益数量	2 480 吨	6 660 千瓦时	—
			分配金额	6 944	7 992	14 936

续表

辅助生产车间名称				供水车间	供电车间	合 计
应借账户	制造费用	第二车间	受益数量	2 660 吨	7 120 千瓦时	—
			分配金额	7 448	8 544	15 992
		第三车间	受益数量	3 540 吨	13 000 千瓦时	—
			分配金额	9 912	15 600	25 512
		小 计		24 304	32 136	56 440
	管理费用	受益数量		710 吨	3 300 千瓦时	—
		分配金额		1 988	3 960	5 948
	销售费用	受益数量		350 吨	1 660 千瓦时	—
		分配金额		980	1 992	2 972
分配金额合计				27 272	38 088	65 360

会计主管： 审核： 制单：

根据表 7-76 登记有关成本、费用明细账。根据表 7-76 编制记账凭证（省略）。

（4）基本生产的制造费用。根据制造费用明细账归集的各项制造费用和相关资料编制基本生产车间制造费用分配表，如表 7-77 所示。

表 7-77 皖芜公司基本生产车间制造费用分配表（人工工时法）

生产部门：基本生产车间 2022 年 8 月 附单据 1 张

单位：元

应借账户			生产工人工时/小时	分配率	分配额
总账账户	明细账户	成本项目			
基本生产成本	第一车间（H1 半成品）	制造费用	981		9 810
	第一车间（I1 半成品）	制造费用	1 019		10 190
	小 计		2 000	10	20 000
	第二车间（H2 半成品）	制造费用	885		10 620
	第二车间（I2 半成品）	制造费用	915		10 980
	小 计		1 800	12	21 600
	第三车间（H 产成品）	制造费用	972.50		19 450
	第三车间（I 产成品）	制造费用	1 027.50		20 550
	小 计		2 000	20	40 000
合 计			—	—	81 600

会计主管： 审核： 制单：

根据表 7-77 登记有关成本、费用明细账。根据表 7-77 编制记账凭证（省略）。

（5）基本生产成本。根据表 7-74、表 7-75、表 7-77 资料，分别登记该公司 2022 年 8 月基本生产成本明细账，如表 7-78、表 7-82、表 7-86 所示。

表 7-78 皖芜公司第一车间（H1 半成品）基本生产成本明细账 1-1

成本对象：第一车间 半成品名称：H1 半成品 单位：元

2022 年		凭证字号	摘 要	成本项目			合 计
月	日			直接材料	直接人工	制造费用	
7	31		月末在产品成本	10 920	668.7	1 436.8	13 025.5
8	31	×	表 7-74 分配材料费用	54 600			54 600
8	31	×	表 7-75 分配工资费用		5 925		5 925
8	31	×	表 7-77 分配制造费用			9 810	9 810

① 根据表 7-78 及上述有关资料编制产品成本计算单，如表 7-79 所示。

表 7-79　皖芜公司第一车间（H1 半成品）产品成本计算单（在产品按约当产量比例计价法）　1

品名：H1 半成品　　　　2022 年 8 月　　　　单位：元

项　目	直接材料	直接人工	制造费用	合　计
月初在产品成本	10 920	668.7	1 436.8	13 025.5
本月发生的生产成本	54 600	5 925	9 810	70 335
本月生产成本合计	65 520	6 593.7	11 246.8	83 360.5
本月完工产品产量/件	260	260	260	—
月末在产品产量/件	100	100	100	—
月末在产品完工程度	100%	50%	50%	—
月末在产品约当产量/件	100	50	50	—
本月生产成本分配率/（元/件）	182	21.27	36.28	—
本月完工产品成本	47 320	5 530.2	9 432.8	62 283
本月完工产品单位成本/（元/件）	182	21.27	36.28	239.55
月末在产品成本	18 200	1 063.5	1 814	21 077.5

会计主管：　　　　审核：　　　　制单：

根据表 7-79 及自制半成品入库凭证分别登记基本生产成本明细账和自制半成品明细账，如表 7-80（承表 7-78）、如表 7-81 所示。

表 7-80　皖芜公司第一车间（H1 半成品）基本生产成本明细账 1-2

成本对象：第一车间　　　　半成品名称：H1 半成品　　　　单位：元

2022 年		凭证字号	摘　要	成本项目			合　计
月	日			直接材料	直接人工	制造费用	
7	31		月末在产品成本	10 920	668.7	1 436.8	13 025.5
8	31	×	表 7-74 分配材料费用	54 600			54 600
8	31	×	表 7-75 分配工资费用		5 925		5 925
8	31	×	表 7-77 分配制造费用			9 810	9 810
8	31	×	表 7-79 结转完工 H1 半成品成本	47 320	5 530.2	9 432.8	62 283

表 7-81　皖芜公司（H1 半成品）自制半成品明细账（月末一次加权平均法）　1

品名：H1 半成品　　　　数量：件　　　　单位成本：元/件　　　　金额：元

2022 年		凭证字号	摘要	收　入			发　出			结　存		
月	日			数量	单位成本	金额	数量	单位成本	金额	数量	单位成本	金额
7	31		月末库存							60	243.55	14 613
8	31	×	表 7-79 入库	260	239.55	62 283				320		
8	31	×	本月出库				280		67 284	40	240.3	9 612

根据表 7-79 及自制半成品入库凭证编制记账凭证（用会计分录代替）如下：

借：自制半成品——H1 半成品　　　　62 283

　　贷：基本生产成本——第一车间　　　　62 283

根据自制半成品领用凭证登记自制半成品明细账，如表 7-81 所示。

根据自制半成品领用凭证及表 7-81 编制记账凭证（用会计分录代替）如下：

借：基本生产成本——第二车间（自制半成品）　　67 284

　　贷：自制半成品——H1 半成品　　67 284

据以登记基本生产成本明细账，如表 7-82 所示。

表 7-82　皖芜公司第二车间（H2 半成品）基本生产成本明细账 1-1

成本对象：第二车间　　半成品名称：H2 半成品　　单位：元

2022 年		凭证字号	摘　要	成本项目			合　计
月	日			自制半成品	直接人工	制造费用	
7	31		月末在产品成本	9 516	226	872	10 614
8	31	×	表 7-75 分配工资费用		10 902		10 902
8	31	×	表 7-77 分配制造费用			10 620	10 620
8	31	×	表 7-81 领用 H1 半成品成本	67 284			67 284

② 根据表 7-82 及上述有关资料编制产品成本计算单，如表 7-83 所示。

表 7-83　皖芜公司第二车间（H2 半成品）产品成本计算单（在产品按约当产量比例计价法）　1

品名：H2 半成品　　2022 年 8 月　　单位：元

项　目	自制半成品	直接人工	制造费用	合　计
月初在产品成本	9 516	226	872	10 614
本月发生的生产成本	67 284	10 902	10 620	88 806
本月生产成本合计	76 800	11 128	11 492	99 420
本月完工产品产量/件	200	200	200	—
月末在产品产量/件	120	120	120	—
月末在产品完工程度	100%	50%	50%	—
月末在产品约当产量/件	120	60	60	—
本月生产成本分配率/（元/件）	240	42.8	44.2	—
本月完工产品成本	48 000	8 560	8 840	65 400
本月完工产品单位成本/（元/件）	240	42.8	44.2	327
月末在产品成本	28 800	2 568	2 652	34 020

会计主管：　　审核：　　制单：

根据表 7-83 及自制半成品入库凭证分别登记基本生产成本明细账和自制半成品明细账，如表 7-84（承表 7-82）、表 7-85 所示。

表 7-84　皖芜公司第二车间（H2 半成品）基本生产成本明细账 1-2

成本对象：第二车间　　半成品名称：H2 半成品　　单位：元

2022 年		凭证字号	摘　要	成本项目			合　计
月	日			自制半成品	直接人工	制造费用	
7	31		月末在产品成本	9 516	226	872	10 614
8	31	×	表 7-75 分配工资费用		10 902		10 902
8	31	×	表 7-77 分配制造费用			10 620	10 620
8	31	×	表 7-81 领用 H1 半成品成本	67 284			67 284
8	31	×	表 7-83 结转完工 H2 半成品成本	48 000	8 560	8 840	65 400

表 7-85 皖芜公司（H2 半成品）自制半成品明细账（月末一次加权平均法） 1

品名：H2 半成品　　　　单位：元

2022 年		凭证	摘要	收入			发出			结存		
月	日	字号		数量/件	单位成本	金额	数量/件	单位成本	金额	数量/件	单位成本	金额
8	31	×	表 7-83 入库	200	327	65 400				200		
8	31	×	本月出库				180		58 860	20	327	6 540

根据表 7-83 及自制半成品入库凭证编制记账凭证（用会计分录代替）如下：

借：自制半成品——H2 半成品　　65 400

　　贷：基本生产成本——第二车间　　65 400

根据自制半成品领用凭证登记自制半成品明细账，如表 7-85 所示。

根据自制半成品领用凭证及表 7-85 编制记账凭证（用会计分录代替）如下：

借：基本生产成本——第三车间（自制半成品）　　58 860

　　贷：自制半成品——H2 半成品　　58 860

据以登记基本生产成本明细账，如表 7-86 所示。

表 7-86 皖芜公司第三车间（H 产成品）基本生产成本明细账 1-1

成本对象：第三车间　　产品名称：H 产成品　　单位：元

2022 年		凭证字号	摘要	成本项目			合计
月	日			自制半成品	直接人工	制造费用	
7	31		月末在产品成本	27 590	4 783	950	33 323
8	31	×	表 7-75 分配工资费用		21 567		21 567
8	31	×	表 7-77 分配制造费用			19 450	19 450
8	31	×	表 7-85 领用 H2 半成品成本	58 860			58 860

③ 根据表 7-86 及上述有关资料编制产品成本计算单，如表 7-87 所示。

表 7-87 皖芜公司第三车间（H 产成品）产品成本计算单（在产品按约当产量比例计价法） 1

品名：H 产成品　　2022 年 8 月　　单位：元

项目	自制半成品	直接人工	制造费用	合计
月初在产品成本	27 590	4 783	950	33 323
本月发生的生产成本	58 860	21 567	19 450	99 877
本月生产成本合计	86 450	26 350	20 400	133 200
本月完工产品产量/件	240	240	240	—
月末在产品产量/件	20	20	20	—
月末在产品完工程度	100%	50%	50%	—
月末在产品约当产量/件	20	10	10	—
本月生产成本分配率/（元/件）	332.50	105.40	81.60	—
本月完工产品成本	79 800	25 296	19 584	124 680
本月完工产品单位成本/（元/件）	332.50	105.40	81.60	519.50
月末在产品成本	6 650	1 054	816	8 520

会计主管：　　审核：　　制单：

根据表 7-87 登记基本生产成本明细账，如表 7-88（承表 7-86）所示。

表 7-88 皖芜公司第三车间（H 产成品）基本生产成本明细账 1-2

成本对象：第三车间　　产品名称：H 产成品　　单位：元

2022年 月	日	凭证字号	摘 要	成本项目 自制半成品	直接人工	制造费用	合 计
7	31		月末在产品成本	27 590	4 783	950	33 323
8	31	×	表 7-75 分配工资费用		21 567		21 567
8	31	×	表 7-77 分配制造费用			19 450	19 450
8	31	×	表 7-85 领用 H2 半成品成本	58 860			58 860
	31	×	表 7-87 结转完工 H 产成品成本	79 800	25 296	19 584	124 680

根据表 7-87 及产成品入库凭证编制记账凭证（用会计分录代替）如下：

借：库存商品——H 产成品　　124 680

　　贷：基本生产成本——第三车间　　124 680

【例 7-5】 承例 7-4 资料，假定皖芜公司自制半成品不通过半成品仓库收发。第二车间月初在产品产量为 60 件，成本为 15 615 元，其中自制半成品为 14 517 元，本月投入产量为 260 件；第三车间月初在产品产量为 60 件，成本为 26 783 元，其中自制半成品为 21 050 元，本月投入产量为 200 件。其余资料不变。

要求：采用按实际成本综合逐步结转分步法核算该公司 H 产品成本。

根据上述资料，按产品的生产步骤分别设置基本生产成本明细账并登记期初余额，如表 7-89、表 7-90、表 7-93 所示。

根据表 7-74、表 7-75、表 7-77 分别登记该公司 2022 年 8 月基本生产成本明细账，如表 7-89、表 7-90、表 7-93 所示。

（1）根据表 7-79 分别登记基本生产成本明细账，如表 7-89、表 7-90 所示。

表 7-89 皖芜公司第一车间（H1 半成品）基本生产成本明细账 2

成本对象：第一车间　　半成品名称：H1 半成品　　单位：元

2022年 月	日	凭证字号	摘 要	成本项目 直接材料	直接人工	制造费用	合 计
7	31		月末在产品成本	10 920	668.7	1 436.8	13 025.5
8	31	×	表 7-74 分配材料费用	54 600			54 600
8	31	×	表 7-75 分配工资费用		5 925		5 925
8	31	×	表 7-77 分配制造费用			9 810	9 810
8	31	×	表 7-79 结转完工 H1 半成品成本	47 320	5 530.2	9 432.8	62 283

表 7-90 皖芜公司第二车间（H2 半成品）基本生产成本明细账 2-1

成本对象：第二车间　　半成品名称：H2 半成品　　单位：元

2022年 月	日	凭证字号	摘 要	成本项目 自制半成品	直接人工	制造费用	合 计
7	31		月末在产品成本	14 517	226	872	15 615
8	31	×	表 7-75 分配工资费用		10 902		10 902
8	31	×	表 7-77 分配制造费用			10 620	10 620
8	31	×	表 7-79 结转完工 H1 半成品成本	62 283			62 283

根据表 7-79 编制记账凭证（用会计分录代替）如下：

借：基本生产成本——第二车间（自制半成品）　　62 283

　　贷：基本生产成本——第一车间　　62 283

（2）根据表 7-90 及上述有关资料编制产品成本计算单，如表 7-91 所示。

表 7-91　皖芜公司第二车间（H2 半成品）产品成本计算单（在产品按约当产量比例计价法）2

品名：H2 半成品　　2022 年 8 月　　单位：元

项　目	自制半成品	直接人工	制造费用	合　计
月初在产品成本	14 517	226	872	15 615
本月发生的生产成本	62 283	10 902	10 620	83 805
本月生产成本合计	76 800	11 128	11 492	99 420
本月完工产品产量/件	200	200	200	—
月末在产品产量/件	120	120	120	—
月末在产品完工程度	100%	50%	50%	—
月末在产品约当产量/件	120	60	60	—
本月生产成本分配率/（元/件）	240	42.8	44.2	—
本月完工产品成本	48 000	8 560	8 840	65 400
本月完工产品单位成本	240	42.80	44.20	327
月末在产品成本	28 800	2 568	2 652	34 020

会计主管：　　审核：　　制单：

根据表 7-91 登记基本生产成本明细账，如表 7-92（承表 7-90）、表 7-93 所示。

表 7-92　皖芜公司第二车间（H2 半成品）基本生产成本明细账 2-2

成本对象：第二车间　　半成品名称：H2 半成品　　单位：元

2022 年		凭证字号	摘　要	成本项目			合　计
月	日			自制半成品	直接人工	制造费用	
7	31		月末在产品成本	14 517	226	872	15 615
8	31	×	表 7-75 分配工资费用		10 902		10 902
8	31	×	表 7-77 分配制造费用			10 620	10 620
8	31	×	表 7-79 结转完工 H1 半成品成本	62 283			62 283
8	31	×	表 7-91 结转完工 H2 半成品成本	48 000	8 560	8 840	65 400

表 7-93　皖芜公司第三车间（H 产成品）基本生产成本明细账 2-1

成本对象：第三车间　　产品名称：H 产成品　　单位：元

2022 年		凭证字号	摘　要	成本项目			合　计
月	日			自制半成品	直接人工	制造费用	
7	31		月末在产品成本	21 050	4 783	950	26 783
8	31	×	表 7-75 分配工资费用		21 567		21 567
8	31	×	表 7-77 分配制造费用			19 450	19 450
8	31	×	表 7-91 结转完工 H2 半成品成本	65 400			65 400

根据表 7-91 编制记账凭证（用会计分录代替）如下：

借：基本生产成本——第三车间（自制半成品）　　65 400

　　贷：基本生产成本——第二车间　　65 400

（3）根据表 7-93 及上述有关资料编制产品成本计算单，如表 7-94 所示。

表 7-94　皖芜公司第三车间（H 产成品）产品成本计算单（在产品按约当产量比例计价法） 2

品名：H 产成品　　2022 年 8 月　　单位：元

项　目	自制半成品	直接人工	制造费用	合　计
月初在产品成本	21 050	4 783	950	26 783
本月发生的生产成本	65 400	21 567	19 450	106 417
本月生产成本合计	86 450	26 350	20 400	133 200
本月完工产品产量/件	240	240	240	—
月末在产品产量/件	20	20	20	—
月末在产品完工程度	100%	50%	50%	—
月末在产品约当产量/件	20	10	10	—
本月生产成本分配率/（元/件）	332.5	105.4	81.6	—
本月完工产品成本	79 800	25 296	19 584	124 680
本月完工产品单位成本/（元/件）	332.5	105.4	81.6	519.5
月末在产品成本	6 650	1 054	816	8 520

会计主管：　　审核：　　制单：

根据表 7-94 登记基本生产成本明细账，如表 7-95（承表 7-93）所示。

表 7-95　皖芜公司第三车间（H 产成品）基本生产成本明细账 2-2

成本对象：第三车间　　产品名称：H 产成品　　单位：元

2022 年		凭证字号	摘　要	成本项目			合　计
月	日			自制半成品	直接人工	制造费用	
7	31		月末在产品成本	21 050	4 783	950	26 783
8	31	×	表 7-75 分配工资费用		21 567		21 567
8	31	×	表 7-77 分配制造费用			19 450	19 450
8	31	×	表 7-91 结转完工 H2 半成品成本	65 400			65 400
8	31	×	表 7-94 结转完工 H 产成品成本	79 800	25 296	19 584	124 680

根据表 7-94 及产成品入库凭证编制记账凭证（用会计分录代替）如下：

借：库存商品——H 产成品　　124 680

　　贷：基本生产成本——第三车间　　124 680

2．按计划成本综合逐步结转分步法

按计划成本综合逐步结转分步法是指各生产步骤生产的半成品的日常收发均按单位计划成本计量，月末，通过核算各生产步骤自制半成品的成本差异率将该生产步骤完工半成品耗用上一生产步骤半成品的计划成本调整为实际成本的一种方法。因此，采用这种方法，自制半成品明细账不仅要反映半成品收发存的数量和实际成本，而且要反映半成品收发存的计划成本、成本差异额和成本差异率；产品成本明细账中的“自制半成品”项目，应当分别设置“计划成本”“成本差异”“实际成本”三栏。

【例 7-6】 承例 7-4 资料，假定皖芜公司自制半成品的计划成本比较准确。自制半成品通过半成品仓库收发。H1 半成品月初库存为 60 件，实际成本为 243.55 元/件，计划成本为 240 元/件；H2 半成品月初无库存，计划成本为 325 元/件。月初 H2 半成品、H 产成品的在产品生产成本中“自制半成品”项目的成本差异分别为-47元、1 481元。尾差计入发出自制半成品成本，其余资料不变。

要求：采用按计划成本综合逐步结转分步法核算该公司H产品成本。

根据上述资料，按产品的生产步骤分别设置基本生产成本明细账并登记期初余额，如表7-96、表7-98、表7-102所示；按自制半成品的品种分别设置自制半成品明细账并登记期初余额，如表7-97、表7-101所示。

根据表7-74、表7-75、表7-77分别登记该公司2022年8月基本生产成本明细账，如表7-96、表7-98、表7-102所示。

（1）根据表7-79及自制半成品入库凭证，分别登记基本生产成本明细账和自制半成品明细账，如表7-96、表7-97所示。

表7-96　皖芜公司第一车间（H1半成品）基本生产成本明细账 3

成本对象：第一车间　　　　半成品名称：H1半成品　　　　单位：元

2022年		凭证字号	摘要	成本项目			合计
月	日			直接材料	直接人工	制造费用	
7	31		月末在产品成本	10 920	668.7	1 436.8	13 025.5
8	31	×	表7-74分配材料费用	54 600			54 600
8	31	×	表7-75分配工资费用		5 925		5 925
8	31	×	表7-77分配制造费用			9 810	9 810
8	31	×	表7-79结转完工H1半成品成本	47 320	5 530.2	9 432.8	62 283

表7-97　皖芜公司（H1半成品）自制半成品明细账 2

品名：H1半成品　　　　计量单位：件　　　　金额单位：元　　　　计划成本：240元/件

2022年		凭证字号	摘要	收入			发出				结存		
月	日			数量	计划成本	实际成本	数量	计划成本	实际成本	成本差异率	数量	计划成本	实际成本
7	31		月末库存								60	14 400	14 613
8	31	×	表7-79入库	260	62 400	62 283					320	76 800	76 896
8	31	×	本月出库				280	67 200	67 283.52	0.13%	40	9 600	9 612.48

根据表7-79及自制半成品入库凭证编制记账凭证（用会计分录代替）如下：

借：自制半成品——H1半成品　　62 400

　　贷：基本生产成本——第一车间　　62 283

　　　　材料成本差异——H1半成品成本差异　　117

根据自制半成品领用凭证登记自制半成品明细账，如表7-97所示。

根据自制半成品领用凭证及表7-97编制记账凭证（用会计分录代替）如下：

借：基本生产成本——第二车间（自制半成品）　　67 283.52

　　贷：自制半成品——H1半成品　　67 200

　　　　材料成本差异——H1半成品成本差异　　83.52

据以登记基本生产成本明细账，如表7-98所示。

（2）根据表7-98及上述有关资料编制产品成本计算单，如表7-99所示。

根据表7-99及自制半成品入库凭证分别登记基本生产成本明细账和自制半成品明细账，如表7-100（承表7-98）、表7-101所示。

表 7-98　皖芜公司第二车间（H2 半成品）基本生产成本明细账 3-1

成本对象：第二车间　　　　半成品名称：H2 半成品　　　　单位：元

2022 年		凭证字号	摘　要	成本项目					合　计
				自制半成品			直接人工	制造费用	
月	日			计划成本	成本差异	实际成本			
7	31		月末在产品成本	9 563	47	9 516	226	872	10 614
8	31	×	表 7-75 分配工资费用				10 902		10 902
8	31	×	表 7-77 分配制造费用					10 620	10 620
8	31	×	表 7-97 领用 H1 半成品成本	67 200	83.52	67 283.52			67 283.52

表 7-99　皖芜公司第二车间（H2 半成品）产品成本计算单（在产品按约当产量比例计价法） 3

品名：H2 半成品　　　　2022 年 8 月　　　　单位：元

项　目	自制半成品	直接人工	制造费用	合　计
月初在产品成本	9 516	226	872	10 614
本月发生的生产成本	67 283.52	10 902	10 620	88 805.52
本月生产成本合计	76 799.52	11 128	11 492	99 419.52
本月完工产品产量/件	200	200	200	—
月末在产品产量/件	120	120	120	—
月末在产品完工程度	100%	50%	50%	—
月末在产品约当产量/件	120	60	60	—
本月生产成本分配率/（元/件）	240	42.8	44.2	—
本月完工产品成本	47 999.52	8 560	8 840	65 399.52
本月完工产品单位成本/（元/件）	240	42.8	44.2	327
月末在产品成本	28 800	2 568	2 652	34 020

会计主管：　　　　审核：　　　　制单：

表 7-100　皖芜公司第二车间（H2 半成品）基本生产成本明细账 3-2

成本对象：第二车间　　　　半成品名称：H2 半成品　　　　单位：元

2022 年		凭证字号	摘　要	成本项目					合　计
				自制半成品			直接人工	制造费用	
月	日			计划成本	成本差异	实际成本			
7	31		月末在产品成本	9 563	47	9 516	226	872	10 614
8	31	×	表 7-75 分配工资费用				10 902		10 902
8	31	×	表 7-77 分配制造费用					10 620	10 620
8	31	×	表 7-97 领用 H1 半成品成本	67 200	83.52	67 283.52			67 283.52
8	31	×	表 7-99 结转完工 H2 半成品成本	48 000	0.48	47 999.52	8 560	8 840	65 399.52

表 7-101　皖芜公司（H2 半成品）自制半成品明细账 2

品名：H2 半成品　　　　计量单位：件　　　　金额单位：元　　　　计划成本：325 元/件

2022 年		凭证字号	摘　要	收　入			发　出				结　存		
月	日			数量	计划成本	实际成本	数量	计划成本	实际成本	成本差异率	数量	计划成本	实际成本
8	31	×	表 7-99 入库	200	65 000	65 400					200	65 000	65 400
8	31	×	本月出库				180	58 500	58 859.70	0.62%	20	6 500	6 540.3

根据表 7-99 及自制半成品入库凭证编制记账凭证（用会计分录代替）如下：

借：自制半成品——H2 半成品　65 000

　　材料成本差异——H2 半成品成本差异　400

　　贷：基本生产成本——第二车间　65 400

根据自制半成品领用凭证登记自制半成品明细账，如表 7-101 所示。

根据自制半成品领用凭证及表 7-101 编制记账凭证（用会计分录代替）如下：

借：基本生产成本——第三车间（自制半成品）　58 859.7

　　贷：自制半成品——H2 半成品　58 500

　　　　材料成本差异——H2 半成品成本差异　359.7

据以登记基本生产成本明细账，如表 7-102 所示。

表 7-102　皖芜公司第三车间（H 产成品）基本生产成本明细账 3-1

成本对象：第三车间　　产品名称：H 产成品　　单位：元

2022 年		凭证字号	摘　要	成本项目					合　计
				自制半成品			直接人工	制造费用	
月	日			计划成本	成本差异	实际成本			
7	31		月末在产品成本	26 109	1 481	27 590	4 783	950	33 323
8	31	×	表 7-75 分配工资费用				21 567		21 567
8	31	×	表 7-77 分配制造费用					19 450	19 450
8	31	×	表 7-101 领用 H2 半成品成本	58 500	359.7	58 859.7			58 859.7

（3）根据表 7-102 及上述有关资料编制产品成本计算单，如表 7-103 所示。

表 7-103　皖芜公司第三车间（H 产成品）成本计算单（在产品按约当产量比例计价法）　3

品名：H 产成品　　2022 年 8 月　　单位：元

项　目	自制半成品	直接人工	制造费用	合　计
月初在产品成本	27 590	4 783	950	33 323
本月发生的生产成本	58 859.7	21 567	19 450	99 876.7
本月生产成本合计	86 449.7	26 350	20 400	133 199.7
本月完工产品产量/件	240	240	240	—
月末在产品产量/件	20	20	20	—
月末在产品完工程度	100%	50%	50%	—
月末在产品约当产量/件	20	10	10	—
本月生产成本分配率/（元/件）	332.5	105.4	81.6	—
本月完工产品成本	79 799.7	25 296	19 584	124 679.7
本月完工产品单位成本/（元/件）	332.5	105.4	81.6	519.5
月末在产品成本	6 650	1 054	816	8 520

会计主管：　　审核：　　制单：

根据表 7-103 登记基本生产成本明细账，如表 7-104（承表 7-102）所示。

根据表 7-103 及产成品入库凭证（假定 H 产成品单位计划成本为 520 元）编制记账凭证（用会计分录代替）如下：

借：库存商品——H 产成品　124 800

　　贷：基本生产成本——第三车间　124 679.7

　　　　材料成本差异——H 产成品成本差异　120.3

需要指出的是，由于自制半成品按计划成本计量，因而可以简化和加速自制半成品日常收发的记账工作，便于各生产步骤进行成本考核和分析。

表 7-104 皖芜公司第三车间（H 产成品）基本生产成本明细账 3-2

成本对象：第三车间　　　　产品名称：H 产成品　　　　单位：元

2022 年		凭证字号	摘　要	成本项目					合　计
				自制半成品			直接人工	制造费用	
月	日			计划成本	成本差异	实际成本			
7	31		月末在产品成本	26 109	1 481	27 590	4 783	950	33 323
8	31	×	表 7-75 分配工资费用				21 567		21 567
8	31	×	表 7-77 分配制造费用					19 450	19 450
8	31	×	表 7-101 领用 H2 半成品成本	58 500	359.70	58 859.70			58 859.70
8	31	×	表 7-103 结转完工 H 产成品成本	78 000	1 799.70	79 799.70	25 296	19 584	124 679.70

3．综合逐步结转分步法的成本还原

采用综合逐步结转分步法核算产品成本，各生产步骤所耗用的自制半成品的成本是以“自制半成品”项目综合列示的。如果企业在成本管理上要求从整个企业角度考核和分析产品成本的原始构成和水平，那么还应当将综合逐步结转核算出的自制产成品成本进行成本还原。在会计实务中，如果企业各月完工自制半成品的成本结构变化不大，为简化成本还原工作，本月完工的产成品或自制半成品成本的“自制半成品”项目，可以按照本月完工的自制半成品的成本结构进行还原。其成本还原率的计算公式为：

$$\text{成本还原率}=\frac{\text{本月产成品或自制半成品耗用上一生产步骤自制半成品成本合计}}{\text{本月完工该种自制半成品成本合计}} \tag{7-3}$$

【例 7-7】 承例 7-4 资料。

要求：按照本月完工的自制半成品的成本结构编制该公司 2022 年 8 月 H 产成品的成本还原计算单。假定成本还原率保留小数点后四位，第五位四舍五入，还原额保留小数点后两位，第三位四舍五入，且尾差记入“制造费用”成本项目。

根据上述资料编制产成品成本还原计算单，如表 7-105 所示。

表 7-105 皖芜公司（H 产成品）成本还原计算单

产品名称：H 产成品　　　　2022 年 8 月　　　　单位：元

成本项目		自制半成品（H2）	自制半成品（H1）	直接材料	直接人工	制造费用	成本合计
成本还原前 H 产成品成本		79 800			25 296	19 584	124 680
第一次还原	还原依据		48 000		8 560	8 840	65 400
	还原率	1.220 2					
	还原额	−79 800	58 569.60		10 444.91	10785.49	0
第二次还原	还原依据			47 320	5 530.2	9 432.8	62 283
	还原率		0.940 4				
	还原额		−58 569.60	44 499.73	5 880.69	8 189.18	0
成本还原后 H 产成品成本		—	—	44 499.73	41 621.6	38 558.67	124 680

在表 7-105 中：

第一次成本还原率=79 800÷(48 000+8 560+8 840)=1.220 2；

第一次成本还原率=58 569.6÷(47 320+5 530.2+9 432.8)=0.940 4。

需要指出的是，例 7-7 的成本还原中没有考虑以前月份完工自制半成品的成本结构对本月完工产成品或自制半成品的成本结构的影响，如果各月完工自制半成品的成本结构相差较大，那么成本还原结果就不够客观。如果企业自制半成品的定额成本或计划成本比较准确，为简化成本还原工作，也可以按照自制半成品的定额成本或计划成本的成本结构进行还原。诚然，如果各生产步骤所耗用的自制半成品费用，恰好是上一生产步骤生产完工的自制半成品成本，两者可以互相抵销，那么只要将各生产步骤所耗用的自制半成品费用忽略不计，将各生产步骤的直接材料、直接人工和制造费用等原始成本项目分别汇总即为成本还原结果。

综上所述，综合逐步结转分步法能够反映各生产步骤所耗用的上一生产步骤自制半成品费用和本步骤其他生产费用，便于各生产步骤进行成本管理。但是如果需要从整个企业的角度反映产成品的原始成本构成，那么就必须对其进行成本还原。因此，综合逐步结转分步法适用于成本管理上要求核算各生产步骤自制半成品的成本，但是不要求对其进行成本还原的多步骤生产的产品。

（三）分项逐步结转分步法

半成品成本的分项逐步结转分步法是指将各生产步骤所耗用上一生产步骤的自制半成品成本，按照成本项目分项记入该生产步骤产品成本明细账中的一种核算方法。如果自制半成品通过半成品仓库收发，那么增设的自制半成品明细账也应当按照成本项目分别登记。

采用分项逐步结转分步法，自制半成品既可以按照实际成本结转又可以按照计划成本结转。由于按照计划成本结转核算工作量较大，因而一般采用按实际成本分项结转的方法。

【例 7-8】 承例 7-4 资料，假定自制半成品通过半成品仓库收发，H1 半成品月初库存为 60 件，成本为 14 613 元，其中直接材料为 11 880 元、直接人工为 2 565.8 元、制造费用为 167.2 元，H2 半成品月初无库存。月初在产品生产成本如表 7-106 所示，其余资料不变。

表 7-106　皖芜公司月初在产品生产成本 2

单位：元

项　目	直接材料	直接人工	制造费用	合　计
第一车间	10 920	668.7	1 436.8	13 025.5
第二车间	6 440	214	480	7 134
第三车间	15 449.2	9 188	7 215	31 852.2

要求：采用按实际成本分项逐步结转分步法核算该公司 H 产品成本。

根据上资料，按产品的生产步骤分别设置基本生产成本明细账并登记期初余额，如表 7-107、表 7-109、表 7-113 所示；按自制半成品的品种分别设置自制半成品明细账并登记期初余额，如表 7-108、表 7-112 所示。

表 7-107　皖芜公司第一车间（H1 半成品）基本生产成本明细账 4

成本对象：第一车间　　半成品名称：H1　　单位：元

2022 年		凭证字号	摘　要	成本项目			合　计
月	日			直接材料	直接人工	制造费用	
7	31		月末在产品成本	10 920	668.7	1436.8	13 025.5
8	31	×	表 7-74 分配材料费用	54 600			54 600
8	31	×	表 7-75 分配工资费用		5 925		5 925
8	31	×	表 7-77 分配制造费用			9 810	9 810
8	31	×	表 7-79 结转完工 H1 半成品成本	47 320	5 530.2	9 432.8	62 283

根据表 7-74、表 7-75、表 7-77 登记该公司 2022 年 8 月基本生产成本明细账，如表 7-107、表 7-109、表 7-113 所示。

（1）根据表 7-79 及自制半成品入库凭证分别登记基本生产成本明细账和自制半成品明细账，如表 7-107、表 7-108 所示。

表 7-108 皖芜公司（H1 半成品）自制半成品明细账（月末一次加权平均法） 3

品名：H1 半成品　　计量单位：件　　金额单位：元

2022 年		凭证字号	摘　要	数　量	金　额			合　计
月	日				直接材料	直接人工	制造费用	
7	31		月末库存	60	11 880	2 565.8	167.2	14 613
8	31	×	表 7-79 入库	260	47 320	5 530.2	9 432.8	62 283
8	31	×	本月出库	280	51 800	7 084	8 400	67 284

在表 7-108 中，

“本月单位成本”栏尾差记入“制造费用”项目，下同。

根据表 7-79 及自制半成品入库凭证编制记账凭证（用会计分录代替）如下：

借：自制半成品——H1 半成品　　62 283

　　贷：基本生产成本——第一车间　　62 283

根据自制半成品领用凭证登记自制半成品明细账，如表 7-108 所示。

根据自制半成品领用凭证及表 7-108 编制记账凭证（用会计分录代替）如下：

借：基本生产成本——第二车间　　67 284

　　贷：自制半成品——H1 半成品　　67 284

据以登记基本生产成本明细账，如表 7-109 所示。

表 7-109 皖芜公司第二车间（H2 半成品）基本生产成本明细账 4-1

成本对象：第二车间　　半成品名称：H2 半成品　　单位：元

2022 年		凭证字号	摘　要	成本项目			合　计
月	日			直接材料	直接人工	制造费用	
7	31		月末在产品成本	6 440	214	480	7 134
8	31	×	表 7-75 分配工资费用		10 902		10 902
8	31	×	表 7-77 分配制造费用			10 620	10 620
8	31	×	表 7-108 领用 H1 半成品成本	51 800	7 084	8 400	67 284

（2）根据表 7-109 及上述有关资料编制产品成本计算单，如表 7-110 所示。

表 7-110 皖芜公司第二车间（H2 半成品）成本计算单（在产品按约当产量比例计价法） 4

品名：H2 半成品　　2022 年 8 月　　单位：元

项　目	直接材料	直接人工	制造费用	合　计
月初在产品成本	6 440	214	480	7 134
本月发生的生产成本	51 800	17 986	19 020	88 806
本月生产成本合计	58 240	18 200	19 500	95 940

续表

项　目	直接材料	直接人工	制造费用	合　计
本月完工产品产量/件	200	200	200	—
月末在产品产量/件	120	120	120	—
月末在产品完工程度	100%	50%	50%	—
月末在产品约当产量/件	120	60	60	—
本月生产成本分配率/（元/件）	182	70	75	—
本月完工产品成本	36 400	14 000	15 000	65 400
本月完工产品单位成本/（元/件）	182	70	75	327
月末在产品成本	21 840	4 200	4 500	30 540

会计主管：　　　　　　　　　　　审核：　　　　　　　　　　　制单：

根据表 7-110 及自制半成品入库凭证分别登记基本生产成本明细账和自制半成品明细账，表 7-111（承表 7-109）、如表 7-112 所示。

表 7-111　皖芜公司第二车间（H2 半成品）基本生产成本明细账 4-2

成本对象：第二车间　　　　　　　　半成品名称：H2 半成品　　　　　　　　单位：元

2022 年		凭证字号	摘　要	成本项目			合　计
月	日			直接材料	直接人工	制造费用	
7	31		月末在产品成本	6 440	214	480	7 134
8	31	×	表 7-75 分配工资费用		10 902		10 902
8	31	×	表 7-77 分配制造费用			10 620	10 620
8	31	×	表 7-108 领用 H1 半成品成本	51 800	7 084	8 400	67 284
8	31	×	表 7-110 结转完工 H2 半成品成本	36 400	14 000	15 000	65 400

表 7-112　皖芜公司（H2 半成品）自制半成品明细账（月末一次加权平均法） 3

品名：H2 半成品　　　　　　　　计量单位：件　　　　　　　　金额单位：元

2022 年		凭证字号	摘　要	数　量	金　额			合　计
月	日				直接材料	直接人工	制造费用	
8	31	×	表 7-110 入库	200	36 400	14 000	15 000	65 400
8	31		本月单位成本		182	70	75	327
8	31	×	本月出库	180	32 760	12 600	13 500	58 860

根据表 7-110 及自制半成品入库凭证编制记账凭证（用会计分录代替）如下：

借：自制半成品——H2 半成品　　65 400

　　贷：基本生产成本——第二车间　　65 400

根据自制半成品领用凭证登记自制半成品明细账，如表 7-112 所示。

根据自制半成品领用凭证及表 7-112 编制记账凭证（用会计分录代替）如下：

借：基本生产成本——第三车间　　58 860

　　贷：自制半成品——H2 半成品　　58 860

据以登记基本生产成本明细账，如表 7-113 所示。

（3）根据表 7-113 及上述有关资料编制产品成本计算单，如表 7-114 所示。

根据表 7-114 登记基本生产成本明细账，如表 7-115（承表 7-113）所示。

表 7-113 皖芜公司第三车间（H 产成品）基本生产成本明细账 4-1

成本对象：第三车间　　　　产品名称：H 产成品　　　　单位：元

2022 年		凭证字号	摘 要	成本项目			合 计
月	日			直接材料	直接人工	制造费用	
7	31		月末在产品成本	15 449.2	9 188	7 215	31 852.2
8	31	×	表 7-75 分配工资费用		21 567		21 567
8	31	×	表 7-77 分配制造费用			19 450	19 450
8	31	×	表 7-112 领用 H2 半成品成本	32 760	12 600	13 500	58 860

表 7-114 皖芜公司第三车间（H 产成品）成本计算单（在产品按约当产量比例计价法） 4

品名：H 产成品　　　　2022 年 8 月　　　　单位：元

项 目	直接材料	直接人工	制造费用	合 计
月初在产品成本	15 449.2	9 188	7 215	31 852.2
本月发生的生产成本	32 760	34 167	32 950	99 877
本月生产成本合计	48 209.2	43 355	40 165	131 729.2
本月完工产品产量/件	240	240	240	—
月末在产品产量/件	20	20	20	—
月末在产品完工程度	100%	50%	50%	—
月末在产品约当产量/件	20	10	10	—
本月生产成本分配率/（元/件）	185.42	173.42	160.66	—
本月完工产品成本	44 500.8	41 620.8	38 558.4	124 680
本月完工产品单位成本/（元/件）	185.42	173.42	160.66	519.5
月末在产品成本	3 708.4	1 734.2	1 606.6	7 049.2

会计主管：　　　　审核：　　　　制单：

表 7-115 皖芜公司第三车间（H 产成品）基本生产成本明细账 4-2

成本对象：第三车间　　　　产品名称：H 产成品　　　　单位：元

2022 年		凭证字号	摘 要	成本项目			合 计
月	日			直接材料	直接人工	制造费用	
7	31		月末在产品成本	15 449.20	9 188	7 215	31 852.2
8	31	×	表 7-75 分配工资费用		21 567		21 567
8	31	×	表 7-77 分配制造费用			19 450	19 450
8	31	×	表 7-112 领用 H2 半成品成本	32 760	12 600	13 500	58 860
8	31	×	表 7-114 结转完工 H 产成品成本	44 500.8	41 620.8	38 558.4	124 680

根据表 7-114 及产成品入库凭证编制记账凭证（用会计分录代替）如下：

借：库存商品——H 产成品　　124 680

　　贷：基本生产成本——第三车间　　124 680

由此可见，分项逐步结转分步法能够直接提供产成品的原始成本构成信息，不需要进行成本还原，有利于从整个企业的角度考核和分析产成品成本计划的执行情况。但是，成本结转工作比较复杂，而且在各生产步骤完工自制半成品或产成品中不能反映所耗用上一生产步骤自制半成品费用和本步骤其他生产费用等信息，不利于对各生产步骤完工自制半成品或产成品的成本进行分析。因此，分项逐步结转分步法一般适用于在管理上不要求核算各生产步骤完工自制半成品或产成品所耗用自制半成品费用和本步骤其他生产费用，而要求按原始成本项目核算产品成本的多步骤生产的产品。

（四）逐步结转分步法的优缺点和适用范围

1．逐步结转分步法的优缺点

逐步结转分步法的成本核算对象是产品各生产步骤的自制半成品或产成品，不论是采用综合逐步结转还是分项逐步结转，自制半成品的实物流转与成本流转同步，从而有利于企业分析和考核各生产步骤的自制半成品或产成品成本，也有利于各生产步骤在产品的实物和资金管理。在采用综合逐步结转分步法时，各生产步骤的产品成本明细账能够全面反映该生产步骤完工产品中所耗用上一生产步骤自制半成品费用和本步骤其他生产费用，这就便于各个生产步骤进行成本管理。

然而，逐步结转分步法核算的及时性较差，特别是在各生产步骤自制半成品采用月末一次加权平均法计价时，各生产步骤不能同时核算成本。逐步结转分步法核算也比较复杂：在采用综合逐步结转时，往往需要进行成本还原；在采用分项逐步结转时，虽然不需要进行成本还原，但各生产步骤成本结转的工作量较大，特别是在自制半成品按计划成本逐步结转时，还要核算自制半成品的成本差异。

2．逐步结转分步法的适用范围

逐步结转分步法一般适用于自制半成品的种类不多，逐步结转自制半成品成本的工作量不大，或者自制半成品的种类较多，但成本管理上要求提供各个生产步骤自制半成品成本信息的多步骤生产的产品。

三、用平行结转分步法核算产品成本

（一）平行结转分步法的定义

大量大批多步骤生产的产品，如果其自制半成品的种类较多，且成本管理不要求核算自制半成品成本，那么为了简化产品成本的核算工作，只核算各生产步骤发生的除耗用上一生产步骤的自制半成品费用以外的其他生产费用，以及这些生产费用应当从该生产步骤产品的基本生产成本明细账中转出计入产成品成本的“份额”，汇总相同产品的“份额”，核算出该种产成品成本。这种成本核算方法就是平行结转分步法，也称不核算半成品成本分步法。

（二）平行结转分步法的特点

1．不核算各生产步骤自制半成品成本

各生产步骤产品的基本生产成本明细账中既不核算该生产步骤完工的自制半成品成本，又不核算各生产步骤产品耗用上一生产步骤的自制半成品成本。

2．各生产步骤自制半成品的实物流转与成本流转不同步

自制半成品不论是否通过半成品仓库收发，都不需要增设“自制半成品”账户核算其成本。

3. 各生产步骤发生的除耗用上一生产步骤的自制半成品费用以外的其他生产费用需要在最终完工的产成品（广义产成品）与该生产步骤月末广义在产品之间进行分配

其分配方法一般采用在产品按定额比例计价法、在产品按约当产量比例计价法等。

（1）采用在产品按定额比例计价法计算。

$$\text{某步骤某成本项目费用分配率}=\frac{\begin{pmatrix}\text{该步骤该项目期初}\\\text{广义在产品实际费用}\end{pmatrix}+\begin{pmatrix}\text{该步骤该项目本}\\\text{期发生实际费用}\end{pmatrix}}{\begin{pmatrix}\text{该步骤该项目本期产成品}\\\text{定额消耗量或定额费用}\end{pmatrix}+\begin{pmatrix}\text{该步骤该项目期末广义在}\\\text{产品定额消耗量或定额费用}\end{pmatrix}} \tag{7-4}$$

其中，

$$\begin{pmatrix}\text{该步骤该项目本期产成品}\\\text{定额消耗量或定额费用}\end{pmatrix}=\text{本期产成品数量}\times\begin{pmatrix}\text{该步骤该项目单位产成品}\\\text{消耗定额或费用定额}\end{pmatrix}\qquad(7\text{-}5)$$

$$\begin{pmatrix}\text{该步骤该项目期末广义在产品}\\\text{定额消耗量或定额费用}\end{pmatrix}=\begin{pmatrix}\text{该步骤该项目期初广义在产品}\\\text{定额消耗量或定额费用}\end{pmatrix}+\begin{pmatrix}\text{该步骤该项目本期投入}\\\text{定额消耗量或定额费用}\end{pmatrix}-\begin{pmatrix}\text{该步骤该项目本期产成品}\\\text{定额消耗量或定额费用}\end{pmatrix}\qquad(7\text{-}6)$$

（2）采用在产品按约当产量比例计价法计算。

$$\text{某步骤某成本项目费用分配率}=\frac{\begin{pmatrix}\text{该步骤该项目期初}\\\text{广义在产品实际费用}\end{pmatrix}+\begin{pmatrix}\text{该步骤该项目}\\\text{本期发生实际费用}\end{pmatrix}}{\text{本期产成品数量}\times\begin{pmatrix}\text{单位产成品耗用}\\\text{该步骤半成品数量}\end{pmatrix}+\begin{pmatrix}\text{该步骤该项目期末广义}\\\text{在产品约当产量}\end{pmatrix}}\qquad(7\text{-}7)$$

其中，

$$\begin{pmatrix}\text{该步骤该项目期末}\\\text{广义在产品约当产量}\end{pmatrix}=\begin{pmatrix}\text{已经本步骤加工完工而留存}\\\text{后续各步骤(含半成品仓库)}\\\text{的期末自制半成品数量}\end{pmatrix}+\begin{pmatrix}\text{本步骤期末}\\\text{在产品数量}\end{pmatrix}\times\begin{pmatrix}\text{本步骤本项目期末}\\\text{在产品完工程度}\end{pmatrix}\qquad(7\text{-}8)$$

需要指出的是，上述公式中的“广义在产品”是从整个企业视角而言的在产品，具体包括以下几部分。

① 尚在本生产步骤加工中的在产品，即“狭义在产品”。

② 本生产步骤已完工转入半成品仓库的自制半成品。

③ 已从半成品仓库转到后续各生产步骤进一步加工、尚未最后制成产成品的在产品。

必须指出的是，上述②、③两部分的广义在产品实物已从本生产步骤转出，但其生产费用仍然保留在本生产步骤产品成本明细账之中。由于广义在产品的实物分散在本生产步骤、半成品仓库和后续各生产步骤，因此广义在产品的实物盘存工作量较大，但是如果广义在产品没有发生盈亏，或者发生盈亏数量很少，为简化核算工作，广义在产品的数量不必每月（只需每隔一个季度或者半年）通过盘存求得，可以按照式（7-6）或式（7-8）计算求得。

（三）平行结转分步法的成本核算程序

采用平行结转分步法核算产品成本一般有以下步骤。

第一步，以产品的生产步骤作为成本核算对象设置基本生产成本明细账，即建账。

第二步，编制各种要素费用分配表、辅助生产费用分配表、制造费用分配表等归集与分配各生产步骤产品的生产费用。对于能够分清生产步骤的生产费用，属于直接计入生产费用，直接记入该生产步骤的产品成本明细账；对于不能分清生产步骤的生产费用，属于间接计入生产费用，应当采用适当的方法，分配记入各生产步骤的产品成本明细账。

第三步，核算各生产步骤应当计入本期完工产成品成本的“份额”。月末，各生产步骤产品成本明细账归集的除耗用上一生产步骤的自制半成品费用以外的其他生产费用，一般需要采用适当的分配方法在最终完工的产成品与该生产步骤月末广义在产品之间进行分配，从而核算出该生产步骤归集的其他生产费用应当计入完工产成品成本的“份额”。

第四步，将各生产步骤应当计入完工产成品成本的“份额”从各生产步骤产品成本明细账中平行转出，汇总相同产品的“份额”，核算该种产成品的总成本和单位成本。

【例 7-9】 承例 7-4 资料，假定 H1 半成品月初库存 60 件，H2 半成品月初无库存。该公司月初广义在产品生产成本如表 7-116 所示，且本月末没有盘点在产品。其余资料不变。

表 7-116 皖芜公司月初广义在产品生产成本 3

单位：元

项 目	直接材料	直接人工	制造费用	合 计
第一车间	45 526.8	4 365	7 830	57 721.8
第二车间		5 758	2 225.2	7 983.2
第三车间		4 288	2 270	6 558

要求：采用平行结转分步法核算该公司 H 产成品成本。

根据上述资料，按产品的生产步骤分别设置基本生产成本明细账并登记期初余额，如表 7-117、表 7-120、表 7-123 所示。

根据表 7-74、表 7-75、表 7-77 资料，登记该公司 2022 年 8 月基本生产成本明细账，如表 7-117、表 7-120、表 7-123 所示。

（1）第一步骤应计入产成品成本的份额。

表 7-117 皖芜公司第一车间（H 产成品）基本生产成本明细账 5-1

成本对象：第一车间　　产成品名称：H 产成品　　单位：元

2022 年		凭证字号	摘 要	成本项目			合 计
月	日			直接材料	直接人工	制造费用	
7	31		月末广义在产品成本	45 526.8	4 365	7 830	57 721.8
8	31	×	表 7-74 分配材料费用	54 600			54 600
8	31	×	表 7-75 分配工资费用		5 925		5 925
8	31	×	表 7-77 分配制造费用			9 810	9 810

根据表 7-117 及上述有关资料编制产品成本计算单，如表 7-118 所示。

表 7-118 皖芜公司第一车间（H 产成品）产品成本计算单（在产品按约当产量比例计价法） 5

车间：第一车间　　产成品名称：H 产成品　　2022 年 8 月　　单位：元

项 目	直接材料	直接人工	制造费用	合 计
月初广义在产品成本	45 526.8	4 365	7 830	57 721.8
本月发生的生产成本	54 600	5 925	9 810	70 335
本月生产成本合计	100 126.8	10 290	17 640	128 056.8
本月完工产品产量/件	240	240	240	—
月末狭义在产品产量/件	100	100	100	—
月末狭义在产品完工程度	100%	50%	50%	—
月末狭义在产品约当产量/件	100	50	50	—
月末广义在产品约当产量/件	300	250	250	—
本月生产成本分配率/（元/件）	185.42	21	36	—
本月完工产品成本中本步骤份额	44 500.8	5 040	8 640	58 180.8
月末广义在产品成本	55 626	5 250	9 000	69 876

会计主管：　　审核：　　制单：

在表 7-118 中：

$$\text{直接材料项目分配率}=\frac{45\,526.8+54\,600}{240+(20+20+120+40+100\times100\%)}=185.42\text{（元/件）；}$$

直接人工项目分配率 $=\dfrac{4\,365+5\,925}{240+(20+20+120+40+100\times50\%)}=21$（元/件）；

制造费用项目分配率 $=\dfrac{7\,830+9\,810}{240+(20+20+120+40+100\times50\%)}=36$（元/件）。

根据表 7-118 登记基本生产成本明细账，如表 7-119（承表 7-117）所示。

表 7-119 皖芜公司第一车间（H 产成品）基本生产成本明细账 5-2

成本对象：第一车间　　产成品名称：H 产成品　　单位：元

2022 年		凭证字号	摘 要	成本项目			合 计
月	日			直接材料	直接人工	制造费用	
7	31		月末广义在产品成本	45 526.8	4 365	7 830	57 721.8
8	31	×	表 7-74 分配材料费用	54 600			54 600
8	31	×	表 7-75 分配工资费用		5 925		5 925
8	31	×	表 7-77 分配制造费用			9 810	9 810
8	31	×	表 7-118 产成品成本中本步骤份额	44 500.8	5 040	8 640	58 180.8

（2）第二步骤应计入产成品成本的份额。

表 7-120 皖芜公司第二车间（H 产成品）基本生产成本明细账 5-1

成本对象：第二车间　　产成品名称：H 产成品　　单位：元

2022 年		凭证字号	摘 要	成本项目			合 计
月	日			直接材料	直接人工	制造费用	
7	31		月末广义在产品成本		5 758	2 225.2	7 983.2
8	31	×	表 7-75 分配工资费用		10 902		10 902
8	31	×	表 7-77 分配制造费用			10 620	10 620

根据表 7-120 及上述有关资料编制产品成本计算单，如表 7-121 所示。

表 7-121 皖芜公司第二车间（H 产成品）产品成本计算单（在产品按约当产量比例计价法） 5

车间：第二车间　　产成品名称：H 产成品　　2022 年 8 月　　单位：元

项 目	直接材料	直接人工	制造费用	合 计
月初广义在产品成本		5 758	2 225.2	7 983.2
本月发生的生产成本		10 902	10 620	21 522
本月生产成本合计		16 660	12 845.2	29 505.2
本月完工产品产量/件		240	240	—
月末狭义在产品产量/件		120	120	—
月末狭义在产品完工程度		50%	50%	—
月末狭义在产品约当产量/件		60	60	—
月末广义在产品约当产量/件		100	100	—
本月生产成本分配率/（元/件）		49	37.78	—
本月完工产品成本中本步骤份额		11 760	9 067.2	20 827.2
月末广义在产品成本		4 900	3 778	8 678

会计主管：　　审核：　　制单：

在表 7-121 中：

直接人工项目分配率 $=\dfrac{5\,758+10\,902}{240+(20+20+120\times50\%)}=49$（元/件）；

$$制造费用项目分配率=\frac{2\,225.2+10\,620}{240+(20+20+120\times50\%)}=37.78（元/件）。$$

根据表 7-121 登记基本生产成本明细账，如表 7-122（承表 7-120）所示。

表 7-122　皖芜公司第二车间（H 产成品）基本生产成本明细账 5-2

成本对象：第二车间　　产成品名称：H 产成品　　单位：元

2022 年		凭证字号	摘　要	成本项目			合　计
月	日			直接材料	直接人工	制造费用	
7	31		月末广义在产品成本		5 758	2 225.2	7 983.2
8	31	×	表 7-75 分配工资费用		10 902		10 902
8	31	×	表 7-77 分配制造费用			10 620	10 620
8	31	×	表 7-121 产成品成本中本步骤份额		11 760	9 067.2	20 827.2

（3）第三步骤应计入产成品成本的份额。

表 7-123　皖芜公司第三车间（H 产成品）基本生产成本明细账 5-1

成本对象：第三车间　　产品名称：H 产成品　　单位：元

2022 年		凭证字号	摘　要	成本项目			合　计
月	日			直接材料	直接人工	制造费用	
7	31		月末广义在产品成本		4 288	2 270	6 558
8	31	×	表 7-75 分配工资费用		21 567		21 567
8	31	×	表 7-77 分配制造费用			19 450	19 450

根据表 7-123 及上述有关资料编制产品成本计算单，如表 7-124 所示。

表 7-124　皖芜公司第三车间（H 产成品）产品成本计算单（在产品按约当产量比例计价法） 5

车间：第三车间　　产成品名称：H 产成品　　2022 年 8 月　　单位：元

项　目	直接材料	直接人工	制造费用	合　计
月初广义在产品成本		4 288	2 270	6 558
本月发生的生产成本		21 567	19 450	41 017
本月生产成本合计		25 855	21 720	47 575
本月完工产品产量/件		240	240	—
月末狭义在产品产量/件		20	20	—
月末狭义在产品完工程度		50%	50%	—
月末狭义在产品约当产量/件		10	10	—
月末广义在产品约当产量/件		10	10	—
本月生产成本分配率/（元/件）		103.42	86.88	—
本月完工产品成本中本步骤份额		24 820.8	20 851.2	45 672
月末广义在产品成本		1 034.2	868.8	1 903

会计主管：　　审核：　　制单：

在表 7-124 中：

$$直接人工项目分配率=\frac{4\,288+21\,567}{240+20\times50\%}=103.42（元/件）；$$

制造费用项目分配率 $=\dfrac{2\,270+19\,450}{240+20\times50\%}=86.88$（元/件）。

根据表 7-124 登记基本生产成本明细账，如表 7-125（承表 7-123）所示。

表 7-125　皖芜公司第三车间（H 产成品）基本生产成本明细账 5-2

成本对象：第三车间　　产品名称：H 产成品　　单位：元

2022 年		凭证字号	摘　要	成本项目			合　计
月	日			直接材料	直接人工	制造费用	
7	31		月末广义在产品成本		4 288	2 270	6 558
8	31	×	表 7-75 分配工资费用		21 567		21 567
8	31	×	表 7-77 分配制造费用			19 450	19 450
8	31	×	表 7-124 产成品成本中本步骤份额		24 820.80	20 851.20	45 672

根据表 7-118、表 7-121、表 7-124 编制产成品成本汇总单，如表 7-126 所示。

表 7-126　皖芜公司第三车间（H 产成品）产成品成本汇总单

产品名称：H 产成品　　2022 年 8 月　　单位：元

车　间	产量/件	直接材料	直接人工	制造费用	合　计
第一车间		44 500.8	5 040	8 640	58 180.8
第二车间			11 760	9 067.2	20 827.2
第三车间			24 820.8	20 851.2	45 672
合　计	240	44 500.8	41 620.8	38 558.4	124 680
单位成本	—	185.42	173.42	160.66	519.5

会计主管：　　审核：　　制单：

根据表 7-118、表 7-121、表 7-124、表 7-126 资料，编制记账凭证（用会计分录代替）如下：

借：库存商品——H 产成品　　124 680

　　贷：基本生产成本——第一车间　　44 500.8

　　　　——第二车间　　41 620.8

　　　　——第三车间　　38 558.4

（四）平行结转分步法的优缺点和适用范围

1．平行结转分步法的优缺点

采用平行结转分步法，各生产步骤可以同时核算应当计入完工产成品成本的份额，并按照原始成本项目汇总得出产成品成本，不仅可以加速和简化成本核算工作，而且不需要逐步结转自制半成品成本，也不需要进行成本还原。但是，平行结转分步法不能提供各生产步骤的自制半成品成本，不能全面地反映各生产步骤发生的生产费用（第一生产步骤除外），因而不能分析和考核各生产步骤自制半成品成本，也不利于各生产步骤在产品的实物和资金管理。

2．平行结转分步法的适用范围

平行结转分步法一般适用于自制半成品种类较多，逐步结转半成品成本的工作量较大，管理上又不要求提供各生产步骤自制半成品成本信息的多步骤生产的产品。诚然，在采用平行结转分步法时，企业应当加强各生产步骤在产品收发结存的数量核算和盘点工作，及时反映在产品报废和盘亏、毁损造成的损失，以弥补在产品成本与在产品实物脱节所带来的管理不便。

训练巩固篇

在线测试七

【实训题】

1．承项目四训练巩固篇中的实训题 5 的资料，假定三江公司基本生产车间生产的 D1、D2 两种产品本月完工产量分别为 200 件、100 件，月末在产品产量分别为 50 件、70 件；在产品分别采用约当产量比例计价法、定额比例计价法计量，且尾差均计入完工产品生产成本。已知该公司 D1 产品的直接材料在生产过程中陆续投入，其他加工成本陆续发生，且月末在产品的加工成本的完工程度平均为 60%。D2 产品的直接材料费用按其定额成本比例分配，其他各项费用都按定额工时比例分配；D2 产品的直接材料在生产开始时一次投入，且其成本定额为 20 元，D2 产品的工时定额为 10 小时，月末在产品的定额工时为 500 小时。

要求：

（1）根据上述资料，分别编制该公司 2022 年 8 月产品成本计算单，如表 7-127、表 7-128 所示。

表 7-127　三江公司 D1 产品成本计算单（在产品按约当产量比例计价法）

产品名称：D1 产品　　　　完工产品数量：200 件　　　　月末在产品数量：50 件

2022 年 8 月　　　　单位：元

项　目	直接材料	直接人工	制造费用	合　计
月初在产品成本				
本月发生的生产成本				
本月生产成本合计				
本月完工产品产量/件				
月末在产品实际产量/件				
月末在产品完工程度				
月末在产品约当产量/件				
本月生产成本分配率/（元/件）				
本月完工产品成本				
本月完工产品单位成本/（元/件）				
月末在产品成本				

会计主管：　　　　审核：　　　　制单：

表 7-128　三江公司 D2 产品成本计算单（在产品按定额比例计价法）

产品名称：D2 产品　　　　完工产品数量：100 件　　　　月末在产品数量：70 件

2022 年 8 月　　　　定额工时：小时　　　　单位：元

项　目	直接材料	直接人工	制造费用	合　计
月初在产品成本				
本月发生的生产成本				
本月生产成本合计				
本月完工产品定额成本/定额工时				
月末在产品定额成本/定额工时				

续表

项　目	直接材料	直接人工	制造费用	合　计
本月生产成本分配率				
本月完工产品成本				
本月完工产品单位成本/（元/件）				
月末在产品成本				

会计主管：　　　　审核：　　　　制单：

（2）根据表 7-127、表 7-128 分别登记基本生产成本明细账（承表 4-58、表 4-59），如表 7-129、表 7-130 所示。

表 7-129　三江公司（D1 产品）基本生产成本明细账 2

成本对象：D1 产品　　　　单位：元

2022 年		凭证字号	摘　要	成本项目			合　计
月	日			直接材料	直接人工	制造费用	
7	31		月末在产品成本	1 500	390	540	2 430
8	31	×	表 4-63 分配材料费用	3 000			3 000
8	31	×	表 4-64 分配工资费用		2 000		2 000
8	31	×	表 4-65 分配其他薪酬费用		370		370
8	31	×	表 4-70 分配制造费用			7 280	7 280
8	31	×	表 7-127 结转完工 D1 产品成本				

表 7-130　三江公司（D2 产品）基本生产成本明细账 2

成本对象：D2 产品　　　　单位：元

2022 年		凭证字号	摘　要	成本项目			合　计
月	日			直接材料	直接人工	制造费用	
7	31		月末在产品成本	800	378	954	2 132
8	31	×	表 4-63 分配材料费用	2 600			2 600
8	31	×	表 4-64 分配工资费用		1 200		1 200
8	31	×	表 4-65 分配其他薪酬费用		222		222
8	31	×	表 4-70 分配制造费用			6 546	6 546
8	31	×	表 7-128 结转完工 D2 产品成本				

（3）根据表 7-127、表 7-128 编制记账凭证（用会计分录代替）。

2．承例 7-2 资料，鸠江公司 2022 年 9 月份的生产情况和生产费用资料如下。

（1）9 月份生产的产品批号有：

20220801 批号：F1 产品 10 台，8 月 9 日投产，上月完工为 7 台，本月完工为 3 台；

20220802 批号：F2 产品 15 台，8 月 12 日投产，上月完工为 2 台，本月完工为 3 台；

20220901 批号：F1 产品 10 台，9 月 6 日投产，本月完工为 6 台。

（2）各批产品 9 月份发生的生产费用如表 7-131 所示。

表 7-131　鸠江公司各批产品发生的生产费用汇总表

2022 年 9 月　　　　单位：元

生产批号	直接材料	直接人工	制造费用	合　计
20220801	0	7 380	12 066	19 446

续表

生产批号	直接材料	直接人工	制造费用	合　计
20220802	58 900	87 463	74 369	220 732
20220901	60 000	50 652	84 252	194 904

（3）其他相关资料如下。

20220802 批号 F2 产品本月完工数量较小，按计划成本结转。

20220901 批号 F1 产品本月完工数量较大，月末在产品按约当产量比例计价法计量，直接材料在生产开始时一次性投入，在产品的加工成本的完工程度平均为 60%。

要求：

（1）根据上述资料，按产品的生产批号分别设置基本生产成本明细账并登记期初余额和本月发生额，如表 7-132～表 7-134 所示；

表 7-132　鸠江公司（20220801 批号）基本生产成本明细账 3

成本对象：20220801　产品名称：F1 产品　批量：10 台　开工日期：8 月 9 日

购货单位：二江公司　完工日期：9 月 30 日　单位：元　完工数量：3 台

2022 年		凭证字号	摘　要	成本项目			合　计
月	日			直接材料	直接人工	制造费用	
8	31		月末在产品成本				
9	30	×	分配人工费用				
9	30	×	分配制造费用				
9	30	×	表 7-135 结转完工产品成本				

表 7-133　鸠江公司（20220802 批号）基本生产成本明细账 3

成本对象：20220802　产品名称：F2 产品　批量：15 台　开工日期：8 月 12 日

购货单位：三江公司　完工日期：9 月 30 日　单位：元　完工数量：3 台

2022 年		凭证字号	摘　要	成本项目			合　计
月	日			直接材料	直接人工	制造费用	
8	31		月末在产品成本				
9	30	×	分配材料费用				
9	30	×	分配人工费用				
9	30	×	分配制造费用				
9	30	×	表 7-136 结转完工产品成本				

表 7-134　鸠江公司（20220901 批号）基本生产成本明细账

成本对象：20220901　产品名称：F1 产品　批量：10 台　开工日期：9 月 6 日

购货单位：四江公司　完工日期：9 月 30 日　单位：元　完工数量：6 台

2022 年		凭证字号	摘　要	成本项目			合　计
月	日			直接材料	直接人工	制造费用	
9	30	×	分配材料费用				
9	30	×	分配工资费用				
9	30	×	分配制造费用				
9	30	×	表 7-137 结转完工产品成本				

（2）分别编制该公司 2022 年 9 月产品成本计算单，如表 7-135～表 7-137 所示。

表 7-135　鸠江公司（20220801 批号）产品成本计算单 2

生产批号：20220801　　产品名称：F1 产品　　完工产品数量：3 台　　月末在产品数量：0 台

2022 年 9 月　　单位：元

项　目	直接材料	直接人工	制造费用	合　计
月初在产品成本				
本月发生的生产成本				
本月生产成本合计				
本月完工产品成本				
本月完工产品单位成本/（元/台）				
月末在产品成本				

会计主管：　　审核：　　制单：

表 7-136　鸠江公司（20220802 批号）产品成本计算单（完工产品按计划成本计价法） 2

生产批号：20220802　　产品名称：F2 产品　　完工产品数量：3 台　　月末在产品数量：10 台

2022 年 9 月　　单位：元

项　目	直接材料	直接人工	制造费用	合　计
月初在产品成本				
本月发生的生产成本				
本月生产成本合计				
本月完工产品成本				
本月完工产品单位成本/（元/台）				
月末在产品成本				

会计主管：　　审核：　　制单：

表 7-137　鸠江公司（20220901 批号）产品成本计算单（在产品按约当产量比例计价法）

生产批号：20220901　　产品名称：F1 产品　　完工产品数量：6 台　　月末在产品数量：4 台

2022 年 9 月　　单位：元

项　目	直接材料	直接人工	制造费用	合　计
月初在产品成本				
本月发生的生产成本				
本月生产成本合计				
本月完工产品产量/台				—
月末在产品实际产量/台				—
月末在产品完工程度				—
月末在产品约当产量/台				—
本月生产成本分配率/（元/台）				—
本月完工产品成本				
本月完工产品单位成本/（元/台）				
月末在产品成本				

会计主管：　　审核：　　制单：

（3）根据表 7-135～表 7-137 分别登记基本生产成本明细账，如表 7-132～表 7-134 所示；

（4）根据表 7-135～表 7-137 编制记账凭证（用会计分录代替）。

3．承例 7-3 资料，湾沚公司 2022 年 10 月份的生产情况、生产费用和生产工时资料如下。

（1）10 月份生产的产品批号有：

20220819 批号：G2 产品 6 台，8 月 25 日投产，本月全部未完工；

20220901 批号：G1 产品 10 台，9 月 8 日投产，上月完工为 7 台，本月完工为 3 台；

20220902 批号：G2 产品 15 台，9 月 13 日投产，上月完工为 2 台，本月完工为 3 台；

20220904 批号：G4 产品 7 台，9 月 22 日投产，本月全部未完工；

20221001 批号：G3 产品 5 台，10 月 8 日投产，本月全部完工；

20221002 批号：G1 产品 12 台，10 月 11 日投产，本月完工为 10 台。

（2）全部各批产品 10 月份发生的生产成本为 864 010 元，其中直接材料为 214 000 元、直接人工为 298 755 元、制造费用为 351 255 元，发生的生产工时为 27 120 小时。其中各批产品本月发生的直接材料和生产工时如表 7-138 所示。

表 7-138　湾沚公司各批产品发生的直接材料和生产工时汇总表

2022 年 10 月　　单位：元

生产批号	生产工时/小时	直接材料
20220819	3 500	36 000
20220901	1 370	
20220902	4 800	4 000
20220904	2 900	62 000
20221001	2 480	40 000
20221002	12 070	72 000
合　计	27 120	214 000

（3）其他相关资料如下。

20220902 批号 G2 产品本月完工数量较小，按其定额成本结转。

20221002 批号 G1 产品本月完工数量较大，采用在产品按定额成本计价法计量，其月末在产品的加工成本的完工程度平均为 40%。

要求：

（1）根据上述资料，按全部各批产品设置基本生产成本二级账，如表 7-139 所示；按产品的生产批号分别设置基本生产成本明细账，如表 7-140～表 7-145 所示，并登记其期初余额和本月发生额。

（2）根据表 7-139 编制该公司 2022 年 10 月累计间接计入生产费用分配率计算表，如表 7-146 所示。

表 7-139　湾沚公司基本生产成本二级账 3

成本对象：全部各批产品　　单位：元

2022 年		凭证字号	摘　要	生产工时/小时	成本项目			合　计
月	日				直接材料	直接人工	制造费用	
9	30		月末在产品					
10	31	×	分配材料费用					
10	31	×	分配人工费用					
10	31	×	分配制造费用					
10	31	×	本月发生工时					—
10	31	×	表 7-151 结转完工产品					

表 7-140 湾沚公司（20220819 批号）基本生产成本明细账 2

成本对象：20220819 产品名称：G2 产品 批量：6 台 开工日期：8 月 25 日
购货单位：二江公司 完工日期：10 月 31 日 单位：元 完工数量： 台

2022 年		凭证字号	摘 要	生产工时/小时	成本项目			合 计
月	日				直接材料	直接人工	制造费用	
9	30		月末在产品					—
10	31	×	分配材料费用					—
10	31	×	本月发生工时					

表 7-141 湾沚公司（20220901 批号）基本生产成本明细账 3

成本对象：20220901 产品名称：G1 产品 批量：10 台 开工日期：9 月 8 日
购货单位：三江公司 完工日期： 月 日 单位：元 完工数量：3 台

2022 年		凭证字号	摘 要	生产工时/小时	成本项目			合 计
月	日				直接材料	直接人工	制造费用	
9	30		月末在产品					—
10	31	×	本月发生工时					—
10	31	×	表 7-147 结转完工产品					

表 7-142 湾沚公司（20220902 批号）基本生产成本明细账 3

成本对象：20220902 产品名称：G2 产品 批量：15 台 开工日期：9 月 13 日
购货单位：四江公司 完工日期：10 月 31 日 单位：元 完工数量：3 台

2022 年		凭证字号	摘 要	生产工时/小时	成本项目			合 计
月	日				直接材料	直接人工	制造费用	
9	30		月末在产品					
10	31	×	分配材料费用					—
10	31	×	本月发生工时					—
10	31	×	表 7-151 结转完工产品					

表 7-143 湾沚公司（20220904 批号）基本生产成本明细账 2

成本对象：20220904 产品名称：G4 产品 批量：7 台 开工日期：9 月 22 日
购货单位：六江公司 完工日期：10 月 31 日 单位：元 完工数量： 台

2022 年		凭证字号	摘 要	生产工时/小时	成本项目			合 计
月	日				直接材料	直接人工	制造费用	
9	30		月末在产品					
10	31	×	分配材料费用					—
10	31	×	本月发生工时					—

表 7-144 湾沚公司（20221001 批号）基本生产成本明细账

成本对象：20221001 产品名称：G3 产品 批量：5 台 开工日期：10 月 8 日
购货单位：七江公司 完工日期：10 月 31 日 单位：元 完工数量：5 台

2022 年		凭证字号	摘 要	生产工时/小时	成本项目			合 计
月	日				直接材料	直接人工	制造费用	
10	31	×	分配材料费用					—

续表

2022年		凭证字号	摘 要	生产工时/小时	成本项目			合 计
月	日				直接材料	直接人工	制造费用	
10	31	×	本月发生工时					—
10	31	×	表7-151 结转完工产品					

表7-145 湾沚公司（20221002批号）基本生产成本明细账

成本对象：20221002　产品名称：G1产品　批量：12台　开工日期：10月11日

购货单位：八江公司　完工日期：　月　日　单位：元　完工数量：10台

2022年		凭证字号	摘 要	生产工时/小时	成本项目			合 计
月	日				直接材料	直接人工	制造费用	
10	31	×	分配材料费用					—
10	31	×	本月发生工时					—
10	31	×	表7-151 结转完工产品					

表7-146 湾沚公司累计间接计入生产费用分配率计算表（全部各批产品） 2

生产部门：基本生产车间　2022年10月　单位：元

项 目	直接人工	制造费用
月初累计间接计入生产费用		
本月发生间接计入生产费用		
本月累计间接计入生产费用		
月初累计生产工时/小时		
本月发生生产工时/小时		
本月累计生产工时/小时		
本月累计间接计入生产费用分配率/（元/小时）		

会计主管：　审核：　制单：

（3）分别编制该公司2022年10月产品成本计算单，如表7-147～表7-150所示。

表7-147 湾沚公司（20220901批号）产品成本计算单 2

生产批号：20220901　产品名称：G1产品　完工产品数量：3台　月末在产品数量：0台

2022年10月　单位：元

项 目	生产工时/小时	直接材料	直接人工	制造费用	合 计
月初在产品					—
本月发生					—
本月合计					—
本月累计间接计入生产费用分配率					—
本月完工产品					
本月完工产品单位成本/（元/台）					
月末在产品					—

会计主管：　审核：　制单：

表 7-148 湾沚公司（20220902 批号）产品成本计算单（完工产品按定额成本计价法） 2

生产批号：20220902　　产品名称：G2 产品　　完工产品数量：3 台　　月末在产品数量：10 台

2022 年 10 月　　单位：元

项　目	生产工时/小时	直接材料	直接人工	制造费用	合　计
月初在产品					—
本月发生					—
本月合计					—
产品工时定额/成本定额					—
本月累计间接计入生产费用分配率					—
本月完工产品					
本月完工产品单位成本/（元/台）					
月末在产品					—

会计主管：　　审核：　　制单：

表 7-149 湾沚公司（20221001 批号）产品成本计算单

生产批号：20221001　　产品名称：G3 产品　　完工产品数量：5 台　　月末在产品数量：0 台

2022 年 10 月　　单位：元

项　目	生产工时/小时	直接材料	直接人工	制造费用	合　计
月初在产品					—
本月发生					—
本月合计					—
本月累计间接计入生产费用分配率					—
本月完工产品					
本月完工产品单位成本/（元/台）					
月末在产品					—

会计主管：　　审核：　　制单：

表 7-150 湾沚公司（20221002 批号）产品成本计算单（在产品按定额成本计价法）

生产批号：20221002　　产品名称：G1 产品　　完工产品数量：10 台　　月末在产品数量：2 台

2022 年 10 月　　单位：元

项　目	生产工时/小时	直接材料	直接人工	制造费用	合　计
月初在产品					—
本月发生					—
本月合计					—
本月累计间接计入生产费用分配率					—
本月完工产品					
本月完工产品单位成本/（元/台）					
产品工时定额/成本定额					—
月末在产品工时定额/成本定额					—
月末在产品					—

会计主管：　　审核：　　制单：

（4）根据表 7-147～表 7-150 编制全部各批完工产品生产工时及生产成本汇总表，如表 7-151 所示。

表 7-151　湾沚公司全部各批完工产品生产工时及生产成本汇总表 2

2022 年 10 月

单位：元

生产批号	产品名称	完工数量/台	生产工时/小时	直接材料	直接人工	制造费用	合　计
20220901							
20220902							
20221001							
20221002							
合　计	—	—					

会计主管：　　　　审核：　　　　制单：

（5）根据表 7-151 登记全部批别产品基本生产成本二级账、各批别产品基本生产成本明细账。

（6）根据表 7-147～表 7-151 编制记账凭证（用会计分录代替）。

4．鸠兹公司设置三个基本生产车间，大批多步骤生产 J 产品，该产品顺序经过第一、第二、第三车间生产，第一车间投入直接材料生产出 J1 半成品，交给第二车间生产出 J2 半成品，再交给第三车间生产 J 产成品。在生产过程中，单位 J2 半成品耗用 2 件 J1 半成品，单位 J 产成品耗用 3 件 J2 半成品。根据生产特点和管理要求，假定该公司月末没有盘点在产品，各基本生产车间的在产品均采用定额比例计价法计量，J1 半成品的材料成本定额为 100 元/件，直接材料在第一车间开始生产时一次投入；J 产成品的工时定额为 12 小时/件，其中第一、第二、第三车间的工时定额分别为 3 小时/件、4 小时/件、5 小时/件，各车间的加工成本陆续发生，且各车间月末在产品的加工成本的完工程度平均为 50%。

该公司 2022 年 9 月、10 月、11 月份有关成本计算资料如表 7-152、表 7-153 所示。

表 7-152　鸠兹公司各车间各月生产产量记录

单位：件

项　目		月初狭义在产品	本月投产	本月完工	月末狭义在产品
9 月	第一车间	0	370	270	100
	第二车间	0	270	90	45
	第三车间	0	90	20	10
10 月	第一车间	100	400	300	200
	第二车间	45	280	150	35
	第三车间	10	120	30	20
11 月	第一车间	200	510	710	0
	第二车间	35	710	390	0
	第三车间	20	390	150	0

表 7-153　鸠兹公司各车间各月发生的生产费用

单位：元

项　目		直接材料	直接人工	制造费用	合　计
9 月	第一车间	40 700	19 200	17 280	77 180
	第二车间		9 450	9 000	18 450
	第三车间		2 750	2 625	5 375
10 月	第一车间	44 000	21 000	18 900	83 900
	第二车间		12 180	11 600	23 780
	第三车间		3 850	3 675	7 525
11 月	第一车间	56 100	36 600	32 940	125 640
	第二车间		31 290	29 800	61 090
	第三车间		15 400	14 700	30 100

要求：

（1）根据上述资料，完成该公司 2022 年 9 月、10 月、11 月份有关定额资料表，如表 7-154 所示。

表 7-154 鸠兹公司各车间各月有关产品定额资料表

单位：元

月 份	车 间	定额指标	月初在产品	本月投入	本月完工	月末在产品
9 月	第一车间	材料定额成本				
		定额工时/小时				
	第二车间	定额工时/小时				
	第三车间	定额工时/小时				
10 月	第一车间	材料定额成本				
		定额工时/小时				
	第二车间	定额工时/小时				
	第三车间	定额工时/小时				
11 月	第一车间	材料定额成本				
		定额工时/小时				
	第二车间	定额工时/小时				
	第三车间	定额工时/小时				

（2）采用按实际成本综合逐步结转分步法核算 J 产品成本，完成表 7-155～表 7-159，自制半成品通过半成品仓库收发，且发出的自制半成品采用月末一次加权平均法计量，尾差计入发出半成品成本。

表 7-155 鸠兹公司第一车间（J1 半成品）基本生产成本明细账

车间：第一车间　　品名：J1 半成品　　单位：元

2022 年		凭证字号	摘 要	成本项目			合 计
月	日			直接材料	直接人工	制造费用	
9	30	×	分配材料费用				
9	30	×	分配人工费用				
9	30	×	分配制造费用				
9	30	×	结转完工 J1 半成品成本				
9	30		月末在产品成本				
10	31	×	分配材料费用				
10	31	×	分配人工费用				
10	31	×	分配制造费用				
10	31	×	结转完工 J1 半成品成本				
10	31		月末在产品成本				
11	30	×	分配材料费用				
11	30	×	分配人工费用				
11	30	×	分配制造费用				
11	30	×	结转完工 J1 半成品成本				
11	30		月末在产品成本				

表 7-156　鸠兹公司（J1 半成品）自制半成品明细账（月末一次加权平均法）

品名：J1 半成品　　计量单位：件　　金额单位：元

2022 年		凭证字号	摘　要	收　入			发　出			结　存		
月	日			数量	单位成本	金额	数量	单位成本	金额	数量	单位成本	金　额
9	30	×	本月入库									
9	30	×	本月出库									
10	31	×	本月入库									
10	31	×	本月出库									
11	30	×	本月入库									
11	30	×	本月出库									

表 7-157　鸠兹公司第二车间（J2 半成品）基本生产成本明细账

车间：第二车间　　品名：J2 半成品　　单位：元

2022 年		凭证字号	摘　要	成本项目			合　计
月	日			自制半成品	直接人工	制造费用	
9	30	×	分配人工费用				
9	30	×	分配制造费用				
9	30	×	领用 J1 半成品成本				
9	30	×	结转完工 J2 半成品成本				
9	30		月末在产品成本				
10	31	×	分配人工费用				
10	31	×	分配制造费用				
10	31	×	领用 J1 半成品成本				
10	31	×	结转完工 J2 半成品成本				
10	31		月末在产品成本				
11	30	×	分配人工费用				
11	30	×	分配制造费用				
11	30	×	领用 J1 半成品成本				
11	30	×	结转完工 J2 半成品成本				
11	30		月末在产品成本				

表 7-158　鸠兹公司（J2 半成品）自制半成品明细账（月末一次加权平均法）

品名：J2 半成品　　计量单位：件　　金额单位：元

2022 年		凭证字号	摘　要	收　入			发　出			结　存		
月	日			数量	单位成本	金额	数量	单位成本	金额	数量	单位成本	金额
9	30	×	本月入库									
9	30	×	本月出库									
10	31	×	本月入库									
10	31	×	本月出库									
11	30	×	本月入库									
11	30	×	本月出库									

表 7-159　鸠兹公司第三车间（J 产成品）基本生产成本明细账

车间：第三车间　　品名：J 产成品　　单位：元

2022 年		凭证字号	摘　要	成本项目			合　计
月	日			自制半成品	直接人工	制造费用	
9	30	×	分配人工费用				
9	30	×	分配制造费用				
9	30	×	领用 J2 半成品成本				
9	30	×	结转完工 J 产成品成本				
9	30		月末在产品成本				
10	31	×	分配人工费用				
10	31	×	分配制造费用				
10	31	×	领用 J2 半成品成本				
10	31	×	结转完工 J 产成品成本				
10	31		月末在产品成本				
11	30	×	分配人工费用				
11	30	×	分配制造费用				
11	30	×	领用 J2 半成品成本				
11	30	×	结转完工 J 产成品成本				
11	30		月末在产品成本				

（3）采用平行结转分步法核算 J 产品成本，完成表 7-160～表 7-165。

表 7-160　鸠兹公司第一车间（J 产成品）基本生产成本明细账

车间：第一车间　　品名：J 产成品　　单位：元

2022 年		凭证字号	摘　要	成本项目			合　计
月	日			直接材料	直接人工	制造费用	
9	30	×	分配材料费用				
9	30	×	分配人工费用				
9	30	×	分配制造费用				
9	30	×	产成品成本中本步骤份额				
9	30		月末广义在产品成本				
10	31	×	分配材料费用				
10	31	×	分配人工费用				
10	31	×	分配制造费用				
10	31	×	产成品成本中本步骤份额				
10	31		月末广义在产品成本				
11	30	×	分配材料费用				
11	30	×	分配人工费用				
11	30	×	分配制造费用				
11	30	×	产成品成本中本步骤份额				
11	30		月末广义在产品成本				

表 7-161　鸠兹公司第二车间（J 产成品）基本生产成本明细账

车间：第二车间　　品名：J 产成品　　单位：元

2022 年		凭证字号	摘　要	成本项目			合　计
月	日			直接材料	直接人工	制造费用	
9	30	×	分配人工费用				
9	30	×	分配制造费用				
9	30	×	产成品成本中本步骤份额				
9	30		月末广义在产品成本				
10	31	×	分配人工费用				
10	31	×	分配制造费用				
10	31	×	产成品成本中本步骤份额				
10	31		月末广义在产品成本				
11	30	×	分配人工费用				
11	30	×	分配制造费用				
11	30	×	产成品成本中本步骤份额				
11	30		月末广义在产品成本				

表 7-162　鸠兹公司第三车间（J 产成品）基本生产成本明细账

车间：第三车间　　品名：J 产成品　　单位：元

2022 年		凭证字号	摘　要	成本项目			合　计
月	日			直接材料	直接人工	制造费用	
9	30	×	分配人工费用				
9	30	×	分配制造费用				
9	30	×	产成品成本中本步骤份额				
9	30		月末广义在产品成本				
10	31	×	分配人工费用				
10	31	×	分配制造费用				
10	31	×	产成品成本中本步骤份额				
10	31		月末广义在产品成本				
11	30	×	分配人工费用				
11	30	×	分配制造费用				
11	30	×	产成品成本中本步骤份额				
11	30		月末广义在产品成本				

表 7-163　鸠兹公司产成品成本汇总表 1

品名：J 产成品　　2022 年 9 月　　单位：元

车　间	产量/件	直接材料	直接人工	制造费用	合　计
第一车间					
第二车间					
第三车间					
合　计					
单位成本					

会计主管：　　审核：　　制单：

表 7-164 鸠兹公司产成品成本汇总表 2

品名：J 产成品　　2022 年 10 月　　单位：元

车　间	产量/件	直接材料	直接人工	制造费用	合　计
第一车间					
第二车间					
第三车间					
合　计					
单位成本					

会计主管：　　审核：　　制单：

表 7-165 鸠兹公司产成品成本汇总表 3

品名：J 产成品　　2022 年 11 月　　单位：元

车　间	产量/件	直接材料	直接人工	制造费用	合　计
第一车间					
第二车间					
第三车间					
合　计					
单位成本					

会计主管：　　审核：　　制单：

（4）根据（2）、（3）核算结果，完成下列比较表，如表 7-166 所示，并说明结论。

表 7-166 鸠兹公司逐步结转分步法和平行结转分步法核算结果比较表

品名：J 产成品　　单位：元

核算方法	成本项目	9 月（产量：20 件）	10 月（产量：30 件）	11 月（产量：150 件）	合　计（产量：200 件）
逐步结转分步法	自制半成品				
	直接人工				
	制造费用				
	合　计				
平行结转分步法	直接材料				
	直接人工				
	制造费用				
	合　计				

参考答案

项目八 核算产品成本的辅助方法

学习导航篇

学习导航

- 核算产品成本的辅助方法
  - 分类法
    - 了解分类法
    - 用分类法核算产品成本实例
      - 核算同类系列产品成本
        - 标准产量比例法
        - 定额比例法
      - 核算联产品成本
        - 联合成本的归集与分配
        - 分离后的加工成本的归集与分配
      - 核算副产品成本
        - 分离后直接销售的副产品成本计价
        - 分离后继续加工的副产品成本计价
      - 核算等级品成本
      - 核算零星产品成本
  - 定额法
    - 了解定额法
    - 用定额法核算产品实际成本
      - 制定成本定额
      - 核算各类差异
        - 核算定额变动差异
        - 核算脱离定额差异
        - 核算材料成本差异
      - 核算产品实际成本

学习目标

☆ 掌握分类法的成本核算程序；
☆ 理解分类法的特点和适用范围；
☆ 掌握定额法的成本核算程序；
☆ 理解定额法的特点和适用范围；
☆ 培育精益求精的工匠精神。

引言导读

上一项目，我们学习了产品成本核算的品种法、分批法和分步法等基本方法。实际上，企业生产的产品品种、规格有时很多，但耗用直接材料、加工工艺却基本相同。为了简化产品成本核算的工作，企业也可以采用分类法核算产品成本。如果企业定额管理基础较好，为了配合定额管理，也可采用定额法核算产品成本。这些方法有何特点？适用范围有哪些？核算程序有何区别？本项目主要通过列举典型案例来解答这些问题。

实践操作篇

步骤一 用分类法核算产品成本

分类法不是一种独立的核算产品成本的基本方法，但它如果能与基本方法结合运用，将会大大简化产品成本核算的工作。

一、了解分类法

1．分类法的定义

如果企业生产的产品品种、规格很多，且其生产工艺基本相同，那么为了减少产品成本核算对象、简化产品成本核算的工作，可以首先将这些产品按照一定标准划分为若干类别，并以产品的各类别作为成本核算对象，结合该类别产品的生产特点和成本管理要求，采用适当的产品成本核算基本方法归集生产费用，核算该类别产品总成本，然后再将此总成本按照一定的方法分配核算该类别产品中的各种产品成本。这种产品成本核算的方法就是产品成本核算的分类法。显然，它不是一种独立的、基本的产品成本核算方法，而是需要根据产品的生产特点和成本管理要求，与品种法、分批法或分步法结合起来，才能核算出各种产品的总成本和单位成本。

2．分类法的特点

分类法核算产品成本一般包括两个阶段，即首先核算各类别产品成本，然后再核算类别内各种产品成本。其主要特点包括以下几个方面。

（1）以产品的类别作为成本核算对象归集生产费用。在归集生产费用时，各种领料凭证、工时记录以及各种费用分配表都应当按照产品的类别填列或编制，以便于核算各类别产品成本。

（2）分类法的成本核算期需要根据产品的生产特点和成本管理要求确定。如果产品是大量大批生产，分类法应当与品种法或分步法结合使用，那么其成本核算期应当与会计报告期一致；如果产品是单件小批生产，分类法应当与分批法结合使用，那么其成本核算期应当与产品生产周期一致。

（3）月末，一般需要在各类别的完工产品与在产品之间分配生产费用。

（4）各类别完工产品成本需要采用适当的方法，在该类别内各种产品之间进行分配。

3．分类法的适用范围

分类法与产品的生产类型没有直接的关系，因而应用范围较大。它一般适用于企业生产的品种、规格很多，且其生产工艺基本相同的同类系列产品、联产品、副产品、等级品以及除主要产品以外的零星产品的成本核算。

4．分类法的成本核算程序

采用分类法核算产品成本一般有以下几个步骤。

第一步，合理划分产品的类别。在分类法下，企业应当按照产品性质、结构、用途、生产工艺过程、耗用直接材料等标准将产品合理划分为若干类别，使产品成本核算既简化，又相对正确。若类别划分过细，产品成本核算对象就会过多，成本核算工作量也会较大；若类别划分过粗，将不具有同类性的产品划为一类，产品成本核算结果就会缺乏客观性。

第二步，按产品的类别设置基本生产成本明细账归集生产费用。企业归集生产费用时，凡能够分清类别耗用的生产费用，属于直接计入生产费用，直接计入该类别产品基本生产成本明细账；凡不能分清类别耗用的生产费用，属于间接计入生产费用，应当采用适当的方法分别计入该类别产品基本生产成本明细账。

第三步，核算各类别完工产品成本。企业应当根据产品的生产特点和管理要求，将产品的品种、批别或生产步骤作为产品的类别，采用相应的品种法、分批法或分步法等基本方法，核算该类别产品的完工产品成本和在产品成本。

第四步，核算各类别内各种产品成本。企业应当将核算出的各类别完工产品的成本采用适当的方法在该类别内的各种产品之间进行分配，从而核算出各种产品的总成本和单位成本。同类别产品内的各种产品之间分配成本的标准，可以采用定额消耗量或定额成本，也可以采用售价、实物量（如重量、长度、体积等），还可以采用系数法等。

二、用分类法核算产品成本实例

（一）核算同类系列产品成本

同类系列产品，简称同类产品，是指采用同样原材料、同样工艺过程而生产出的不同规格的产品，如电子元器件、服装、食品等。

1．标准产量比例法

为了简化同类系列产品的成本分配工作，企业可以先将同类别内各种产品的实际产量按照其确定的系数折算为标准产量，然后按照其标准产量比例分配同类别内各种产品的成本。这种方法就是标准产量比例法，也称系数法或简化的分类法。其核算程序一般包括以下几个方面。

（1）确定折算基准。企业在确定同一类别内各种产品分配成本标准时，为了使成本分配结果正确，不仅应当选择与产品成本密切相关的折算基准，而且对构成产品成本的不同项目也可以采用不同的折算基准。

（2）确定标准产品的该折算基准的系数。标准产品是指同类别产品中产量较大、生产比较稳定或者规格折中的产品。标准产品的该折算基准的系数确定为“1”。

（3）核算同类别内其他产品折算基准的折算系数。同类别内其他产品的该折算基准的数据与标准产品的该折算基准的数据的比率，即为同类别内其他产品的该折算基准的折算系数。

（4）核算同类别内各种产品的标准产量。将同类别内各种产品的实际产量乘以其折算系数，折算为标准产量。

（5）按标准产量比例分配核算同类别内各种产品成本。

【例 8-1】 一江公司设置了一个基本生产车间，大量单步骤生产 K1、K2、K3、L1、L2 五种产品。各种产品发生的生产损失不单独核算，产品成本专设“直接材料”“直接人工”“制造费用”三个成本项目，各种产品耗用的同种直接材料均在生产开始时一次性投入，各产品的加工成本陆续发生，且月初、月末在产品的加工成本的完工程度均为 50%；设置供水和供电两个辅助生产车间，且不设置“制造费用”账户核算。根据生产特点和管理要求，为简化产品成本核算工作，该公司将

K1、K2、K3 三种产品合并为 K 类，L1、L2 两种产品合并为 L 类。已知 K1、K2、K3、L1、L2 五种产品耗用的材料消耗定额分别为 22、24、20、9、10 千克/件，工时定额分别为 12、13、10、4、5 小时/件。该公司 2022 年 8 月有关成本核算的资料如表 8-1、表 8-2 所示。

表 8-1　一江公司各种产品生产产量记录

单位：件

产品类别	产品品种	月初在产品	本月投产	本月完工	月末在产品
K 类产品	K1 产品	60	580	600	40
	K2 产品	40	510	500	50
	K3 产品	70	980	1 000	50
L 类产品	L1 产品	10	200	200	10
	L2 产品	20	490	500	10

表 8-2　一江公司各类月初在产品生产成本

单位：元

产品类别	直接材料	直接人工	制造费用	合　计
K 类产品	36 972	20 181	63 468	120 621
L 类产品	5 604	1 446	2 157	9 207

要求：采用标准产量比例法结合品种法核算该公司同类系列产品成本。

根据上述资料，按产品的类别分别设置基本生产成本明细账并登记期初余额，分别如表 8-7、表 8-8 所示。

该公司 2022 年 8 月发生的各项要素费用资料如下。

（1）材料费用。根据 8 月份领退料凭证汇总编制原材料费用分配表，如表 8-3 所示。

表 8-3　一江公司原材料费用分配表

单位：元　　　　2022 年 8 月　　　　附单据 8 张

应借账户			直接计入			间接计入		合　计
总账账户	明细账户	成本或费用项目	成本	差异率	成本差异	成本	成本差异	
基本生产成本	K 类产品	直接材料	433 000			8 000		441 000
	L 类产品	直接材料	127 000			4 400		131 400
	小　计		560 000			12 400		572 400
辅助生产成本	供水车间	直接材料	2 000					2 000
		机物料消耗	1 000					1 000
	供电车间	直接材料	4 000					4 000
		机物料消耗	1 500					1 500
	小　计		8 500					8 500
制造费用	基本生产车间	机物料消耗	3 000					3 000
管理费用		物料消耗	1 000					1 000
销售费用		包装费	10 000					10 000
合　计			582 500			12 400		594 900

会计主管：　　　　审核：　　　　制单：

根据表 8-3 登记有关成本、费用明细账。根据表 8-3 编制记账凭证（省略）。

（2）工资费用。根据 8 月份工资结算单等凭证汇总编制工资费用分配表，如表 8-4 所示。

表 8-4　一江公司工资费用分配表

单位：元　　　　2022 年 8 月　　　　附单据 2 张

应借账户			直接计入	间接计入	合　计
总账账户	明细账户	成本或费用项目			
基本生产成本	K 类产品	直接人工		479 925	479 925
	L 类产品	直接人工		66 123	66 123
	小　计			546 048	546 048
辅助生产成本	供水车间	职工薪酬	2 844		2 844
	供电车间	职工薪酬	5 451		5 451
	小　计		8 295		8 295
制造费用	基本生产车间	间接人工	4 266		4 266
管理费用		职工薪酬	29 151		29 151
销售费用		职工薪酬	14 694		14 694
合　计			56 406	546 048	602 454

会计主管：　　　　审核：　　　　制单：

根据表 8-4 登记有关成本、费用明细账。根据表 8-4 编制记账凭证（省略）。

（3）辅助生产部门的生产费用。根据辅助生产成本明细账归集的各项辅助生产费用和相关资料编制辅助生产费用分配表，如表 8-5 所示。

表 8-5　一江公司辅助生产费用分配表（直接分配法）

单位：元　　　　2022 年 8 月　　　　附单据 5 张

辅助生产车间名称				供水车间	供电车间	合　计
等待分配辅助生产费用				256 100	481 560	737 660
供应辅外部门的服务数量				130 000 吨	6 000 千瓦时	—
费用分配率（单位成本）				1.97 元/吨	80.26 元/千瓦时	—
应借账户	制造费用	基本生产车间	受益数量	96 000 吨	5 000 千瓦时	—
			分配金额	189 120	401 300	590 420
	管理费用	受益数量		26 000 吨	800 千瓦时	—
		分配金额		51 220	64 208	115 428
	销售费用	受益数量		8 000 吨	200 千瓦时	—
		分配金额		15 760	16 052	31 812
分配金额合计				256 100	481 560	737 660

会计主管：　　　　审核：　　　　制单：

根据表 8-5 登记有关成本、费用明细账。根据表 8-5 编制记账凭证（省略）。

（4）基本生产的制造费用。根据制造费用明细账归集的各项制造费用和相关资料编制基本生产车间制造费用分配表，如表 8-6 所示。

表 8-6　一江公司基本生产车间制造费用分配表（人工工时法）

生产部门：基本生产车间　　　　2022 年 8 月　　　　附单据 1 张

单位：元

应借账户			生产工人工时/小时	分配率/（元/小时）	分配额
总账账户	明细账户	成本项目			
基本生产成本	K 类产品	制造费用	21 000		701 400
	L 类产品	制造费用	3 000		100 200
	合　计		24 000	33.40	801 600

会计主管：　　　　审核：　　　　制单：

根据表 8-6 登记有关成本、费用明细账。根据表 8-6 编制记账凭证（省略）。

（5）基本生产成本。根据表 8-3、表 8-4、表 8-6 分别登记该公司 2022 年 8 月基本生产成本明细账，如表 8-7、表 8-8 所示。

表 8-7 一江公司（K 类产品）基本生产成本明细账 1

成本对象：K 类产品　　产品名称：K1、K2、K3 产品　　单位：元

2022 年		凭证字号	摘 要	成本项目			合 计
月	日			直接材料	直接人工	制造费用	
7	31		月末在产品成本	36 972	20 181	63 468	120 621
8	31	×	表 8-3 分配材料费用	441 000			441 000
8	31	×	表 8-4 分配工资费用		479 925		479 925
8	31	×	表 8-6 分配制造费用			701 400	701 400

表 8-8 一江公司（L 类产品）基本生产成本明细账 1

成本对象：L 类产品　　产品名称：L1、L2 产品　　单位：元

2022 年		凭证字号	摘 要	成本项目			合 计
月	日			直接材料	直接人工	制造费用	
7	31		月末在产品成本	5 604	1 446	2 157	9 207
8	31	×	表 8-3 分配材料费用	131 400			131 400
8	31	×	表 8-4 分配工资费用		66 123		66 123
8	31	×	表 8-6 分配制造费用			100 200	100 200

假定该公司各类别产品的直接材料费用按材料消耗定额作为折算基准，其他生产费用按工时定额作为折算基准，并确定 K3、L2 分别为 K 类、L 类产品的标准产品。

根据上述资料编制各种产品标准产量计算表，分别如表 8-9、表 8-10 所示。

表 8-9 一江公司 K 类产品各种产品标准产量计算表

产品类别：K 类产品　　直接材料消耗定额：千克/件　　2022 年 8 月　　其他生产费用消耗定额：小时/件

项 目	直接材料费用				其他生产费用			
	K1 产品	K2 产品	K3 产品	合 计	K1 产品	K2 产品	K3 产品	合 计
本月完工产品产量/件	600	500	1 000	—	600	500	1 000	—
本月完工产品消耗定额	22	24	20	—	12	13	10	—
本月完工产品折算系数	1.10	1.20	1	—	1.20	1.30	1	—
本月完工产品标准产量/件	660	600	1 000	2 260	720	650	1 000	2 370
月末在产品产量/件	40	50	50	—	40	50	50	—
月末在产品完工程度	100%	100%	100%	—	50%	50%	50%	—
月末在产品消耗定额	22	24	20	—	6	6.50	5	—
本月在产品折算系数	1.10	1.20	1	—	0.60	0.65	0.50	—
月末在产品标准产量/件	44	60	50	154	24	32.50	25	81.5

会计主管：　　审核：　　制单：

表 8-10　一江公司 L 类产品各种产品标准产量计算表

产品类别：L 类产品　　直接材料消耗定额：千克/件　　2022 年 8 月　　其他生产费用消耗定额：小时/件

项　目	直接材料费用			其他生产费用		
	L1 产品	L2 产品	合 计	L1 产品	L2 产品	合 计
本月完工产品产量/件	200	500	—	200	500	—
完工产品消耗定额	9	10	—	4	5	—
本月完工产品折算系数	0.9	1	—	0.8	1	—
本月完工产品标准产量/件	180	500	680	160	500	660
月末在产品产量/件	10	10	—	10	10	—
月末在产品完工程度	100%	100%	—	50%	50%	—
月末在产品消耗定额	9	10	—	2	2.50	—
月末在产品折算系数	0.9	1	—	0.4	0.5	—
在产品标准产量/件	9	10	19	4	5	9

会计主管：　　审核：　　制单：

根据上述资料及表 8-9、表 8-10 编制产品成本计算单，如表 8-11、表 8-12 所示。

表 8-11　一江公司 K 类产品成本计算单（在产品按标准产量比例计价法）

产品类别：K 类产品　　2022 年 8 月　　单位：元

项　目		产量/件	材料标准产量/件	直接材料	加工成本标准产量/件	直接人工	制造费用	合　计
月初在产品成本				36 972		20 181	63 468	120 621
本月发生的生产成本				441 000		479 925	701 400	1 622 325
本月生产成本合计			2 414	477 972	2 451.5	500 106	764 868	1 742 946
本月生产成本分配率/（元/件）				198		204	312	—
月末在产品成本			154	30 492	81.5	16 626	25 428	72 546
本月完工产品成本			2 260	447 480	2 370	483 480	739 440	1 670 400
本月完工产品成本分配率/（元/件）				198		204	312	—
K1 产品	总成本	600	660	130 680	720	146 880	224 640	502 200
	单位成本/（元/件）			217.8		244.8	374.4	837
K2 产品	总成本	500	600	118 800	650	132 600	202 800	454 200
	单位成本/（元/件）			237.6		265.2	405.6	908.4
K3 产品	总成本	1 000	1 000	198 000	1 000	204 000	312 000	714 000
	单位成本/（元/件）			198		204	312	714

会计主管：　　审核：　　制单：

表 8-12　一江公司 L 类产品成本计算单（在产品按标准产量比例计价法）

产品类别：L 类产品　　2022 年 8 月　　单位：元

项　目		产量/件	材料标准产量/件	直接材料	加工成本标准产量/件	直接人工	制造费用	合　计
月初在产品成本				5 604		1 446	2 157	9 207
本月发生的生产成本				131 400		66 123	100 200	297 723
本月生产成本合计			699	137 004	669	67 569	102 357	306 930
本月生产成本分配率/（元/件）				196		101	153	—
月末在产品成本			19	3 724	9	909	1 377	6 010
本月完工产品成本			680	133 280	660	66 660	100 980	300 920
本月完工产品成本分配率/（元/件）				196		101	153	—
L1 产品	总成本	200	180	35 280	160	16 160	24 480	75 920
	单位成本/（元/件）			176.4		80.8	122.4	379.6
L2 产品	总成本	500	500	98 000	500	50 500	76 500	225 000
	单位成本/（元/件）			196		101	153	450

会计主管：　　审核：　　制单：

可根据表 8-11、表 8-12 分别登记基本生产成本明细账、库存商品明细账。现根据表 8-11、表 8-12 登记基本生产成本明细账，如表 8-13（承表 8-7）、表 8-14（承表 8-8）所示。

表 8-13 一江公司（K 类产品）基本生产成本明细账 2-1

成本对象：K 类产品　　产品名称：K1、K2、K3 产品　　单位：元

2022 年		凭证字号	摘　要	成本项目			合　计
月	日			直接材料	直接人工	制造费用	
7	31		月末在产品成本	36 972	20 181	63 468	120 621
8	31	×	表 8-3 分配材料费用	441 000			441 000
8	31	×	表 8-4 分配工资费用		479 925		479 925
8	31	×	表 8-6 分配制造费用			701 400	701 400
8	31	×	表 8-11 结转完工 K 类产品成本	447 480	483 480	739 440	1 670 400

表 8-14 一江公司（L 类产品）基本生产成本明细账 2-1

成本对象：L 类产品　　产品名称：L1、L2 产品　　单位：元

2022 年		凭证字号	摘　要	成本项目			合　计
月	日			直接材料	直接人工	制造费用	
7	31		月末在产品成本	5 604	1 446	2 157	9 207
8	31	×	表 8-3 分配材料费用	131 400			131 400
8	31	×	表 8-4 分配工资费用		66 123		66 123
8	31	×	表 8-6 分配制造费用			100 200	100 200
8	31	×	表 8-12 结转完工 L 类产品成本	133 280	66 660	100 980	300 920

根据表 8-9～表 8-12 编制记账凭证（用会计分录代替）如下：

借：库存商品——K1 产品　　502 200
　　　　　　——K2 产品　　454 200
　　　　　　——K3 产品　　714 000
　贷：基本生产成本——K 类产品　　1 670 400

借：库存商品——L1 产品　　75 920
　　　　　　——L2 产品　　225 000
　贷：基本生产成本——L 类产品　　300 920

2．定额比例法

如果企业各项消耗定额比较准确，那么企业也可以按照定额比例法分配同类别内各种产品成本。

【例 8-2】 承例 8-1 资料，假定一江公司同类别内各种产品的材料消耗定额和工时定额比较准确。其余资料不变。

要求：采用定额比例法结合品种法核算该公司同类系列产品成本。

根据上述资料，按产品的类别分别设置基本生产成本明细账并登记期初余额，分别如表 8-7、表 8-8 所示。

根据表 8-3～表 8-6 分别登记基本生产成本明细账，如表 8-7、表 8-8 所示。

根据上述资料编制各种产品定额消耗量计算表，如表 8-15、表 8-16 所示。

表 8-15　一江公司 K 类各种产品定额消耗量计算表

产品类别：K 类产品　　2022 年 8 月

项　目	直接材料费用				其他生产费用			
	K1 产品	K2 产品	K3 产品	合　计	K1 产品	K2 产品	K3 产品	合　计
本月完工产品产量/件	600	500	1 000	2 100	600	500	1 000	2 100
完工产品消耗定额	22 千克/件	24 千克/件	20 千克/件	—	12 小时/件	13 小时/件	10 小时/件	—
本月完工产品定额消耗量	13 200 千克	12 000 千克	20 000 千克	45 200 千克	7 200 小时	6 500 小时	10 000 小时	23 700 小时
月末在产品产量/件	40	50	50	140	40	50	50	140
月末在产品完工程度	100%	100%	100%	—	50%	50%	50%	—
月末在产品消耗定额	22 千克/件	24 千克/件	20 千克/件	—	6 小时/件	6.5 小时/件	5 小时/件	—
月末在产品定额消耗量	880 千克	1 200 千克	1 000 千克	3 080 千克	240 小时	325 小时	250 小时	815 小时

会计主管：　　审核：　　制单：

表 8-16　一江公司 L 类各种产品定额消耗量计算表

产品类别：L 类产品　　2022 年 8 月

项　目	直接材料费用			其他生产费用		
	L1 产品	L2 产品	合　计	L1 产品	L2 产品	合　计
本月完工产品产量/件	200	500	700	200	500	700
完工产品消耗定额	9 千克/件	10 千克/件	—	4 小时/件	5 小时/件	—
本月完工产品定额消耗量	1 800 千克	5 000 千克	6 800 千克	800 小时	2 500 小时	3 300 小时
月末在产品产量/件	10	10	20	10	10	20
月末在产品完工程度	100%	100%	—	50%	50%	—
月末在产品消耗定额	9 千克/件	10 千克/件	—	2 小时/件	2.5 小时/件	—
月末在产品定额消耗量	90 千克	100 千克	190 千克	20 小时	25 小时	45 小时

会计主管：　　审核：　　制单：

根据上述资料和表 8-15、表 8-16 编制产品成本计算单，如表 8-17、表 8-18 所示。

表 8-17　一江公司 K 类产品成本计算单（在产品按定额消耗量比例计价法）

产品类别：K 类产品　　2022 年 8 月　　单位：元

项　目		产量/件	材料定额消耗量/千克	直接材料	定额工时/小时	直接人工	制造费用	合　计
月初在产品成本				36 972		20 181	63 468	120 621
本月发生的生产成本				441 000		479 925	701 400	1 622 325
本月生产成本合计			48 280	477 972	24 515	500 106	764 868	1 742 946
本月生产成本分配率				9.9 元/千克		20.4 元/小时	31.2 元/小时	—
月末在产品成本			3 080	30 492	815	16 626	25 428	72 546
本月完工产品成本			45 200	447 480	23 700	483 480	739 440	1 670 400
本月完工产品成本分配率				9.9 元/千克		20.4 元/小时	31.2 元/小时	—
K1 产品	总成本	600	13 200	130 680	7 200	146 880	224 640	502 200
	单位成本/(元/件)			217.8		244.8	374.4	837
K2 产品	总成本	500	12 000	118 800	6 500	132 600	202 800	454 200
	单位成本/(元/件)			237.6		265.2	405.6	908.4
K3 产品	总成本	1 000	20 000	198 000	10 000	204 000	312 000	714 000
	单位成本/(元/件)			198		204	312	714

会计主管：　　审核：　　制单：

表 8-18　一江公司 L 类产品成本计算单（在产品按定额消耗量比例计价法）

产品类别：L 类产品　　2022 年 8 月　　单位：元

项目		产量/件	材料定额消耗量/千克	直接材料	定额工时/小时	直接人工	制造费用	合计
月初在产品成本				5 604		1 446	2 157	9 207
本月发生的生产成本				131 400		66 123	100 200	297 723
本月生产成本合计			6 990	137 004	3 345	67 569	102 357	306 930
本月生产成本分配率				19.6 元/千克		20.2 元/小时	30.6 元/小时	—
月末在产品成本			190	3 724	45	909	1 377	6 010
本月完工产品成本			6 800	133 280	3 300	66 660	100 980	300 920
本月完工产品成本分配率				19.6 元/千克		20.2 元/小时	30.6 元/小时	—
L1 产品	总成本	200	1 800	35 280	800	16 160	24 480	75 920
	单位成本/（元/件）			176.4		80.8	122.4	379.6
L2 产品	总成本	500	5 000	98 000	2 500	50 500	76 500	225 000
	单位成本/（元/件）			196		101	153	450

会计主管：　　审核：　　制单：

可根据表 8-17、表 8-18 分别登记基本生产成本明细账、库存商品明细账。现根据表 8-17、表 8-18 登记基本生产成本明细账，如表 8-19（承表 8-7）、表 8-20（承表 8-8）所示。

表 8-19　一江公司（K 类产品）基本生产成本明细账 2-2

成本对象：K 类产品　　产品名称：K1、K2、K3 产品　　单位：元

2022 年		凭证字号	摘要	成本项目			合计
月	日			直接材料	直接人工	制造费用	
7	31		月末在产品成本	36 972	20 181	63 468	120 621
8	31	×	表 8-3 分配材料费用	441 000			441 000
8	31	×	表 8-4 分配工资费用		479 925		479 925
8	31	×	表 8-6 分配制造费用			701 400	701 400
8	31	×	表 8-17 结转完工 K 类产品成本	447 480	483 480	739 440	1 670 400

表 8-20　一江公司（L 类产品）基本生产成本明细账 2-2

成本对象：L 类产品　　产品名称：L1、L2 产品　　单位：元

2022 年		凭证字号	摘要	成本项目			合计
月	日			直接材料	直接人工	制造费用	
7	31		月末在产品成本	5 604	1 446	2 157	9 207
8	31	×	表 8-3 分配材料费用	131 400			131 400
8	31	×	表 8-4 分配工资费用		66 123		66 123
8	31	×	表 8-6 分配制造费用			100 200	100 200
8	31	×	表 8-18 结转完工 L 类产品成本	133 280	66 660	100 980	300 920

根据表 8-15～表 8-18 编制记账凭证（用会计分录代替）如下：

借：库存商品——K1 产品　　502 200

　　　　　　——K2 产品　　454 200

——K3 产品 714 000

贷：基本生产成本——K 类产品 1 670 400

借：库存商品——L1 产品 75 920

——L2 产品 225 000

贷：基本生产成本——L 类产品 300 920

（二）核算联产品成本

联产品是指使用同种原材料，经过同一生产过程同时生产出具有同等经济地位、不同用途的两种或两种以上的主要产品。它是企业生产经营活动的主要目标。如炼油厂将原油投入后，经过若干个生产工艺生产出的汽油、柴油和煤油三种联产品。联产品的生产与同类产品的生产不同，它具有联合生产的同时性，即一种联产品的产出必然伴随着其他联产品的同时产出。这种联合生产达到一定阶段时，各种联产品相互分离。各种联产品的分离时点称为分离点。分离后的各种联产品，有的可以直接销售，有的还需要进一步加工，才可供销售。因此，联产品的成本核算通常分为分离前的联合成本核算和分离后的加工成本核算两个阶段。

1．分离前的联合成本的归集与分配

由于联产品在分离点以前发生的联合成本一般无法区分其受益对象，只能将联产品确定成本核算对象设置产品成本明细账进行归集，然后在分离点将其归集的联合成本以适当的方法（如分离点售价法、可变现净值法、实物数量法、系数法等）在各种联产品之间进行分配。

（1）分离点售价法。如果各种联产品在分离点的销售价格能够可靠地计量，且分离后不需要进一步加工即可以对外销售，那么企业可以按照各种联产品的分离点销售价格比例分配其联合成本。

【例 8-3】 二江公司使用同种原料，经过同一生产工艺同时生产出 M1、M2、M3 三种联产品。各种产品发生的生产损失不单独核算，产品成本专设“直接材料”“直接人工”“制造费用”三个成本项目。根据生产特点和管理要求，为简化产品成本核算工作，该公司将 M1、M2、M3 三种联产品合并为一类。该类联产品均无月初、月末在产品，2022 年 8 月份发生的联合成本为 12 000 元，其中直接材料为 4 000 元、直接人工为 3 000 元、制造费用为 5 000 元，共生产 M1、M2、M3 三种产品分别为 1 000 千克、1 500 千克、2 500 千克。假定 M1、M2、M3 三种联产品在分离点时的销售单价分别为 10 元/千克、20 元/千克、24 元/千克。

要求：采用分离点售价法结合品种法核算该公司联产品成本。

根据上述资料，按联产品设置基本生产成本明细账并登记本期发生额，如表 8-21 所示。

表 8-21 二江公司（联产品）基本生产成本明细账 1

成本对象：联产品　　　　产品名称：M1、M2、M3 产品　　　　单位：元

2022 年		凭证字号	摘 要	成本项目			合 计
月	日			直接材料	直接人工	制造费用	
8	31	×	分配材料费用	4 000			4 000
8	31	×	分配职工薪酬费用		3 000		3 000
8	31	×	分配制造费用			5 000	5 000

根据上述资料，编制联产品联合成本分配单，如表 8-22 所示。

表 8-22 二江公司联产品联合成本分配单（分离点售价法）

产品类别：联产品　　2022 年 8 月　　单位：元

项目		产量/千克	销售单价/（元/千克）	售价	成本项目			合计
					直接材料	直接人工	制造费用	
月初在产品成本					0	0	0	0
本月发生的生产成本					4 000	3 000	5 000	12 000
本月生产成本合计					4 000	3 000	5 000	12 000
本月生产成本分配率					0.04	0.03	0.05	0.12
月末在产品成本					0	0	0	0
本月完工产品成本				100 000	4 000	3 000	5 000	12 000
本月完工产品成本分配率					0.04	0.03	0.05	0.12
M1 产品	总成本	1 000	10	10 000	400	300	500	1 200
	单位成本/（元/千克）				0.4	0.3	0.5	1.2
M2 产品	总成本	1 500	20	30 000	1 200	900	1 500	3 600
	单位成本/（元/千克）				0.8	0.6	1	2.4
M3 产品	总成本	2 500	24	60 000	2 400	1 800	3 000	7 200
	单位成本/（元/千克）				0.96	0.72	1.20	2.88

会计主管：　　审核：　　制单：

在表 8-22 中，

本月完工产品成本分配率=12 000÷(10 000+30 000+60 000)=0.12。

可根据表 8-22 登记基本生产成本明细账、库存商品明细账。现根据表 8-22 登记基本生产成本明细账，如表 8-23（承表 8-21）所示。

表 8-23 二江公司（联产品）基本生产成本明细账 2

成本对象：联产品　　产品名称：M1、M2、M3 产品　　单位：元

2022 年		凭证字号	摘要	成本项目			合计
月	日			直接材料	直接人工	制造费用	
8	31	×	分配材料费用	4 000			4 000
8	31	×	分配职工薪酬费用		3 000		3 000
8	31	×	分配制造费用			5 000	5 000
8	31	×	表 8-22 结转联产品联合成本	4 000	3 000	5 000	12 000

根据表 8-22 编制记账凭证（用会计分录代替）如下：

借：库存商品——M1 产品　　1 200
　　　　　　——M2 产品　　3 600
　　　　　　——M3 产品　　7 200
　贷：基本生产成本——联产品　　12 000

（2）可变现净值法。如果各种联产品在分离点时的销售价格能够可靠地计量，但其分离后需要进一步加工才可以对外销售，那么企业可以按照各种联产品的分离点可变现净值比例分配其联合成本。可变现净值是指在正常生产经营过程中，以存货的估计售价减去至完工估计将要发生的成本、估计的销售费用以及相关税费后的金额。

【例 8-4】 承例 8-3 资料，假定二江公司 2022 年 8 月生产联产品中的 M1、M3 两种产品在分离后需要进一步加工才能对外销售，估计至完工尚需发生加工成本分别为 2 000 元、12 500

元，估计销售单价分别为 22 元/千克、25 元/千克，不考虑联产品的销售费用及相关税费。其余资料不变。

要求：采用可变现净值法结合品种法核算该公司联产品成本。

根据上述资料，编制联产品联合成本分配单，如表 8-24 所示。

表 8-24　二江公司联产品联合成本分配单（可变现净值法）

产品类别：联产品　　2022 年 8 月　　单位：元

项　目		产量/千克	销售单价/（元/千克）	售价	尚需发生成本	可变现净值	成本项目			合　计
							直接材料	直接人工	制造费用	
月初在产品成本							0	0	0	0
本月发生的生产成本							4 000	3 000	5 000	12 000
本月生产成本合计							4 000	3 000	5 000	12 000
月末在产品成本							0	0	0	0
本月完工产品成本				114 500	14 500	100 000	4 000	3 000	5 000	12 000
本月完工产品成本分配率							0.04	0.03	0.05	0.12
M1 产品	总成本	1 000	22	22 000	2 000	20 000	800	600	1 000	2 400
	单位成本/（元/千克）						0.8	0.6	1	2.4
M2 产品	总成本	1 500	20	30 000		30 000	1 200	900	1 500	3 600
	单位成本/（元/千克）						0.8	0.6	1	2.4
M3 产品	总成本	2 500	25	62 500	12 500	50 000	2 000	1 500	2 500	6 000
	单位成本/（元/千克）						0.8	0.6	1	2.4

会计主管：　　审核：　　制单：

在表 8-24 中，

本月完工产品成本分配率=12 000÷(20 000+30 000+50 000)=0.12。

根据表 8-24 登记基本生产成本明细账、库存商品明细账。

根据表 8-24 编制记账凭证（用会计分录代替）如下：

借：基本生产成本——M1 产品　　2 400

　　　　　　　——M3 产品　　6 000

　　库存商品——M2 产品　　3 600

　　贷：基本生产成本——联产品　　12 000

（3）实物量法。如果各种联产品在分离点时的销售价格很不稳定或无法直接确定，那么企业可以按照各种联产品的分离点实物量（如重量、容积等）比例分配其联合成本。

【例 8-5】 承例 8-3 资料，假定二江公司生产联产品在分离点时的销售价格很不稳定或无法直接确定。其余资料不变。

要求：采用实物重量法结合品种法核算该公司联产品成本。

根据上述资料，编制联产品联合成本分配单，如表 8-25 所示。

表 8-25　二江公司联产品联合成本分配单（实物重量法）

产品类别：联产品　　2022 年 8 月　　单位：元

项　目	产量/千克	成本项目			合　计
		直接材料	直接人工	制造费用	
月初在产品成本		0	0	0	0
本月发生的生产成本		4 000	3 000	5 000	12 000
本月生产成本合计		4 000	3 000	5 000	12 000

续表

项　目		产量/千克	成本项目			合　计
			直接材料	直接人工	制造费用	
月末在产品成本			0	0	0	0
本月完工产品成本		5 000	4 000	3 000	5 000	12 000
本月完工产品成本分配率/（元/千克）			0.8	0.6	1	2.4
M1 产品	总成本	1 000	800	600	1 000	2 400
	单位成本/（元/千克）		0.8	0.6	1	2.4
M2 产品	总成本	1 500	1 200	900	1 500	3 600
	单位成本/（元/千克）		0.8	0.6	1	2.4
M3 产品	总成本	2 500	2 000	1 500	2 500	6 000
	单位成本/（元/千克）		0.8	0.6	1	2.4

会计主管：　　　　审核：　　　　制单：

在表 8-25 中，

本月完工产品成本分配率=12 000÷(1 000+1 500+2 500)=2.4（元/千克）。

根据表 8-25 登记基本生产成本明细账、库存商品明细账。

根据表 8-25 编制记账凭证（用会计分录代替）如下：

借：库存商品——M1 产品　　2 400

　　　　　　——M2 产品　　3 600

　　　　　　——M3 产品　　6 000

　贷：基本生产成本——联产品　　12 000

2．分离后的加工成本的归集与分配

联产品分离后发生的进一步加工成本，应当根据其加工生产的特点和成本管理的要求，确定适当的成本核算对象并设置基本生产成本明细账，归集其分离后所发生的加工生产费用，以便核算出该种产品的生产成本。

【例 8-6】 承例 8-4 资料，假定二江公司生产 M1、M3 两种产品在分离后需要继续加工，才可供销售。2022 年 8 月该公司 M1 产品继续加工发生生产费用为 2 000 元，其中直接人工为 500 元、制造费用为 1 500 元；M3 产品继续加工发生生产费用为 5 000 元，其中直接人工为 1 000 元、制造费用为 4 000 元。已知 M1 产品本月全部完工，M3 产品本月全部未完工。

要求：采用品种法核算分离后 M1、M3 两种产品成本。

根据上述资料，按产品的品种设置基本生产成本明细账并登记期初余额和本期发生额，分别如表 8-26、表 8-27 所示。

表 8-26　二江公司（M1 产品）基本生产成本明细账

成本对象：M1 产品　　　　单位：元

2022 年		凭证字号	摘　要	成本项目			合　计
月	日			直接材料	直接人工	制造费用	
8	31	×	表 8-24 分配联产品联合成本	800	600	1 000	2 400
8	31	×	分配职工薪酬费用		500		500
8	31	×	分配制造费用			1 500	1 500
8	31	×	结转完工 M1 产品成本	800	1 100	2 500	4 400

表 8-27　二江公司 M3 产品基本生产成本明细账

成本对象：M3 产品　　　　　　　　　　　　　　　　　　　　　　　　　　　　　　　单位：元

2022 年		凭证字号	摘　要	成本项目			合　计
月	日			直接材料	直接人工	制造费用	
8	31	×	表 8-24 分配联产品联合成本	2 000	1 500	2 500	6 000
8	31	×	分配职工薪酬费用		1 000		1 000
8	31	×	分配制造费用			4 000	4 000

（三）核算副产品成本

副产品是指使用同种原材料，经过同一生产过程，在生产出主要产品的同时附带生产出具有不同等经济地位、不同用途的非主要产品。它不是企业生产经营活动的主要目标。如炼油厂将原油投入后，经过若干个生产工艺生产出沥青原料油和渣油等副产品。可见，副产品的生产与联产品的生产不仅具有同时性，而且其生产耗用原材料和生产工艺也相同，只是副产品与联产品相比，其经济价值较小。

需要指出的是，副产品与联产品在一定条件下可以相互转化。随着科技的发展、产品需求的变化，原来的副产品有了新的用途，其经济价值越来越大，逐渐转变为企业的联产品，而原来的联产品逐渐被市场中新的产品所替代，其经济价值越来越小，逐渐降为企业的副产品。

由于副产品的经济价值较小，且在全部产品生产成本中所占的比重较小，因而其成本核算可以适当简化。通常在分配主产品和副产品的生产成本时，首先按照一定的计价方法确定副产品的生产成本，然后将其从联合成本中扣除，从而求出主产品的生产成本。

由于分离后的各种副产品，有的可以直接销售，有的还需要进一步加工才可供销售。因此，副产品的成本核算通常包括分离后直接销售的副产品成本计价和分离后继续加工的副产品成本计价两种情况。

1．分离后直接销售的副产品成本计价

分离后直接销售的副产品成本计价，应当根据副产品经济价值的大小进行合理的确定。如果副产品的经济价值较小，其售价不能补偿销售费用，为简化成本核算工作，副产品可以采用不计价法，即将分离前的联合成本全部计入主产品成本。如果副产品的经济价值较大，那么企业应当在副产品分离前，将副产品和主产品合为一类设置基本生产成本明细账、归集联合生产费用，采用一定的计价方法确定副产品的生产成本，并从联合成本中扣除。

在会计实务中，副产品的生产成本可以按照副产品的售价减去按正常利润率核算的销售利润后的余额计价，也可以在此基础上确定固定的单价，并按固定单价计价。副产品的生产成本一般从联合成本的“直接材料”项目中扣除，也可以按一定的比例从联合成本的各成本项目中扣除。

【例 8-7】　四江公司使用同种原料，经过同一生产工艺生产 N 主产品的同时附带生产出 N1、N2 两种副产品，且 N1 分离后可以直接销售，N、N2 分离后需要进一步加工才可供销售。各种产品发生的生产损失不单独核算，产品成本专设“直接材料”“直接人工”“制造费用”三个成本项目。根据生产特点和管理要求，为简化产品成本核算工作，该公司将 N、N1、N2 三种产品合并为一类。该类主、副产品的在产品按定额成本计价法计量。2022 年 8 月初该类主、副产品在产品定额成本为 10 000 元，其中直接材料为 3 100 元、直接人工为 1 400 元、制造费用为 5 500 元；本月发生的该类主、副产品联合成本为 68 000 元，其中直接材料为 49 900 元、直接人工为 10 600 元、制造费用为 7 500 元，共产出的 N、N1、N2 三种主、副产品分别为 3 000 千克、800 千克、1 000 千克；本月末该类主、副产品的在产品定额成本为 9 000 元，其中直接材料为 2 600 元、直接人工为 1 200 元、制造费用为 5 200 元。假定 N1、N2 两种副产品的经济价值较大，其成本均按固定成本为 5 元/千克计价，其中直接材料均为 3 元/千克、直接人工均为 1 元/千克、制造费用均为 1 元/千克。

要求：采用副产品按固定成本计价法结合品种法核算该公司该类主、副产品成本。

根据上述资料，按主、副产品设置基本生产成本明细账并登记期初余额和本期发生额，如表 8-28 所示。

表 8-28 四江公司（主、副产品）基本生产成本明细账 1

成本对象：主、副产品　　产品名称：N、N1、N2 产品　　单位：元

2022 年		凭证字号	摘　要	成本项目			合　计
月	日			直接材料	直接人工	制造费用	
7	31		月末在产品成本	3 100	1 400	5 500	10 000
8	31	×	分配材料费用	49 900			49 900
8	31	×	分配职工薪酬费用		10 600		10 600
8	31	×	分配制造费用			7 500	7 500

根据上述资料，编制主、副产品联合成本分配单，如表 8-29 所示。

表 8-29 四江公司主、副产品联合成本分配单（副产品按固定成本计价法）

产品类别：主、副产品　　2022 年 8 月　　单位：元

项　目		产量/千克	成本项目			合　计
			直接材料	直接人工	制造费用	
月初在产品成本			3 100	1 400	5 500	10 000
本月发生的生产成本			49 900	10 600	7 500	68 000
本月生产成本合计			53 000	12 000	13 000	78 000
月末在产品成本			2 600	1 200	5 200	9 000
本月完工产品成本			50 400	10 800	7 800	69 000
N 产品	总成本	3 000	45 000	9 000	6 000	60 000
	单位成本/（元/千克）		15	3	2	20
N1 产品	总成本	800	2 400	800	800	4 000
	单位成本/（元/千克）		3	1	1	5
N2 产品	总成本	1 000	3 000	1 000	1 000	5 000
	单位成本/（元/千克）		3	1	1	5

会计主管：　　审核：　　制单：

可根据表 8-29 登记基本生产成本明细账、库存商品明细账。现根据表 8-29 登记基本生产成本明细账，如表 8-30（承表 8-28）所示。

根据表 8-29 编制记账凭证（用会计分录代替）如下：

借：基本生产成本——N 主产品　　60 000
　　　　　　　　——N2 副产品　　5 000
　　库存商品——N1 副产品　　4 000
　　贷：基本生产成本——主、副产品　　69 000

表 8-30 四江公司（主、副产品）基本生产成本明细账 2

成本对象：主、副产品　　　　产品名称：N、N1、N2 产品　　　　单位：元

2022 年		凭证字号	摘　要	成本项目			合　计
月	日			直接材料	直接人工	制造费用	
7	31		月末在产品成本	3 100	1 400	5 500	10 000
8	31	×	分配材料费用	49 900			49 900
8	31	×	分配职工薪酬费用		10 600		10 600
8	31	×	分配制造费用			7 500	7 500
8	31	×	表 8-29 结转主、副产品联合成本	50 400	10 800	7 800	69 000

2．分离后继续加工的副产品成本计价

副产品分离后发生的进一步加工成本，应当根据其加工生产的特点和成本管理的要求，确定适当的成本核算对象并设置副产品基本生产成本明细账，归集其分离后所发生的加工生产费用，以便求出该种副产品的生产成本。

【例 8-8】 承例 8-7 资料，假定四江公司生产的 N2 副产品在分离后需要继续加工，才可供销售。2022 年 8 月该公司 N2 副产品月初在产品成本为 4 400 元，其中直接材料为 2 000 元、直接人工为 1 500 元、制造费用为 900 元；本月继续加工发生费用为 1 900 元，其中直接人工为 1 100 元、制造费用为 800 元；本月完工为 500 千克，在产品采用约当产量比例计价法计量，完工程度平均为 80%。

要求：采用品种法核算该公司副产品分离后的加工成本。

根据上述资料，按副产品的品种设置基本生产成本明细账并登记期初余额和本期发生额，如表 8-31 所示。

表 8-31 四江公司（N2 副产品）基本生产成本明细账 1

成本对象：N2 副产品　　　　单位：元

2022 年		凭证字号	摘　要	成本项目			合　计
月	日			直接材料	直接人工	制造费用	
7	31		月末在产品成本	2 000	1 500	900	4 400
8	31	×	分配职工薪酬费用		1 100		1 100
8	31	×	分配制造费用			800	800
8	31	×	表 8-29 分配主、副产品联合成本	3 000	1 000	1 000	5 000

根据上述资料，编制副产品成本计算单，如表 8-32 所示。

表 8-32 四江公司 N2 副产品成本计算单（在产品按约当产量比例计价法）

品名：N2 副产品　　　　2022 年 8 月　　　　单位：元

项　目	直接材料	直接人工	制造费用	合　计
月初在产品成本	2 000	1 500	900	4 400
本月发生的生产成本	3 000	2 100	1 800	6 900
本月生产成本合计	5 000	3 600	2 700	11 300
本月完工产品产量/千克	500	500	500	—
月末在产品实际产量/千克	500	500	500	—
月末在产品完工程度	100%	80%	80%	—

续表

项　目	直接材料	直接人工	制造费用	合　计
月末在产品约当产量/千克	500	400	400	—
本月生产成本分配率/（元/千克）	5	4	3	—
本月完工产品成本	2 500	2 000	1 500	6 000
本月完工产品单位成本/（元/千克）	5	4	3	12
月末在产品成本	2 500	1 600	1 200	5 300

会计主管：　　　　　　　　　审核：　　　　　　　　　制单：

可根据表 8-32 登记基本生产成本明细账、库存商品明细账。现根据表 8-32 登记基本生产成本明细账，如表 8-33（承表 8-31）所示。

表 8-33　四江公司（N2 副产品）基本生产成本明细账 2

成本对象：N2 副产品　　　　　　　　　　　　　　　　　　　　　　　　　　单位：元

2022 年		凭证字号	摘　要	成本项目			合　计
月	日			直接材料	直接人工	制造费用	
7	31		月末在产品成本	2 000	1 500	900	4 400
8	31	×	分配职工薪酬费用		1 100		1 100
8	31	×	分配制造费用			800	800
8	31	×	表 8-29 分配联合成本	3 000	1 000	1 000	5 000
8	31	×	表 8-32 结转完工 N2 副产品成本	2 500	2 000	1 500	6 000

根据表 8-32 编制记账凭证（用会计分录代替）如下：

借：库存商品——N2 副产品　　　　　　　　　　　　　　　　　　　6 000

　　贷：基本生产成本——N2 副产品　　　　　　　　　　　　　　　　6 000

需要指出的是，如果副产品在分离时采用不计价法，那么其最终的生产成本只有分离后发生的进一步加工成本。如果副产品在分离后发生的进一步加工生产费用较小，为简化成本核算工作，企业可以不设置副产品基本生产成本明细账，其进一步加工的生产费用直接记入主产品成本明细账，且副产品采用计划单位成本计价，并将其计划成本从主产品成本明细账转出，余额即为主产品的生产成本。

（四）核算等级品成本

等级品是指使用同种原材料，经过同一生产过程生产出品种相同但质量等级不同的产品。它不是企业生产经营活动的主要目标，如纺织品、搪瓷制品的生产常常有等级品产出。等级品质量上的差异是在产品设计的范围之内，不影响产品的正常使用，是合格产品。而非合格品是指质量等级品以下，且没有达到产品设计要求的废品。等级品与联产品、副产品都是使用同种原材料，经过同一生产过程而生产的产品，但等级品是性质、用途相同而质量不同的同种产品，联产品、副产品是性质、用途不同而质量合格的产品。

等级品的成本核算，通常受到造成其质量等级差别的因素的影响。如果是生产工人技术不熟练、操作不当等主观原因造成的等级品，由于各等级品耗用的原材料、经过的生产工艺过程都相同，因而其单位成本应当相同。这种等级品一般采用实物数量法分配核算不同等级品成本。如果是原材料质量差、当前生产技术水平不高等客观原因造成的等级品，那么其单位成本不尽相同。这种等级品一般是按各等级品的销售单价确定系数，采用标准产量法分配核算不同等级品成本。

【例 8-9】 五江公司使用同种原料，经过同一生产工艺大量生产出不同等级的 W 产品。各种产品发生的生产损失不单独核算，产品成本专设“直接材料”“直接人工”“制造费用”三个成本项目。根据生产特点和管理要求，为简化产品成本核算工作，该公司将不同等级的 W 产品合并为一类。该类产品的在产品按约当产量比例计价法计量。2022 年 8 月初该类在产品成本为 2 100 元，其中直接材料为 1 600 元、直接人工为 300 元、制造费用为 200 元；本月发生的该类产品联合成本为 20 090 元，其中直接材料为 7 200 元、直接人工为 6 910 元、制造费用为 5 980 元，且耗用的直接材料在生产开始时一次性投入；本月完工该类产品为 1 000 件，其中一等品为 980 件、二等品为 12 件、三等品为 8 件，月末在产品为 100 件，且在产品的加工成本的完工程度均为 30%。假定不同等级的 W 产品是由生产工人操作不慎等主观原因造成的。

要求：采用实物数量法结合品种法核算该公司不同等级 W 产品的成本。

根据上述资料，按全部等级产品设置基本生产成本明细账并登记期初余额和本期发生额，如表 8-34 所示。

表 8-34　五江公司（W 产品）基本生产成本明细账 1

成本对象：W 产品　　　　单位：元

2022 年		凭证字号	摘　要	成本项目			合　计
月	日			直接材料	直接人工	制造费用	
7	31		月末在产品成本	1 600	300	200	2 100
8	31	×	分配材料费用	7 200			7 200
8	31	×	分配职工薪酬费用		6 910		6 910
8	31	×	分配制造费用			5 980	5 980

根据上述资料，编制 W 产品成本计算单，如表 8-35 所示。

表 8-35　五江公司 W 产品成本计算单（在产品按约当产量比例计价法） 1

品名：W 产品　　　　2022 年 8 月　　　　单位：元

项　目		产量/件	成本项目			合　计
			直接材料	直接人工	制造费用	
月初在产品成本			1 600	300	200	2 100
本月发生的生产成本			7 200	6 910	5 980	20 090
本月生产成本合计			8 800	7 210	6 180	22 190
本月完工产品产量/件			1 000	1 000	1 000	—
月末在产品实际产量/件			100	100	100	—
月末在产品完工程度			100%	30%	30%	—
月末在产品约当产量/件			100	30	30	—
本月生产成本分配率/（元/件）			8	7	6	—
月末在产品成本			800	210	180	1 190
本月完工产品成本		1 000	8 000	7 000	6 000	21 000
本月完工产品成本分配率/（元/件）			8	7	6	—
一等品	980	7 840	6 860	5 880	20 580	20 580
		8	7	6	21	21
二等品	12	96	84	72	252	252
		8	7	6	21	21
三等品	8	64	56	48	168	168
		8	7	6	21	21

会计主管：　　　　审核：　　　　制单：

可根据表 8-35 登记基本生产成本明细账、库存商品明细账。现根据表 8-35 登记基本生产成本明细账，如表 8-36（承表 8-34）所示。

表 8-36　五江公司（W 产品）基本生产成本明细账 2

成本对象：W 产品　　　　单位：元

2022 年		凭证字号	摘　要	成本项目			合　计
月	日			直接材料	直接人工	制造费用	
8	31	×	月初在产品成本	1 600	300	200	2 100
8	31	×	分配材料费用	7 200			7 200
8	31	×	分配职工薪酬费用		6 910		6 910
8	31	×	分配制造费用			5 980	5 980
8	31	×	表 8-35 结转完工 W 产品成本	8 000	7 000	6 000	21 000

根据表 8-35 编制记账凭证（用会计分录代替）如下：

借：库存商品——W 产品（一等品）　　20 580
　　　　　　——W 产品（二等品）　　252
　　　　　　——W 产品（三等品）　　168
　贷：基本生产成本——W 产品　　21 000

（五）核算零星产品成本

企业有时除生产主要产品以外，还会生产一些零星产品。如为协作企业生产少量的零件、部件，自制少量的材料和工具等。由于这些产品的品种、规格较多，为了简化产品成本核算工作，企业可以将这些零星产品按照其所耗原材料和生产工艺过程进行合理分类，采用分类法核算成本。

综上所述，采用分类法核算产品成本，既可以简化产品成本核算工作，又可以分类分析和控制产品成本的水平。但是其同一类别内各种产品的成本都是按照一定的方法分配确定的，因而核算结果具有假定性。为了提高分类法核算产品成本的相对准确性，企业必须正确合理地划分产品类别，保持适当的各类类距，尽量选择与产品成本具有密切联系的分配标准。

步骤二　用定额法核算产品成本

如果企业的定额管理工作基础较好，为了配合产品定额管理，可以采用定额法核算产品成本。

一、了解定额法

1．定额法的定义

前面所述的品种法、分批法、分步法和分类法等产品成本核算方法，产品的生产费用都是按照实际成本进行日常核算的，其与定额成本的差异及其产生的原因，只有在月末时才能得到反映，而不能在生产费用发生时及时揭示，因而不利于更好地进行产品成本的日常控制。产品成本核算的定额法，就是为了及时地反映成本差异及其原因而采用的一种产品成本控制和管理方法。它是指以产品的定额成本为基础，通过加减脱离定额差异、材料成本差异和定额变动差异来核算产品实际成本的一种成本核算方法。

2．定额法的特点

定额法与其他实际成本核算方法相比，一般具有以下特点。

（1）事前控制。在定额法下，企业通常是事先制定产品的消耗定额、成本定额和定额成本，并以此作为降低成本的目标，从而达到产品成本的事前控制。

（2）事中控制。在定额法下，企业日常生产经营中发生的生产费用，都分解为定额成本和脱离定额差异分别核算，特别是加强了脱离定额差异的日常核算、分析和控制。这是对产品成本进行的事中控制。

（3）事后控制。在定额法下，产品实际成本是以定额成本为基础，加减各种成本差异计算的，从而为产品成本的定期分析和考核提供了依据。这是对产品成本进行的事后控制。

3．定额法的适用范围

定额法与产品的生产类型没有直接的关系，因而应用范围较大。它一般适用于定额管理制度比较健全，定额管理工作基础较好，各项消耗定额比较准确、稳定的产品的成本核算。但是它不能单独使用，必须与该产品确定的成本核算基本方法结合使用。

4．定额法的成本核算程序

采用定额法核算产品成本一般有以下步骤。

第一步，确定成本核算对象，合理设置基本生产成本明细账。在定额法下，企业应当根据企业产品的生产特点和成本管理要求，确定成本核算对象，合理设置基本生产成本明细账，并在账中各成本项目设置“定额成本”“脱离定额差异”“定额变动差异”等栏目。

第二步，制定产品成本定额。企业应当事先根据规定的消耗定额或成本定额，按照产品的品种及其成本项目核算产品定额成本，编制产品定额成本计算表。

第三步，核算月初定额变动差异。在定额成本修订的当月，企业应当调整月初在产品定额成本，核算月初定额变动差异。

第四步，分解本月发生的实际生产费用。当实际发生生产费用时，企业应当按成本项目将实际生产费用分解为定额成本和脱离定额差异两部分分别进行核算和归集。

第五步，分配本月归集的定额成本和脱离定额差异。月末，企业应当按照确定的产品成本核算基本方法，将归集的定额成本和脱离定额差异按一定的方法在本月完工产品和月末在产品之间进行分配。

第六步，核算本月完工产品的实际成本。企业应当将本月完工产品的定额成本加减脱离定额差异、定额变动差异和材料成本差异，核算出完工产品的实际成本。

二、用定额法核算产品实际成本

（一）制定成本定额

如前所述，定额是指企业在正常生产条件（当前生产设备、生产工艺、技术水平以及职工劳动的熟练程度等）下人力、物力、财力等的消耗应遵守的标准或应达到的水平。它通常包括材料消耗定额、燃料和动力消耗定额、工时定额、小时薪酬率、小时制造费用率等。企业应当首先根据产品的生产特点和现行工艺流程合理制定现行成本定额，然后在此基础上分别制定零件、部件和产品的成本定额。现行成本定额的计算公式为：

直接材料成本定额=产品现行材料消耗定额×直接材料计划单价　（8-1）

直接人工成本定额=产品生产现行工时定额×直接人工计划单价　（8-2）

制造费用成本定额=产品生产现行工时定额×制造费用计划单价　（8-3）

成本定额的核算一般是通过编制成本定额计算表实现的。制定产品成本定额时，如果产品的零、部件不多，一般是先计算零件的成本定额，然后汇总计算部件、产品的成本定额。如果产品的零、部件较多，为了简化成本定额计算工作，可以不计算零件的成本定额，而根据零件定额卡、材料计划单价、计划薪酬率和计划费用率计算部件的成本定额，然后汇总计算产品的成本定额；也可以根据零、部件的定额卡直接核算产品的成本定额。

【例 8-10】 繁昌公司设置了一个基本生产车间，大批量多步骤生产 P 产品。该公司定额管理制度比较健全，且产品各项消耗定额比较准确、稳定，采用定额法核算 P 产品成本。

要求：制定该公司 2022 年 1 月 P 产品的零件定额卡，并编制其部件成本定额计算表和产品成本定额计算表。

繁昌公司根据正常生产条件，制定的 2022 年 1 月 P 产品的零件定额卡如表 8-37、表 8-38、表 8-39、表 8-40 所示。

表 8-37　繁昌公司 P0101 零件定额卡

零件编号：P0101　　　　2022 年 1 月

材料编号	材料消耗定额/（千克/件）	工序	工时定额/（小时/件）	累计工时定额/（小时/件）
P010101	0.5	1	0.4	0.4
P010102	0.4	2	0.3	0.7
		3	0.3	1

表 8-38　繁昌公司 P0102 零件定额卡

零件编号：P0102　　　　2022 年 1 月

材料编号	材料消耗定额/（千克/件）	工序	工时定额/（小时/件）	累计工时定额/（小时/件）
P010201	2	1	1	1
		2	1	2

表 8-39　繁昌公司 P0201 零件定额卡

零件编号：P0201　　　　2022 年 1 月

材料编号	材料消耗定额/（千克/件）	工序	工时定额/（小时/件）	累计工时定额/（小时/件）
P020101	6	1	0.5	0.5
		2	0.5	1

表 8-40　繁昌公司 P0202 零件定额卡

零件编号：P0202　　　　2022 年 1 月

材料编号	材料消耗定额/（千克/件）	工序	工时定额/（小时/件）	累计工时定额/（小时/件）
P020201	3.2	1	0.2	0.2
		2	0.3	0.5
		3	0.5	1

根据表 8-37～表 8-40 以及 P 产品的组成结构，繁昌公司编制 2022 年 1 月 P 产品的部件成本定额计算表，分别如表 8-41、表 8-42 所示，以及产品成本定额计算表，如表 8-43 所示。

表 8-41　繁昌公司 P01 部件成本定额计算表

部件编号：P01　　　　2022 年 1 月　　　　单位：元

所用零件编号	所用零件数量/件	直接材料				工时定额/（小时/件）	直接人工		制造费用		金额合计（成本定额）
		编号	数量/千克	计划单价/（元/千克）	金额		计划薪酬率/（元/小时）	金额	计划费用率/（元/小时）	金额	
P0101	2	P010101	1	6	6	2					
		P010102	0.8	10	8						

续表

所用零件编号	所用零件数量/件	直接材料				工时定额/（小时/件）	直接人工		制造费用		金额合计（成本定额）
		编号	数量/千克	计划单价/（元/千克）	金额		计划薪酬率/（元/小时）	金额	计划费用率/（元/小时）	金额	
P0102	1	P010201	2	5	10	2					
装配						1					
合　计					24	5	2	10	3	15	49

表 8-42　繁昌公司 P02 部件成本定额计算表

部件编号：P02　　　　2022 年 1 月　　　　单位：元

所用零件编号	所用零件数量/件	直接材料				工时定额/（小时/件）	直接人工		制造费用		金额合计（成本定额）
		编号	数量/千克	计划单价/（元/千克）	金额		计划薪酬率/（元/小时）	金额	计划费用率/（元/小时）	金额	
P0201	1	P020101	6	3	18	1					
P0202	1	P020201	3.2	4	12.8	1					
装配						1					
合　计					30.8	3	2	6	3	9	45.8

表 8-43　繁昌公司 P 产品成本定额计算表

产品编号：P　　　　2022 年 1 月　　　　单位：元

所用部件编号	所用部件数量/件	直接材料/（元/件）		工时定额/（小时/件）		直接人工		制造费用		金额合计（成本定额）
		部件	产品	部件	产品	计划薪酬率/（元/小时）	金额	计划费用率/（元/小时）	金额	
P01	1	24	24	5	5					
P02	2	30.8	61.6	3	6					
装配					2					
合　计			85.6		13	2	26	3	39	150.6

需要指出的是，产品的成本定额与成本计划都是以产品生产耗用的消耗定额和计划价格为依据确定的目标成本，其制定过程都体现了对产品成本的事前反映和控制。但是制定产品的成本定额使用的是现行消耗定额，它应当随着生产技术的进步和劳动生产率的提高而不断修订，因而成本定额在计划期内是变动的；而制定产品的成本计划使用的是计划期（一般为一年）内平均消耗定额，也称计划定额，它在计划期内通常不变，因而成本计划在计划期内通常是不变的。成本定额是企业自行制定的，是企业对当时的产品成本进行成本控制和考核的依据；而成本计划一般是国家或上级公司等管理机构在计划期内对企业进行成本考核的依据。

（二）核算各类差异

1．核算定额变动差异

由于企业生产技术或劳动生产率的提高，企业原来制定的各种消耗定额或计划单价也要做适当的修订，相关生产费用的定额成本也应当随之及时修订。这种由于修订消耗定额或成本定额而产生的新旧定额成本之间的差额就是定额变动差异。定额成本一般定期（月初、季初、半年初或年初）进行修订，并在定额变动的当月按新的定额核算投产产品的定额成本。但在定额变动的当月，月初在产品的定额成本是按旧定额核算的，为了便于核算产品的实际成本，企业还应当核算月初在产品的定额变动差异，以将月初在产品定额成本调整为按新的定额核算的定额成本。当定额降低时，定额成本也会降低，由于实际成本不变，所以定额变动差异为正数；相反地，当定额提高时，定额成本也会提高，由于实际成本不变，所以定额变动差异为负数。

需要指出的是，由于定额修订而产生的月初在产品定额变动差异，不是产品生产部门本月份成本管理工作的成果，而是其以前月份成本管理业绩的体现。

月初在产品的定额变动差异一般应当按照零、部件及生产工序分别计算。但是，如果企业生产的产品是由很多零、部件构成的，为了简化月初在产品的定额变动差异计算的工作量，也可以直接采用单位产品的定额变动系数来计算。其计算公式为：

$$定额变动系数=\frac{按新定额计算的单位产品成本}{按旧定额计算的单位产品成本} \tag{8-4}$$

$$\begin{pmatrix}月初在产品\\定额变动差异\end{pmatrix}=\begin{pmatrix}按旧定额计算的\\月初在产品成本\end{pmatrix}\times（1-定额变动系数） \tag{8-5}$$

在会计实务中，月初在产品定额变动差异的计算通常通过编制月初在产品定额变动差异计算表来进行。

【例 8-11】 *承例 8-10 资料，假定自 2022 年 4 月 1 日起，繁昌公司 P 产品的 P0202 零件的 P020201 材料消耗定额由 3.2 千克修订为 3 千克，其余定额资料不变。已知该公司 P 产品 2022 年 4 月初在产品的定额成本为 8 686 元，其中直接材料为 5 136 元、直接人工为 1 540 元、制造费用为 2 010 元；月初在产品的脱离定额差异为−37.40 元，其中直接材料脱离定额差异为−15.4 元、直接人工脱离定额差异为 98 元、制造费用脱离定额差异为−120 元。假定定额变动系数保留小数点后四位，第五位四舍五入；定额变动差异保留至元位，小数四舍五入。*

要求：编制该公司 2022 年 4 月初在产品定额变动差异计算表。

根据上述资料，按产品的品种设置基本生产成本明细账并登记期初余额，如表 8-50 所示。

根据上述资料，由于 P020201 材料消耗定额的修订，P 产品的直接材料成本定额由 85.6 元/件修订为 84 元/件，编制该公司 2022 年 4 月月初在产品定额变动差异计算表，如表 8-44 所示。

表 8-44 繁昌公司 P 产品月初在产品定额变动差异计算表 1

产品名称：P 产品　　　　2022 年 4 月　　　　单位：元

成本项目	原成本定额	新成本定额	定额变动系数	月初在产品定额成本	月初在产品定额变动差异
直接材料	85.6	84	0.981 3	5 136	96
…					
合　计	85.6	84	—	5 136	96

会计主管：　　　　审核：　　　　制单：

在表 8-44 中：

P 产品的直接材料定额变动系数=84÷85.6=0.981 3；

P 产品月初在产品的直接材料定额变动差异=5 136×(1−0.981 3)=96（元）。

根据表 8-44 登记基本生产成本明细账，如表 8-50 所示。

根据表 8-44 编制记账凭证（用会计分录代替）如下：

借：基本生产成本——P 产品（直接材料定额变动差异）　　96

　　贷：基本生产成本——P 产品（直接材料定额成本）　　96

需要指出的是，如果 P 产品只是对部分零、部件的消耗定额做了修订，且零、部件生产不成套，那么月初在产品所包含的零、部件并不都是消耗定额发生变动的零、部件，采用上述按照单位产品的直接材料定额变动系数计算的直接材料定额变动差异就包含不应当调整的零、部件的定额变动差异，从而影响了其核算结果的正确性。因此，这种方法适用于零、部件成套生产或零、部件生产的成套性较大的产品。

2．核算脱离定额差异

脱离定额差异是指在产品生产过程中耗用的各项生产费用的实际消耗数与定额消耗数的差

异。如果差异为正数，即为超支差异；相反地，如果差异为负数，即为节约差异。在定额法下，脱离定额差异是产品实际成本的重要组成部分，也是核算产品实际成本的关键。

在定额法下，通常是按构成产品成本的项目分别核算脱离定额差异的。具体包括直接材料脱离定额差异、直接人工脱离定额差异和制造费用脱离定额差异的核算。

（1）核算直接材料脱离定额差异。直接材料脱离定额差异是指由于产品生产发生的材料实际消耗量与其定额消耗量之间的差异而造成的成本差异（量差）。其计算公式如下：

直接材料脱离定额差异=(实际消耗量−定额消耗量)×材料计划单价 （8-6）

用料差异的核算通常有以下三种方法。

① 限额法。限额法是指通过限额领料单等凭证来反映原材料的领用数量和实际耗用数量。企业应当使用限额领料单领用定额内的材料，如果增加产品需要增加用料，则必须办理追加定额手续，在定额内使用限额领料单领料；如果是其他原因需要超额领料、领用代用材料，应当根据超额领料单、代用材料领用单等凭证领料。超额领料单中的材料数全部是定额差异，但代用材料领用单中的材料数并不都是定额差异。每月月末，应当根据领料部门的剩余材料编制退料单办理退料手续。退料单中的材料数和限额领料单中的限额结余数全部是节约差异。

需要指出的是，上述凭证反映的差异通常只是领料差异，而非用料差异；投产的产量也不一定是计划规定的产量；如果领料部门存在期初、期末余料，那么所领的原材料的数量就不完全是原材料的实际消耗量。

【例 8-12】 承例 8-11 资料，繁昌公司 2022 年 4 月 P 产品月初在产品为 60 件，本月投产为 180 件，本月完工为 200 件，月末在产品为 40 件，直接材料在生产开始时一次性投入。P010101 材料限额领料单本月记录的数量为 180 千克，超额领料单本月记录数量为 10 千克；P010102 材料限额领料单本月记录的数量为 144 千克，退料单本月记录数量为 4 千克；P020201 材料限额领料单本月记录的数量为 1 060 千克，限额领料单中的限额结余本月记录数量为 20 千克。

要求：采用限额法核算该公司 2022 年 4 月耗用上述材料的定额成本及其脱离定额差异。

根据上述资料：

P 产品的 P010101 材料定额成本=180×1×6=1 080（元），

P010101 材料脱离定额差异=[(180+ 10)−180×1]×6=60（元）；

P 产品的 P010102 材料定额成本=180×0.8×10=1 440（元），

P010102 材料脱离定额差异=[(144− 4)−180×0.8]×10=−40（元）；

P 产品的 P020201 材料定额成本=180×6×4=4 320（元），

P020201 材料脱离定额差异=(1 060− 180×6)×4=−80（元）。

② 切割法。对于需要切割才能使用的材料，如棒材、板材等，也可以采用切割法核算其用料差异。在会计实务中，企业通常根据切割材料的批别编制材料切割计算单（见表 8-45）。

【例 8-13】 承例 8-11 资料，假定繁昌公司 P020101 材料系需要切割才能使用的材料。2022 年 4 月该公司编制的材料切割计算单，如表 8-45 所示。

要求：采用切割法核算该公司 2022 年 4 月耗用该材料的定额成本及其脱离定额差异。

在表 8-45 中，余料是指剩余的可以按照原来用途使用的材料，它不是实际消耗的材料；废料是指剩余的不能按照原来用途使用的边角料，它是实际消耗材料的一部分。

材料实际消耗量=发料数量−退回余料数量=2 180−5=2 175（千克）；

应割毛坯数量=材料实际消耗量÷材料消耗定额=2 175÷6≈362（件）；

材料定额消耗量=实割毛坯数量×材料消耗定额=360×6=2 160（千克）；

废料定额回收量=实割毛坯数量×废料回收定额=360×0.03=10.8（千克）。

P020101 材料定额成本=360×6×3=6 480（元），P020101 材料脱离定额差异=（材料实际消耗量-材料定额消耗量）×材料计划单价=(2 175−2 160)×3=45（元）。

废料脱离定额差异=(废料实际回收量-废料定额回收量)×废料单价=(12−10.8)×0.50=0.60（元）。由于废料价值可以冲减材料费用，因而废料回收超过定额的差异，用负数填列，相反地，废料回收不足定额的差异，用正数填列。

表 8-45　繁昌公司 P020101 材料切割计算单

材料编号：P020101　　单位：千克　　材料计划单价：3 元/千克

产品名称：P 产品　　零件编号：P0201　　图纸号：101

切割工人工号和姓名：10205　金工　　机库编号：111

发交切割日期：2022 年 4 月 3 日　　完工日期：2022 年 4 月 6 日

<table>
<tr><td colspan="2">发料数量</td><td colspan="2">退回余料数量</td><td>材料实际消耗量</td><td colspan="2">废料实际回收量</td></tr>
<tr><td colspan="2">2 180</td><td colspan="2">5</td><td>2 175</td><td colspan="2">12</td></tr>
<tr><td>材料消耗定额/（千克/件）</td><td>废料回收定额/（千克/件）</td><td colspan="2">应割毛坯数量/件</td><td>实割毛坯数量/件</td><td>材料定额消耗量</td><td>废料定额回收量</td></tr>
<tr><td>6</td><td>0.03</td><td colspan="2">362</td><td>360</td><td>2 160</td><td>10.80</td></tr>
<tr><td colspan="2">材料脱离定额差异</td><td colspan="3">废料脱离定额差异</td><td>差异原因</td><td>责任人</td></tr>
<tr><td>数量</td><td>金额/元</td><td>数量</td><td>单价/（元/千克）</td><td>金额/元</td><td rowspan="2">因违规操作多留了边料</td><td rowspan="2">金工</td></tr>
<tr><td>15</td><td>45</td><td>−1.20</td><td>0.50</td><td>−0.60</td></tr>
</table>

可见，采用材料切割计算单核算材料，可以及时反映材料的耗用情况和发生差异的原因，有利于加强对材料耗用的控制。

③ 盘存法。对于不能采用切割法核算的原材料，还可以采用盘存法核算用料差异。根据“本期完工产品数量=本期投产产品数量+期初在产品数量-期末在产品数量”可知，本期完工产品所耗用的原材料包含了期初在产品中的上期用料，不包含期末在产品中的本期用料，因而不能根据本期完工产品产量核算本期直接材料的定额消费量。根据“本期投产产品数量=本期完工产品数量+期末在产品数量-期初在产品数量”可知，本期投产产品产量才是本期实际用料的产品产量，才能据以核算本期直接材料的定额消耗量和本期用料的脱离定额的差异。企业通常按期（如工作班、工作日、周或旬等）通过实地盘存或账面盘存的方法，确定期末在产品的盘存数量，然后结合本期完工产品的数量，核算出本期投产产品的数量，乘以直接材料的消耗定额，从而核算出直接材料的定额消耗量。根据限额领料单、超额领料单、代用材料领料单、退料单等领退料凭证，结合生产部门的余料盘存数量，核算出直接材料实际消耗量。

【例 8-14】 承例 8-11 资料，假定繁昌公司 2022 年 4 月 P 产品月末盘存在产品为 40 件。P010201 材料限额领料单本月记录的数量为 360 千克，月初余料为 10 千克，月末盘存余料为 12 千克。

要求：采用盘存法核算该公司 2022 年 4 月耗用该材料的定额成本及其脱离定额差异。

根据上述资料，

P 产品的 P010201 材料定额成本=180×2×5=1 800（元），

P010201 材料脱离定额差异=[(360+10−12)−180×2]×5=−10（元）。

为了及时核算用料脱离定额差异，有效控制用料，用料差异的核算周期越短越好。由于限额领料单中的产品数量一般按月规定，因此，除经过切割才能使用的材料外，企业大部分材料应当采用盘存法核算用料差异。但不论采用哪一种方法，企业都应当分批或定期编制直接材料定额成本和脱离定额差异汇总表，并分析说明发生差异的主要原因，以便及时采取措施，挖掘降低原材料费用的潜力。

【例 8-15】 资料如例 8-12～例 8-14 所述。

要求：编制该公司 2022 年 4 月直接材料定额成本和脱离定额差异汇总表。

根据上述资料编制繁昌公司 2022 年 4 月 P 产品的直接材料定额成本和脱离定额差异汇总表，如表 8-46 所示。

根据表 8-46 登记基本生产成本明细账，如表 8-50 所示。

表 8-46 繁昌公司直接材料定额成本和脱离定额差异汇总表 1

成本对象：P 产品　　2022 年 4 月　　单位：元

直接材料类别	材料编号	计量单位	计划单价/（元/千克）	按计划价格计算的“实际成本”		定额成本		脱离定额差异		差异原因
				数量	金额	数量	金额	数量	金额	
P 类材料	P010101	千克	6	190	1 140	180	1 080	10	60	略
P 类材料	P010102	千克	10	140	1 400	144	1 440	−4	−40	略
P 类材料	P010201	千克	5	358	1 790	360	1 800	−2	−10	略
P 类材料	P020101	千克	3	2 175	6 525	2 160	6 480	15	45	略
P 类材料	P020101	千克	3	—	−0.6	—		—	−0.6	略
P 类材料	P020201	千克	4	1 060	4 240	1 080	4 320	−20	−80	略
合　计				—	15 094.4	—	15 120	—	−25.6	

会计主管：　　审核：　　制单：

根据表 8-46 编制记账凭证（用会计分录代替）如下：

借：基本生产成本——P 产品（直接材料定额成本）　　15 120

　　　　　　　　——P 产品（直接材料脱离定额差异）　　25.6（红字）

　　贷：原材料　　15 094.4

需要指出的是，自制半成品的脱离定额差异的核算方法与直接材料脱离定额差异的核算方法相同。

（2）核算直接人工脱离定额差异。直接人工脱离定额差异应当依据企业工资制度进行核算。在计件工资制度下，生产工人职工薪酬属于直接计入生产费用，其脱离定额差异的核算方法，与直接材料脱离定额差异的核算方法类似。在会计实务中，符合定额的直接人工应该反映在产量记录中；脱离定额的差异通常填制工资补付单等凭证，并填明原因和办理审批手续。

在计时工资制度下，直接人工属于间接计入生产费用，其脱离定额的差异不能在平时按照成本核算对象直接核算，只有等到月末，根据本月实际直接人工与定额直接人工相比较才能核算。其计算公式为：

$$\begin{pmatrix}\text{某成本对象直接人工}\\\text{脱离定额差异}\end{pmatrix}=\begin{pmatrix}\text{该成本对象实际}\\\text{直接人工}\end{pmatrix}-\begin{pmatrix}\text{该成本对象定额}\\\text{直接人工}\end{pmatrix}$$

$$=\begin{pmatrix}\text{该成本对象实际}\\\text{生产工人工时}\end{pmatrix}\times\begin{pmatrix}\text{实际小时}\\\text{薪酬率}\end{pmatrix}-\begin{pmatrix}\text{该成本对象实际完}\\\text{成的定额生产工时}\end{pmatrix}\times\begin{pmatrix}\text{计划小时}\\\text{薪酬率}\end{pmatrix}\qquad(8\text{-}7)$$

在式（8-7）中，

$$\text{实际小时薪酬率}=\frac{\text{该生产部门实际直接人工}}{\text{该生产部门实际生产工时}}$$

$$\text{计划小时薪酬率}=\frac{\text{该生产部门计划产量的定额直接人工}}{\text{该生产部门计划产量的定额生产工时}}$$

不论采用哪种工资形式，企业都应当按照成本核算对象编制定额直接人工和脱离定额差异汇总表，并分析说明发生差异的主要原因，以便及时采取措施，挖掘降低薪酬费用的潜力。

【例 8-16】 承例 8-11 资料，假定繁昌公司 2022 年 4 月 P 产品月初在产品加工成本的完工程度平均为 90%，月末在产品加工成本的完工程度平均为 60%。已知该公司 2022 年 4 月 P 产品的实际生产工时为 2 100 小时，实际小时薪酬率为 2.2 元/小时。

要求：编制该公司 2022 年 4 月直接人工定额成本和脱离定额差异汇总表。

根据上述资料，编制该公司 2022 年 4 月直接人工定额成本和脱离定额差异汇总表，如表 8-47 所示。

表 8-47　繁昌公司直接人工定额成本和脱离定额差异汇总表 1

2022 年 4 月　　工时单位：小时　　金额单位：元

成本对象	产量/件	实际直接人工			定额直接人工				脱离定额差异		差异原因
		实际工时	实际小时薪酬率	实际直接人工	工时定额	定额工时	计划小时薪酬率	定额直接人工	工时	金额	
P 产品	170	2 100		4 620	13	2 210		4 420	−110	200	略
Q 产品	230	2 200		4 840	10	2 300		4 600	−100	240	略
合　计		4 300	2.2	9 460	—	4 510	2	9 020	−210	440	

会计主管：　　审核：　　制单：

在表 8-47 中，P 产品的产量=200+40×60%−60×90%=170（件）。

根据表 8-47 登记基本生产成本明细账，如表 8-50 所示。

根据表 8-47 编制记账凭证（用会计分录代替）如下：

借：基本生产成本——P 产品（直接人工定额成本）　　4 420
　　　　　　　　——P 产品（直接人工脱离定额差异）　　200
　　　　　　　　——Q 产品（直接人工定额成本）　　4 600
　　　　　　　　——Q 产品（直接人工脱离定额差异）　　240
　贷：应付职工薪酬　　9 460

（3）核算制造费用脱离定额差异。制造费用通常与计时工资费用一样，一般属于间接计入生产费用。制造费用采用制定费用预算的办法下达给生产部门，其脱离定额的差异不能在平时按照成本核算对象直接核算，只有等到月末，根据本部门实际制造费用与定额制造费用相比较才能核算。其核算方法与直接人工脱离定额的差异的核算方法相同。其计算公式为：

$$\begin{pmatrix}\text{某成本对象制造}\\\text{费用脱离定额差异}\end{pmatrix}=\begin{pmatrix}\text{该成本对象}\\\text{实际制造费用}\end{pmatrix}-\begin{pmatrix}\text{该成本对象}\\\text{定额制造费用}\end{pmatrix}$$

$$=\begin{pmatrix}\text{该成本对象实际}\\\text{生产工人工时}\end{pmatrix}\times\begin{pmatrix}\text{实际小时}\\\text{制造费用率}\end{pmatrix}-\begin{pmatrix}\text{该成本对象实际完}\\\text{成的定额生产工时}\end{pmatrix}\times\begin{pmatrix}\text{计划小时}\\\text{制造费用率}\end{pmatrix}\tag{8-8}$$

在式（8-8）中，

$$\text{实际小时制造费用率}=\frac{\text{该生产部门实际制造费用}}{\text{该生产部门实际生产工时}}$$

$$\text{计划小时制造费用率}=\frac{\text{该生产部门计划产量的定额制造费用}}{\text{该生产部门计划产量的定额生产工时}}$$

企业应当按照成本核算对象编制定额制造费用和脱离定额差异汇总表，并分析说明发生差异的主要原因，以便及时采取措施，挖掘降低制造费用的潜力。

【例 8-17】 承例 8-16 资料，假定本月 P 产品的实际小时制造费用率为 2.7 元/小时。

要求：编制该公司 2022 年 4 月制造费用定额成本和脱离定额差异汇总表。

根据上述资料编制该公司 2022 年 4 月制造费用定额成本和脱离定额差异汇总表，如表 8-48 所示。

表 8-48 繁昌公司制造费用定额成本和脱离定额差异汇总表 1

2022 年 4 月　　工时单位：小时　　金额单位：元

成本对象	产量/件	实际制造费用			定额制造费用				脱离定额差异		差异原因
		实际工时	实际小时制造费用率	实际制造费用	工时定额	定额工时	计划小时制造费用率	定额制造费用	工时	金额	
P 产品	170	2 100		5 670	13	2 210		6 630	−110	−960	略
Q 产品	230	2 200		5 940	10	2 300		6 900	−100	−960	略
合　计		4 300	2.7	11 610	—	4 510	3	13 530	−210	−1 920	

会计主管：　　审核：　　制单：

根据表 8-48 登记基本生产成本明细账，如表 8-50 所示。

根据表 8-48 编制记账凭证（用会计分录代替）如下：

借：基本生产成本——P 产品（制造费用定额成本）　　6 630

——P 产品（制造费用脱离定额差异）　　[960]

——Q 产品（制造费用定额成本）　　6 900

——Q 产品（制造费用脱离定额差异）　　[960]

贷：制造费用　　11 610

需要指出的是，单独核算废品损失的企业由于产品的定额成本一般不包括废品损失，因而，其发生的废品损失通常作为脱离定额的差异处理。

3．核算材料成本差异

在定额法下，为了便于产品成本的考核和分析，原材料日常核算中直接材料的定额成本和脱离定额差异都是按照直接材料的计划单价来核算的，所以两者之和就是实际消耗量乘以计划单价之积，即直接材料计划成本。因此，在月末核算产品的实际直接材料费用时，还必须利用材料成本差异率核算应当分配负担的直接材料成本差异，即所耗直接材料的价格差异（简称价差）。其计算公式如下：

$$\begin{pmatrix}\text{某成本对象应负担}\\\text{的直接材料成本差异}\end{pmatrix}=\begin{pmatrix}\text{该成本对象直接}\\\text{材料定额成本}\end{pmatrix}\pm\begin{pmatrix}\text{该成本对象直接材}\\\text{料脱离定额差异}\end{pmatrix}\times\begin{pmatrix}\text{直接材料成}\\\text{本差异率}\end{pmatrix} \quad (8\text{-}9)$$

在会计实务中，企业直接材料成本差异的分配通常通过编制发料凭证汇总表或直接材料成本差异分配表进行。

【例 8-18】 承例 8-15 资料，假定繁昌公司 2022 年 4 月的直接材料成本差异率为 1%。

要求：编制该公司 2022 年 4 月直接材料成本差异分配表。

根据上述资料，编制该公司 2022 年 4 月的直接材料成本差异分配表，如表 8-49 所示。

根据表 8-49 登记基本生产成本明细账，如表 8-50 所示。

表 8-49 繁昌公司直接材料成本差异分配表 1

2022 年 4 月　　单位：元

成本对象	定额成本	脱离定额差异	计划成本	材料成本差异率	材料成本差异
P 产品	15 120	−25.6	15 094.4	1%	150.94
Q 产品	14 256	44	14 300	1%	143
合　计	29 376	18.4	29 394.4	—	293.94

会计主管：　　审核：　　制单：

根据表 8-49 编制记账凭证（用会计分录代替）如下：

借：基本生产成本——P 产品（材料成本差异）　　150.94

　　　　　　　　——Q 产品（材料成本差异）　　143

　贷：材料成本差异　　293.94

（三）核算产品的实际成本

综上所述，根据产品的定额成本，加减应负担的各种成本差异，即可核算产品的实际成本。其计算公式为

产品实际成本=

$$\begin{pmatrix}\text{按现行定额计算}\\\text{的产品定额成本}\end{pmatrix}\pm\begin{pmatrix}\text{脱离现行}\\\text{定额差异}\end{pmatrix}\pm\begin{pmatrix}\text{直接材料（或自制}\\\text{半成品）成本差异}\end{pmatrix}\pm\begin{pmatrix}\text{月初在产品}\\\text{定额变动差异}\end{pmatrix} \quad (8\text{-}10)$$

在式（8-10）中，产品包括完工产品和月末在产品。如果月末某产品部分完工，应当采用适当的方法在完工产品与月末在产品之间分配生产费用。由于在定额法下，产品生产费用的日常核算是采用定额成本和各种成本差异分别核算的，因而分配生产费用也应当按照定额成本和各种成本差异分别进行。

分配定额成本时，本月完工产成品的定额成本应当按照入库产成品的数量乘以该产品新的单位定额成本计算确定；月末在产品的定额成本应当根据该产品各工序在产品的盘存数乘以各该工序在产品新的成本定额计算确定，但是如果当月没有盘存在产品，则可以根据该产品各工序在产品的账面数乘以各该工序在产品新的成本定额计算确定。

分配成本差异时，可以采用在产品按定额成本计价法，将各种成本差异计入完工产品成本；也可以采用在产品按定额比例计价法，将脱离定额差异、材料成本差异和月初在产品定额变动差异分别按定额成本比例在完工产品与月末在产品之间分配。但是，如果差异金额不大，或者差异金额虽大但各月在产品数量变动不大的，可以将其全部计入完工产品成本；如果产品生产的周期小于一个月，月初在产品在月内全部完工，那么即使月初在产品定额变动差异金额较大而且各月在产品数量变动也较大，也可以将其全部计入完工产品成本。

各种成本差异分配以后，根据完工产品的定额成本加减应负担的各种成本差异，即可核算出完工产品的实际成本；根据月末在产品的定额成本加减应负担的各种成本差异，即可核算出月末在产品的实际成本。

【例 8-19】 资料如例 8-11 至例 8-18 所述。假定繁昌公司 P 产品的定额变动差异和材料成本差异全部计入完工产品成本，脱离定额差异按定额成本比例计价法在完工产品与月末在产品之间进行分配。假定脱离定额差异分配率保留小数点后四位，第五位四舍五入；定额变动差异保留小数点后两位，第三位四舍五入，且尾差计入完工产品成本。

要求：编制该公司 2022 年 4 月产品成本计算单。

根据上述资料编制产品成本计算单，如表 8-51 所示。

在表 8-51 中，

直接材料脱离定额差异分配率=(−41)÷20 160=−0.002；

直接人工脱离定额差异分配率=298÷5 960=0.05；

制造费用脱离定额差异分配率=(−1 080)÷8 640=−0.125。

根据表 8-51 登记基本生产成本明细账（表 8-50）、库存商品明细账。

表 8-50 繁昌公司（P 产品）基本生产成本明细账 1

产品名称：P 产品　　　　单位：元

2022 年		凭证字号	摘　要	成本项目										合　计				
				直接材料				直接人工			制造费用							
月	日			定额成本	脱离定额差异	定额变动差异	材料成本差异	定额成本	脱离定额差异	定额变动差异	定额成本	脱离定额差异	定额变动差异	定额成本	脱离定额差异	定额变动差异	材料成本差异	实际成本
3	31		月末在产品	5 136	15.40			1 540	98		2 010	120		8 686	37.40			8 648.60
4	1	×	表 8-44	96		96								96		96		0
4	30	×	表 8-46	15 120	25.60									15 120	25.60			15 094.40
4	30	×	表 8-47					4 420	200					4 420	200			4 620
4	30	×	表 8-48								6 630	960		6 630	960			5 670
4	30	×	表 8-49				150.94										150.94	150.94
4	30	×	表 8-51	16 800	34.28	96	150.94	5 200	260		7 800	975		29 800	749.28	96	150.94	29 297.66

表 8-51 繁昌公司 P 产品成本计算单（脱离定额差异按定额比例法） 1

产品名称：P 产品　　成本定额：元/件　　2022 年 4 月　　单位成本：元/件　　单位：元

项　目	直接材料				直接人工			制造费用			合　计				
	定额成本	脱离定额差异	定额变动差异	材料成本差异	定额成本	脱离定额差异	定额变动差异	定额成本	脱离定额差异	定额变动差异	定额成本	脱离定额差异	定额变动差异	材料成本差异	实际成本
月初在产品	5 136	−15.40			1 540	98		2 010	−120		8 686	−37.40			8 648.60
本月发生	15 024	−25.60	96	150.94	4 420	200		6 630	−960		26 074	−785.60	96	150.94	25 535.34
本月合计	20 160	−41	96	150.94	5 960	298		8 640	−1 080		34 760	−823	96	150.94	34 183.94
差异分配率		−0.002				0.05			−0.125						—
完工产品产量/件	200				200			200							—
产品成本定额	84				26			39							—
本月完工产品	16 800	−34.28	96	150.94	5 200	260		7 800	−975		29 800	−749.28	96	150.94	29 297.66
单位成本	84	−0.17	0.48	0.75	26	1.3		39	−4.88		149	−3.75	0.48	0.75	146.48
月末在产品	3 360	−6.72			760	38		840	−105		4 960	−73.72			4 886.28

会计主管：　　　　审核：　　　　制单：

根据表 8-51 编制记账凭证（用会计分录代替）如下：

借：库存商品——P 产品　　29 297.66

　　贷：基本生产成本——P 产品（定额成本）　　29 800

　　　　——P 产品（脱离定额差异）　　749.28

　　　　——P 产品（定额变动差异）　　96

　　　　——P 产品（材料成本差异）　　150.94

综上所述，采用定额法核算产品成本，由于产品实际成本是按照定额成本和各种差异分别进行及时、有效的日常核算的，从而有利于加强成本控制、分析，提高成本的定额管理工作水平。但是企业必须制定科学的成本定额，单独核算脱离定额差异，在定额变动时还要修订定额成本及核算定额变动差异，因而其核算工作量较大。

训练巩固篇

在线测试八

【实训题】

1. 资料如例 8-9 所述，假定五江公司不同等级的 W 产品是由当前生产技术水平较低等客观原因造成的。已知该产品一、二、三等品的销售单价分别为 30 元/件、27 元/件、21 元/件，以等级品的销售单价为折算基准，一等品为标准产品。假定分配率保留四位小数，分配额保留两位小数，且尾差计入三等品成本或制造费用项目。

要求：采用标准产量比例法结合品种法核算该公司不同等级 W 产品的成本。

（1）根据上述资料，编制 W 产品成本计算单，如表 8-52 所示。

表 8-52　五江公司 W 产品成本计算单（在产品按约当产量比例计价法） 2

品名：W 产品　　2022 年 8 月　　计量单位：件　　金额单位：元

项　目	产　量	销售单价/（元/件）	折算系数	标准产量	成本项目			合　计
					直接材料	直接人工	制造费用	
月初在产品成本								
本月发生的生产成本								
本月生产成本合计								
本月完工产品产量								—
月末在产品实际产量								—
月末在产品完工程度								—
月末在产品约当产量								—
本月生产成本分配率/（元/件）								—
月末在产品成本								
本月完工产品成本								
本月完工产品成本分配率/（元/件）								

续表

项目		产量	单价/（元/件）	系数	标准产量	成本项目			合计
						直接材料	直接人工	制造费用	
一等品	总成本								
	单位成本								
二等品	总成本								
	单位成本								
三等品	总成本								
	单位成本								

会计主管： 审核： 制单：

（2）根据表 8-52 编制记账凭证（用会计分录代替）。

2．资料如例 8-10～例 8-19 所述，假定繁昌公司 2022 年 5 月 P 产品本月投产为 180 件，本月完工为 200 件，月末在产品为 20 件，月末在产品加工程度平均为 70%；实际生产工时为 2 200 小时，实际小时薪酬率为 2.10 元/小时，实际制造费用率为 2.80 元/小时；自 2022 年 5 月 1 日起，P 产品的 P0102 零件的工时消耗定额由 2 小时修订为 1 小时，其余定额资料不变。

要求：

（1）根据上述资料，按产品的品种设置基本生产成本明细账并登记期初余额，如表 8-58 所示。

（2）编制该公司 2022 年 5 月初在产品定额变动差异计算表，如表 8-53 所示，并登记如表 8-58 所示。

表 8-53　繁昌公司 P 产品月初在产品定额变动差异计算表 2

产品名称：P 产品　　2022 年 5 月　　单位：元

成本项目	原成本定额	新成本定额	定额变动系数	月初在产品定额成本	月初在产品定额变动差异
合计			—		

会计主管： 审核： 制单：

（3）根据表 8-53 编制记账凭证（用会计分录代替）。

（4）已知该公司编制的 2022 年 5 月直接材料定额成本和脱离定额差异汇总表，如表 8-54 所示，根据表 8-54 登记基本生产成本明细账（见表 8-58）。

表 8-54　繁昌公司直接材料定额成本和脱离定额差异汇总表 2

成本对象：P 产品　　2022 年 5 月　　单位：元

直接材料类别	材料编号	计量单位	计划单价/（元/千克）	按计划价格计算的“实际成本”		定额成本		脱离定额差异		差异原因
				数量	金额	数量	金额	数量	金额	
P 类材料	P010101	千克	6	190	1 140	180	1 080	10	60	略
P 类材料	P010102	千克	10	140	1 400	144	1 440	−4	−40	略
P 类材料	P010201	千克	5	358	1 790	360	1 800	−2	−10	略
P 类材料	P020101	千克	3	2 175	6 525	2 160	6 480	15	45	略
P 类材料	P020101	千克	3	—	−0.28	—		—	−0.28	略
P 类材料	P020201	千克	4	1 060	4 240	1 080	4 320	−20	−80	略
合计				—	15 094.72	—	15 120	—	−25.28	

会计主管： 审核： 制单：

（5）根据表 8-54 编制记账凭证（用会计分录代替）。

（6）编制该公司 2022 年 5 月直接材料成本差异分配表，如表 8-55 所示，并登记基本生产成本明细账（见表 8-58）。

表 8-55 繁昌公司直接材料成本差异分配表 2

2022 年 5 月 单位：元

成本对象	定额成本	脱离定额差异	计划成本	材料成本差异率	材料成本差异
P 产品					
Q 产品	14 256	44	14 300	1%	143
合 计				—	

会计主管： 审核： 制单：

（7）根据表 8-55 编制记账凭证（用会计分录代替）。

（8）编制该公司 2022 年 5 月直接人工定额成本和脱离定额差异汇总表，如表 8-56 所示，并登记基本生产成本明细账（见表 8-58）。

表 8-56 繁昌公司直接人工定额成本和脱离定额差异汇总表 2

2022 年 5 月 工时单位：小时 金额单位：元

成本对象	产量/件	实际直接人工			定额直接人工				脱离定额差异		差异原因
		实际工时	实际小时薪酬率	实际直接人工	工时定额	定额工时	计划小时薪酬率	定额直接人工	工时	金额	
P 产品											略
Q 产品	230	2 300		4 830	9	2 070		4 140	230	690	略
合 计					—						

会计主管： 审核： 制单：

（9）根据表 8-56 编制记账凭证（用会计分录代替）。

（10）编制该公司 2022 年 5 月制造费用定额成本和脱离定额差异汇总表，如表 8-57 所示，并登记基本生产成本明细账（见表 8-58）。

表 8-57 繁昌公司制造费用定额成本和脱离定额差异汇总表 2

2022 年 5 月 工时单位：小时 金额单位：元

成本对象	产量/件	实际制造费用			定额制造费用				脱离定额差异		差异原因
		实际工时	实际小时制造费用率	实际制造费用	工时定额	定额工时	计划小时制造费用率	定额制造费用	工时	金额	
P 产品											略
Q 产品	230	2 300		6 440	9	2 070		6 210	230	230	略
合 计					—						

会计主管： 审核： 制单：

（11）根据表 8-57 编制记账凭证（用会计分录代替）。

表 8-58　繁昌公司（P 产品）基本生产成本明细账 2

产品名称：P 产品　　　　　　　　　　　　　　　　　　　　单位：元

2022 年		凭证字号	摘要	成本项目										合计				
				直接材料				直接人工			制造费用							
月	日			定额成本	脱离定额差异	定额变动差异	材料成本差异	定额成本	脱离定额差异	定额变动差异	定额成本	脱离定额差异	定额变动差异	定额成本	脱离定额差异	定额变动差异	材料成本差异	实际成本
4	30		月末在产品															
5	1	×	表 8-53															
5	31	×	表 8-54															
5	31	×	表 8-55															
5	31	×	表 8-56															
5	31	×	表 8-57															
5	31	×	表 8-59															

（12）根据表 8-58，并结合相关资料，编制产品成本计算单，如表 8-59 所示，并登记基本生产成本明细账（见表 8-58）。

表 8-59　繁昌公司 P 产品成本计算单（脱离定额差异按定额比例法） 2

产品名称：P 产品　　　　　　　　2022 年 5 月　　　　　　　　单位：元

项目	直接材料				直接人工			制造费用			合计				
	定额成本	脱离定额差异	定额变动差异	材料成本差异	定额成本	脱离定额差异	定额变动差异	定额成本	脱离定额差异	定额变动差异	定额成本	脱离定额差异	定额变动差异	材料成本差异	实际成本
月初在产品															
本月发生															
本月合计															
差异分配率											—	—	—	—	—
完工产品产量/件											—	—	—	—	—
产品成本定额											—	—	—	—	—
本月完工产品															
单位成本															
月末在产品															

会计主管：　　　　　　　　审核：　　　　　　　　制单：

（13）根据表 8-59 编制记账凭证（用会计分录代替）。

参考答案

项目九 编制与分析成本报表

学习导航篇

学习导航

- 编制与分析成本报表
  - 认知成本报表
    - 了解成本报表的定义
    - 了解成本报表的作用
    - 理解成本报表的特点
    - 理解成本报表的分类
  - 编制成本报表
    - 了解编制成本报表的要求
    - 编制成本报表方法
      - 编制产品生产成本表
      - 编制主要产品单位成本表
      - 编制制造费用明细表
      - 编制期间费用明细表
  - 分析成本报表
    - 了解成本报表分析
      - 成本报表分析的定义
      - 成本报表分析的一般程序
      - 成本报表分析的方法
    - 分析成本报表方法
      - 分析产品生产成本表
      - 分析主要产品单位成本表
      - 分析制造费用明细表
      - 分析期间费用明细表

学习目标

- ☆ 了解成本报表的作用与特点；
- ☆ 掌握成本报表的分类；
- ☆ 掌握各种成本报表的编制方法；
- ☆ 理解成本报表分析的一般程序；
- ☆ 掌握成本报表的分析方法；
- ☆ 培养诚信服务意识。

引言导读

如前所述，我们已经阐述了产品成本的核算方法。核算出的产品成本，还应当及时编报成本报表，并采用适当的方法对其进行分析，以提供决策需要的成本信息。如何编制成本报表？如何分析成本报表？本项目主要解决这些主要问题。

实践操作篇

步骤一 认知成本报表

一、了解成本报表的定义

成本报表是指企业根据成本管理的需要，依据日常成本核算资料及其他有关资料定期或不定期编制的，用来反映和监督企业一定时期产品成本和期间费用的水平及其构成情况的内部报告文件。它是企业会计报表体系的重要组成部分。正确、及时地编制成本报表，是企业成本会计工作的一项重要内容。

二、了解成本报表的作用

成本报表是企业成本会计信息的载体，其一般具有以下作用。

（1）成本报表是评价和考核成本计划完成情况的依据。成本报表能够综合反映企业在成本报告期内的成本费用水平、构成及升降情况。通过其提供的信息，可以及时揭示企业在生产、技术、管理、质量等方面的工作成果，检查企业成本计划的执行情况，评价和考核企业成本工作的绩效，进而达到总结经验教训，提高企业成本管理水平的目的。

（2）成本报表是进行成本分析的依据。通过对成本报表进行分析，可以揭示影响企业产品成本项目和费用项目变动的因素及其产生原因，从生产技术、生产组织和经营管理等方面挖掘降低产品成本和节约费用支出的潜力，实现企业成本管理的目标。

（3）成本报表是进行成本预测、决策以及编制成本计划的依据。成本报表提供的实际产品（或经营业务）成本和费用支出的信息，不仅可以满足日常成本、费用管理的需要，而且也是进行成本预测、决策，编制成本计划，制定产品价格的重要依据。

三、理解成本报表的特点

与企业财务报表相比，成本报表主要是为了满足企业内部经营管理的需要而编制的，属于企业内部报表，因此，成本报表一般具有针对性、内向性、灵活性等特点。

（1）报表反映的内容具有针对性。成本报表作为企业的商业秘密，它主要是向企业内部管理当局提供分析和控制产品成本计划和费用预算的执行情况等方面的信息，以确保企业成本、费用管理目标的实现。同时，成本报表也为企业进行成本预测、决策和修订成本计划提供了重要依据。

（2）报表种类和格式具有内向性。成本报表作为企业内部管理报表，它的种类、项目、格式和编制方法，都是由企业根据其自身生产经营的特点和内部管理的需要自行确定的，或者会同企业的上级主管部门共同商定的，并随着企业生产经营特点的变化和成本管理水平的提高，适时进行修改、调整。不同企业的成本报表通常不具有可比性。

（3）报表编报时间具有灵活性。成本报表作为对内报表，其编报时间具有灵性活。为了向企业管理当局提供日常的成本、费用管理信息，成本报表可以进行定期编报（通常为年报、月报、旬报，甚至日报、班报等）。为了满足企业对一些临时性、偶然性事务的处理需要，成本报表还可以进行不定期编报。

四、理解成本报表的分类

成本报表的种类、项目、格式和编制方法虽然由企业自行确定，但是同一行业企业的成本报表也具有相似性。一般来说，工业企业的成本报表有以下几种分类。

（1）按成本报表反映的经济内容分类。成本报表按其反映的经济内容划分，可以分为反映成本水平的报表、反映费用支出的报表、反映成本管理专题的报表三种。其中，反映成本水平的报表主要有产品生产成本表、主要产品单位成本表等，反映费用支出的报表主要有制造费用明细表、销售费用明细表、管理费用明细表和财务费用明细表等，反映成本管理专题的报表主要有责任成本报表、质量成本报表等。

（2）按成本报表编制的时间分类。成本报表按其编制的时间划分，可以分为定期报表和不定期报表两种。定期报表是指为了满足企业日常成本管理的需要，及时反馈成本信息而按照规定期限编制的成本报表。定期报表一般按年、半年、季、月等定期编报；如果内部管理有特殊需要，也可以按半月、旬、周、日等定期编报，它充分体现了成本报表及时反馈的特点。不定期报表是指针对成本、费用管理中出现的某些较大问题或亟待解决的问题而随时按要求编报的成本报表，如异常成本差异报表等，它体现了成本报表适应管理需要的灵活性。

（3）按成本报表编制的范围分类。成本报表按其编制的范围划分，可以分为企业（或全厂）成本报表、车间成本报表、班组成本报表和个人成本报表等。

步骤二 编制成本报表

一、了解编制成本报表的要求

为了提高成本信息的质量，充分发挥成本报表的作用，成本报表的编制应符合下列基本要求。

（1）真实可靠。成本报表必须根据核实无误的账簿资料以及其他相关资料编制，不得以任何方式弄虚作假。成本报表的指标数字要核算正确，各种成本报表之间、主表与附表之间、各报表项目之间，凡是有勾稽关系的数据应相互一致，本期报表与上期报表之间有关的数字应当相互衔接。只有真实可靠的成本报表指标数据，才能如实地反映企业实际发生的成本、费用。

（2）相关可比。成本报表所提供的成本、费用信息必须与报表使用者的决策需要相关，对于重要的成本、费用项目，应当在成本报表中单独列示；对于次要的成本、费用项目，可以合并反映，以满足报表使用者的需求。在会计计量和编报方法上，各报表项目的数据应当口径一致，相互可比，以便于成本信息使用者进行比较，从而做出正确的决策。

（3）内容完整。企业编制的主要成本报表应当种类齐全；应当填列的报表指标和文字说明必须全面，表内项目和表外补充资料，不论是根据账簿资料直接填列，还是分析计算填列，都应当完整无缺，不得随意取舍。

（4）编报及时。成本报表无论是定期编制还是不定期编制，都应当按照规定日期编制并报送。只有保证成本报表编报的及时性，才能便于报表使用者利用和分析成本报表，充分发挥成本报表的应有作用。

二、编制成本报表方法

在企业编制的成本报表中，有的报表项目反映实际成本、费用的本期数、累计数，有的报表项目反映成本、费用的计划数，有的报表项目还反映某些补充资料，因此，对于这些不同性质、内容和所属期的报表项目数据，其编制方法一般如下。

成本报表中的实际成本、费用，应当根据有关的产品成本或费用明细账的实际发生额填列。成本报表中的累计实际成本、费用，应当根据本期报表的本期实际成本、费用，加上前期报表的累计实际成本、费用计算填列。如果有关的成本、费用明细账簿中记录了本期累计实际成本、费用，可以直接根据有关明细账相应数据填列。成本报表中的计划数，应当根据有关的计划或预算填列。成本报表中的其他资料和补充资料，应当按照报表编制规定填列。

下面介绍工业企业常见的主要成本报表的编制方法。

（一）编制产品生产成本表

产品生产成本表是指反映企业在报告期（月、季、半年、年）内生产的全部产品的总成本的报表。该表一般按照格式划分，可以分为按产品种类反映的产品生产成本表和按成本项目反映的产品生产成本表两种。

1．编制按产品种类反映的产品生产成本表

按产品种类反映的产品生产成本表是指按产品种类汇总反映企业在报告期内生产的全部产品的单位成本和总成本的报表。通过该表，可以了解企业报告期内全部产品实际成本的构成和变动情况，考核成本计划的执行情况，分析可比产品成本降低任务的完成情况，评价企业成本管理工作的业绩，并为预测产品未来成本的水平和制定目标成本提供资料。

按产品种类反映的产品生产成本表一般由基本报表和补充资料两部分构成。其中，基本报表部分一般分别按照可比产品[1]和不可比产品[2]汇总反映实际产量、单位成本、本月总成本和本年累计总成本；补充资料部分主要反映可比产品的降低额和降低率等资料，其格式如表 9-1 所示。

表 9-1　三山公司产品生产成本表（按产品种类反映）

编制单位：三山公司　　　　2022 年 12 月　　　　单位：元

产品名称	实际产量/件		单位成本/（元/件）				本月总成本			本年累计总成本		
	本月	本年累计	上年实际平均	本年计划	本月实际	本年累计实际平均	按上年实际平均单位成本计算	按本年计划单位成本计算	本月实际	按上年实际平均单位成本计算	按本年计划单位成本计算	本年实际
	1	2	3	4	5=9÷1	6=12÷2	7=1×3	8=1×4	9	10=2×3	11=2×4	12
可比产品合计	—	—	—	—	—	—	17 000	16 730	16 740	204 200	201 058	200 860

❶ 可比产品是指企业上年正式生产过、具有可供比较的上年完整成本资料的产品。

❷ 不可比产品是指企业上年没有正式生产过、没有可供比较的上年完整成本资料的新产品。

续表

产品名称	实际产量/件		单位成本				本月总成本			本年累计总成本		
	本月	本年累计	上年实际平均	本年计划	本月实际	本年累计实际平均	按上年实际平均单位成本计算	按本年计划单位成本计算	本月实际	按上年实际平均单位成本计算	按本年计划单位成本计算	本年实际
	1	2	3	4	5=9÷1	6=12÷2	7=1×3	8=1×4	9	10=2×3	11=2×4	12
R1	10	130	300	302	306	305	3 000	3 020	3 060	39 000	39 260	39 650
R2	20	238	400	396	393	395	8 000	7 920	7 860	95 200	94 248	94 010
R3	30	350	200	193	194	192	6 000	5 790	5 820	70 000	67 550	67 200
不可比产品合计	—	—	—	—	—	—	—	5 000	4 980	—	50 000	49 900
S1	10	100	0	500	498	499	—	5 000	4 980	—	50 000	49 900
全部产品合计	—	—	—	—	—	—	17 000	21 730	21 720	204 200	251 058	250 760

注：补充资料（按本年累计总成本计算）

1．可比产品成本的实际降低额为___3 340___元（本年计划降低额为_3 170__元）；

2．可比产品成本的实际降低率为__1.635 7__%（本年计划降低率为__1.569 3__%）。

会计主管：　　　　审核：　　　　制表：

在表 9-1 中：

（1）“产品名称”栏，对于企业生产的主要产品，应当按照产品品种分别以可比产品和不可比产品填列，但不可比产品不填列上年成本资料；对于企业生产的非主要产品，可以按照产品类别合并填列本月总成本和本年累计总成本；如果有不合格产品，应当单独列示一行，并注明“不合格产品”字样，不应当与合格产品合并填列。

（2）“实际产量”栏中的“本月”栏，应当根据本月份“产品成本计算单”的资料填列，“本年累计”栏应当根据上月份本表的“本年累计”栏的数量加上本月份本表的“本月”栏的数量计算填列。

（3）“单位成本”栏中的“上年实际平均”栏应当根据上年年末本表的“本年累计实际平均”栏的数据填列，“本年计划”栏应当根据本年度成本计划资料填列，“本月实际”栏应当根据本月份“产品成本计算单”的资料填列，“本年累计实际平均”栏应当根据自年初起至本月末止的“产品成本计算单”的资料计算填列。

（4）“本月总成本”栏中的“按上年实际平均单位成本计算”栏、“按本年计划单位成本计算”栏，应当根据本月实际产量分别乘以“上年实际平均单位成本”“本年计划单位成本”后的积填列，“本月实际”栏应当根据本月份“产品成本计算单”的资料填列。

（5）“本年累计总成本”栏中的“按上年实际平均单位成本计算”栏、“按本年计划单位成本计算”栏，应当根据本年累计实际产量分别乘以“上年实际平均单位成本”“本年计划单位成本”后的积填列，“本年实际”栏应当根据“本月总成本”栏中的“本月实际”的数据加上上月份本表的“本年累计总成本”栏中的“本年实际”栏的数据计算填列。

（6）“补充资料”栏中的“本年计划降低额”项目、“本年计划降低率”项目，应当根据企业制定的可比产品成本降低计划中的计划降低额和计划降低率直接填列。计划降低额是指可比产品计划总成本比按计划产量计算的上年实际总成本的降低数额；计划降低率是指计划降低额除以计划总成本的比率。“可比产品成本的实际降低额”项目、“可比产品成本的实际降低率”

项目，应当按照下列公式计算填列。

$$可比产品成本的实际降低额=\sum\left[实际产量\times\left(\begin{matrix}上年实际\\单位成本\end{matrix}-\begin{matrix}本年累计实\\际单位成本\end{matrix}\right)\right] \quad (9\text{-}1)$$

$$可比产品成本的实际降低率=\frac{可比产品成本的实际降低额}{\sum\left(实际产量\times\begin{matrix}上年实际\\单位成本\end{matrix}\right)}\times100\% \quad (9\text{-}2)$$

需要指出的是，企业可比产品成本降低计划一般按照全部可比产品综合规定，但是，如果企业可比产品品种不多，其成本降低情况也可以按照可比产品的品种分别计划。

【例 9-1】 三山公司 2022 年 12 月生产的 R1、R2、R3、S1 四种产品本月实际产量分别为 10 件、20 件、30 件、10 件，本年实际产量分别为 130 件、238 件、350 件、100 件，本年计划产量分别为 120 件、240 件、350 件、110 件，上年实际产量分别为 120 件、240 件、370 件、0 件；四种产品的本月实际单位成本分别为 306 元/件、393 元/件、194 元/件、498 元/件，本年实际平均单位成本分别为 305 元/件、395 元/件、192 元/件、499 元/件，本年计划单位成本分别为 302 元/件、396 元/件、193 元/件、500 元/件，上年实际平均单位成本分别为 300 元/件、400 元/件、200 元/件、0 元/件。已知 S1 产品为本年新投产产品。假定该公司按照全部可比产品综合规定成本降低计划，且降低率保留小数点后六位，第七位四舍五入。

要求：编制该公司 2022 年 12 月产品生产成本表（按产品种类反映）。

根据上述资料，该公司规定的 2022 年全部可比产品成本的计划降低额和计划降低率应当分别为：

$$本年计划降低额=\sum\left[计划产量\times\left(\begin{matrix}上年实际\\单位成本\end{matrix}-\begin{matrix}本年计划\\单位成本\end{matrix}\right)\right]$$

$$=120\times(300-302)+240\times(400-396)+350\times(200-193)=3\,170（元）$$

$$本年计划降低率=\frac{本年计划降低额}{\sum\left(计划产量\times\begin{matrix}上年实际\\单位成本\end{matrix}\right)}\times100\%$$

$$=\frac{3170}{120\times300+240\times400+350\times200}\times100\%=1.569\,3\%$$

由式（9-1）可得，全部可比产品成本的实际降低额=204 200−200 860=3 340（元）；

由式（9-2）可得，全部可比产品成本的实际降低率=3 340÷204 200×100%=1.635 7%。

根据上述资料，编制该公司 2022 年 12 月按产品种类反映的产品生产成本表，如表 9-1 所示。

2．编制按成本项目反映的产品生产成本表

按成本项目反映的产品生产成本表是指按成本项目汇总反映企业在报告期内发生的全部生产成本以及产品生产成本合计数的报表。通过该表，可以了解报告期内全部产品生产成本项目的支出及其构成情况，将表中本年累计实际生产成本及产品生产成本与本年计划数、上年实际数相比较，可以分析和考核年度生产成本及产品生产成本计划的执行情况以及本年比上年生产成本及产品生产成本的升降情况。

按成本项目反映的产品生产成本表一般由生产成本和产品生产成本两部分构成，其格式如表 9-2 所示。

在表 9-2 中：

（1）“上年实际”栏，应当根据上年 12 月份本表的“本年累计实际”栏的数据填列。

（2）“本年计划”栏，应当根据本年度成本计划有关资料填列。

表 9-2 三山公司产品生产成本表（按成本项目反映）

编制单位：三山公司　　2022 年 12 月　　单位：元

项 目	上年实际	本年计划	本月实际	本年累计实际
生产成本：				
直接材料	97 920	120 400	8 170	126 880
直接人工	40 800	60 197	8 560	50 752
制造费用	65 280	70 233	5 990	76 128
生产成本合计	204 000	250 830	22 720	253 760
加：在产品、自制半成品期初余额	10 000	13 000	12 000	10 000
减：在产品、自制半成品期末余额	8 000	10 000	13 000	13 000
产品生产成本合计	206 000	253 830	21 720	250 760

会计主管：　　审核：　　制表：

（3）“本月实际”栏，应当根据各种产品本月产品成本明细表按照成本项目分别汇总的数据填列。

（4）“本年累计实际”栏，应当根据“本月实际”栏的数据加上上月份本表的“本年累计实际”栏的数据计算填列。

（5）“在产品、自制半成品期初余额”栏、“在产品、自制半成品期末余额”栏，应当根据各种产品的产品成本明细表、自制半成品明细表的期初、期末余额分别汇总的数据填列。

（6）“产品生产成本合计”栏，应当根据“产品生产成本合计=生产成本合计+在产品、自制半成品期初余额−在产品、自制半成品期末余额”计算填列。

需要指出的是，表 9-2 中的“本月实际”栏的“产品生产成本合计”项目的金额（21 720 元）和“本年累计实际”栏的“产品生产成本合计”项目的金额（250 760 元），应当分别与表 9-1 中的“本月总成本”栏中的“本月实际”栏的“全部产品合计”项目的金额（21 720 元）和“本年累计总成本”栏中的“本年实际”栏的“全部产品合计”项目的金额（250 760 元）相等。但是，由于产量、品种结构（或品种比重）不同，表 9-2 中的“上年实际”栏的“产品生产成本合计”项目的金额（206 000 元）和“本年计划”栏的“产品生产成本合计”项目的金额（253 830 元），分别与表 9-1 中的“本年累计总成本”栏中的“按上年实际平均单位成本计算”栏的“全部产品合计”项目的金额（204 200 元）和“本年累计总成本”栏中的“按计划单位成本计算”栏的“全部产品合计”项目的金额（251 058 元）不相等，这是因为表 9-2 中的“上年实际”栏的“产品生产成本合计”项目的金额是按照上年产品的实际产量和实际单位成本计算的实际总成本，“本年计划”栏的“产品生产成本合计”项目的金额是按照本年产品的计划产量和计划单位成本计算的计划总成本，而表 9-1 中的“本年累计总成本”栏中的“按上年实际平均单位成本计算”栏的“全部产品合计”项目的金额是根据本年产品的实际产量和上年产品的实际单位成本计算的金额，“本年累计总成本”栏中的“按计划单位成本计算”栏的“全部产品合计”项目的金额根据本年产品的实际产量和计划单位成本计算的金额。

【例 9-2】 承例 9-1 资料，假定三山公司 2022 年 12 月生产的 R1、R2、R3、S1 四种产品月初在产品成本分别为 500 元、2 000 元、2 000 元、200 元，四种产品月初自制半成品成本分别为 1 500 元、3 000 元、2 000 元、800 元。四种产品本月发生的生产费用分别为 4 360 元（直接材料 2 150 元、直接人工 980 元、制造费用 1 230 元）、6 960 元（直接材料 2 760 元、直接人工 2 800 元、制造费用 1 400 元）、4 970 元（直接材料 1 650 元、直接人工 1 640 元、制造费用 1 680 元）、6 430 元（直接材料 1 610 元、直接人工 3 140 元、制造费用 1 680 元）。四种产品月末在产品成本分别为 800 元、1 500 元、1 500 元、500 元，四种产品月末自制半成品成本分别为 2 200 元、3 000 元、2 000 元、1 500 元。

要求：计算该公司 2022 年 12 月产品生产成本表（按成本项目反映）中的“产品生产成本合计”项目的“上年实际”栏、“本年计划”栏的金额，以及“本月实际”栏中的各项目的金额。

根据上述资料，表 9-2 中的“产品生产成本合计”项目的“上年实际”栏=120×300+240×400+370×200=206 000（元），“本年计划”栏=120×302+240×396+350×193+110× 500=253 830（元）。“本月实际”栏中的“直接材料”项目栏=2 150+2 760+1 650+1 610=8 170（元），“直接人工”项目栏=980+2 800+1 640+3 140=8 560（元），“制造费用”项目栏=1 230+1 400+1 680+1 680=5 990（元），“生产成本合计”项目栏=8 170+8 560+5 990=22 720（元），“在产品、自制半成品期初余额”项目栏=(500+2 000+2 000+200)+(1 500+3 000+2 000+800)=12 000（元），“在产品、自制半成品期末余额”项目栏=(800+1 500+1 500+500)+(2 200+3 000+2 000+1 500)=13 000（元），“产品生产成本合计”项目栏=22 720+12 000−13 000=21 720（元）。

（二）编制主要产品单位成本表

主要产品是指企业日常生产经营中，在企业总产品成本中所占的比重较大，能代表企业生产经营状况、体现企业经营管理水平的产品。主要产品单位成本表是指反映企业在报告期（月、季、半年、年）内生产的各种主要产品单位成本水平及其构成的报表。通过该表，可以了解企业生产的各种主要产品的实际单位成本水平及其构成情况，考核各种主要产品单位成本的变动和计划执行情况，并为分析各项主要技术经济指标的各项消耗数量的变化和执行情况提供资料，从而便于与同行业同类产品成本进行对比，进一步挖掘降低成本的潜力。

主要产品单位成本表是按产品种类反映的产品生产成本表的补充报表，应当按照某些主要产品分别编制。它一般由产品单位生产成本和主要经济技术指标两部分构成，其格式如表 9-3 所示。

表 9-3　三山公司主要产品单位成本表

编制单位：三山公司　　2022 年 12 月

产品名称：R1 产品　　本月计划产量：10 件　　本年累计计划产量：120 件

产品规格：××　　本月实际产量：10 件　　本年累计实际产量：130 件

产品销售单价：370 元/件　　单位：元/件

成本项目		历史先进水平	上年实际平均	本年计划	本月实际	本年累计实际平均
直接材料		150.3	150.7	151	153	152
直接人工		64.5	65	66.5	66	67
制造费用		84.2	84.3	84.5	87	86
产品单位生产成本		299	300	302	306	305
主要技术经济指标	**计量单位**	**消耗数量**	**消耗数量**	**消耗数量**	**消耗数量**	**消耗数量**
原料	…	…	…	…	…	…
主要材料	千克	22	21	20	18	19
燃料	…	…	…	…	…	…
工时	小时	2.4	2.9	2.8	2.5	2.7

会计主管：　　审核：　　制表：

在表 9-3 中：

（1）“产品销售单价”项目，应当分别根据企业的产品定价表资料填列。

（2）“本月计划产量”“本年累计计划产量”项目，应当分别根据本月、本年产品产量计划资料填列。

（3）“本月实际产量”“本年累计实际产量”项目，应当根据“产品成本计算单”等相关资料填列。

（4）“历史先进水平”栏，应当根据历史上该种产品成本最低年度本表的实际平均单位成本填列，但不可比产品不填列。

（5）“上年实际平均”栏，应当根据上年年末本表“本年累计实际平均”栏数据填列，但不可比产品不填列。

（6）“本年计划”栏，应当根据本年度成本计划填列。

（7）“本月实际”栏，应当根据该种产品本月“产品成本计算单”等相关资料填列。

（8）“本年累计实际平均”栏，应当根据该种产品自年初起至本月末止完工入库总成本除以本年累计实际产量后的商填列。

（9）“主要技术经济指标”栏，应当分别根据该种产品的实际消耗记录、计划、上年度等有关技术经济资料和企业或上级机构规定的指标名称、填列方法计算填列。

需要指出的是，表 9-3 中的上年实际平均、本年计划、本月实际和本年累计实际平均的单位成本，应当与表 9-1 中的该种产品相应的单位成本相同。

【例 9-3】 承例 9-1 资料，已知 R1 的历史先进水平单位成本为 299 元。

要求：编制该公司 2022 年 12 月（R1）主要产品单位成本表。

根据上述资料及其他相关资料，编制该公司 2022 年 12 月 R1 产品单位成本表，如表 9-3 所示。

（三）编制制造费用明细表

制造费用明细表是指反映企业在报告期（月、季、半年、年）内发生的制造费用总额及其各项费用构成情况的报表。通过该表，可以了解制造费用各构成项目的实际发生及其增减变动情况，分析和考核制造费用预算或计划的执行情况及其结果，充分揭示差异及其产生的原因。

制造费用明细表一般按费用项目分别反映其本年计划、上年同期实际、本年实际和本年累计实际等指标，其格式如表 9-4 所示。

表 9-4 三山公司制造费用明细表

编制单位：三山公司　　2022 年 12 月　　单位：元

费用项目	本年计划	上年同期实际	本月实际	本年累计实际
间接人工	37 926	3 910	3 708	40 348
折旧费	14 050	1 354	1 236	14 460
办公费	350	111	218	893
机物料消耗	4 915	512	465	4 948
低值易耗品摊销	1 400	158	138	1 523
水电汽费	4 210	429	407	4 415
保险费	3 509	384	364	3 883
劳动保护费	1 756	196	174	1 903
其他	2 117	466	560	3 755
制造费用合计	70 233	7 520	7 270	76 128

会计主管：　　审核：　　制表：

在表 9-4 中：

（1）“本年计划”栏，应当根据本年制造费用计划资料填列。

（2）“上年同期实际”栏，应当根据上年同期本表“本年累计实际”栏的相关资料填列。

（3）“本月实际”栏，应当根据企业各基本生产部门制造费用明细账的本月实际数据汇总计算填列。

（4）“本年累计实际”栏，应当根据企业各基本生产部门制造费用明细账上自年初至本月末止的本年累计数据汇总计算填列。

需要指出的是，由于辅助生产部门的制造费用已经通过辅助生产费用的分配转入基本生产部门的基本生产成本、制造费用和行政管理部门的管理费用等成本、费用账户，为了避免重复反映，制造费用明细表只反映基本生产部门的制造费用，不反映辅助生产部门的制造费用。

（四）编制期间费用明细表

期间费用明细表是指反映企业在报告期（月、季、半年、年）内发生的经营管理费用总额及其各项费用构成情况的报表。它包括销售费用明细表、管理费用明细表和财务费用明细表等。通过这些明细表，可以了解企业销售费用、管理费用和财务费用各构成项目的实际发生及其增减变动情况，分析和考核销售费用、管理费用和财务费用预算或计划的执行情况及其结果，充分揭示差异及其产生的原因。

销售费用明细表、管理费用明细表和财务费用明细表一般按费用项目分别反映其本年计划、上年同期实际、本月实际和本年累计实际等指标，其格式分别如表 9-5～表 9-7 所示。

表 9-5　三山公司销售费用明细表

编制单位：三山公司　　　　2022 年 12 月　　　　单位：元

费用项目	本年计划	上年同期实际	本月实际	本年累计实际
职工薪酬	444 731	37 495	35 981	456 472
折旧费	164 715	13 004	11 994	163 210
业务费	3 953	1 062	1 765	10 077
修理费	56 827	4 913	4 515	55 982
保险费	16 308	1 517	1 333	17 225
运输费	49 085	4 118	4 007	49 953
装卸费	24 543	2 240	2 398	25 838
展览费	18 119	1 539	1 376	17 915
广告费	20 589	1 878	1 679	21 532
其他	24 707	4 479	5 503	43 063
销售费用合计	823 577	72 245	70 551	861 267

会计主管：　　　　审核：　　　　制表：

表 9-6　三山公司管理费用明细表

编制单位：三山公司　　　　2022 年 12 月　　　　单位：元

费用项目	本年计划	上年同期实际	本月实际	本年累计实际
公司经费	66 174	5 311	5 363	67 549
其中：职工薪酬	50 104	3 939	3 954	50 948
物料消耗	1 856	152	132	1 730
低值易耗品摊销	445	112	194	1 125
办公费	6 402	516	496	6 248
差旅费	1 837	159	147	1 923
其他	5 530	433	440	5 575
保险费	2 765	235	264	2 884
业务招待费	8 536	759	930	10 093
研究费用	2 320	258	185	2 403
咨询费	6 588	471	527	6 922
其他	6 402	556	485	6 278
管理费用合计	92 785	7 590	7 754	96 129

会计主管：　　　　审核：　　　　制表：

表 9-7 三山公司财务费用明细表

编制单位：三山公司 2022 年 12 月 单位：元

费用项目	本年计划	上年同期实际	本月实际	本年累计实际
利息费用	23 953	2 329	2 591	27 096
汇兑损失	6 474	521	582	5 961
现金折扣	136	182	188	795
手续费	1 165	147	121	1 445
其他	641	79	67	831
财务费用合计	32 369	3 258	3 549	36 128

会计主管： 审核： 制表：

销售费用明细表、管理费用明细表和财务费用明细表的填列方法与制造费用明细表的填列方法相类似，这里不再详述。

步骤三 分析成本报表

一、了解成本报表分析

（一）成本报表分析的定义

成本报表分析是指利用成本报表及其相关成本、费用资料，按照一定的程序，采用专门的方法，对企业一定时期产品成本和期间费用的水平及其构成情况进行分析与评价，揭示产品成本和期间费用变动的原因以及各种因素对其变动的影响程度，以挖掘降低成本、费用的潜力，提高企业的经济效益。成本报表分析是企业成本管理的重要组成部分，也是成本会计的主要职能。

（二）成本报表分析的一般程序

在会计实务中，成本报表分析一般有以下程序。

（1）明确分析目标。成本报表分析目标是整个成本分析的出发点和关键。只有明确了分析目标，才能决定分析范围，设计具体的分析程序，正确地收集和整理相关资料，选择恰当的分析方法和评价标准，以得出正确的分析结论。

（2）收集和整理相关资料。为了全面、系统地进行成本报表分析，揭示企业成本管理现状，成本分析人员应当根据分析目标收集成本报表、成本计划、相关的技术经济指标、同行业成本水平等相关资料，并对其进行审查、调整、重编等相关处理，以满足成本分析的需要。

（3）选择分析方法和评价标准。为了得出正确的分析结论，成本分析人员应当根据分析目标选择恰当的成本分析方法，选定适当的评价标准，并将分析结果与设定的评价标准进行比较，以评价企业成本管理的业绩及其成因和发展趋势等。

（4）得出分析结论。根据分析评价的结果，提出对决策有用的信息。

（三）成本报表分析的方法

成本报表分析的方法主要有比较分析法、比率分析法、趋势分析法和因素分析法四种。

1．比较分析法

比较分析法，也称对比分析法，是指通过对成本报表项目的实际数与基准数进行对比，揭示它们之间存在的差异，借以了解经济活动的业绩和问题的一种分析方法。具体比较时，既可以采用绝对数比较，又可以采用相对数比较。

在会计实务中，对比的基准数一般有计划数、定额数、前期实际数、以前年度同期实际数，以及本企业历史先进水平和国内外同行业的先进水平等。将实际数与计划数或定额数进行对比，可以揭示计划或定额的执行情况；将本期实际数与前期实际数或以前年度同期实际数进行对比，可以考察有关成本经济业务的发展变化情况；将本期实际数与本企业历史先进水平和国内外同行业的先进水平进行对比，可以发现与先进水平之间的差距情况。

比较分析法只适用于同质指标的数量对比。而且，对比时应当注意相比指标的可比性，即进行对比的各项指标，在经济内容、计算方法、计算期和影响指标形成的客观条件等方面应当可比。如果相比的指标存在不可比因素，应当先按可比的口径进行调整，然后再进行对比。

2．比率分析法

比率分析法是指通过计算相关经济指标之间的比率，借以分析和评价企业经济业务的相对效益的一种分析方法。其主要有相关指标比率分析法和构成比率分析法两种。

（1）相关指标比率分析法。相关指标比率分析法，简称相关比率分析法，是指将两个性质不同但又相关的指标进行对比求出两者的比率，以反映报表中相关项目之间关系的一种比率分析法。在实际工作中，由于企业的规模不同，单纯地对比各企业成本报表中各项目的绝对数，并不能说明各企业成本水平的高低。但是如果计算成本与相关指标之间的相对数，就可以剔除企业规模因素的影响，从而反映出各企业经济效益的好坏。

成本报表的相关指标比率分析法中常用的比率主要有产值成本率、销售收入成本率和成本利润率等，其计算公式如下：

$$产值成本率=\frac{产品成本}{产品产值}\times 100\% \tag{9-3}$$

其中，产品产值是指企业在一定时期内生产的工业最终产品或提供工业性服务按照现行价格计算的总价值。

$$销售收入成本率=\frac{产品成本}{产品销售收入}\times 100\% \tag{9-4}$$

$$成本利润率=\frac{利润总额}{产品成本}\times 100\% \tag{9-5}$$

上述相关指标比率中，产值成本率和销售收入成本率是反指标，成本利润率是正指标。即产值成本率和销售收入成本率越高，或成本利润率越低，企业经济效益就越差；相反地，产值成本率和销售收入成本率越低，或成本利润率越高，企业经济效益就越好。

（2）构成比率分析法。构成比率分析法，也称结构比率分析法或比重分析法，是指通过计算某项经济指标的各个组成部分占总体的比重，即部分与全部的比率，以反映其构成部分之间关系的一种比率分析法。通过这种分析，可以反映产品成本或者期间费用的构成是否合理。

成本报表的构成比率分析法中常用的比率主要有直接材料成本比率、直接人工成本比率和制造费用成本比率等。产品成本构成比率的计算公式如下：

$$直接材料成本比率=\frac{直接材料成本}{产品成本}\times 100\% \tag{9-6}$$

$$直接人工成本比率=\frac{直接人工成本}{产品成本}\times 100\% \tag{9-7}$$

$$制造费用成本比率=\frac{制造费用}{产品成本}\times 100\% \tag{9-8}$$

需要指出的是，无论采用哪一种比率分析法进行分析时，都应当将比率的实际数与其基准数进行对比，以揭示它们之间的差异。

3．趋势分析法

趋势分析法，也称动态分析法，是指将企业连续若干期成本报表中的相同指标的绝对数（或相对数）进行对比，揭示该项成本、费用指标的增减变化，据以预测其发展变化趋势的一种分析方法。这种分析可以反映成本管理的业绩。

趋势分析法按照对比期的指标基准数据是否固定，又可以分为定基比率趋势分析法和环比比率趋势分析法两种。定基比率趋势分析法，简称定比分析法，是指在采用趋势分析法时，选定分析期中某一期的指标数据为固定的基期指标数据，然后将其他各期的指标数据与其进行对比，以分析该指标发展趋势的一种分析方法。其计算公式如下：

$$定基比率=\frac{分析期数据}{固定基期数据}\times 100\% \tag{9-9}$$

环比比率趋势分析法，简称环比分析法，是指在采用趋势分析法时，以每一分析期的前一期指标数据为基期指标数据，然后将每一分析期的指标数据与其进行对比，以分析该指标发展趋势的一种分析方法。其计算公式如下：

$$环比比率=\frac{分析期数据}{前一期数据}\times 100\% \tag{9-10}$$

4．因素分析法

因素分析法是指根据综合分析指标与其影响因素的关系，从数量上确定各项因素对综合分析指标影响方向和程度的一种分析方法。

因素分析法又可以分为连环替代法和差额计算法两种。

（1）连环替代法。连环替代法是指用于计算几个相互联系的因素对综合指标变动影响程度的一种分析方法。其计算程序如下。

第一步，分解综合指标因素，确定各因素的排列顺序。将某项综合指标分解成若干原始因素，按一定顺序列出数学关系式，并计算出所有因素都按基准数计算的总值。

第二步，数次替代因素。按各因素的排列顺序，每次将其中一个因素的基准数替换为该因素的本期实际数，其他因素暂时不变。后面因素的替换是在前面因素已经替换为本期实际数的基础上进行的，依次类推，有几个因素就替换几次，直至将所有因素依次替换完为止。

第三步，确定影响结果。将每次替换后得出的综合指标新数据与替换之前的综合指标数据相减，其差额即为该替换因素变动对综合指标的影响程度。

第四步，汇总影响结果。将上述计算的各因素的影响数额汇总相加，这个代数和应当等于该综合指标的实际数与基准数的差异总数。

设某一综合指标 W 是由相互联系的 X、Y、Z 三个因素依次相乘得到的，其报告期数值 $W_1=X_1\times Y_1\times Z_1$，基期数值 $W_0=X_0\times Y_0\times Z_0$，则报告期数值与基期数值的总差异为 $\Delta W=W_1-W_0$。

在测定各因素变动对综合指标 W 的影响程度时，可按下列顺序进行。

基期数值：$W_0=X_0\times Y_0\times Z_0$ ①

第一次替代 X 因素得出：第一次替代后指标数值 $=X_1\times Y_0\times Z_0$ ②

第二次替代 Y 因素得出：第二次替代后指标数值 $=X_1\times Y_1\times Z_0$ ③

第三次替代 Z 因素得出：第三次替代后指标数值 $=X_1\times Y_1\times Z_1$ ④

分析如下：

②-①得出，X 因素变动对综合指标 W 的影响数值；

③-②得出，Y 因素变动对综合指标 W 的影响数值；

④-③得出，Z 因素变动对综合指标 W 的影响数值。

把各因素变动对综合指标 W 的影响数值汇总，总影响为 $\Delta W=W_1-W_0$。

根据连环替代法的计算程序，可以看出连环替代法具有两个特点。一是计算条件的假定性。应用连环替代法测定某一因素变化的影响程度时，是以假定其他因素不变和假定替换顺序为条件的，因此，计算结果只是某种假定条件下的结果。二是因素替换的顺序性。应用连环替代法时，应当根据各因素的依存关系和重要程度，正确确定各个因素的替换顺序，以保证分析结果的可比性。确定因素替换顺序的一般原则：先基本因素，后从属因素；先数量因素，后质量因素；先实物量因素，后价值量因素；先分子因素，后分母因素。

（2）差额计算法。差额计算法是指根据各项因素的实际数与基准数之间的差额，直接计算各项因素对综合指标的影响程度的一种分析方法。它是连环替代法的一种简化形式。

设某一综合指标 W 是由相互联系的 X、Y、Z 三个因素依次相乘得到的，其报告期数值为 $W_1=X_1\times Y_1\times Z_1$，基期数值为 $W_0=X_0\times Y_0\times Z_0$，则报告期数值与基期数值的总差异为 $\Delta W=W_1-W_0$。

总差异 $\Delta W=W_1-W_0$ 同时受到 X、Y、Z 三个因素的影响，其中：

X 因素变动对综合指标 W 的影响数值 $=(X_1-X_0)\times Y_0\times Z_0$；

Y 因素变动对综合指标 W 的影响数值 $=X_1\times(Y_1-Y_0)\times Z_0$；

Z 因素变动对综合指标 W 的影响数值 $=X_1\times Y_1\times(Z_1-Z_0)$。

最后，将 X、Y、Z 三个因素各自对综合指标 W 的影响数值相加，这个代数和应该等于总差异 $\Delta W=W_1-W_0$。

需要指出的是，比较分析法、比率分析法、趋势分析法可以揭示实际数据与基准数据之间的差异，不能揭示引起差异的因素及其影响程度。诚然，无论哪种分析方法，实际上都是比较分析法。比率分析法是分子指标与分母指标之间的比较，以及据以计算出的相对数指标的实际数与基准数的比较；趋势分析法是作为分析趋势基础的各期指标之间的比较；因素分析法是各项因素替换结果之间的比较。可见，比较分析法是最基本的分析方法。另外，无论采用哪种分析方法，都只能为进一步调查研究指明方向，要想确定经济业务的具体原因，企业还需要深入实际进行调查研究。

二、分析成本报表方法

（一）分析产品生产成本表

1．分析产品生产成本计划完成情况

一般来说，产品生产成本的分析是从分析产品成本计划完成情况切入的。由于产品生产成本表有两种格式，因而可以从两个视角对产品成本计划完成情况进行分析。

（1）按产品种类分析产品成本计划完成情况。按产品种类分析产品成本计划完成情况，是指将全部产品和各种主要产品的计划成本与实际成本对比，确定全部产品和各种主要产品实际成本与计划成本的差异，从而了解成本计划的执行结果。产品成本的变动主要受产量和单位成本两个因素影响，而表 9-1 中的计划成本是按实际产量计算的计划成本，剔除了产量变动对产品成本的影响，从而使对比的产品成本指标具有可比性。

【例 9-4】 资料如例 9-1 所述。

要求：采用比较分析法分别编制该公司 2022 年 12 月和 2022 年的产品生产成本分析表（按产品种类反映），并加以分析。

根据上述资料编制该公司产品生产成本分析表，如表 9-8、表 9-9 所示。

表 9-8 三山公司按产品种类反映的产品生产成本分析表（比较分析法）1

编制单位：三山公司　　2022 年 12 月　　单位：元

产品名称	按本月实际产量和本年计划单位成本计算的计划总成本	本月实际总成本	本月实际比本月计划	
			降低额	降低率
	1	2	3=1−2	4=3÷1
可比产品合计	16 730	16 740	−10	−0.059 8%
R1 产品	3 020	3 060	−40	−1.324 5%

续表

产品名称	按本月实际产量和本年计划单位成本计算的计划总成本	本月实际总成本	本月实际比本月计划	
			降低额	降低率
R2 产品	7 920	7 860	60	0.757 6%
R3 产品	5 790	5 820	−30	−0.518 1%
不可比产品合计	5 000	4 980	20	0.400 0%
S1 产品	5 000	4 980	20	0.400 0%
全部产品合计	21 730	21 720	10	0.046 0%

会计主管： 审核： 制表：

表 9-9 三山公司按产品种类反映的产品生产成本分析表（比较分析法）2

编制单位：三山公司 2022 年 单位：元

产品名称	按本年实际产量和本年计划单位成本计算的计划总成本	本年实际总成本	本年实际比本年计划	
			降低额	降低率
	1	2	3=1−2	4=3÷1
可比产品合计	201 058	200 860	198	0.098 5%
R1 产品	39 260	39 650	−390	−0.993 4%
R2 产品	94 248	94 010	238	0.252 5%
R3 产品	67 550	67 200	350	0.518 1%
不可比产品合计	50 000	49 900	100	0.200 0%
S1 产品	50 000	49 900	100	0.200 0%
全部产品合计	251 058	250 760	298	0.118 7%

会计主管： 审核： 制表：

由表 9-8、表 9-9 可知，该公司全部产品本月实际总成本比计划总成本降低了 10 元，降低了 0.046 0%；全部产品本年实际总成本比计划总成本降低了 298 元，降低了 0.118 7%，说明全部产品成本计划完成，且本月成本计划完成业绩低于全年。但是，从产品种类来看，各种产品成本计划执行结果并不相同。R1 产品的本月实际总成本和本年实际总成本均比计划升高了，且本月成本升高率高于全年，R2 产品的本月实际总成本和本年实际总成本均比计划降低了，且本月成本降低率高于全年，R3 产品的本月实际总成本高于计划，但其本年实际总成本却低于计划，S1 产品的本月实际总成本和本年实际总成本均比计划降低，且本月成本降低率高于全年。可见，R1 产品的成本计划没有完成，R2、S1 产品的成本计划完成较好，R3 产品的成本计划从全年来看也完成较好。因此，应当进一步分析 R1 产品的成本计划完成不好，R2、S1 产品的成本计划完成较好，R3 产品的本月成本计划完成不够好的原因，以便更好地完成成本计划。

（2）按成本项目分析产品成本计划完成情况。按成本项目分析产品成本计划完成情况，是指将全部产品的各项生产成本和产品生产成本合计的上年实际数、本年计划数与本年实际数对比，确定其差异，以便进一步分析、查明发生差异的原因。

【例 9-5】 资料如例 9-2 所述。

要求：采用比较分析法和构成比率分析法分别编制该公司 2022 年的产品生产成本分析表（按成本项目反映），并加以分析。

根据上述资料编制该公司产品生产成本分析表，如表 9-10、表 9-11 所示。

表 9-10　三山公司按成本项目反映的产品生产成本分析表（比较分析法）

编制单位：三山公司　　　　2022 年　　　　单位：元

项　目	上年实际	本年计划	本年实际	本年实际比上年实际		本年实际比本年计划	
				降低额	降低率	降低额	降低率
	1	2	3	4=1−3	5=4÷1	6=2−3	7=6÷2
生产成本：							
直接材料	97 920	120 400	126 880	−28 960	−29.575 2%	−6 480	−5.382 1%
直接人工	40 800	60 197	50 752	−9 952	−24.392 2%	9 445	15.690 2%
制造费用	65 280	70 233	76 128	−10 848	−16.617 6%	−5 895	−8.393 5%
生产成本合计	204 000	250 830	253 760	−49 760	−24.392 2%	−2 930	−1.168 1%
加：在产品、自制半成品期初余额	10 000	13 000	10 000	0	0.000 0%	3 000	23.076 9%
减：在产品、自制半成品期末余额	8 000	10 000	13 000	−5 000	−62.500 0%	−3 000	−30.000 0%
产品生产成本合计	206 000	253 830	250 760	−44 760	−21.728 2%	3 070	1.209 5%

会计主管：　　　　审核：　　　　制表：

由表 9-10 可知，该公司 2022 年的“产品生产成本合计”项目中的本年实际数低于本年计划数，但高于上年实际数，表明本年产品总成本的计划执行结果较好，并且有不断降低的潜力。从 2022 年的“生产成本合计”项目来看，本年实际数不仅高于本年计划数，而且也高于上年实际数，表明上年实际的“在产品、自制半成品期初余额”与“在产品、自制半成品期末余额”的差额（10 000−8 000=2 000 元）和本年计划的“在产品、自制半成品期初余额”与“在产品、自制半成品期末余额”的差额（13 000−10 000=3 000 元）均大于本年实际的“在产品、自制半成品期初余额”与“在产品、自制半成品期末余额”的差额（10 000−13 000=−3 000 元）。从 2022 年的生产成本各项目来看，直接材料、制造费用的本年实际数均高于上年实际数和本年计划数，直接人工的本年实际数高于上年实际数，但却低于本年计划数，也应当进一步查明原因。

表 9-11　三山公司按成本项目反映的产品生产成本分析表（构成比率分析法）

编制单位：三山公司　　　　2022 年 12 月

项　目	上年实际	本年计划	本月实际	本年实际	本年实际比上年实际降低	本年实际比本年计划降低	本年实际比本月实际降低
	1	2	3	4	5=1−4	6=2−4	7=3−4
直接材料成本比率	48.000 0%	48.000 6%	35.959 5%	50.000 0%	−2.000 0%	−1.999 4%	−14.040 5%
直接人工成本比率	20.000 0%	23.999 1%	37.676 1%	20.000 0%	0.000 0%	3.999 1%	17.676 1%
制造费用成本比率	32.000 0%	28.000 2%	26.364 4%	30.000 0%	2.000 0%	−1.999 8%	−3.635 6%
生产成本合计	100.000 0%	100.000 0%	100.000 0%	100.000 0%	—	—	—

会计主管：　　　　审核：　　　　制表：

在表 9-11 中：

（1）上年实际直接材料成本比率=97 920÷204 000×100%=48.000 0%，本年计划直接材料成本比率=120 400÷250 830×100%=48.000 6%，本月实际直接材料成本比率=8 170÷22 720×100%=35.959 5%，本年实际直接材料成本比率=126 880÷253 760×100%=50.000 0%。

（2）上年实际直接人工成本比率=40 800÷204 000×100%=20.000 0%，本年计划直接人工成本比率=60 197÷250 830×100%=23.999 1%，本月实际直接人工成本比率=8 560÷22 720×100%=37.676 17%，本年实际直接人工费用比率=50 752÷253 760×100%=20.000 0%。

（3）上年实际制造费用成本比率=65 280÷204 000×100%=32.000 0%，本年计划制造费用成本比率=70 233÷250 830×100%=28.0002 %，本月实际制造费用成本比率=5 990÷22 720×100%=26.364 4%，本年实际制造费用成本比率=76 128÷253 760×100%=30.000 0%。

由表 9-11 可以看出，本年实际的构成比率与上年实际相比，直接材料成本比率有所提高，直接人工成本比率保持不变，制造费用成本比率有所下降；本年实际的构成比率与本年计划相比，直接材料成本比率和制造费用成本比率有所提高，直接人工成本比率有所下降；本年实际的构成比率与本月实际相比，直接材料成本比率和制造费用成本比率有所提高，直接人工成本比率有所下降。企业应当进一步查明这些变动的原因。

企业也可以将各期产品生产成本合计数与该期的产值、销售收入或利润总额相比，计算相关产值成本率、销售收入成本率或成本利润率，据以分析各期相对的经济效益。

【例 9-6】 承例 9-2 资料，假定该公司 2022 年 12 月的有关产品产值、产品销售收入和利润总额如表 9-12 所示。

要求：采用构成比率分析法编制该公司 2022 年 12 月的产品生产成本与产品产值、产品销售收入和利润总额对比表，并加以分析。

表 9-12 三山公司产品产值、产品销售收入和利润总额资料表

编制单位：三山公司　　　　2022 年 12 月　　　　单位：元

项　目	上年实际	本年计划	本月实际	本年实际
产品产值	1 716 666	2 307 545	241 333	2 507 600
产品销售收入	1 674 976	2 266 340	231 064	2 434 564
利润总额	30 900	40 613	3 910	42 692

根据上述资料，编制该公司产品生产成本与产品产值、产品销售收入和利润总额对比表，如表 9-13 所示。

表 9-13 三山公司产品生产成本与产值、销售收入和利润总额对比表（相关指标比率分析法）

编制单位：三山公司　　　　2022 年 12 月

项　目	上年实际	本年计划	本月实际	本年实际
产值成本率	12.000 0%	11.000 0%	9.000 0%	10.000 0%
销售收入成本率	12.298 7%	11.200 0%	9.400 0%	10.300 0%
成本利润率	15.000 0%	16.000 1%	18.001 8%	17.025 0%

会计主管：　　　　审核：　　　　制表：

在表 9-13 中：

（1）上年实际产值成本率=206 000÷1 716 666×100%=12.000 0%，本年计划产值成本率=253 830÷ 2 307 545×100%=11.000 0%，本月实际产值成本率=21 720÷241 333×100%=9.000 0%，本年实际产值成本率=250 760÷2 507 600×100%=10.000 0%。

（2）上年实际销售收入成本率=206 000÷1 674 976×100%=12.298 7%，本年计划销售收入成本率=253 830÷2 266 340×100%=11.200 0%，本月实际销售收入成本率=21 720÷231 064×100%=9.400 0%，本年实际销售收入成本率=250 760÷2 434 564×100%=10.300 0%。

（3）上年实际成本利润率=30 900÷206 000×100%=15.000 0%，本年计划成本利润率=40 613÷253 830×100%=16.000 1%，本月实际成本利润率=3 910÷21 720×100%=18.001 8%，本年实际成本利润率=42 692÷250 760×100%=17.025 0%。

由表 9-13 可以看出，该公司 2022 年的本年实际的产值成本率、销售收入成本率不仅低于上年实际和本年计划，而且本年 12 月实际的产值成本率、销售收入成本率还低于本年实际，这表明该公司的经济效益是好的，且呈不断提高趋势。该公司 2022 年的本年实际的成本利润率不仅高于上年实际和本年计划，而且本年 12 月实际的成本利润率还高于本年累计实际，这也表明该公司的经济效益是好的，且呈不断提高趋势。企业应当进一步查明这些变动的原因，以便不断提高经济效益。

2．分析可比产品生产成本计划完成情况

（1）可比产品成本降低计划完成情况分析。如果企业规定有可比产品成本降低计划，即可比产品成本的计划降低额或计划降低率，那么应当进行可比产品成本降低计划执行结果的分析。可比产品成本降低计划完成情况的分析，是指可比产品成本的计划降低额和计划降低率分别与其实际降低额和实际降低率的对比分析。

如果企业本年可比产品成本比上年降低，那么可比产品成本的实际降低额与计划降低额的差额，以及可比产品成本的实际降低率与计划降低率的差额均为正数，这就表明企业超额完成成本降低计划；相反地，如果企业本年可比产品成本比上年升高，那么可比产品成本的实际降低额与计划降低额的差额，以及可比产品成本的实际降低率与计划降低率的差额均为负数，这就表明企业未完成成本降低计划。

由于企业可比产品成本降低计划一般按照全部可比产品综合规定，因而可比产品成本降低计划执行情况分析也一般按照全部可比产品综合分析。但是，如果企业可比产品品种不多，其成本降低情况也可以按照可比产品的品种分别分析。

【例 9-7】 资料如例 9-1 所述。

要求：采用比较分析法编制该公司 2022 年全部可比产品成本降低计划完成情况分析表，并加以分析。

根据上述资料编制该公司规定的 2022 年全部可比产品成本降低计划完成情况分析表，如表 9-14 所示。

从表 9-14 可知，该公司 2022 年全部可比产品成本降低计划超额完成了。对此，企业需要进一步分析原因，以不断提高企业经济效益。

表 9-14　三山公司全部可比产品成本降低计划完成情况分析表（比较分析法）

编制单位：三山公司　　　　2022 年　　　　单位：元

分析指标	实际成本降低情况	计划成本降低任务	实际成本降低比计划成本降低的降低情况
	1	2	3=1−2
降低额	3 340	3 170	170
降低率	1.635 7%	1.569 3%	0.066 4%

会计主管：　　　　审核：　　　　制表：

需要指出的是，在进行可比产品成本降低计划完成情况分析时，应当正确划分可比产品与不可比产品，防止将成本降低较多的不可比产品列为可比产品，将成本超支的可比产品列为不可比产品，确保其分析结果正确可靠。

（2）可比产品成本降低计划完成情况的因素分析。一般来说，影响可比产品成本降低计划的因素主要有产品纯产量、产品品种结构和产品单位成本。通常影响可比产品成本降低任务完成情况的因素分解公式如下：

成本降低额=Σ[产品纯产量×产品品种结构×(上年实际单位成本−本年单位成本)]

(9-11)

$$成本降低率=\frac{成本降低额}{\sum(产品纯产量\times产品品种结构\times上年实际单位成本)}\times100\% \quad (9\text{-}12)$$

① 产品纯产量变动对可比产品成本降低计划的影响。产品纯产量是指在产品品种结构不变情况下的产量。如前所述，可比产品成本的计划降低额是根据各种产品的计划产量确定的，实际降低额是根据实际产量计算的。因而，纯产量增减会使成本降低额发生增减。但是，在产品品种结构和产品单位成本不变的情况下，成本降低率计算分式中的分子和分母随纯产量增减发生同比例变动，其结果不变。即产品纯产量的变动对可比产品的成本降低率没有影响。其计算公式如下：

产品纯产量变动对成本降低额的影响

$$=\left[\sum\left(实际产量\times\begin{matrix}上年实际\\单位成本\end{matrix}\right)-\sum\left(计划产量\times\begin{matrix}上年实际\\单位成本\end{matrix}\right)\right]\times计划成本降低率 \quad (9\text{-}13)$$

② 产品品种结构变动对可比产品成本降低计划的影响。产品品种结构，也称产品品种比重，是指各种产品产量占总产量的比重。但各种产品的实物计量单位不能直接加总，因此在计算各种产品品种结构时要以各种产品上年实际平均单位成本为权数计算的加权平均产量的比重。其计算公式如下：

$$某种产品的品种结构=\frac{该产品产量\times该产品上年实际单位成本}{\sum(产品产量\times上年实际单位成本)}\times100\% \quad (9\text{-}14)$$

由于全部可比产品成本降低率是将各种可比产品成本降低率以各种可比产品的品种结构为权数计算的加权平均成本降低率，因而只要产品品种结构发生变动，成本降低额和降低率就会同时发生变动。成本降低程度大的可比产品，其产品结构增加会使成本降低额和降低率增加；相反地，成本降低程度小的可比产品，其产品结构增加会使成本降低额和降低率减少。其计算公式如下：

$$品种结构变动对成本降低额的影响=\sum\left(实际产量\times\begin{matrix}上年实际\\单位成本\end{matrix}\right)-\sum\left(实际产量\times\begin{matrix}计划单\\位成本\end{matrix}\right)-$$

$$\sum\left(实际产量\times\begin{matrix}上年实际\\单位成本\end{matrix}\right)\times计划成本降低率$$

(9-15)

$$品种结构变动对成本降低率的影响=\frac{\begin{matrix}品种结构变动对成\\本降低额的影响数\end{matrix}}{\sum\left(实际产量\times\begin{matrix}上年实际\\单位成本\end{matrix}\right)}\times100\% \quad (9\text{-}16)$$

需要指出的是，由于在计算可比产品成本计划降低任务和实际降低指标时，都是以上年实际单位成本为基础确定，因此上年实际单位成本不是影响可比产品成本降低任务完成情况的因素，在进行因素分析时不予考虑。

③ 产品单位成本变动对可比产品成本降低计划的影响。只要可比产品的单位成本发生变动，成本降低额和降低率就会同时发生变动，且呈反向变动。即单位成本降低，可比产品的成

本降低额和降低率会增加，相反地，单位成本增加，可比产品的成本降低额和降低率会降低。其计算公式如下：

$$单位成本变动对成本降低额的影响=\sum\left[实际产量\times\left(计划单位成本-\begin{matrix}实际单\\位成本\end{matrix}\right)\right] \quad (9\text{-}17)$$

$$单位成本变动对成本降低率的影响=\frac{\begin{matrix}单位成本变动对成\\本降低额的影响数\end{matrix}}{\sum\left(实际产量\times\begin{matrix}上年实际\\单位成本\end{matrix}\right)}\times100\% \quad (9\text{-}18)$$

【例 9-8】 承例 9-7 资料。

要求：根据上述资料，采用因素分析法中的连环替代法分别计算该公司 2022 年全部可比产品的产量、品种结构和单位成本三因素变动对其成本降低计划执行结果的影响程度。

（1）产品纯产量变动对可比产品成本降低计划的影响。

按计划纯产量、计划品种结构和计划单位成本计算的成本降低额（计划降低额）=3 170 元；

由于产品纯产量变动会使成本降低额发生同比例变动，但不影响成本降低率，即仍为计划降低率，因而按实际纯产量、计划品种结构和计划单位成本计算的成本降低额=204 200×1.569 3%= 3 204.51（元）；

产品纯产量变动对成本降低额的影响=3 204.51−3 170=34.51（元）。

（2）产品品种结构变动对可比产品成本降低计划的影响。

按实际纯产量、实际品种结构和计划单位成本计算的成本降低额=204 200−201 058=3 142（元）；

产品品种结构变动对成本降低额的影响=3 142−3 204.51=−62.51（元）；

产品品种结构变动对成本降低率的影响=−62.51÷204 200=−0.030 6%。

（3）产品单位成本变动对可比产品成本降低计划的影响。

按实际纯产量、实际品种结构和实际单位成本计算的成本降低额（实际降低额）=3 340 元；

单位成本变动对成本降低额的影响=3 340−3 142=198（元）；

单位成本变动对成本降低率的影响=198÷204 200=0.097 0%。

根据上述资料，编制可比产品成本降低计划完成情况因素分析表，如表 9-15 所示。

表 9-15 三山公司全部可比产品成本降低计划完成情况因素分析表

编制单位：三山公司　　2022 年　　单位：元

影响因素	对成本降低额的影响	对成本降低率的影响
产品纯产量	34.51	0.000 0%
产品品种结构	−62.51	−0.030 6%
产品单位成本	198	0.097 0%
合　计	170	0.066 4%

会计主管：　　审核：　　制表：

从表 9-15 可知，该公司 2022 年全部可比产品成本降低计划超额完成的主要原因是由于单位成本变动，使成本降低额增加了 198 元，成本降低率提高了 0.097 0%。应当进一步分析产品单位成本降低的原因，以便进一步降低产品的单位成本。另外，由于产品品种结构变动，成本降低额减少了 62.51 元，成本降低率降低了 0.030 6%，这是因为少生产了成本降低程度大或成本有所降低的产品品种，多生产了成本降低程度小或者成本有所提高的产品品种。对此，企业应当联系生产计划的执行情况和产品销售情况进一步分析。

（二）分析主要产品单位成本表

主要产品单位成本表的分析应当选择成本超支或节约较多的产品有重点地进行，以更有效地降低产品的单位成本。因此，企业应当首先对各种主要产品的单位成本计划完成情况进行分析，以确定成本超支或节约较多的重点产品；然后按其成本项目（如直接材料、直接人工、制造费用等）进行具体的分析。

1. 分析产品单位成本计划完成情况

【例 9-9】 承例 9-1 资料。

要求：采用比较分析法编制该公司 2022 年 12 月全部产品单位生产成本分析表，并加以分析。

根据上述资料编制该公司全部产品单位生产成本分析表，如表 9-16 所示。

表 9-16 三山公司全部产品单位生产成本分析表（比较分析法）

编制单位：三山公司 2022 年 12 月 单位：元/件

产品名称	上年实际	本年计划	本月实际	本年实际	本年实际比上年实际降低	本年实际比本年计划降低	本年实际比本月实际降低
	1	2	3	4	5=1−4	6=2−4	7=3−4
R1	300	302	306	305	−5	−3	1
R2	400	396	393	395	5	1	−2
R3	200	193	194	192	8	1	2
S1	—	500	498	499	—	1	−1

会计主管： 审核： 制表：

在表 9-16 中，R2、R3、S1 三种产品的单位成本计划完成较好，虽然 R2、S1 两种产品的本年实际单位成本高于本月实际单位成本，但是本年实际单位成本还是低于上年实际单位成本、本年计划单位成本。R3 产品的本年实际单位成本低于上年实际单位成本、本年计划单位成本和本月实际单位成本，但是本月实际单位成本高于本年实际单位成本，表明其本年实际单位成本可能是逐月提高的。R1 产品的本年实际单位成本和本月实际单位成本均高于本年计划单位成本、上年实际单位成本和历史先进单位成本，且可能是逐年提高的；R1 产品的本月实际单位成本高于本年实际单位成本，表明其本年实际单位成本也可能是逐月提高的。因此，该公司应当把 R1 产品作为重点产品。

【例 9-10】 假定该公司 R1 产品最近五年的实际平均单位成本分别为第一年（假定为历史先进年）299 元/件、第二年 302 元/件、第三年 304 元/件、第四年 300 元/件、第五年（本年）305 元/件。

要求：分别采用定比分析法和环比分析法编制该公司 2022 年 R1 主要产品近五年实际单位成本变动趋势分析表，并加以分析。

假定以第一年为基准期，根据上述资料编制该公司 R1 产品最近五年的实际平均单位成本变动趋势分析表（定比分析法），如表 9-17 所示。

从表 9-17 可知，R1 产品的实际平均单位成本如果以第一年为基准期，以后四年均高于第一年，只是提高的程度各不相同，第五年提高最多，第四年提高最少。

表 9-17 三山公司 R1 主要产品近五年实际平均单位成本变动趋势分析表（定比分析法）

产品名称：R1　　　　2022 年　　　　单位：元/件

项　目	第一年	第二年	第三年	第四年	第五年
实际平均单位成本	299	302	304	300	305
定基比率	100.000 0%	101.003 3%	101.672 2%	100.334 4%	102.006 7%

会计主管：　　　　审核：　　　　制表：

假定以前一年为基准期，根据上述资料编制该公司 R1 产品最近五年的实际平均单位成本变动趋势分析表（环比分析法），如表 9-18 所示。

从表 9-18 可知，R1 产品的实际平均单位成本如果以前一年为基准期逐年进行环比，第五年比第四年提高最多，而第四年比第三年却是降低的。

结合表 9-17、表 9-18 可知，R1 产品的实际平均单位成本的变动趋势不是逐年递增的，而是在总体提高趋势的基础上，存在一个“马鞍形”。应当进一步查明 R1 产品的实际平均单位成本变动的原因。

表 9-18 三山公司 R1 主要产品近五年实际平均单位成本变动趋势分析表（环比分析法）

产品名称：R1　　　　2022 年　　　　单位：元/件

项　目	第一年	第二年	第三年	第四年	第五年
实际平均单位成本	299	302	304	300	305
环比比率	—	101.003 3%	100.662 3%	98.684 2%	101.666 7%

会计主管：　　　　审核：　　　　制表：

2．分析产品单位成本各主要项目

（1）直接材料成本的分析。从表 9-3 中可知，R1 产品的直接材料成本占该产品单位成本的 50%左右，比重较大，而且本月实际直接材料成本超过了本年计划、上年实际平均、历史先进水平，也超过了本年累计实际平均数，因此应当作为重点成本项目进行分析。

【例 9-11】 资料如表 9-3 所述。假定三山公司 R1 产品本年计划材料价格为 7.55 元/千克，本月实际材料价格为 8.5 元/千克。

要求：根据上述资料，采用因素分析法中的差额计算法分别计算 R1 产品的材料消耗量和材料价格两因素变动对其直接材料成本超支的影响程度。

从表 9-3 可知，该公司 2022 年 12 月 R1 产品生产成本中的直接材料成本本月实际比本年计划超支=153−151=2（元）。

材料消耗量变动的影响=（实际数量−计划数量）×计划价格=(18−20)×7.55=−15.1（元）；

材料价格变动的影响=实际数量×(实际价格−计划价格)=18×(8.5−7.55)=17.1（元）；

两因素影响程度合计=−15.1+17.1=2（元）。

通过以上计算可以看出，R1 产品的直接材料成本虽然只超支 2 元，差异不大。但是，由于材料消耗量节约（由 20 千克降低为 18 千克）使直接材料成本降低了 15.1 元，由于材料价格提高（由 7.55 元上升为 8.5 元）使直接材料成本超支了 17.1 元，两因素影响程度相抵净超支为 2 元。因此，该产品材料消耗量的节约掩盖了绝大部分材料价格提高所引起的直接材料成本超支。企业应当进一步分析材料消耗量的节约和材料价格提高的具体原因。

（2）直接人工的分析。从表 9-3 中可知，R1 产品单位成本中的直接人工，由于本年实际平均数高于本年计划数，本月实际数低于本年实际平均数、本年计划数，但是本年计划数仍高于上年实际平均、历史先进水平，因此该产品的直接人工成本已经明显好转，应当查明其原因。

如果该公司实行计件工资制度，那么该产品单位成本中的直接人工的成本变动是由计件单价变动引起的，因此应当查明计件单价变动的原因。如果该公司实行计时工资制度，那么该产品单位成本中直接人工的成本变动是由工时消耗量和工时价格（每小时的直接人工成本）两因素变动引起的，可以比照直接材料成本采用因素分析法进行分析。

【例 9-12】 资料如表 9-3 所述。假定三山公司实行计时工资制度，R1 产品本年计划的工时消耗量和直接人工成本分别为 2.5 小时/件和 26.60 元/小时，本月实际的工时消耗量和直接人工成本分别为 2 小时/件和 33 元/小时。

要求：根据上述资料，采用因素分析法中的差额计算法分别计算 R1 产品的工时消耗量和每小时直接人工成本两因素变动对其直接人工成本节约的影响程度。

从表 9-3 可知，该公司 2022 年 12 月 R1 产品生产成本中的直接人工成本本月实际比本年计划节约 0.5 元（66−66.5=−0.5）。

工时消耗量变动的影响=(实际工时消耗量−计划工时消耗量)×计划每小时直接人工成本

=(2−2.5)×26.6=−13.3（元）；

每小时直接人工成本变动的影响=实际工时消耗量×(实际每小时直接人工成本−计划每小时直接人工成本)=2×(33−26.6)=12.8（元）；

两因素影响程度合计=−13.3+12.8=−0.5（元）。

通过以上计算可以看出，R1 产品的直接人工成本虽然只节约了 0.5 元，但是，由于工时消耗量节约（由 2.5 小时降低为 2 小时）使直接人工成本降低了 13.3 元，而每小时直接人工成本提高（由 26.6 元上升为 33 元）使直接人工成本超支了 12.8 元，两因素影响程度相抵净节约为 0.5 元。因此，该产品每小时直接人工成本的提高掩盖了绝大部分工时消耗量的节约所引起的直接人工成本节约。企业应当进一步分析工时消耗量的节约和每小时直接人工成本提高的具体原因。

（3）制造费用的分析。制造费用一般属于间接计入生产费用。在会计实务中，企业产品成本中的制造费用一般是根据生产工时等标准分配计入的，因此产品单位成本中制造费用的分析，通常与实行计时工资制度下的产品单位成本中的直接人工成本的分析相似，即制造费用是由工时消耗量和工时价格（每小时的制造费用成本）两因素变动引起的，因而可以采用因素分析法进行分析。

【例 9-13】 承例 9-12 资料，假定三山公司 R1 产品本年计划制造费用成本为 33.80 元/小时，本月实际制造费用成本为 43.5 元/小时。

要求：根据上述资料，采用因素分析法中的差额计算法分别计算 R1 产品的工时消耗量和每小时制造费用成本两因素变动对其制造费用成本超支的影响程度。

从表 9-3 可知，该公司 2022 年 12 月 R1 产品生产成本中的制造费用成本本月实际比本年计划超支 2.5（87−84.5=2.5）元。

工时消耗量变动的影响=(实际工时消耗量−计划工时消耗量)×计划每小时制造费用成本= (2.5−2)×33.80=16.9（元）；

每小时制造费用成本变动的影响=实际工时消耗量×(实际每小时制造费用成本−计划每小时制造费用成本)=2×(33.8−43.5)=−19.4（元）；

两因素影响程度合计=16.9+(−19.4)=−2.5（元）。

通过以上计算可以看出，R1 产品的制造费用虽然只超支了 2.5 元，差异不大。但是，由于工时消耗量节约（由 2.5 小时降低为 2 小时）使制造费用成本降低了 16.9 元，由于每小时制造费用成本提高（由 33.8 元上升为 43.5 元）使制造费用成本超支了 19.4 元，两因素影响程度相抵净超支为 2.5 元。因此，该产品工时消耗量的节约掩盖了绝大部分每小时制造费用成本提高所引起的制造费用成本超支。为了提高业绩，企业应当进一步分析工时消耗量的节约和每小时制造费用成本提高的具体原因。

需要指出的是，如果企业在进行直接人工分析时，已经查明了单位产品所耗工时变动和生产工时利用好坏的具体原因，只需要联系表 9-2 中的制造费用总额变动的分析，并结合表 9-4 中制造费用各费用项目具体变动的分析，就可以了解产品单位成本中制造费用变动的具体原因。

（三）分析制造费用明细表

制造费用明细表的分析一般采用比较分析法和构成比率分析法等方法。

【例 9-14】 资料如表 9-4 所述。

要求：分别采用比较分析法和构成比率分析法编制该公司 2022 年 12 月制造费用分析表，并加以分析。

根据上述资料编制该公司 2022 年 12 月制造费用分析表，如表 9-19、表 9-20 所示。

由表 9-19 可知，该公司 2022 年的制造费用合计数来看，本年实际数高于本年计划数，本月实际数低于上年同期实际数，表明本年制造费用总额的计划执行结果不好，但是有降低的潜力。从 2022 年的各项制造费用项目合计数来看，各费用项目的本年实际数均高于本年计划数，但是，除办公费和其他项目外，其余制造费用项目的本月实际数均低于上年同期实际数，因此，企业应当进一步查明原因。

表 9-19 三山公司制造费用分析表（比较分析法）

编制单位：三山公司　　2022 年 12 月　　单位：元

项目	本年计划	上年同期实际	本月实际	本年实际	本年实际比本年计划		本月实际比上年同期实际	
					降低额	降低率	降低额	降低率
	1	2	3	4	5=1−4	6=5÷1	7=2−3	8=7÷2
间接人工	37 926	3 910	3 708	40 348	−2 422	−6.386 1%	202	5.166 2%
折旧费	14 050	1 354	1 236	14 460	−410	−2.918 1%	118	8.714 9%
办公费	350	111	218	893	−543	−155.142 9%	−107	−96.396 4%
机物料消耗	4 915	512	465	4 948	−33	−0.671 4%	47	9.179 7%
低值易耗品摊销	1 400	158	138	1 523	−123	−8.785 7%	20	12.658 2%
水电汽费	4 210	429	407	4 415	−205	−4.869 4%	22	5.128 2%
保险费	3 509	384	364	3 883	−374	−10.658 3%	20	5.208 3%
劳动保护费	1 756	196	174	1 903	−147	−8.371 3%	22	11.224 5%
其他	2 117	466	560	3 755	−1 638	−77.373 6%	−94	−20.171 7%
制造费用合计	70 233	7 520	7 270	76 128	−5 895	−8.393 5%	250	3.324 5%

会计主管：　　审核：　　制表：

表 9-20 三山公司制造费用分析表（构成比率分析法）

编制单位：三山公司　　2022 年 12 月

项目	本年计划	上年同期实际	本月实际	本年实际	本年实际比本年计划降低	本月实际比上年同期实际降低
	1	2	3	4	5=1−4	7=2−3
间接人工比率	54.000 3%	51.994 7%	51.004 1%	53.000 2%	1.000 1%	0.990 6%
折旧费比率	20.004 8%	18.005 3%	17.001 4%	18.994 3%	1.010 5%	1.003 9%
办公费比率	0.498 3%	1.476 1%	2.998 6%	1.173 0%	−0.674 7%	−1.522 5%
机物料消耗比率	6.998 1%	6.808 5%	6.396 1%	6.499 6%	0.498 5%	0.412 4%
低值易耗品摊销比率	1.993 4%	2.101 1%	1.898 2%	2.000 6%	−0.007 2%	0.202 9%
水电汽费比率	5.994 3%	5.704 8%	5.598 3%	5.799 4%	0.194 9%	0.106 5%
保险费比率	4.996 2%	5.106 4%	5.006 9%	5.100 6%	−0.104 4%	0.099 5%

续表

项　目	本年计划	上年同期实际	本月实际	本年实际	本年实际比本年计划降低	本月实际比上年同期实际降低
	1	2	3	4	5=1−4	7=2−3
劳动保护费比率	2.500 2%	2.606 4%	2.393 4%	2.499 7%	0.000 5%	0.213 0%
其他比率	3.014 3%	6.196 8%	7.702 9%	4.932 5%	−1.918 2%	−1.506 1%
制造费用合计	100.000 0%	100.000 0%	100.000 0%	100.000 0%	—	—

会计主管：　　　　审核：　　　　制表：

由表 9-20 可以看出，本年实际构成与本年计划构成相比，间接人工、折旧费、机物料消耗、水电汽费的比率有所降低，低值易耗品摊销、劳动保护费的比率基本保持不变，办公费、保险费、其他费用的比率有所提高；本月实际构成与上年同期实际构成相比，间接人工、折旧费、机物料消耗、低值易耗品摊销、水电汽费、保险费、劳动保护费的比率有所降低，办公费、其他的比率有所提高。对此，企业应当进一步查明这些变动的原因。

需要指出的是，由于各项制造费用的性质和用途不同，评价各项目费用超支或节约时应该联系费用的性质和用途具体分析，不能简单片面地加以评价。

（四）分析期间费用明细表

期间费用明细表的分析方法与制造费用明细表的分析方法（见例 9-14）基本相同。但是，分析时应当区分变动费用和固定费用进行适当的评价，并注意对某些支出和损失项目的抵销数进行分析。

训练巩固篇

在线测试九

【实训题】

1. 证明：全部可比产品成本降低率是将各种可比产品成本降低率以各种可比产品的品种结构为权数计算的加权平均成本降低率。

2. 证明：在产品品种结构和产品单位成本不变的情况下，产品纯产量的变动，不影响可比产品的成本降低率。

3. 资料如表 9-3 所述。假定三山公司 R1 产品本年计划材料价格为 7.55 元/千克，本年实际平均材料价格为 8 元/千克。

要求：根据上述资料，采用因素分析法中的连环替代法分析该公司 R1 产品的产量、单位材料消耗量和单位材料价格三因素变动对其直接材料成本超支的影响程度（见表 9-21）。

表 9-21　三山公司 R1 产品直接材料成本本年实际与计划差异因素分析表（连环替代法）

产品名称：R1　　　　2022 年　　　　单位：

替换次数	因　素			各因素乘积		每次替换的差异		产生差异的因素
	产品产量	单位材料消耗量	材料单价	金　额	编号	算　式	金　额	
基准数						—	—	—
第 1 次								

续表

替换次数	因素			各因素乘积		每次替换的差异		产生差异的因素
	产品产量	单位材料消耗量	材料单价	金额	编号	算式	金额	
第 2 次								
第 3 次								
各因素影响程度合计								

会计主管： 审核： 制表：

4．滨江公司 2022 年 12 月生产的 T1、T2、U1 三种产品本月实际产量分别为 10 件、20 件、10 件，本年实际产量分别为 130 件、238 件、100 件，本年计划产量分别为 120 件、240 件、110 件，上年实际产量分别为 120 件、240 件、0 件；三种产品的本月实际单位成本分别为 306 元/件、393 元/件、498 元/件，本年实际平均单位成本分别为 305 元/件、395 元/件、499 元/件，本年计划单位成本分别为 302 元/件、396 元/件、500 元/件，上年实际平均单位成本分别为 300 元/件、400 元/件、0 元/件。已知 U1 产品为本年新投产产品。假定该公司按照各种可比产品规定成本降低计划，且降低率保留小数点后六位，第七位四舍五入。

要求：

（1）根据上述资料，分析全部产品成本计划完成情况，并编制按产品种类反映的产品生产成本表（见表 9-22）。

（2）计算各种可比产品成本的计划降低额和计划降低率及其实际降低额和实际降低率，并编制可比产品成本降低计划完成情况分析表（见表 9-23）。

表 9-22 滨江公司产品生产成本表（按产品种类反映）

编制单位：滨江公司　　2022 年 12 月　　单位：元

产品名称	实际产量/件		单位成本/（元/件）				本月总成本			本年总成本		
	本月	本年	上年实际平均	本年计划	本月实际	本年实际平均	按上年实际平均单位成本计算	按本年计划单位成本计算	本月实际	按上年实际平均单位成本计算	按本年计划单位成本计算	本年实际
可比产品合计	—	—	—	—	—	—						
T1 产品												
T2 产品												
不可比产品合计	—	—	—	—	—	—	—			—		
U1 产品			—				—			—		
全部产品合计	—	—	—	—	—	—						

注：补充资料（按本年累计总成本计算）

1．T1 产品成本的实际降低额________元（本年计划降低额为_________元）；

2．T2 产品成本的实际降低额________元（本年计划降低额为_________元）；

3．T1 产品成本的实际降低率________%（本年计划降低率为__________%）；

4．T2 产品成本的实际降低率________%（本年计划降低率为__________%）。

会计主管： 审核： 制表：

表 9-23 滨江公司可比产品成本降低计划完成情况分析表（比较分析法）

编制单位：滨江公司　　2022 年　　单位：

分析指标	产品名称	实际成本降低情况	计划成本降低任务	实际成本降低比计划成本降低的降低情况
		1	2	3=1−2
降低额	T1 产品			
	T2 产品			
	合　计			
降低率	T1 产品			
	T2 产品			
	合　计			

会计主管：　　审核：　　制表：

（3）分析影响可比产品成本降低计划完成情况各因素的影响程度，并编制可比产品成本降低计划完成情况因素分析表（见表 9-24）。

表 9-24 滨江公司可比产品成本降低计划完成情况因素分析表

编制单位：滨江公司　　2022 年　　单位：

影响因素	对成本降低额的影响	对成本降低率的影响
产品纯产量		
产品品种结构		
产品单位成本		
合　计		

会计主管：　　审核：　　制表：

参 考 文 献

[1] 中华人民共和国财政部．企业会计准则 2006[M]．北京：经济科学出版社，2006．

[2] 中华人民共和国财政部．企业会计准则——应用指南[M]．北京：中国财政经济出版社，2006．

[3] 财政部会计资格评价中心．初级会计实务[M]．北京：中国财政经济出版社，2022．

[4] 中国注册会计师协会．财务成本管理[M]．北京：中国财政经济出版社，2022．

[5] 贾成海．成本会计[M]．北京：北京邮电大学出版社，2013．

[6] 贺南轩．成本会计学[M]．北京：中国财政经济出版社，2008．